U0622113

内含CD-R光碟一张
包括全部六类指数总体排名和分行业排名

Report on China Classified
Corporate Governance Index No.15
(2016)

中国公司治理分类
指数报告No.15
（2016）

高明华　张惠琳 等 著

中国出版集团 东方出版中心

高明华教授简历

高明华 经济学博士、博士后,北京师范大学公司治理与企业发展研究中心主任,经济与工商管理学院教授,博士生导师,国家社科基金重大项目首席专家。兼任教育部工商管理类专业教学指导委员会委员,新华社特约经济分析师,上海证券交易所第一届信息披露咨询委员会委员,中国出版集团内容建设顾问委员会委员,中国社会科学院、清华大学、南开大学、中央财经大学、首都经济贸易大学等单位学术机构的学术委员或研究员。先后就职于南开大学、北京大学和中国银行总行。

2001年年初,高明华创立北京师范大学公司治理与企业发展研究中心,这是最早的公司治理专门研究机构之一。早在20世纪90年代初期,作为最早研究中国公司治理问题的学者之一,高明华就提出了国有资产三级运营体系的设想,对国企公司治理进行了较深入的探索。其关于国有资产三级运营体系、国企分类改革和分类治理、国企负责人分类和分层等观点均为国家及有关政府机构所采纳。26年来,作为中国公司治理理论的探索者和先行者,高明华及其研究团队取得了丰硕的成果,奠定了其在学术界的领先地位。2007年,在国内外率先提出"中国公司治理分类指数"概念,并创立"中国公司治理分类指数数据库",推出"中国公司治理分类指数报告系列",目前已出版6类15部(包括本书)公司治理指数报告,出版指数报告居国内首位,并建成了国内最大规模的公司治理分类指数专业性数据库。"中国公司治理分类指数系列"被国内外专家称为"可以列入公司治理评级史册的重要研究成果"。2014年10月,发起成立"中国公司治理论坛"。

高明华主持及参与的国内外重要课题有40余项,独立、合作出版著译作50部,发表论文和研究报告300余篇。相关成果(包括合作)曾获第十届和第十一届孙冶方经济科学奖等各种奖励,其代表性著述主要有:《关于建立国有资产运营体系的构想》(1994)、《权利配置与企业效率》(1999)、《公司治理:理论演进与实证分析》(2001)、《公司治理学》(2009)、《中国国有企业公司治理分类指引》(2016)、《政府规制与国有垄断企业公司治理》(2016)、"中国公司治理分类指数报告系列"(2009～2016)(包括高管薪酬、信息披露、财务治理、企业家能力、董事会治理和中小投资者权益保护等6类15部),主编《治理译丛》(4部)和《公司治理与国企改革研究丛书》(8部)。

研究方向:公司治理、企业理论、国资监管与国企改革、民营企业发展等。

国家社会科学基金重大项目(批准号 14ZDA025)阶段性成果
国家社会科学基金重点项目(批准号 12AZD059)阶段性成果
北京师范大学学科建设支持项目

课 题 组 组 长: 高明华

课 题 组 副 组 长: 张惠琳　赵　旋

课 题 撰 稿 人: 高明华　张惠琳　赵　旋　王健忠
曹向东　刘敏佳　国伊宁　蔡卫星

数 据 库 开 发: 孙运传　于学德

数据采集和录入: 曹向东　张志晴　牛　苹　杜小虎　胡晓玲
彭　圣　张春辉　吕嘉力　吴筱钰　王健忠
周　玲　张　璇　李世恒　陈姝伊　谢佳羽
贾梦诗　国伊宁　杨梦丽　李晓任　赵雅兰
林　泉　张晶晶

数 据 核 实: 赵　旋　张惠琳　徐文文　刘敏佳　曹沥方

课 题 组 秘 书: 张惠琳

目 录

第一编 总 论

第二编　中小投资者权益保护指数

第三编　董事会治理指数

第四编 企业家能力指数

第五编　财务治理指数

第六编　自愿性信息披露指数

第七编　高管薪酬指数

第八编　政　策　建　议

中国公司治理分类
指数报告No.15
（2016）

Report on China
Classified Corporate
Governance Index
No.15（2016）

第一编
总　论

导　论

2016 年，"十三五"的开局之年，《中国公司治理分类指数报告 No. 15(2016)》以新的面目问世了。所谓"新的面目"，就是把原来按"类"单独出版的公司治理指数报告整合到一个报告中，"类"没有变，但报告整体化了，同年度的指数数据全面化了。

自 2007 年开始开发，这项研究已经历经 10 个年头。截至本年度(2016)，我们的公司治理研究创造了四个全国之最的成绩：一是出版公司治理指数报告种类最多，有 6 类；二是出版公司治理指数报告数量最多，有 15 部(包括本书)；三是列入国家重点图书的公司治理指数报告最多，"十二五"期间的 12 部报告，全部被列入"十二五"国家重点图书；四是建成了全国最大规模的、专业性的"中国公司治理分类指数数据库"。也由此，"中国公司治理分类指数报告系列"被国内外专家认为是"可以列入公司治理评级史册的重要研究成果"。

已出版的中国公司治理指数报告包括：中国上市公司高管薪酬指数报告(2009/2011/2013)、中国上市公司(自愿性)信息披露指数报告(2010/2012/2014)、中国上市公司财务治理指数报告(2011/2013/2015)、中国上市公司企业家能力指数报告(2012/2014)、中国上市公司董事会治理指数报告(2013/2015)、中国上市公司中小投资者权益保护指数报告(2015)。这些公司治理指数报告都是按"类"出版的，每类指数报告不仅有大量的指数数据分析，更有对指数数据的各种有效性检验，而后者证明了指数数据的客观性和可靠性。

多年来对指数数据的有效性检验已无须重复，更加之研究资源条件(主要是研究力量)和环境所限，使得之前按"类"出版公司治理指数报告已变得非常困难。更重要的是，作为一项探索性研究，每类隔年开发和出版一次，指数数据缺乏年度连贯性，不能完全建立起连续和平衡的面板数据，而社会对我们的指数数据的需求越来越大。于是，从本年度开始，我们在过去 9 年开展中国上市公司治理水平评价成功经验的基础上，集中研究资源，同时开发 6 类公司治理指数，以对中国公司治理水平进行多维度、全景式评价，帮助使用者从不同维度了解中国公司治理，尤其便于为研究人员、政府和企业提供时间序列的大数据支持，有人还建议我们基于不同方式尝试在 6 类指数基础上构造一个综合的公司治理指数(我们不太赞同这样做，原因见下文叙述)，以了解上市公司的整体治理水平。

基于这种考虑，我们把过去的 6 类独立的指数报告合并，每年的指数报告只出版一部，这部公司治理指数报告同时涵盖6类指数。6类指数报告的合并,无疑使报告的规模大幅扩张,为此,就只能撤下部分内容,包括已无多少必要的指数数据有效性检验、每年度的文献综述(因每年增加的指数研究文献并不多),以及全部的6类指数排名。但其实6类指数排名并非撤下,而是以光盘形式附在报告后。由于光盘容量较大,6类指数排名除了原来的总体排名外,还增加了分行业排名。对于其中的高管薪酬指数,还增加了高管薪酬绝对值排名。

一、为什么公司治理评价要分类

公司治理研究属于多学科研究领域,包括经济学(主要是新制度经济学、微观金融学)、工商管理(主要是战略管理学、财务学)、法学(主要是民商法学、诉讼法学)、政治学(主要是政府监管)、社会学(主要是社会责任)等。在公司治理评价研究上,不同学科的研究者往往侧重点不同,如法学家侧重从国家层面来研究各国的公司治理相关法规是否健全和到位。法学家对公司治理的评价很难从微观的企业层面来研究,因为立法和执法都是国家层面的问题,不是企业所能左右的。经济学家和管理学家对公司治理评价的研究则主要着眼于微观的企业层面,但是,在如何评价公司治理上,却存在着分歧。有的学者侧重公司治理整体的评价,有的学者则侧重公司治理不同方面或类型的评价。

公司治理涉及投资者(股东)、董事会、监事会、经理层、财务治理、信息披露、利益相关者(或社会责任)、政府监管等许多方面,显然,要从整体上精准严格地评价一个企业的公司治理水平,几乎是不可能的事情,即使做到了,也是不全面的。一方面,公司治理涉及面广泛,在评价中不可能考虑到所有方面。另一方面,也是更重要的,公司治理的不同方面,或者不同维度,没有清晰的界限,不同方面往往存在着交叉。比如,投资者权益保护(有学者称之为股东治理)不可能不涉及董事会,因为董事会是投资者的代理人;也不能不涉及财务治理,因为股东是重要的财务主体,其与其他财务主体存在财权配置问题;也不能不涉及信息披露,因为股东的一项重要权利就是知情权。再比如,董事会治理不能不涉及股东治理,因为董事是股东选举产生的,董事会的构成取决于股东不同的投票方式;也不能不涉及经理层,因为总经理(CEO)是董事会选聘的,其贡献是由董事会评估的,与贡献对应的报酬是由董事会决定的;也不能不涉及信息披露,因为独立董事是外在于企业的,需要充分的信息才能进行科学决策和对经理层进行有效监督。还比如,利益相关者涉及股东、董事、高管、员工、债权人、供应商、客户、社会居民(尤其是周边居民)等众多群体,他们与企业都有密切的关系,有的还贡献了专用性投资,评价利益相关者治理水平显然与股东治理、董事会治理、财务治理、社会责任等都有交叉。如此等等,不一而足。界限不能分清,如何把这些方面或维度进行整合,一些指标到底应该放在哪个维度中,难以有一致的意见。

顺便提一点,有学者提出"经理层治理"这个概念,我们认为这个概念是不成立的。经理层可以参与治理,如进入董事会,但进入董事会的经理人员不能很多,英美发达国家一般是

1～2名,否则,董事会对经理层的监督就失去了意义,董事会就不能独立了。反过来,董事会也不能为了独立性而拒绝任何经理人员(尤其是总经理)进入,因为经理人员是走在市场最前沿的一群人,他们最了解市场,最了解竞争对手,最了解行业发展态势,因此,董事会的战略决策离不开经理人员,经理人员是战略决策的起草者,只不过不是战略决策的最终决定者,最终决定权掌握在董事会手中。由此,1～2名经理人员进入董事会足矣。经理人员是董事会战略决策的执行者,尽管拥有独立的日常经营决策权,但需要董事会的监督(不是干预)和指导。可见,总体上,经理人员属于被治理者。在公司治理结构中,治理主体主要是股东和董事会,不是经理层,经理层是治理的客体,因此,不存在"经理层治理"的概念。

既然难以从整体上评价公司治理水平,分类评价就是必要的了。近年来,有学者专注于评价公司治理的某个方面,其中,对董事会治理水平、信息披露水平进行评价的相对较多,也有对社会责任进行评价的,但由于对社会责任的界定争议太大,因此,社会责任评价难以做到客观。自2007年起,我们开始对公司治理进行分类评价,在国内最早使用"中国公司治理分类指数"的概念。最初,我们设计了8类公司治理指数,包括投资者权益保护、董事会治理、企业家能力、财务治理、信息披露、高管薪酬、社会责任、政府监管。由于各方面限制,没有一次性研制,而是隔年研制一个"新类",同时继续评估已开发的"旧类"。至2015年,我们研制完成前6类,出版了14部公司治理指数报告。

分类评价公司治理水平,不需要严格分清不同类型之间的界限(因为这种严格的界限是不存在的),而是允许不同公司治理方面评价时的部分指标(只是少部分)的交叉(这种交叉是必须的,原因在于公司治理的不同方面本身就有交叉),这一点在整体评价时是难以做到的。由于允许少部分指标的交叉,从而分类评价对某一个方面来说,指标更全面,评价结果也更客观,这一点对于整体评价来说同样也是做不到的,因为指标过多就会出现不同方面的重复,而作为一个整体是不允许有重复指标的。更重要的是,分类评价可以使监管者、投资者、董事会、经理层等各利益相关者更容易判断公司治理问题到底出在哪里,从而精准给出解决方案,这是公司治理分类评价的最大优点。

二、中小投资者权益保护指数

2015年,我们在国内首次对中国全部上市公司的中小投资者权益保护水平进行了测度,测度结果表明,中国上市公司中小投资者权益保护非常不到位。2016年度是第二次测度。

在我们开发的6类公司治理指数中,按开发时间,中小投资者权益保护指数是最后一类,但本报告却把它列为首位,因为我们认为,中小投资者权益保护在公司治理中应居于核心地位。尽管严格来说,各类投资者权益应该平等得到保护,这是各国法律尤其是市场经济发达国家的法律都明确规定的,然而现实却是,中小投资者是最容易受到权益侵害的一个群体,尤其是在市场经济不成熟、法律不健全、存在一股独大的国家,中国无疑是在列的。即使是西方市场经济成熟的国家,之所以有专门的保护中小投资者权益的法律规定,也是因为其弱势地位。当然,在英美法系国家,投资者基本上都是"中小"的,甚至都是"小"的。当前,中国国有企业改革如火如荼,国有企业发展混合所有制必须要吸引更多的中小投资者参与,而中小投资者参与国有企业混合所有制改革的最大担忧就是其权益如何得到切实保护;民营企业要发展壮大,同样需要吸引更多的中小投资者的参与,单纯依赖于"一股独大"来实现其增长,无异于缘木求鱼,自断双臂。因此,把中小投资者权益保护置于核心地位,不是要忽视大投资者的权益,而是为了更好地实现各类投资者权益。

何为"中小投资者"? 从字面上理解,中小投资者是相对于大投资者(大股东)而言的。但大投资者也是一个相对概念。在一个较小规模企业中的大投资者,置于一个规模很大的企业中,则可能就是中小投资者,甚至是小小投资者。因此,中小投资者只能是限定在一个企业内的相对概念,换言之,中小投资者是指某个企业内相对于大投资者的其他投资者。这里,还有两点需要进一步明晰:

(1) 中小投资者概念应该限定在什么企业内?

无疑,应该是有多个投资者或投资主体多元化的企业,但这样的企业大体有三类:一是合伙制企业,二是有限责任公司,三是股份制公司(包括非上市的股份制公司和上市的股份制公司)。

合伙制企业是指由两人或两人以上按照协议投资,共同经营、共负盈亏的企业。很显然,在合伙制企业里,由于信息共享,且共同经营,企业尽管有多个投资者,但不存在中小投资者保护的问题。尽管也可能有部分投资者不参与经营,从而可能遭受一定风险,但合伙制企业的出资人通常不会太多,而且具有参与经营的法定权力,因此这种风险在法律上是可以避免的。

有限责任公司由50个以下的股东出资设立,每个股东以其所认缴的出资额对公司承担有限责任。这类公司筹资规模小,一般适合于中小企业。这类企业不必发布年报,看似存在信息不对称,有些投资者因不参与决策和经营而可能遭受风险,但因投资者人数有限,出资额有限,承担有限责任,而且投资者参与决策和监督的成本低,因此风险总体是可控的。从中小投资者权益保护角度,这类企业似乎也难以纳入考虑范围。

股份制公司是指由3人或3人以上(即至少3人)的利益主体,以集股经营的方式自愿结合的一种企业组织形式。其主要特征是:发行股票,股东众多,所有权分散,风险较大,收益波动性大。尤其是其中的上市公司,由于投资者多而分散,参与决策和监督的成本较高,尽管要求依法公布公司信息,但信息不对称程度仍然很高,代理问题仍然严重,投资风险仍然较大。此时,中小投资者权益保护问题就变得相当突出。

综合三类企业的特点,从中小投资者权益保护角度,最应该针对的是股份制公司,尤其是其中的上市公司。

（2）与中小投资者相对的大投资者如何界定？

没有大投资者或大股东的界定，就谈不上中小投资者及其权益保护问题。那么，哪个或哪些投资者可以被界定为大投资者？是第一大股东，还是前几大股东，比如前五大股东，抑或前十大股东？其实，这难以有一定之规，这要看投资者是否对企业具有实际控制力。现实的股份制公司尤其是上市的股份制公司中，更尤其是中国的上市公司中，普遍存在"一股独大"现象，这个"独大"的股东通常就是第一大股东，也就是一个公司中出资比例最大的投资者，对于这种公司，除了第一大股东，其他股东都可以列为中小投资者，他们的权益最容易受到侵害。但是，也存在"几股共大"的公司，即一个公司中共存几个持股比例相近的大股东，这几位出资者尽管也有大小之分，但由于比较接近，彼此可以互相制衡，他们的利益在公司中基本上可以得到保证。而除这几位股东之外的其他投资者，就可以认为是其权益容易受到侵害的中小投资者。从这个角度来讲，中小投资者是指一个公司中除了拥有实际控制力的投资者之外的其他投资者。

总之，从权益保护角度，中小投资者可以界定为：股份制公司中，除对公司拥有实际控制力的大股东之外的其他投资者。

那么，如何评价中小投资者权益保护水平？

在目前存在的其他有关中小投资者权益保护的评价中，存在一些明显的评价缺陷，导致中小投资者权益保护的真实水平难以反映出来，主要表现在：一是评价依据的标准偏低，不能反映中国与发达国家的差距；二是评价指标不完整，不能完整反映中小投资者的权利以及保障中小投资者行权的制度环境；三是指标权重的确定过于主观，使得评价结果有些随意；四是数据来源缺乏可持续性，样本选择少或缺乏典型性，使得评价难以纵向比较；五是把公司治理与投资者权益保护的法律法规分割开来。

本报告借鉴国内外已有的中小投资者权益保护评价研究成果，基于国内既有的相关法律法规，特别参照国际先进的中小投资者权益保护规范，提出了中小投资者权益保护四个维度的指标体系，即知情权、决策与监督权、收益权和维权环境。我们认为，信息不对称是大股东和经营者侵占的前提条件，中小投资者决策和监督权缺失是大股东和经营者侵占的权力基础，收益权是中小投资者权益保护的直接体现，维权环境体现了中小投资者权益保护的救济手段，因此，知情权、决策与监督权、收益权和维权环境是中小投资者权益保护的四个不可分割的组成部分。

知情权维度主要从公司定期报告披露的及时性，年报预披露时间与实际披露时间的一致性，预告业绩与实际业绩的一致性，公司是否因违规而被监管机构公开批评、谴责或行政处罚，外部审计是否出具标准无保留意见，公司是否建立与投资者沟通平台，分析师和媒体关注度，独立董事过去三年的任职经历是否详细披露，可预见的财务风险是否披露等方面，来考察中小投资者对于公司经营决策关键信息的知情权落实情况。

决策与监督权维度主要从是否采用网络投票制、是否实行累积投票制、是否采用中小投资者表决单独计票、独立董事比例、有无单独或者合计持有公司10%以上股份的股东提出召开临时股东大会、独立董事是否担任本公司董事长、有无单独或者合并持有公司3%以上股份的股东提出议案、三个委员会是否设立(审计、提名、薪酬)、审计委员会主席是否由独立董事担任、独立董事董事会实际出席率、董事长是否来自大股东单位等方面,来考察中小投资者行使权利和监督代理人的情况。

收益权维度主要从个股收益率是否大于或等于市场收益率、现金分红、股票股利、财务绩效、增长率、是否ST、是否有中小股东收益权的制度安排(分红权)等方面,来考察中小投资者的投资回报情况,包括现实的回报和可预期的回报。

维权环境维度主要从股东诉讼及赔偿情况,控制性股东是否因直接或者间接转移、侵占公司资产受到监管机构查处,是否建立违规风险准备金制度,投资者关系建设情况,董事会或股东大会是否定期评估内部控制,各专门委员会是否在内部控制中发挥作用,是否披露存在重大内部控制缺陷,风险控制委员会设置情况,股价异动等方面,来考察中小投资者权益维护方面的制度建设情况。

上述四个维度中,决策权、监督权、收益权是中小投资者的天然权利,任何国家的法律也都明确中小投资者享有这些权利,并非只有大股东才拥有这些权利。由于大股东经常处于控制地位,大股东的这些权利是可以得到保证的,但中小投资者的这些权利却经常丧失,甚至被人为侵占和剥夺。要实现这些权利,中小投资者还必须拥有公司经营信息的知情权,没有充分的知情权,决策权、监督权、收益权将无从谈起。即使有了充分的知情权,但如果维权环境偏紧,则这些权利仍然难以落实。因此,知情权、决策与监督权、收益权、维权环境四个方面应该作为一个不可分割的整体,构成完整的中小投资者权益保护系统。

评价中小投资者权益保护的目的是希望对广大中小投资者产生导向作用,促使中小投资者高度重视自身的权益维护,引导中小投资者理性投资,降低中小投资者的投资风险,帮助监管机构实现针对性监管。同时,促使中国公司按照国际规范,落实中小投资者的各项权益,实现公司的长期、有效和规范运作。具体包括以下几个方面:(1)帮助政府监管机构了解中小投资者遭遇的侵害类型及程度,促使政府加强中小投资者权益保护的立法和执法工作,使政府监管更加有的放矢。(2)帮助中小投资者降低信息不对称程度,使投资者更好地了解自己的代理人即董事会的治理情况以及由此产生的潜在风险,从而有效规避投资风险,提升投资收益。(3)帮助公司了解自身对中小投资者权益保护的情况,督促自己不断提升对中小投资者权益保护的水平,避免类似内幕交易和利益输送等侵害行为,以增强中小投资者的投资信心,获得更多的融资机会。(4)防止股市炒作误导中小投资者,避免股市崩盘风险,促使资本市场真实反映公司信息,引导股票价格客观反映公司业绩,推动资本市场实现稳定发展并走向成熟。(5)助推国有企业发展混合所有制取得成功。国企混改是国资和民资的混合,进入国企的民资,基本上属于中小投资者之列。鉴于目前大股东和经营者侵害中小投资者的普遍性而造成的中小投资者的忧虑,如何有针对性地加强对进入国企的民资的保护,是政府和国企必须考虑的首要问题。(6)为上市公司中小投资者权益保护的实证研究提供服务平台和数据支持。

三、董事会治理指数

2013 年和 2015 年,我们对中国全部上市公司的董事会治理水平进行了两次测度,测度结果表明,中国上市公司的董事会治理水平低下,董事会治理亟须改革和改进。2016 年度是第三次测度。

何谓董事会治理?我们认为,董事会治理是董事会作为治理主体,如何通过一系列正式或非正式制度安排,通过有效治理,实现委托人的利益诉求和公司的可持续发展。其主要内容包括:(1)董事会作为代理人如何做到对委托人尽职尽责?(2)董事会作为决策者如何做到科学决策?(3)董事会作为监督者如何做到监督到位而不会被经营者(被监督者)所干扰?(4)董事会作为利益主体如何做到既有动力又不被利益所"俘虏"(激励与约束)?

目前理论界存在着把董事会治理泛化的现象,即把董事会治理混同于或基本混同于公司治理。这种混同在 20 世纪 80 年代之前的西方发达国家非常普遍,那时的公司治理在现今被称为"狭义的公司治理"。"狭义的公司治理"的核心是股东利益至上,董事会一切问题的核心就是股东利益,这就是所谓的公司治理的股东价值观。其实,那时不是把董事会治理混同于公司治理,而是等同于公司治理,这是那个时代公司治理研究的局限性所在。因为,由于所有权和经营权的分离,董事会作为股东的代理人,是不可能全心全意为股东服务的,尽管理论上他们应该如此。于是,20 世纪 80 年代之后,有了更广义的公司治理。这里的"广义",一方面是指公司治理不仅仅是为了股东,还有股东之外的其他利益相关者,如经理、员工、债权人等,当然,股东是核心;另一方面,既然董事会不可能全心全意为股东服务,就必须有单独的股东治理(在日本、德国等国家还有监事会治理)。股东治理的存在,意味着股东不能把全部希望都寄托在其代理人董事会身上,他们必须积极参与到公司治理中来。由此,股东治理和董事会治理就成为两个互相补充的公司治理的重要方面。不同的主体,职责不同,从而治理的内容也就不同,需要区别对待,因此不能再回到 20 世纪 80 年代之前,把董事会治理等同于或混同于公司治理。

那么,如何评价董事会治理水平?

从根本上说,董事会治理评价是对董事会治理质量的评价,这种质量评价的实质是评估董事会在多大程度上代表投资者的利益。也就是说,是否代表投资者,在多大程度上代表投资者,是董事会治理评价的全部内容。但在现有的董事会治理评价中,却存在严重的评价缺陷,导致董事会治理的真实水平难以反映出来,主要表现在:一是重形式评价轻实质评价;二是由于把董事会治理混同于公司治理,从而在董事会治理评价中,把一些不属于董事会治理范畴的指标纳入董事会治理评价指标体系中,如股权结构;三是把董事会治理评价等同于董事会业绩评价,或者把董事会业绩作为董事会治理评价的重要内容,这无疑是对董事会治理的误解或错误认识;四是一些指标或者无法判断董事会治理的有效性,或者不具有可操作性,主观性很强,难以对董事会治理的有效性作出判断,如"董事会规模"和"董事会会议次数"。

本报告借鉴国内外已有的董事会治理评价研究成果,参照国际先进的董事会治理规范,同时也考虑国内既有的相关法律法规,提出了董事会治理四个维度的指标体系,即董事会结构、独立董事独立性、董事会行为和董事激励与约束。如此确定的指标体系和评价结果接近国际标准,高于国内既有法律和政策规定。

董事会结构维度主要从外部董事比例,有无外部非独立董事,两职是否合一,董事长是否来自大股东单位,有无小股东代表,有无职工董事,董事学历,年龄等于和超过 60 岁的董事比例,是否设置审计、薪酬和提名委员会等方面来衡量董事会成员构成和机构设置情况,以此来评价董事会结构的有效性。

独立董事独立性维度主要从审计委员会主席是否由独立董事担任,独立董事中有无财务专家、法律专家、其他企业高管,是否存在政府背景,独立董事是否担任本公司董事长,是否同时在多家公司担任独立董事,独立董事实际出席董事会比例,独立董事津贴是否超过 10 万元,是否详细披露独立董事过去三年的任职经历等方面,来衡量独立董事的专业素质和履职情况,以此来评价独立董事是否能够实现独立履职。

董事会行为维度主要从内部董事和外部董事是否有明确的沟通制度、投资者关系建设、是否存在董事会提交的决议事项或草案被股东大会撤销或者否决的情况、是否有规范的《董事会议事规则》、财务控制、董事会是否有明确的高管考评和激励制度、是否披露股东大会出席率等方面来衡量董事会行为相关制度的建立和执行情况;以此来评价董事会的实际履职情况。

董事激励与约束维度主要从执行董事薪酬是否与其业绩相吻合,股东诉讼及赔偿情况,董事会成员是否遭到监管机构处罚或谴责,是否有明确的董事考核或薪酬制度,是否公布董事考评/考核结果,是否披露董事薪酬情况,是否有董事会会议记录或者董事会备忘录,是否有董事行为准则相关的规章制度,独立董事是否明确保证年报内容的真实性、准确性和完整性或不存在异议等方面来衡量董事激励和约束制度的建立和执行情况,以此来评价董事激励与约束机制的健全程度和有效性,尤其是约束机制的健全程度和有效性。

在四个维度中,前两个维度侧重从形式上来评价董事会治理制度的健全程度,后两个维度则侧重从实质上来评价董事会治理的有效性。董事会治理制度没有形式上的健全,就不可能产生实质上的有效。但反过来,董事会治理制度有了形式上的健全,却未必产生实质上的有效。董事会治理制度只有在形式上健全后充分落到实处,才能实现董事会治理的真正有效。在现实中,从监管机构的要求看,中国上市公司董事会的设置近乎完美,但董事会治理却仍然不断遭到诟病。在我们对 2012 年、2014 年和 2015 年董事会治理的评估中,及格公司(60 分及以上)的比例分别只有 11.54%、5.93% 和 6.67%。如此之低的及格率恰恰反映了中国上市公司董事会治理形式和实质的高度背离和不对称。因此,要全面了解中国上市公司董事会治理的质量和效果,就不能仅仅满足于形式上的评价,更要重视实质上的评价,实现形式和实质的高度统一。

　　评价董事会治理的目的是希望对中国已上市公司和计划上市公司的董事会治理发挥导向作用,促使中国公司按照国际标准,不仅从形式上,更要从实质上,实现中国公司董事会的全方位规范化运作,并引导投资者的投资方向,降低投资者的投资风险,帮助监管机构实现针对性监管。具体包括以下几个方面:(1)帮助投资者尤其是中小投资者降低信息不对称程度,使投资者更好地了解自己的代理人即董事会的治理情况以及由此产生的潜在风险和价值,从而有效规避投资风险,提升投资收益。(2)帮助政府监管机构了解上市公司董事会的运作和相关政策法规的执行情况,从而使政府监管更加有的放矢,并促使政府对公司董事会的运作施以规范化引导。(3)帮助公司了解董事会自身治理存在的问题,督促自己不断提高董事会治理的质量,以增强投资者的投资信心,获得更多的融资机会。(4)向投资者和其他利益相关者及时提供真实、完整的信息,是董事会的重要职责,市场获得可靠、及时和完整的信息,有利于保证股票价格与公司真实业绩的吻合度,而这种吻合是资本市场成熟的重要标志。(5)为上市公司董事会治理实证研究提供服务平台和数据支持。

四、企业家能力指数

　　2012年,我们在国内首次对中国全部上市公司的企业家(CEO)能力进行了测度,2014年又进行了第二次测度。两次测度结果表明,中国上市公司CEO由于不具有独立性,以及责任机制不到位,CEO能力的发挥受到严重制约,企业家能力处于低下水平。2016年度是第三次测度。

　　何谓企业家?熊彼特在1934年出版的《经济发展理论》中指出,企业家就是创新者。按照熊彼特的观点,社会任何领域都存在企业家,不仅有企业界企业家,也有政界企业家、教育界企业家、学界企业家等等,这可以说是广义的企业家。本报告的企业家是指企业界企业家,可以说是狭义的企业家。

　　在熊彼特的创新意义上,企业内的企业家显然不是一个人,也不是几个人,而是多个人,甚至是一种集体行为。那么,我们对企业家的评价是针对一个人,还是针对几个人,或者是针对一个企业家群体?

　　企业的发展需要创新,创新者越多,创新越活跃,企业发展就越充满生机和活力。不过,如果因此而评价多个企业家(即创新者),或者是评价一个企业家群体,那么我们的评价对于企业家市场的形成和发育就没有多少针对性意义。因此,对企业家的评价只能针对一个特定的创新者。

　　那么,如何选择这个特定的创新者?无疑,这个创新者只能是企业的领袖,因为企业的领袖是企业家的典型代表。在现实的企业中,企业的领袖一般有两个人选,或者是董事长,或者是总经理(或称总裁,或称CEO)。如果两职由同一人担任,那就不存在选择的难题;如果两职由两个不同的人担任(这是绝大多数企业的情况),那么选择哪一个来评价?

　　其实,这个难题是人为制造的,原因在于我们中很多人把董事长和总经理的职能误解了。在中国,董事长通常被确定为公司的"一把手",董事长的权力要高于总经理。其实,公司治理层是通过契约来规范的,是没有"一把手"概念的,董事会是一个会议体,董事的权力是平等的,董事长仅仅是"董事会的发言人"或"董事会召集人",并不是凌驾于其他董事和总经理之上的领导者,向总经理授权进行企业正常经营管理工作的是董事会而不是董事长。因此,应在厘清董事会职能的前提下,高度重视 CEO 的独立性和能动性,应使 CEO 在法律框架和恪守董事会战略决策的前提下发挥其最大潜能。况且,在企业实践中,董事长也有很多属于兼职角色,这些董事长既不在公司领薪(一般在股东单位或自身所在单位领薪),也不负责公司经营管理工作,如果我们评价的对象是董事长,则意味着不是所有的董事长都能进入我们的评价范围,这就使评价失去了一般性。而 CEO 则是所有公司都具有的角色,况且我们评价的目的是引导政府、企业和投资者要高度重视总经理的地位,尊重总经理在不违反董事会决策下的自由裁量权并且独立承担责任,就此看来,我们所选择的企业家的典型代表就只能是总经理(或总裁,或 CEO)了。

　　那么,如何评价企业家能力?

　　近些年,国内外相关学者对企业家能力及评价进行了深入的研究。然而,已有研究却存在三个方面的不足:一是在理论研究方面,各个理论视角都仅仅停留在某一层面上对企业家的界定,没有一个完整的、有说服力的概念界定,或者仅把评估对象确定为相同规模的企业,或者忽视企业家关系网络能力的评估。二是在实证研究方面,大部分学者对企业家能力的研究主要聚焦在理论分析的定性研究层面,实证研究明显不足,因为缺少连续的、可比较的、客观性强的大数据支持。三是简单地将人力资源测评方法用于企业家能力评价。人力资源测评只是基于个人背景和经历(基本上都是个人提供的成功的经历)所作的一种比较主观的潜在能力评价,至于被评对象的实际能力,尤其是其诚信水平,是难以测评出来的。

　　2016 年度我们借鉴了国际先进的评价标准,基于中国国情,着眼于推动职业经理人市场,提出了企业家人力资本、关系网络能力、社会责任能力和战略领导能力四个维度的指标体系,力求对中国企业家能力作出全面的、客观的评价。

　　企业家人力资本维度主要从学历(最高学历)、工作年限、工作经历变更、是否担任其他公司的独立董事、是否有海外留学和工作经历、选聘路径等几个方面进行评价。这些方面对于一家要聘任 CEO 的公司来说,并非是现实的企业家能力,而是潜在的企业家能力。尽管如此,企业家人力资本却是企业家能力中最基础的能力。一旦存在某种或某些动力机制,这些潜在的企业家能力就会很快变成现实的企业家能力,如企业家的激励或约束机制,通过这些动力机制,能够促使 CEO 产生把潜在能力变成现实能力的欲望。当然,这些动力机制不属于企业家能力评价的范围。

　　企业家关系网络能力维度主要从政府官员是否到企业访问、CEO 是否陪同政府官员出国访问、是否担任党代表、是否担任人大代表、是否担任政协委员、是否在军队任过职、CEO 任职期间是否获得相关荣誉称号、是否在行业协会任职、是否曾经在政府部门任职等几个方面进行评价。从规范的市场规则角度,关系网络能力是不应该纳入企业家能力评价范围的,因为关系网络可能存在"寻租"问题。然而,关系网络并不必然产生"寻租",而正常的关系网络也能够为企业带来资源,进而能够促进企业发展。况且,把关系网络能力纳入评价范围,有助于我们判断中国企业家更偏重于哪个方面能力的培养,或者比较企业家哪个方面的能力更加突出。比如,人力资本与关系网络能力是否存在替代关系? 关系网络能力是否更多地通过履行社会责任而获得? 了解这些问题对于发展和培养中国的经理人市场无疑是意义非凡的。

企业家社会责任能力维度主要从企业是否捐赠慈善事业、CEO 是否在非营利组织兼职(如担任理事)、CEO 个人有没有被证监会谴责、有没有产品质量或安全等问题的重大投诉事件、员工的收入增长率是否不低于公司利润增长率、有无现金分红、有无债权人和股东诉讼等几个方面进行评价。企业的持续发展包含着众多利益相关者的努力和投入,其中很多投入具有高度的专用性,一旦损失将难以收回,如员工投入了专用技能和劳动,社区居民可能承受了企业释放的环境污染,顾客可能承担了因产品质量低劣对身心造成的损害,等等,无疑这些利益相关者的努力和投入必须从企业得到回报。把社会责任能力考虑到企业家能力评价中,目的是引导企业家树立强烈的社会责任意识,承担起更多的社会责任。更重要的是,对利益相关者承担责任,是企业家诚信意识和水平的重要反映,没有这种责任担当,就不能称之为企业家。

企业家战略领导能力维度主要从 CEO 贡献、国际化程度、企业员工数、企业总资产、企业在行业中的地位、企业有无完整的 ERP 系统、企业有无制定战略目标和计划等方面进行评价。企业家战略领导能力实际上是企业家各种能力的综合体现,企业家其他方面的能力最终要落实在其战略领导能力上。在存在一个成熟的经理人市场的情况下,CEO 必须本着对企业利益相关者高度负责的精神,以其敏锐的市场和战略意识,恪尽职守,尽最大努力制定出科学的和可行的企业经营决策,一旦董事会批准该决策,CEO 就必须坚决贯彻和执行。不过,需要特别强调的是,CEO 绝不是被动地执行董事会批准的决策,被动接受董事会决策的 CEO 不是真正意义上的企业家。作为 CEO,他(她)的企业家能力实际上更多地体现在日常经营决策的制定和执行中,战略性决策更多的是指明方向,是框架式的,具体如何落实,需要靠 CEO 的开拓和创新。也正是这一点,体现出我们把 CEO 作为评价对象的原因所在。

评价企业家能力的目的是希望对企业家市场选择发挥导向作用,进而促进中国经理人市场(或称企业家市场)的发展,具体说,就是要促使政府和社会各界认识到:(1) CEO 的独立性和能动性以及问责机制是至关重要的,这样才能促使 CEO 能够在恪守法律和董事会战略决策的前提下发挥其最大潜能。(2) 高能力的企业家只能产生于职业化的经理人市场,从而高度重视职业经理人市场的建设。(3) 经理人完备信息的披露是职业经理人市场建立的要件,这些信息中,不仅有潜在能力的信息,更有实际能力的信息;不仅有成功的信息,也有不成功的信息。在充分、真实的信息中,体现着企业家诚信经营、敢于创新和担当的品质和精神。经理人市场必须有惩戒机制,即必须能够让不诚信的经理人承担隐瞒信息的代价。

(4) 选聘 CEO 的权力必须回归董事会,只有在董事会独立选聘并对选错承担责任的情况下,董事会才有动力选出最有能力的企业家。

五、财务治理指数

2010 年,我们在国内首次对中国全部上市公司的财务治理水平进行了测度。2012 年和 2014 年又进行了两次测度。三次测度结果表明,中国上市公司的财务治理非常不理想,权利配置不合理,内控不力,监督不严,激励和约束不到位,中国上市公司的财务治理亟须改进。2016 年度是第四次测度。

财务治理是关于企业财权配置、财务控制、财务监督和财务激励的一系列正式和非正式制度安排,这些制度安排通过财权配置将各个财务主体紧密联系起来,同时通过财务控制、财务监督和财务激励对财务主体形成合理的控制、监督和激励。较高的财务治理质量不仅能够合理配置各财务主体的权责利,有力控制各个财务环节,有效监督财务行为,还能适当激励财务主体,是公司正常运行的关键保障。

财权配置、财务控制、财务监督和财务激励是财务治理的四个不可分割的部分,是我们借鉴国内外已有的财务治理研究成果,参照国际先进的财务治理规范,同时也考虑国内既有的相关法律法规而提出来的。其中,财权配置是指财务决策权在各个财务主体之间的配置和落实,主要的财务主体包括股东(股东大会)、董事会、总经理(CEO)、首席财务官(CFO)。当然还有其他利益相关者,如政府、员工等,这些利益相关者的财权是可以包含在董事会中的,但这种"包含"必须有一个前提,那就是董事会是以股东为核心的所有利益相关者的代理人,作为这种代理人,董事会与经理层是监督与被监督的关系,进一步说,董事会是必须独立于经理层的,否则,就容易发生董事会和经理层"同体"现象,其他财务主体的利益将无法得到保证。在董事会治理缺乏独立性的情况下,即使形式上反映了各财务主体的利益,各财务主体的利益也得不到切实保证。因此,公允的财权配置可以实现公司分权制衡,杜绝独裁,保障财务活动的合法性和透明度。

财务控制是指财务权力的执行过程,具体包括企业的内部控制体系和风险控制体系。健全的财务控制能够从程序上保证财务信息生成的合法、合规,提高财务信息的真实性和准确性,从而保证财务主体决策的科学性和可行性。2001 年和 2002 年,美国安然和世界通讯两家公司爆发财务丑闻,促成了萨班斯-奥克斯利法案(Sarbanes-Oxley Act)的出台。该法案的核心就是强化财务控制,包括三个方面:一是建立公众公司会计监察委员会,对会计师事务所提供的上市审计服务进行监管;二是对上市公司高管人员造假予以重罚;三是在美上市企业必须建立内部控制体系。这被认为是美国自 20 世纪 30 年代经济大萧条以来涉及范围最广、处罚措施最严厉、影响力最大的上市公司法案。该法案的全称是《公众公司会计改革和投资者保护法案》。不难看出,财务控制在投资者权益保护中具有重要作用。

　　财务监督是指对财务权力执行的监督。这种监督需要相应的机制设计,包括企业内部监督机制和外部监督机制。内部监督主要来自董事会,尤其是其中的审计委员会;外部监督主要来自外部审计机构和政府监管部门,当然也包括广大投资者,甚至包括公众。而监督机制要有效发挥作用,有赖于信息的公开、全面和真实,有赖于董事会的独立性,有赖于外部审计机构的中立性,更有赖于政府监管部门的立法和执法的公信力。

　　财务激励是指对财务主体投入的回报,这种投入既包括资金资本的投入(如股东的资金投入),也包括人力资本的投入(如企业高管和员工的人力投入)。有投入就必须有相应的权力和利益,前者即财务权力,后者即财务激励。财务激励是财务治理的驱动器,适当的财务激励能够有效激发企业各利益主体的工作热情和积极性,降低经营者的道德风险。在财务激励中,核心的是股东利益,如果股东合理的回报得不到保证,将会影响股东投资的信心,进而会影响资本市场的稳定。

　　以上四个方面,财权配置是财务治理的核心和基础,合理的、有效的财权配置能够协调各个利益相关者的利益,从而有利于形成合力;财务控制和财务监督是手段,前者重在财权执行,后者重在对财权执行的监督;财务激励是财权执行的结果,财权最终要落实在利益方面,没有财务激励,各财务主体就不可能形成合力。财务治理的四个维度,不是独立发挥作用的,它们共同构成了财务治理系统,只有系统性发挥作用,才能保证企业的健康和可持续发展。

　　那么,如何评价财务治理水平?

　　基于我们提出的财务治理的四个方面(或维度),即财权配置、财务控制、财务监督和财务激励,我们设计了既具有科学性和客观性,又具有可操作性和稳定性的指标体系。由于借鉴了国际先进的财务治理规范,因此,如此确定的指标体系和评价结果接近国际标准,高于国内既有法律和政策规定。

　　财权配置维度主要从关联交易是否提交(临时)股东大会讨论通过、独立董事薪酬和高管股票期权是否通过(临时)股东大会、两权分离度、董事会是否提出清晰的财务目标、内部董事与外部董事是否有明确的沟通交流制度、独立董事比例、独立董事中是否有财务或会计方面的专家、董事长和总经理是否两职分离、CFO 是否具有高级职称或相关资格认证等方面来衡量各财务主体的权利是否得到合理配置,以此评价财权配置的有效性。需要注意的是,如果财权配置过于形式化,尽管表面上看各个财务主体都可以在财权配置中找到自己的"位置",但这并不能保证财权配置的有效性。

　　财务控制维度主要从董事会或股东大会是否定期评估内部控制、各专门委员会是否在内部控制中起作用、董事会或股东大会是否披露具体内部控制措施、风险控制委员会设置情况如何、公司财务弹性、公司对外部资金依赖程度、是否披露可预见的财务风险因素、是否ST 公司等方面来衡量企业内部控制体系和风险控制体系的健全程度,以此评价财务主体决策的科学性、可行性和抗风险性。

　　财务监督维度主要从审计委员会设置,外部审计是否出具标准无保留意见,公司网站是否披露当年和过去连续三年财务报告,公司是否披露公司发展前景的相关信息,公司是否披露关联方交易状况,公司是否对会计政策的变化作出解释,公司是否因违规而被监管部门公开批评、谴责或行政处罚等方面来衡量企业内外部监督机制的到位情况,以此评价内外部监督机制的效果。

财务激励维度主要从现金分红、股票股利分配、高管薪酬支付的合理性、薪酬委员会设置情况、公司是否采用股票期权激励政策、员工报酬增长率是否不低于公司营业收入增长率等方面来衡量各财务主体的收益保障情况,以此评价财务主体的动力。

评价财务治理的目的是希望对中国已上市公司和计划上市公司的财务治理发挥导向作用,促使中国公司按照国际标准,尊重各财务主体的权益,实现中国公司财务运作的规范化,从而降低财务风险,提高抗风险能力。具体包括以下几个方面:(1)有助于投资者进行理性投资,塑造投资者长期投资的信心。财务治理评价可使投资者尤其是中小投资者认识到公司的潜在风险和价值,从而有效规避投资风险,提升投资收益。由于中国目前中小投资者受到大股东和经营者的侵害比较普遍,因此,财务治理对于中国中小投资者权益保护,具有特殊的意义。(2)有助于监管者进行针对性监管,严防财务欺诈。财务治理评价可以帮助政府监管机构了解公司财务运作的规范化程度,尤其是能够洞悉国家有关财务运作的法律法规的落实情况,从而使政府监管更加有的放矢,并促使政府通过经济和法律手段对公司的财务运作施以规范化引导。(3)有助于企业及时发现潜在风险,防患于未然。财务治理评价可使公司了解自身财务治理中存在的问题,督促公司不断提高财务治理水平。不仅有助于发现本公司与其他公司财务治理的差距,而且也有助于发现本公司财务治理与国际水平的差距,及时弥补不足和缺陷,从而保证投资者的投资信心,获得更多的融资机会。(4)有助于资本市场反映公司真实信息,实现资本市场有序运行。财务治理评价可以发现信息失真,信息失真会加大投资者投资的财务风险,从而导致投资者转移投资方向。因此,财务治理评价能够引导公司披露真实信息,进而促使资本市场的股票价格反映公司真实绩效,股票价格和公司真实绩效的吻合是资本市场成熟的重要标志,也是防止股市动荡甚至"股灾"的重要因素。(5)有助于大数据平台建设,深化财务治理理论研究和实证分析。近些年财务治理研究总体落后于公司治理其他方面的研究,一个重要原因是缺乏财务治理的大数据支持。财务治理评价所赖以支撑的数据库提供了深化财务治理理论研究和实证分析的平台,而且基于大数据的财务治理研究更加符合现实。

六、自愿性信息披露指数

2010 年和 2012 年,我们对中国全部上市公司的信息披露水平进行了测度,测度结果表明,中国"能不说就不说"的现象非常普遍。"能不说就不说"属于自愿性信息披露范畴,而强制性信息披露则不存在多大问题,于是,从 2014 年开始,我们对中国上市公司信息披露的评价改为专门对其中的自愿性信息披露的评价。评价结果证明,在中国上市公司中,"能不说就不说"现象不仅普遍,而且非常严重。2016 年度是对自愿性信息披露的第二次评价,也是对信息披露的第四次评价。

自愿性信息披露(Voluntary Disclosures)是相对于强制性信息披露而言的。自愿性信息披露的关键词是"自愿"。"自愿",顾名思义,就是可披露也可不披露。披露了,使用者欢迎;不披露,也没人追究,因为没有追究的法律依据。但不披露,需求者尽管不追究,却并非不计较。如何计较,这就涉及市场机制了,即需求者可以"用脚投票"。上市公司信息的最大需求者是投资者,也是上市公司的核心利益相关者,投资者不投资,公司上市就没有意义了。但投资者投资依赖于其所获取的信息,不同投资者的信息需求不同。随着市场的完善,越来越多的投资者的投资趋于理性,他们不再满足于监管机构强制要求公司披露的信息,而是通过更多的信息来最大限度地降低自己的投资风险,即追求所谓信息的"有用性",而强制性披露难以满足许多投资者所要求的"有用性"。如果投资者难以获得他们认为"有用"的信息,他们就会认为投资有风险,从而不投、少投、转投,如果很多投资者不投、少投、转投,则这家公司就可能被并购或倒闭,这就是投资者的"用脚投票"。从这个角度讲,自愿性信息披露并不是可有可无的,是上市公司吸引投资者的不可或缺的重要方式。

不论是自愿性信息披露还是强制性信息披露,都没有统一的国际标准。在一个国家是自愿性披露的信息,在另一个国家可能是强制性披露的信息。一般来说,市场发育程度越高,相应的法律制度就越完善,就越注重自愿性信息披露,通过投资者"用脚投票"来促使上市公司自愿披露更多的信息;相反,市场发育程度越低,相应的法律制度就越不完善,"用脚投票"的效果就越低,通过自愿披露信息就难以满足投资者投资要求,从而就越强调强制性信息披露。但这是一种比较理想的状态,实际情况比理论推导的情况要糟糕得多。原因在于,企业都是追求最大利益的"经济人",都有投机取巧的本性,只要不违背法律规则,对自己不利的信息就尽量不披露。因此,即使在市场经济高度发达的英美等国家,也通过大量的规则甚至法律,强制性要求上市公司披露更多的信息。我们不难看到,尽管英美等国家市场经济很发达,但其强制性披露信息的范围远远大于市场经济还不太发达的中国。

然而,由于市场千变万化,投资者的信息需求也是多种多样,而规则和法律都是由人制定出来的,每个人的理性都是有限的,从而,再细致的强制性披露的信息也难以满足投资者理性投资对信息的需求。另外,企业外部的利益相关者也绝不仅仅是单一的投资者,供应商、客户、居民(尤其是企业周边居民)都是企业的重要利益相关者,他们对企业也有各种各样的信息需求,而其中很多信息难以纳入强制性范畴。显然,自愿性信息披露不是可有可无的,而是必须的。比如,高管薪酬结构及额度信息。该项信息在英美等国家的披露是很完整的,即不仅要披露高管薪酬总额,还要披露薪酬结构以及各部分的额度,如固定薪金、奖金、股票、股票期权、养老金等。但这些信息在中国属于自愿性披露范畴,在上市公司披露的信息中,几乎没有几家公司披露该项信息。那么,该项信息对于投资者是否必需? 回答是肯定的,因为通过该项信息,投资者可以了解高管的长期薪酬和短期薪酬构成,并进而了解高管行为是满足于企业短期发展还是立足于企业长期发展。再比如，董事任职经历，英美等国家的公司对该项信息的披露也很详细，但在中国则属于自愿性披露范畴。该项信息对投资者同样至关重要。原因在于：董事（会）是投资者的代理人，他们要代表投资者对经营者进行监督。通过董事任职经历的详细披露，投资者可以了解董事是否与经营者有关联，以此判断董事和经营者是否存在合谋的可能性；对于中小投资者而言，还需要了解董事是否与大股东有关联，以此判断董事是否仅代表大股东，进而可能侵害中小投资者的利益。

自愿性信息披露也是企业诚信经营的重要体现。诚信意味着企业必须向包括投资者在内的利益相关者及时披露真实、全面的信息，这不仅是为了使投资者降低投资风险，更是为了增强投资者的投资信心。因为，投资者"被骗"一次容易，第二次"被骗"就难了，多次"被骗"几乎不可能，而且，"被骗"具有扩散效应，失去投资者意味着企业经营的失败。对于供应商、客户等利益相关者来说，也是如此。

总之，自愿性信息披露尽管是"自愿"的，但不是可有可无的。企业要想获得可持续发展，就不能仅仅满足于强制性信息披露，而必须高度重视自愿性信息披露。尽管自愿性信息披露增加了信息披露的成本，但相对于企业所由此获得的投资者信心和其他利益相关者的信赖，以及企业的良好声誉和长期发展，则这些成本支付是非常值得的。

那么，如何评价自愿性信息披露水平？

在既有的其他相关研究中，主要采取三种形式对自愿性信息披露进行评价：一是由分析师和相关实践人员评价，但不公布指标体系和计算方法。显然这种评价的结果难以验证，而难以验证就不能让使用者监督，不能监督就难以保证其客观性，会有很大程度的主观性，投资者使用的针对性很差；二是选择年报中具有代表性的指标作为衡量自愿性信息披露的指标。这种评价用个别指标来替代范围较广的自愿性信息整体，有以偏概全的倾向，投资者难以通过这种评价克服自己的投资风险，与第一种形式的评价相同，投资者使用时基本没有针对性；三是自己构建体系庞大的自愿性信息披露指标体系，但很多指标难以获得数据，尤其是难以获得连续数据，因此操作性较差，难以连续进行跟踪和比较分析。

本报告借鉴国内外已有的自愿性信息披露评价研究成果，基于国内信息披露相关法律法规，特别参照国际先进的信息披露规范，立足于投资者权益保护，提出了自愿性信息披露四个维度的指标体系，即治理结构、治理效率、利益相关者和风险控制。

治理结构维度主要评价董事会构成、董事学历和任职经历（不含兼职、社会称号等）、专门委员会构成、监事会构成和成员、高管层学历、高管层任职经历（不低于三年）（不含兼职、社会称号）等方面的信息披露情况。这些信息的披露对于投资者了解代理人（董事会、监事会、经理层）有无可能代表自己作为委托人的利益，以及是否着眼于企业发展（尤其是长期发展）具有重要价值。

治理效率维度主要评价股东大会（包括临时股东大会）股东出席率、股东大会（包括临时股东大会）投票机制、董事考评制度及结果、董事会议事规则、董事会召开方式、独立董事参与决策、高管薪酬结构及额度、高管层关系网络等方面的信息披露情况。这些信息的披露重在评估治理结构的有效性,对于投资者了解代理人的实际履职效果具有重要价值。

利益相关者维度主要评价投资者关系建设情况、社会责任、债权人情况、债务人情况、供应商情况、客户情况等方面的信息披露情况。这些信息的披露对于投资者了解自己的利益是否得到尊重和保护具有重要价值。其中,投资者关系信息是企业直接针对投资者的沟通渠道和沟通方式的信息,而社会责任以及债权人、债务人、供应商、客户等方面的信息,则能让投资者详细了解企业其他利益相关者对自己利益的影响,使投资者能够以更加理性的心态来对待多元化的企业经营,这无疑也是对投资者的一种尊重。

风险控制维度主要评价企业发展战略目标、盈利能力、营运能力、偿债能力、发展能力、会计师事务所、宏观形势对企业的影响、行业地位(或市场份额)、竞争对手等方面的信息披露情况。这些信息的披露对于投资者降低投资风险,获得稳定的投资回报具有重要价值。

不难看出,基于自愿性信息披露四个维度设计的指标体系,能够使投资者全方位了解企业,从而满足自己理性投资的信息需求。在这四个维度中,投资者不仅能够从形式上了解代理人是否有可能代表自己作为委托人的利益,而且能够了解到代理人的实际履职效果;不仅能够了解自己与企业的沟通渠道和方式,感觉到自己受到尊重的程度,而且能够了解自己投资的风险大小。显然,这种基于投资者保护的自愿性信息披露四维度评价,是一种全方位的评价,也是一种更客观的评价。

评价自愿性信息披露的目的是希望中国上市公司改变"能不说就不说"的旧观念,树立"能说的都要说"的新理念,具体包括如下几个方面:(1)自愿性信息披露不是可有可无的,它对投资者理性投资具有重要价值,而投资者基于"有用信息"进行投资对企业的发展尤其是长期发展具有重要影响。(2)在市场不成熟尤其是法律不健全的情况下,自愿性信息披露应更多地转化为强制性信息披露,单纯靠自愿是不能满足投资者理性投资对信息的需求的。(3)法律规则要具有很强的威慑作用,如果因信息披露不到位而使投资者遭受严重损失,即使这些信息披露属于自愿性的,也必须要承担重大责任,并给予高成本的处罚。(4)自愿性信息披露对董事会的科学决策和对经理层的有效监督也具有重要影响。独立董事是外在于企业的,而独立董事拥有参与战略决策以及对经理层进行监督的权力。独立董事的科学决策和对经理层的有效监督高度依赖于充分、真实的信息披露,这其中也包括自愿披露的信息。否则,就会产生决策科学性差和监督失效的可能,而这些直接影响企业的发展。

七、高管薪酬指数

2007年,当我们开始进行中国公司治理分类评价时,首选的便是高管薪酬指数,即高管薪酬合理性评价。然而遗憾的是,由于当时没有开发数据库系统,只是运用传统的方法采集数据,加之经验不足,导致数据丢失严重。2008年,我们从头再来,仍是因首次开发,经验缺

乏,研究工作进展缓慢,当我们于 2009 年 5 月完成首部《中国上市公司高管薪酬指数报告
2008》时,各上市公司新的年度报告已经公布,出版的价值已经降低。于是,我们再次采集新
年度的数据,最终完成并出版国内首部《中国上市公司高管薪酬指数报告 2009》。2011 年和
2013 年,我们又进行了两次评价。三次评价结果表明,中国上市公司高管薪酬存在比较严
重的不合理问题,包括激励过度和激励不足。2016 年度是第四次评价。

高管薪酬是一个敏感而又十分重要的问题。20 世纪 80 年代末 90 年代初,英国率先发
动公司治理运动,并很快波及整个世界,其起因就是公司高管薪酬大大超过公司绩效而过快
增长,由此引起公众和股东的大为不满。在此背景下,1995 年 7 月 15 日英国发表了《格林伯
里报告》(Greenbury Report),其核心就是关于公司董事会报酬决定和相应说明的《最佳做
法准则》。

20 多年后的今天,我们却仍犯着当初公司治理运动发生时和发生前的错误。这说明,
我们的公司治理没有真正融入全球公司治理运动之中,公司化改革在较大程度上还是形式
上的。

中国在高管薪酬上出现的问题,与市场(尤其是资本市场和经理人市场)不成熟、不完善
存在着密切的关系,而这种不完善导致了严重的“内部人控制”(Insider Control)。“内部人
控制”在 20 世纪 30 年代的美国就已出现,中国也在 20 年前出现“内部人控制”,但今天看
来,这个问题仍然十分突出。

对于国有企业来说,“内部人控制”的突出特征是“行政干预下的内部人控制”,这种“内
部人控制”是市场不完善下的一个怪胎。一方面,政府仍然控制着国有企业的大部分权力;
另一方面,国有企业又总是处于失控之中,高管薪酬高于其实际贡献并过度增长,就是其中
的一个重要表现,而薪酬的过快增长,无疑是对国有资产、投资者和民众利益的剥夺。这两
个方面看似是一个悖论,其实二者之间具有必然的联系,前者是后者的直接原因。正是由于
政府控制过多,企业才会向政府隐瞒真实信息,或上报虚假信息,而政府与企业之间的代理
链条过长,以及政府对企业的非现场决策又使这种隐瞒和虚报成为可能。在政府不了解企
业真实信息的情况下,企业高管就可以利用其所控制的国有资产任意所为,如豪华的办公设
施、过高的福利待遇和超标准的在职消费等。近几年,高管薪酬又部分走向了反面,即政府
主导下的“一刀切式”的降薪,而这种方式的降薪,加之强力反腐,使得高管在薪酬获取上胆
战心惊,很多国有企业的高管薪酬由此偏离了其对企业的实际贡献,即出现了激励不足。尽
管“内部人控制”得到了部分缓解,但由此产生的企业改革和发展不力,也严重侵害了投资者
权益,其中也包括国有投资者的权益。显然,政府主导下的国有企业公司治理改革,其成本
是很高的,效果则是不明显的。

对于非国有企业来说,“内部人控制”则几乎均来自市场不完善。中国市场不完善的最
重要表现,一是信息披露不充分,透明度不高;二是企业上市的目的主要(甚至是首要)是圈
钱,而不是完善公司治理。这种不完善的市场会产生三个方面的负面效应:其一,高管人员
不能及时地、充分地向投资者(尤其是中小投资者)报告公司的真实经营绩效;其二,高管人

员可能会利用内部信息人为地操纵股价,甚至可能为了巨额套现而制造虚假信息;其三,董事会难以对高管人员进行有效监督,而是常常形成利益共同体。显然,在不成熟的市场上,试图使高管人员的未来利益与公司和投资者的利益有机结合起来,是很难实现的。

中国市场的不完善,最核心的是法规不完善。例如,现行的证券交易法规对信息披露的及时性、完备性和真实性的规定是不到位的,对中小投资者的保护立法更是严重缺失。相对而言,西方发达国家一般都有投资者集体诉讼制度,这种制度对于保护中小投资者利益是非常有效的。在这种制度下,投资者特别是中小投资者一旦发现利益遭受损害,其直接的反应就是集体索赔和起诉。由于投资者无须为集体诉讼支付诉讼费,而且,如果索赔成功,发起的律师事务所将获得约占总赔偿金额30％左右的分成,这就极大地鼓舞了律师事务所和投资者的诉讼热情,这无疑意味着违规者的成本大大增加。再如,公司法对高管的约束也过软,《公司法》第142条规定,"公司董事、监事、高级管理人员在任职期间每年转让的股票不得超过其所持有本公司股票总数的25％",这种规定对高管人员辞职以后抛售股票没有任何约束作用,从而成为他们辞职套现的直接原因。

显然,市场和法规的不成熟,特别是法律执行的不严格,导致守规的收益大大低于违规的收益,或者违规的成本远远低于违规的收益,法规的惩戒作用大大降低。这恐怕是高管人员敢于钻法规空子、视投资者利益为儿戏、过分追逐自身利益最大化的最大原因。

其实,在完善的市场上,高管薪酬的高低并不是由某个政府机构说了算的。高管的薪酬可能很高,也可能很低,但不管高低,均是由市场决定的,也是投资者认可的。这是因为:第一,完善的市场使董事会可以在市场上选聘高管人员,并使董事会对选错人负起责任来;第二,完善的市场要求高管薪酬及其相关信息必须对外公开,以接受政府、投资者和公众监督;第三,完善的市场意味着制度安排的强化,而强化的制度安排大大加大了高管的违规成本,使其远远高于违规的收益。

在涉及报酬问题时,很多国有企业还沿袭着过去的思维逻辑,即先讲贡献,再讲报酬。而市场选择恰恰相反,是先讲报酬,再讲贡献。但如果贡献达不到报酬支付的要求,则意味着经营者违反了合同,该经营者就要被解聘;如果贡献超过报酬支付要求,则会给予奖励。在这种情况下,经营者要求的薪酬与其贡献将是基本吻合的。

如何评价目前中国上市公司高管薪酬,这既是一个理论问题,又是一个技术问题。在现实中,人们总感觉高管的薪酬过高了,于是谴责声不断。其实,这种感觉正确与否,需要进行科学的分析。实际上,相对于公司绩效,高管的薪酬有偏高的,也有偏低的,当然也有适度的。只是关注高管薪酬的绝对值是没有多少意义的,因为高管对企业的贡献不同。因此,有必要对高管薪酬的合理性进行科学评估。

如何评估高管薪酬的合理性?显然,对高管薪酬的评估难以采取前面五种指数的方法。对高管薪酬的合理性进行评估,只能基于企业绩效,或者准确地说,是基于高管对企业的实际贡献。同时,由于各行业性质不同,还需要考虑不同行业对高管实际贡献的影响。本报告所作的工作就是考虑企业绩效,运用科学的方法,计算出上市公司的高管薪酬指数,以此评价高管薪酬的合理性。通过这一研究,既希望能对高管激励制度研究及公司治理理论的完善有所贡献,同时也希望能有效服务于公司治理实践,充分发挥其信号显示作用,为股东、董事会、经营者、政府及其他利益相关者提供一个高管薪酬治理的"晴雨表"。

八、本报告内容和特色

本报告是作为第三方评价机构的北京师范大学公司治理与企业发展研究中心研制和出版的年度公司治理指数成果。报告以国际通行的公司治理规范,尤其借鉴了《G20/OECD公司治理准则(2015)》的基本精神,同时基于中国的制度架构和现实国情,分类设计了中国公司治理评价指标体系,在此基础上,运用科学的方法,计算出了 2015 年 2655 家上市公司的中小投资者权益保护指数、董事会治理指数、企业家能力指数、财务治理指数和自愿性信息披露指数,以及 2632 家上市公司的高管薪酬指数,并进行了排序和比较分析。

本报告是对中国资本市场开放以来上市公司中小投资者权益保护、董事会治理、企业家能力、财务治理、自愿性信息披露和高管薪酬合理性的全面评估,在很多方面填补了国内外在公司治理评价研究方面的空白。报告全面评估了中国上市公司六方面治理的现状,深刻揭示了中国上市公司六方面治理存在的问题,对于全面、客观地反映中国上市公司的治理水平,了解政府在公司治理方面的立法和执法现状,具有非常重要的现实意义。同时,报告又构成了中国公司治理理论和实证研究的重要基础,是企业强化公司治理以保证企业可持续发展的重要依据,是监管机构加强公司治理立法和执法的重要参考。报告对于提升投资者尤其是中小投资者的权益保护意识,引导投资者理性投资,降低投资风险,具有重要的参考价值。另外,报告对于助推国有企业深化改革,尤其是混合所有制改革,也具有重要的现实指导意义。

(一) 本报告主要内容

本报告主要内容包括八编 25 章内容。

报告的第一编是总论,包括导论和第 1 章,第八编只包括第 25 章,中间六编 23 章是对六类公司治理指数的统计分析,这六编的结构基本相同,包括总体指数统计分析、分项指数统计分析(高管薪酬指数没有分项指数,故没有该部分分析)、所有制比较统计分析、年度比较统计分析。具体内容如下:

(1) 设计了全面、客观、专业、可连续、可验证、可重复的中小投资者权益保护、董事会治理、企业家能力、财务治理、自愿性信息披露评价指标体系。根据各指标体系计算出来的五类公司治理指数具有科学性、可靠性和可比性。据此,公司可以发现公司治理五个方面的不足和潜在风险,促使公司提升公司治理水平;投资者可以发现具有更大投资价值和更低投资风险的投资对象;监管机构可以发现资本市场中潜在的风险点和潜在的违规因素,并及时予以矫正,从而为投资者创造更好的投资环境。

(2) 基于公司绩效计算了高管薪酬指数并进行了评价。本报告基于公司绩效,并考虑行业因素,计算出了高管薪酬指数,然后根据统计学的四分之一分位法,将高管薪酬激励划分为激励过度、激励不足和激励适中三个区间。与其他五类公司治理指数不同的是,高管薪酬指数不是越高越好,也不是越低越好,而是数值越居中的越好,表明激励与绩效是匹配的,而两端的数据表明激励与绩效偏离较大,薪酬制度是低效率的。从高管薪酬绝对值与高管薪酬指数的比较看,高管薪酬绝对值高的不一定激励过度,高管薪酬绝对值低的也不一定激励不足,衡量高管薪酬合理与否要结合公司业绩,即应该考虑相对薪酬。

(3) 全样本、全方位评估了中国上市公司中小投资者权益保护、董事会治理、企业家能力、财务治理、自愿性信息披露、高管薪酬六方面的治理水平。本报告对沪深两市近乎全部A股上市公司(只剔除年报不完整的少量公司),从总体、地区、行业、上市板块等多角度评价了中国上市公司六方面的治理水平。研究发现,中国上市公司中小投资者权益保护指数、董事会治理指数、企业家能力指数、财务治理指数、自愿性信息披露指数都基本符合正态分布,总体指数平均值无一达到 60 分,及格率(60 分及以上)分别是 1.58%、6.67%、0%、16.72% 和 1.09%,总体上都处于低下水平,尤其是企业家能力。高管薪酬指数均值 312.7365 分,其中激励适中、激励过度和激励不足三个区间的高管薪酬指数均值分别是 53.0605 分、1134.9612 分和 8.3555 分,三个区间相差很大。从地区看,东部在中小投资者权益保护、企业家能力、财务治理和自愿性信息披露四类指数上,都是最高的;西部在董事会治理指数上是最高的;而东北在五个指数上都是最低的。在高管薪酬指数上,东部激励适中和激励过度的比例都是最高的,中部激励不足的比例是最高的,东北激励适中和激励过度的比例都是最低的。从行业看,六个指数没有特别的规律性;从上市板块看,总体上,深市中小企业板在各方面的表现相对好一些。

(4) 中小投资者权益保护、董事会治理、企业家能力、财务治理、自愿性信息披露都从四个维度或分项全面评估了中国上市公司五方面的治理水平。其中,中小投资者权益保护指数分解为知情权、决策与监督权、收益权和维权环境四个分项指数。四个分项指数均值无一达到 60 分;知情权分项指数均值最高;但对于中小投资者权益保护最具有实质意义的决策与监督权以及收益权两个分项指数的均值则很低,刚刚达到 40 分。董事会治理指数分解为董事会结构、独立董事独立性、董事会行为和董事激励与约束四个分项指数。四个分项指数中只有独立董事独立性分项指数均值刚刚达到 60 分,但其形式大于实质;董事会行为以及董事激励与约束两个分项指数均值都在 50 分上下;董事会结构分项指数均值则刚刚超过 40 分。对于董事会治理来说,董事会行为以及董事激励与约束两个分项指数更具有实质性意义。企业家能力指数分解为人力资本、关系网络能力、社会责任能力和战略领导能力四个分项指数。四个分项指数中,只有社会责任能力分项指数均值略超 60 分,其他三项都在 31 分以下,这意味着 CEO 因不具有独立性而难以发挥最大潜能。财务治理指数分解为财权配置、财务控制、财务监督和财务激励四个分项指数。四个分项指数的均值差异较大。财务监督和财务控制两个分项指数均值超过了 60 分;财权配置分项指数均值略超 40 分;财务激励分项指数则还不到 30 分。自愿性信息披露指数分解为治理结构、治理效率、利益相关者、风险控制四个分项指数。四个分项指数的均值都在 40 分上下,都处于较低水平。

(5) 从所有制角度对中国上市公司中小投资者权益保护、董事会治理、企业家能力、财务治理、自愿性信息披露、高管薪酬等六方面的治理水平作了深入的比较分析。从均值上比较,对于中小投资者权益保护指数、董事会治理指数、企业家能力指数和自愿性信息披露指数,都是非国有控股公司高于国有控股公司,中央企业控股公司高于地方国有企业控股公司;对于财务治理指数,则是国有控股公司高于非国有控股公司,中央企业控股公司高于地方国有企业控股公司;对于高管薪酬指数,非国有控股公司的高管薪酬激励问题主要表现为激励过度,而国有控股公司的高管薪酬激励不足问题较为突出,中央企业控股公司高管薪酬激励适中的比例小于地方国企控股公司,两类企业高管激励过度和激励不足的比例相差很小。需要注意的是,在比较高管薪酬指数时,没有考虑客观存在的政府赋予部分国有企业的垄断因素。

(6) 对中国上市公司中小投资者权益保护、董事会治理、企业家能力、财务治理、自愿性信息披露、高管薪酬等六方面的治理水平作了深入的年度比较分析。从均值上比较,对于中小投资者权益保护指数,2015 年比 2014 年提高近 4 分;对于董事会治理指数,2015 年比 2014 年有小幅提升,但仍低于 2012 年;对于企业家能力指数,2011 年、2013 年和 2015 年连续下降;对于财务治理指数,2010 年、2012 年、2014 年和 2015 年四个年度中,呈现先升后降再升的态势,但 2015 年比 2014 年的上升幅度很小;对于自愿性信息披露指数,2015 年比 2013 年有所下降。高管薪酬从绝对值上比较,2015 年比 2012 年显著增长,年均增长率为 77.06%。

(7) 基于本报告六类公司治理指数大数据,从退市制度实施角度提出了加强中小投资者权益保护、董事会治理、企业家能力、财务治理、自愿性信息披露和高管薪酬合理性的政策建议。

(二) 本报告主要特色

本报告中的公司治理指数分为六类,六类公司治理指数既有共性也有各自的特色。

六类公司治理指数的共性表现在以下六个方面:

(1) 指标体系设计借鉴国际通行的公司治理规范。全球经济一体化是世界经济发展趋势,中国也有越来越多的企业走向海外,与全球市场融为一体。同时,各国公司治理尽管有自己的特点,但趋同的方面越来越多,发达国家长期以来形成的规范的公司治理,正逐渐演化为国际通行的治理规范,像《G20/OECD 公司治理准则》,正在世界许多国家得到重视和贯彻。在指标设计时引入国际通行的标准,有助于引导中国企业尽快融入国际体系,有助于中国企业的国际化。

(2) 指标评分标准清晰。评分标准模糊、难以分层是指标评分之大忌,是产生主观评价的主要根源。为此,在确定指标体系时,一方面力求指标标准清晰可辨;另一方面,对于容易产生主观判断的部分指标,制定近乎苛刻的分层标准。由于评分标准清晰,加之对数据录入人员进行严格的培训,尽管评价对象是全部 A 股上市公司,数据量庞大,但仍能保证数据的高准确度。

(3) 全样本评价。本报告的评价对象是沪深两市 A 股全部上市公司,这与既有研究只是抽样评价形成明显区别。抽样评价得出的结果不能代表全部,尤其是其中的所谓"最佳"只能是抽样中的"最佳",而不是真正的"最佳",无法得到上市公司的普遍认同。更有甚者,个别评价依赖于部分专家的主观推荐,指标体系只是针对推荐出来的公司,这种评价无疑是极不严肃的。

(4) 数据来源公开可得,评价具有连续性。指标数据全部可以从证监会、公司年报、公司网站等公开的权威渠道取得,避免通过问卷调查等主观性很强、不能连续、调查对象不稳定的渠道获取数据,从而使公司治理指数评价具有连续性,评价对象高度稳定,评价结果更加客观,可以长期跟踪分析。

(5) 评价标准全公开,评价结果可验证。这是本报告的最大特色。十年来,我们一直秉持这一做法,这种做法极具挑战性和风险性,因为标准全公开意味着每个公司和研究者都可以验证评价结果的准确性和客观性,从而容不得我们犯错误。该系列指数报告曾经是唯一全面公开评价标准的研究成果,现在已经产生示范效果,近年来也有其他相近研究公开其评价标准。

(6) 避免模糊指标。在既有评价研究中,存在不少模糊指标。以董事会治理评价为例,有研究者把董事会规模、会议次数等纳入评价指标。其实,董事会规模多大、董事会会议次数多少才是最佳的,难以断定,从而无法给出公认的客观标准。没有公认的客观标准,就不能得出评价结果。像这类指标,只能说,它们对董事会治理有影响,而不是董事会治理本身。在本报告中,指标体系设计均按照既有法律法规,尤其是遵从国际规范,所有指标均有公认的标准,这保证了评价结果的客观性和可比性。

六类公司治理指数各自的特色表现在如下方面:

(1) 对于中小投资者权益保护指数,指标体系分为权利行使和权利行使保障两个层面。前者包括决策与监督权以及收益权两个维度,后者包括知情权和维权环境两个维度;前者对中小投资者更具有实质意义,后者则要保障中小投资者权益得到落实。这种指标体系的设计,可以全面评价中小投资者权益保护的实际水平。

(2) 对于董事会治理指数,要回归"董事会"。董事会治理是公司治理的重要组成部分,甚至是核心范畴,但不是全部,因此,本报告克服了既有研究中混沌不清的缺陷,把不属于董事会治理的指标予以剔除(如股东大会、股权结构、监事会等),基于董事会作为股东的代理人和经营者的监督者以及本身作为利益主体的角度来设计指标体系,从形式上和实质上全面评价董事会治理的水平。

(3) 对于企业家能力指数,指标体系设计充分考虑企业家的潜在能力和现实能力。为了反映企业家能力的全貌，在指标设计上，不仅有反映企业家潜在能力信息的指标，如教育水平、工作年限、工作经历、选聘路径等，更有反映企业家实际能力信息的指标，如关系网络、社会责任、对企业的实际贡献等；不仅有反映企业家成功信息的指标，如被聘为独立董事、担任人大代表、国际化战略等，也有反映不成功信息的指标，如贷款诉讼（未按期偿还）、投资者低回报或无回报、被监管机构谴责等。在指标体系中，要能够体现企业家诚信经营、敢于创新和担当的品质和精神。

（4）对于财务治理指数，指标体系设计借鉴国际财务报告准则。在全球资本市场趋于一体化的情况下，采用国际财务报告准则，财务报告将具有透明度和可比性，从而可以大大降低公司的会计成本，提高公司运营绩效。因此，将国际财务报告准则部分引入财务治理指标体系，有助于加快企业财务治理的规范化程度，也有利于提升其国际化水平。

（5）对于自愿性信息披露指数，从投资者权益保护角度设计指标体系。信息披露的目的是吸引投资者关注和投资，投资者理性投资的前提也是充分、真实和及时的信息披露，无疑，投资者是上市公司所披露的信息的主要使用者。因此，自愿性信息披露评价指标体系的设计必须紧密围绕投资者，以投资者为核心，使投资者使用时具有很强的针对性。基于这种考虑，指标体系要全面但又不宜过多，要使投资者利用有限的知识了解他们所需要的全面信息。同时，指标体系要具有可连续的数据支持，可以使投资者进行连续的跟踪分析，以引导投资者立足于公司的长远发展，而不是仅仅满足于短期回报。本报告的四个维度指标体系就是基于以上原则而设计的。其中，治理结构维度反映代理人是否可能代表投资者，治理效率维度反映代理人是否实际代表投资者，利益相关者维度反映投资者是否得到尊重，风险控制维度反映投资者投资的实际结果。

（6）对于高管薪酬指数，基于绩效对高管薪酬进行客观评价。既有的高管薪酬研究大都基于高管薪酬绝对值，这种研究简单地把高薪酬等同于高激励，或者把低薪酬等同于低激励，其结果便是盲目攀比。而本报告的研究表明，考虑企业绩效因素后可以对高管的实际贡献作出客观评价，考虑到高管的实际贡献，则高薪酬未必高激励，低薪酬也未必低激励，这种评价有利于避免高管薪酬的攀比效应。

第1章
中国公司治理分类指数指标体系、计算方法和评价范围

如导论所述,公司治理涉及很多方面,如投资者权益保护、董事会治理、企业家能力、财务治理、信息披露、高管薪酬、社会责任、政府监管等诸多方面,本报告基于已经相对成熟的、连续出版的"中国公司治理分类指数报告系列",只包括其中的中小投资者权益保护、董事会治理、企业家能力、财务治理、自愿性信息披露、高管薪酬六个方面。

1.1　中国公司治理分类指数研究的两个关键问题

与已经出版的6类14部指数报告一样,本报告采取的方法是"指数"形式。在指数研究中,有两大关键问题,分别是指数涉及的指标体系选择和指标权重设计,这两个方面构成了指数研究的核心内容。

在指标体系上,考虑到公司治理是一个国际话题,以及全球经济一体化的发展,本报告各类指数在制定指标体系上,既参照国际先进的公司治理规范,包括国际组织的公司治理准则和市场经济发达国家的公司治理准则,也借鉴国内外已有的公司治理评价研究结果,同时也考虑国内既有的相关法律法规。如此确定的指标体系和评价结果接近国际标准,高于国内既有法律和政策规定,是对各类公司治理水平的真实反映。本报告基本沿用已出版的6类14部公司治理指数报告的评价体系,并根据国际国内公司治理变化趋势对个别指标作了微调。

在指标权重设计上,目前常见的方法主要有专家打分法、因子分析法、层次分析法等方法。就技术层面而言,这些方法各有优劣,并没有一种公认的合理方法。具体而言,专家打分法是一种主观定权方法,其优势在于简单实用,容易构造指标权重,但是其不足在于这种方法主观性太强,对专家经验的依赖程度很高;因子分析法是一种客观定权方法,其优势在于较为客观,通过提取主要因子的方法即可完成权重设计,但其劣势在于随着时间的推移和数据的变化,各指标权重将会发生变化,这将导致指数结果在年度之间不可比较,从而对跨年度分析带来困扰,而跨年度比较是本报告系列指数的一个重要内容;层次分析法是一种主

观和客观相结合的方法,其优势在于将定性分析和定量分析相结合,用决策者的经验来判断和衡量目标能否实现的标准之间的相对重要程度,并给出每个决策方案的标准权重,它不仅适用于存在不确定性和主观信息的情况,还允许以合乎逻辑的方式运用经验、洞察力和直觉,由于其具有主观打分和客观定权相结合的特点,其劣势就在于同样会受到这两种因素的影响,同时其操作也相对复杂。

从近年来指数研究的情况来看,以算术平均值作为指标权重(即等权重)的处理方法得到了越来越多的青睐。例如,樊纲等(2011)在其得到广泛引用的《中国市场化指数》设计中,就使用算术平均值处理方法来替代以往使用的层次分析法,并且他们的稳健性分析表明,采用算术平均值处理方法得到的结果与其他方法是非常接近的,这说明算术平均值处理方法是可行的,特别是在评价指标较多的情况下更是如此。其他类似的研究还包括美国传统基金会(The Heritage Foundation)和加拿大弗雷泽研究所(The Fraser Institute)的"经济自由度测度",以及香港中文大学的"亚洲银行竞争力测度"等项目。

本报告在指标权重选择方法上,对中小投资者权益保护、董事会治理、财务治理、自愿性信息披露四类指数,均采用目前国际通行的等权重方法。但企业家能力则采用了层次分析法(AHP)。这主要是因为企业家能力指数的四个维度具有明显的重要性区分。具体方法将在以下各节中说明。

1.2 中小投资者权益保护指数指标体系及计算方法

1.2.1 中小投资者权益保护指数指标体系

本报告基于国际规范的中小投资者权益保护规范,同时考虑中国中小投资者保护的立法和执法状况,从知情权、决策与监督权、收益权和维权环境四个维度来计算中小投资者权益保护指数,据此来评价上市公司的中小投资者权益保护质量,具体包括四个一级指标(维度),37个二级指标。其中,衡量知情权的指标包括10个二级指标;衡量决策与监督权的指标包括11个二级指标;衡量收益权的指标包括7个二级指标;衡量维权环境的指标包括9个二级指标(见表1-1)。

表1-1 中小投资者权益保护指数指标体系

一级指标	二 级 指 标	评 价 标 准
知情权 (MIK)	1. 是否按时披露公司定期报告	包括一季度报、半年报、三季度报和年报,每项分值0.25分
	2. 年报预披露时间与实际披露时间是否一致	A. 基本一致(延后在10天之内,包括提前,1分); B. 差距较大(延后在10～30天,0.5分); C. 差距很大(延后在30天以上,0分)

续　表

一级指标	二 级 指 标	评 价 标 准
知情权 （MIK）	3. 预告业绩与实际业绩是否一致	A. 实际的数据落入预测区间（1分）； B. 没有落入预测区间（0分）
	4. 公司是否因违规而被证监会、证交所等部门公开批评、谴责或行政处罚	A. 是（-1分）；B. 否（0分）
	5. 外部审计是否出具标准无保留意见	A. 是（1分）；B. 否（0分）
	6. 上市公司是否开通微信/微博/网站/投资者咨询电话或在线互动平台	重点关注网站、微博、微信和投资者咨询电话或在线互动平台四项，每一项分值0.25分
	7. 分析师关注度	用会计年度内分析师发布研究报告的次数衡量，标准化处理为0-1区间数值
	8. 是否详细披露独立董事过去三年的任职经历	A. 详细披露（1分）； B. 笼统披露（0.5分）； C. 未披露（0分）
	9. 媒体关注度	用会计年度内主要财经媒体*报道次数衡量，标准化处理为0-1区间数值
	10. 是否披露可预见的财务风险因素	A. 是（1分）；B. 否（0分）
决策与监督权 （MIE）	11. 是否采用网络投票制	A. 是（1分）；B. 否（0分）
	12. 是否实行累积投票制	A. 是（1分）；B. 否（0分）
	13. 是否采用中小投资者表决单独计票	A. 是（1分）；B. 否（0分）
	14. 独立董事比例	A. 独立董事比例≥2/3（1分）； B. 1/2≤独立董事比例＜2/3（0.7分）； C. 1/3≤独立董事比例＜1/2（0.35分）； D. 独立董事比例＜1/3（0分）
	15. 有无单独或者合计持有公司10%以上股份的股东提出召开临时股东大会	A. 是（1分）；B. 否（0分）
	16. 独立董事是否担任本公司董事长	A. 是（1分）；B. 否（0分）
	17. 有无单独或者合计持有公司3%以上股份的股东提出议案	A. 是（1分）；B. 否（0分）
	18. 三个委员会是否设立（审计、提名、薪酬）	A. 0个（0分）； B. 1个（0.35分）； C. 2个（0.7分）； D. 3个（1分）
	19. 审计委员会主席是否由独立董事担任	A. 是（1分）；B. 否（0分）；C. 未披露（0分）
	20. 独立董事的董事会实际出席率	公司所有独立董事实际出席董事会次数的总和/公司所有独立董事应出席董事会次数的总和
	21. 董事长是否来自大股东单位	A. 是（0分）；B. 否（1分）

一级指标	二 级 指 标	评 价 标 准
收益权 (MIR)	22. 个股收益率是否大于或等于市场收益率	A. 是(1分);B. 否(0分)
	23. 现金分红	现金分红占净利润的比例(过去三年平均值),标准化处理为0-1区间数值
	24. 股票股利	股票股利情况,标准化处理为0-1区间数值
	25. 财务绩效	取 ROA,标准化处理为0-1区间数值
	26. 增长率	取营业收入增长率,标准化处理为0-1区间数值
	27. 是否 ST	A. 是(-1分);B. 否(0分)
	28. 是否有中小股东收益权的制度安排(分红权)	A. 是(1分);B. 否(0分)
维权环境 (MII)	29. 股东诉讼及赔偿情况	A. 有股东诉讼且有赔偿(0分); B. 有股东诉讼无赔偿(0.5分); C. 无股东诉讼(1分)
	30. 控股股东(实际控制人)是否因直接或者间接转移、侵占上市公司资产受到监管机构查处	A. 是(-1分);B. 否(0分)
	31. 是否建立违规风险准备金制度	A. 是(1分);B. 否(0分)
	32. 投资者关系建设情况	A. 关于投资者关系建设没有任何说明或者笼统说明(0分); B. 只说明有《投资者关系管理制度》,但没有具体内容(0.5分); C. 详细披露投资者关系沟通细节或接待措施(1分)
	33. 董事会或股东大会是否定期评估内部控制	A. 有《报告》且有出处或全文(1分); B. 有《报告》但无出处或全文(0.5分); C. 没有《报告》(0分)
	34. 各专门委员会是否在内部控制中发挥作用	A. 是(1分);B. 否(0分)
	35. 是否披露存在重大内部控制缺陷	A. 重大缺陷(-1分); B. 重要缺陷(-0.7分); C. 一般缺陷(-0.35分); D. 无缺陷(0分)
	36. 风险控制委员会设置情况如何	A. 设置且独董比例不低于2/3(1分); B. 设置但独董比例低于2/3(0.5分); C. 未设置(0分)
	37. 是否存在股价异动	A. 是(-1分);B. 否(0分)

注：* 主要财经媒体包括中国证券报、证券时报、上海证券报、证券日报、中国改革报、金融时报、证券市场周刊,入选标准为中国证监会指定信息披露媒体。

对于中小投资者权益保护指数指标体系,简要解释如下:

(1) 知情权维度

知情权维度包括 10 个二级指标,主要考察中小投资者对于公司经营决策关键信息的知情权。其中,指标 1、2 和 3 从定期报告角度,评价中小投资者对公司经营定期报告知情权的掌握情况;指标 4 和 5 是从外部监管和审计角度,评价中小投资者对重大监管和审计事项知情权的掌握情况;指标 6 至 10 则是从中小投资者参与决策所需要的其他重要信息来评价中小投资者的知情权。

(2) 决策与监督权维度

决策与监督权维度包括 11 个二级指标,主要考察中小投资者行使权利和监督代理人的情况。其中,指标 11、12 和 13 从直接角度评价中小投资者行使权利和监督代理人情况;指标 14 至 21 从间接角度评价中小投资者行使权利和监督代理人情况。

(3) 收益权维度

收益权维度包括 7 个二级指标,主要考察上市公司为中小投资者提供的投资回报情况,是中小投资者权益保护的目标。其中,指标 22、23 和 24 从直接收益角度评价上市公司中小投资者回报情况;指标 25 至 28 从间接收益和制度角度评价上市公司中小投资者回报情况。

(4) 维权环境维度

维权环境维度包括 9 个二级指标,主要考察中小投资者权益维护方面的制度建设情况。其中,指标 29 和 30 主要是从行政司法角度反映中小投资者的权益维护;指标 31 至 36 主要是从内部治理角度反映中小投资者的权益维护;指标 37 则是从股价波动角度反映中小投资者的权益维护。

1.2.2　中小投资者权益保护指数计算方法

首先要考虑计分方法。按计分方法分类,中小投资者权益保护指数指标体系中的 37 个二级指标可以分为三类:一是 0/1(或 −1/0)变量,使用该种计分方法的二级指标有 19 个,包括指标 3、4、5、10、11、12、13、15、16、17、19、21、22、27、28、30、31、34 和 37;二是程度变量,按照某个指标的质量高低对指标进行分层,使用该种计分方法的二级指标有 11 个,包括指标 1、2、6、8、14、18、29、32、33、35 和 36。第三类是连续变量,有的比例指标数据本身就是连续数据,在[0,1]区间,可以直接采用原始数据,这类指标有 1 个,即指标 20;有的指标数据尽管是连续数据,但超越[0,1]区间,通过标准化折算到[0,1]区间,这类指标有 6 个,包括指标 7、9、23、24、25、26。

接着要考虑权重的确定。我们认为,本报告所选择的中小投资者权益保护指数的四个维度(一级指标)和 37 个指标(二级指标)并无孰轻孰重的区分,因此,为了避免主观性偏差,在计算中小投资者权益保护指数时,不论是四个维度还是每个维度内的单个指标,都采用算术平均值(等权重)处理方法来设定指标权重,即首先针对某个一级指标内的所有二级指标进行等权重计算,然后对所有一级指标进行等权重计算,以此得出中小投资者权益保护指

数。具体计算方法如下:

(1) 首先根据表 1-1 对各个二级指标进行赋值和计算,使得各个二级指标的取值均位于 0-1 的数值区间。

(2) 采用算术平均值处理方法对各个二级指标进行赋权,并对每个一级指标(维度)汇总计算,然后将每个一级指标都转为百分制,以此获得各个一级指标的取值:

$$MIK = \frac{1}{10} \left(\sum_{i=1}^{10} I_i + 1 \right) \times 100$$

$$MIE = \frac{1}{11} \sum_{i=11}^{21} I_i \times 100$$

$$MIR = \frac{1}{7} \left(\sum_{i=22}^{28} I_i + 1 \right) \times 100$$

$$MII = \frac{1}{9} \left(\sum_{i=29}^{37} I_i + 3 \right) \times 100$$

其中,MIK、MIE、MIR 和 MII 分别代表知情权分项指数、决策与监督权分项指数、收益权分项指数和维权环境分项指数。需要特别说明的是,由于二级指标中有部分属于负分取值(例如二级指标 4),为了保证每个一级指标(维度)都位于 $[0, 100]$ 区间,在对每个一级指标(维度)进行分项指数计算时,对负值进行简单调整,即对负分指标加上一个相应的正值,从而使每个分项指数落在 $[0, 100]$ 区间。这种处理涉及的一级指标是 MIK、MIR 和 MII,分别加上的正值为 1、1、3。这种调整只涉及取值数值,并不改变各个分项指数和总指数的排名情况。

(3) 将根据二级指标计算得到的一级指标进行加总并进行简单平均,便得到中国上市公司中小投资者权益保护指数,其计算公式为:

$$CCMII^{BNU} = \frac{1}{4} \times (MIK + MIE + MIR + MII)$$

公式中,$CCMII^{BNU}$ 代表中国上市公司中小投资者权益保护指数("北京师范大学中小投资者权益保护指数")。

1.3　董事会治理指数指标体系及计算方法

1.3.1　董事会治理指数指标体系

本报告以董事会治理质量评价为核心,以《上市公司治理准则》为基准,综合考虑《公司法》《证券法》《关于在上市公司建立独立董事制度的指导意见》等国内有关上市公司董事会治理的法律法规,以及《G20/OECD 公司治理准则》(2015)和标准普尔公司治理评级系统等国际组织和机构有关公司治理的准则指引,借鉴国内外已有的董事会评价指标体系,从董事会结构、独立董事独立性、董事会行为和董事激励与约束四个维度对董事会治理质量通过指数形式作出评价。其中董事会结构维度包括 11 个二级指标,独立董事独立性维度包括 10 个二级指标,董事会行为维度包含 7 个二级指标,董事激励与约束维度包括 9 个二级指标,参见表 1-2。

表 1-2　董事会治理指数指标体系

一级指标	二　级　指　标	评　价　标　准
董事会结构(BS)	1. 外部董事比例	A. 独立董事比例≥2/3(1分); B. 独立董事比例<2/3,外部董事比例≥2/3(0.7分); C. 1/2≤外部董事比例<2/3(0.35分); D. 外部董事比例<1/2(0分)
	2. 有无外部非独立董事	A. 有(1分);B. 无(0分)
	3. 两职分离	A. 是(1分);B. 否(0分)
	4. 董事长是否来自大股东单位	A. 是(0分);B. 否(1分)
	5. 有无小股东代表(是否实行累积投票制)	A. 有(1分);B. 无(0分)
	6. 有无职工董事	A. 有(1分);B. 无(0分)
	7. 董事学历[1]	A. 高中及以下或未披露(0分); B. 专科(0.35分); C. 本科(0.7分); D. MBA(1分); E. EMBA(1分); F. 其他类型硕士(1分); G. 博士(1分)
	8. 年龄超过 60 岁(包括 60 岁)的董事比例	A. 比例≥1/3(0分);B. 比例<1/3(1分)
	9. 审计委员会设置情况	A. 设置且独立董事比例为 100%(1分); B. 设置但独立董事比例低于 100%或未披露独董比例(0.5分); C. 未设置或未披露(0分)
	10. 薪酬委员会设置情况	A. 设置且独立董事比例不低于 50%(1分); B. 设置且独立董事比例低于 50%或未披露独董比例(0.5分); C. 未设置或未披露(0分)
	11. 提名委员会设置情况	A. 设置且独立董事比例不低于 50%(1分); B. 设置且独立董事比例低于 50%或未披露独董比例(0.5分); C. 未设置或未披露(0分)

一级指标	二 级 指 标	评 价 标 准
独立董事独立性（BI）	12. 审计委员会主席是否由独立董事担任	A. 是（1分）；B. 否或未披露（0分）
	13. 独立董事中有无财务专家	A. 有（1分）；B. 无或未披露（0分）
	14. 独立董事中有无法律专家	A. 有（1分）；B. 无或未披露（0分）
	15. 独立董事中有无其他企业高管	A. 有（1分）；B. 无或未披露（0分）
	16. 独立董事中是否有人曾就职于政府部门或人大政协（人大、政协可以是现任）	A. 是（0分）；B. 否或未披露（1分）
	17. 独立董事是否担任本公司董事长	A. 是（1分）；B. 否（0分）
	18. 在多家公司担任独立董事情况（包括本公司）	A. 只有1家（1分）； B. 2～3家（0.5分）； C. 4家及以上（0分）
	19. 独立董事董事会实际出席率	公司所有独立董事实际出席董事会次数的总和/公司所有独立董事应出席董事会次数的总和
	20. 独立董事津贴是否超过10万元（税前，不包括10万元）	A. 是（0分）；B. 否（1分）
	21. 是否详细披露独立董事过去三年的任职经历	A. 详细披露（1分）； B. 笼统披露（0.5分）； C. 未披露（0分）
董事会行为（BB）	22. 内部董事与外部董事是否有明确的沟通制度	A. 是（1分）；B. 否（0分）
	23. 投资者关系建设情况	A. 关于投资者关系建设没有任何说明（0分）； B. 只说明有《投资者关系管理制度》，但没有具体内容（0.5分）； C. 详细披露投资者关系沟通细节或接待措施（1分）
	24. 是否存在董事会提交的决议事项或草案被股东大会撤销或者否决的情况	A. 是（0分）；B. 否（1分）
	25.《董事会议事规则》的说明	A. 未披露任何信息（0分）； B. 只作一般性说明（0.5分）； C. 详细介绍议事规则（1分）
	26. 财务控制	作者同期"财务治理指数"中"财务控制分项指数（FC）"[2]得分转化为［0，1］的得分区间，即FC/100
	27. 董事会是否有明确的高管考评和激励制度	A. 是（1分）；B. 否（0分）
	28. 股东大会（包括临时股东大会）股东出席率	A. 不披露（0分）； B. 不完全披露（0.5分）； C. 完全披露（1分）

续　表

一级指标	二　级　指　标	评　价　标　准
董事激励与约束（BIR）	29. 执行董事薪酬是否与其业绩相吻合	根据作者同期"高管薪酬指数"[3]中"激励区间"进行判断，如激励适中，则得 1 分；过度或不足，则得 0 分
	30. 股东诉讼及赔偿情况	A. 有股东诉讼且有赔偿(0分)； B. 有股东诉讼但无赔偿(0.5分)； C. 无股东诉讼(1分)
	31. 董事会成员是否遭到监管机构处罚或谴责	A. 是(0分)；B. 否(1分)
	32. 是否有明确的董事考核或薪酬制度	A. 是(1分)；B. 否(0分)
	33. 是否公布董事考评/考核结果	A. 是(1分)；B. 否(0分)
	34. 是否披露董事薪酬情况	A. 逐一披露(1分)； B. 笼统披露(0.5分)； C. 无披露(0分)
	35. 是否有董事会会议记录或者董事会备忘录	A. 是(1分)；B. 否(0分)
	36. 是否有董事行为准则相关的规章制度	A. 是(1分)；B. 否(0分)
	37. 独立董事是否明确保证年报内容的真实性、准确性和完整性或不存在异议	A. 是(1分)；B. 否(0分)

注：（1）该指标最终得分为任期内所有董事该项得分的平均值。（2）作者同期完成的"中国上市公司财务治理指数"从财权配置、财务控制、财务监督和财务激励四个方面来评价上市公司财务治理水平，其中财务控制包括 8 个二级指标，主要考察企业的财务权力执行过程，包括企业是否有一个健全的内部控制体系和风险控制体系等。（3）作者同期完成的"中国上市公司高管薪酬指数"以调整后的高管薪酬与营业收入的比值作为高管薪酬合理性评价标准，并按照四分之一分位数法将所有上市公司分为激励不足、激励适中和激励过度三类。由于执行董事均为公司高管，高管薪酬与执行董事薪酬基本上是等价的。

对于董事会治理指数指标体系，简要解释如下：

（1）董事会结构维度

董事会结构维度衡量董事会成员构成和机构设置情况，侧重从形式上评价董事会结构的有效性，包括编号 1～11 的 11 个二级指标。其中指标 1 和 2 衡量董事会成员构成中独立董事和外部董事情况。指标 3 和 4 衡量董事长的独立性。指标 5 和 6 衡量董事会中有无小股东和职工等利益相关者代表。由于很多公司没有明确说明哪位董事是小股东代表，而累积投票制是反映小股东参与治理的重要指标，因此，可以用指标"是否实行累积投票制"来代替指标"有无小股东代表"。指标 7 和 8 衡量董事成员的学历和年龄构成。指标 9～11 衡量董事会下设专门委员会情况，在专门委员会中，审计、薪酬和提名三个委员会是最为重要的。

（2）独立董事独立性维度

独立董事独立性维度衡量独立董事专业素质和履职情况，主要从形式上来评价独立董事的独立性，包括指标编号 12～21 的 10 个二级指标。指标 12"审计委员会主席是否由独立董事担任"之所以单独提出来,是因为审计委员会的设置主要是为了提高公司财务信息的可靠性和诚信度,提高审计师的独立性,防范舞弊或其他违规和错误等。对于审计委员会来说,它的独立性是确保审计委员会有效性的前提,审计委员会的主席由独立董事来担任,相对另外两个委员会来说要更重要。指标 13～16 反映独立董事的背景及来源。指标 17 反映独立董事作用的发挥和董事长参与决策和监督的独立性。指标 18 反映独立董事的时间、精力投入程度,同时在多家公司担任独立董事可能会限制独立董事时间和精力的安排。指标 19 是反映独立董事履职情况的非常重要的指标。指标 20 从报酬上反映独立董事独立于公司的情况。独立董事要保证其独立性,就不应该以从公司领取报酬为目的,津贴只是对独立董事履职的一种象征性鼓励,跟公司规模或利润无关。10 万元津贴标准的制定是参考了纽约证券交易所 10 万美元的相关规定。指标 21 反映董事会对独立董事任职情况的披露是否详细,以使股东尤其是中小股东能够判断独立董事是否满足独立性的基本要求。

（3）董事会行为维度

董事会行为维度侧重从实质上来衡量董事会的实际履职情况,主要是相关制度的建立及其执行情况,包括编号 22～28 的 7 个二级指标。其中指标 22 反映外部董事信息获取及其与内部董事沟通制度的建设情况。指标 23 反映董事会作为投资人的代理人对投资者关系的重视和维护情况。指标 24 反映董事会的决策质量和违反股东意志情况。指标 25 衡量董事会运作的规范性。《上市公司治理准则》对此有明确规定,其中第四十四条明确指出"上市公司应在公司章程中规定规范的董事会议事规则,确保董事会高效运作和科学决策"。指标 26 反映董事会对公司内部控制和风险控制的监督和执行情况。《G20/OECD 公司治理准则》(2015)对此给予特别强调,该《指引》指出:董事会应"确保公司会计和财务财告系统(包括独立审计)的完整性,并确保适当的管理控制系统到位,特别是风险管理系统、财务和经营控制系统,以及合规系统"。指标 27 反映董事会关于高管考评制度的建立情况,因为对高管的考评是董事会的重要职能。指标 28 反映董事会作为股东大会的召集人,对股东大会召开效果的披露情况。

（4）董事激励与约束维度

董事激励与约束维度衡量董事激励和约束制度的建立和执行情况,主要从实质上评价董事激励与约束机制,尤其是约束机制的有效性,包括编号 29～37 的 9 个二级指标。其中指标 29 考察执行董事薪酬激励的合理性。执行董事是公司经营者,经营者的薪酬必须与其贡献相对应,对此,标准普尔公司治理评价系统中有明确说明,即薪酬应该与绩效匹配(Performance Based Pay)。指标 30 考察董事会对股东是否尽到了受托责任,其中赔偿情况反映董事会对股东利益诉求的反馈是否到位。指标 31 是通过考察外部监管机构的介入来反映董事会的履职是否合规。指标 32、33 和 34 考察董事薪酬制度的建立和执行情况。《G20/OECD 公司治理准则》(2015)、《标准普尔公司治理评价系统》,以及中国的《上市公司治理准则》对于董事薪酬制度都有相关规定。中国《上市公司治理准则》第 72 条规定:"董事会、监事会应当向股东大会报告董事、监事履行职责的情况、绩效评价结果及其薪酬情况,并予以披露。"指标 35 考察董事会的履职程序是否完备。董事会会议记录或董事会备忘录一旦经董事会通过,便对董事具有法律约束力。中国《上市公司治理准则》第 47 条规定:"董事会会议记录应完整、真实,董事会秘书对会议所议事项要认真组织记录和整理,出席会议的董事、董事会秘书和记录人应在会议记录上签名,董事会会议记录应作为公司重要档案妥善保存,以作为日后明确董事责任的重要依据。"指标 36 考察董事行为准则等制度的完备和执行。《G20/OECD 公司治理准则》(2015)中指出:"董事会应当适用严格的职业道德标准,应当考虑利益相关者的利益。"指标 37 考察独立董事对董事会的约束作用。《G20/OECD 公司治理准则》(2015)明确指出:"董事会应当对公司风险管理系统的监督以及确保报告系统的完整性承担最终责任。"该指标对独立董事自身(涉及明晰责任问题)和董事会整体均具有约束作用。

1.3.2　董事会治理指数计算方法

首先是计分方法。董事会治理指数指标体系中的 37 个二级指标,按赋值方法可以分为三类。第一类是 0/1 变量,使用该种赋值方法的指标有 23 个,包括指标 2、3、4、5、6、8、12、13、14、15、16、17、20、22、24、27、29、31、32、33、35、36、37,这类指标以董事会治理有效性作为判断依据,有利于董事会治理有效性得 1 分,否则 0 分,例如指标"3. 两职合一",董事长和总经理两职合一不利于董事长独立性的发挥,本指标如果选"是"则赋值 0 分,否则赋值 1 分。需要说明的是,有些指标,如"审计委员会主席是否由独立董事担任",对于董事会的独立性非常重要,应该向其代理人(即全体股东)披露,对于不披露者,赋予 0 分,以促使公司向全体股东披露这些信息。第二类是程度变量,按照某个指标的质量高低对指标分层赋值,使用该种赋值方法的指标有 12 个,包括:指标 1、7、9、10、11、18、21、23、25、28、30、34。其中,指标 9、10、11、25、28 是由 2013 年和 2015 年两次评估时的 0/1 变量改为程度变量的,以使评价更加严谨。第三类是连读变量,有 2 个指标,即指标 19 和 26,取值在[0, 1]区间内。

然后是权重确定。我们认为,本报告所选择的董事会治理指数的四个维度(一级指标)和 37 个指标(二级指标)并无孰轻孰重的区分,因此,为了避免主观性偏差,在计算董事会治理指数时,不论是四个维度还是每个维度内的单个指标,都采用算术平均值(等权重)处理方法来设定指标权重,即首先针对某个一级指标内的所有二级指标进行等权重计算,然后对所有一级指标进行等权重计算,以此得出董事会治理指数。具体计算方法如下:

(1)二级指标打分:根据赋值标准对每个上市公司的 37 个二级指标 B_i($i=1, 2, \cdots$, 37)单独赋分,其中 B_{26} 调用作者同期"财务治理指数"中"财务控制分项指数(FC)"得分,B_{29} 调用作者同期"高管薪酬指数"中"激励区间"数据。

(2)计算四个一级指标:对隶属于同一个一级指标的二级指标的得分进行简单平均,并转化为百分制,得到四个一级指标得分,即董事会结构分项指数、独立董事独立性分项指数、董事会行为分项指数和董事激励与约束分项指数。具体计算公式如下:

$$BS = \frac{1}{11} \sum_{i=1}^{11} B_i \times 100$$

$$BI = \frac{1}{10} \sum_{i=12}^{21} B_i \times 100$$

$$BB = \frac{1}{7} \sum_{i=22}^{28} B_i \times 100$$

$$BIR = \frac{1}{9} \sum_{i=29}^{37} B_i \times 100$$

其中,BS、BI、BB 和 BIR 分别代表董事会结构分项指数、独立董事独立性分项指数、董事会行为分项指数、董事激励与约束分项指数。

(3) 总指标得分:四个一级指标(董事会结构、独立董事独立性、董事会行为、董事激励与约束)的得分简单平均,得到中国上市公司董事会治理指数。

$$CCBI^{BNU} = \frac{1}{4}(BS + BI + BB + BIR)$$

上面公式中,$CCBI^{BNU}$ 代表中国上市公司董事会治理指数("北京师范大学董事会治理指数")。

1.4　企业家能力指数指标体系及计算方法

1.4.1　企业家能力指数指标体系

企业家能力并不是孤立的单一能力,而是多种能力的集合,即企业家能力是一种能力束。第一,企业家的人力资本是企业家能力的基础,可以通过其受教育程度、相关工作经验、在位工作时间等来测量。第二,企业家的战略领导能力对企业发展具有关键作用,尤其是在当今企业内外环境瞬息万变的时代,企业家是否具有战略领导能力成为企业能否获得持续发展的决定性因素。第三,经营者的关系网络能力也是企业家能力的一个重要方面。人们常常发现,一个企业的成败往往与经营者是否拥有广泛的社会交往和联系紧密相关。国外许多研究发现,公司高管的社会背景作为公司的一个特征性质,如同公司的股权结构、多元化经营一样,会对公司价值产生影响。第四,企业家的社会责任能力是企业作为社会细胞对社会的贡献能力。企业发展史不断警示人们,企业想要实现可持续发展,应着眼于企业社会责任的建设,其中不仅包括对股东的经济责任,还包括对企业其他利益相关者的社会责任。

基于此,本报告从企业家的人力资本、关系网络能力、社会责任能力和战略领导能力四个方面来计算企业家能力指数,据此来评价上市公司的企业家能力,具体包括四个一级指标

（维度）和 30 个二级指标。其中，人力资本维度包括 7 个二级指标，关系网络能力维度包括 9 个二级指标，社会责任能力维度包括 7 个二级指标，战略领导能力维度包括 7 个二级指标（参见表 1 - 3）。

表 1 - 3 企业家能力指数指标体系

一级指标	二 级 指 标	评 价 标 准
人力资本（EH）	1. 企业家（CEO）的最高学历	A. 高中及以下或未披露(0分)； B. 专科(0.35分)； C. 本科(0.7分)； D. MBA(1分)； E. EMBA(1分)； F. 其他类型硕士(1分)； G. 博士(1分)
	2. 企业家工作年限	A. 0~10年(0分)； B. 10~20年(0.35分)； C. 20~30年(0.7分)； D. 30年及以上(1分)
	3. 企业家工作经历的变更	A. 0家(0分)； B. 1~2家(0.5分)； C. 3家及以上(1分)
	4. 是否担任其他公司的独立董事	A. 是(1分)；B. 否(0分)
	5. 是否有海外留学经历（半年以上）	A. 是(1分)；B. 否(0分)
	6. 是否有海外工作经历（半年以上）	A. 是(1分)；B. 否(0分)
	7. CEO 的选聘路径	A. 外部选聘(1分)； B. 内部提拔(0分)； C. 未披露(0分)
关系网络能力（EN）	8. 政府官员是否到企业访问	A. 省部级及以上(1分)； B. 地市级及以下(0.5分)； C. 否(0分)
	9. CEO 是否陪同政府官员出国访问	A. 省部级及以上(1分)； B. 地市级及以下(0.5分)； C. 否(0分)
	10. 是否担任党代表	A. 全国(1分)； B. 省(0.7分)； C. 地市及以下(0.35分)； D. 否(0分)
	11. 是否担任人大代表	A. 全国(1分)； B. 省(0.7分)； C. 地市及以下(0.35分)； D. 否(0分)

一级指标	二 级 指 标	评 价 标 准
关系网络 能力(EN)	12. 是否担任政协委员	A. 全国(1分); B. 省(0.7分); C. 地市及以下(0.35分); D. 否(0分)
	13. 是否在军队任过职	A. 是(1分);B. 否(0分)
	14. CEO任职期间是否获得相关荣誉称号	A. 全国(1分); B. 省(0.7分); C. 地市及以下(0.35分); D. 否(0分)
	15. 是否在行业协会任职	A. 全国(1分); B. 省(0.7分); C. 地市及以下(0.35分); D. 否(0分)
	16. 是否曾经在政府部门任职	A. 中央(1分); B. 省部级(0.7分); C. 地市级及以下(0.35分); D. 没有(0分)
社会责任 能力(ER)	17. 企业是否在2015年捐赠慈善事业	A. 是(1分);B. 否(0分)
	18. 是否在非营利组织兼职(如担任理事等)	A. 是(1分);B. 否(0分)
	19. 2015年度CEO个人是否被证监会谴责	A. 是(−1分);B. 否(0分)
	20. 有没有产品质量或安全等问题的重大投诉事件	A. 是(−1分);B. 否(0分)
	21. 员工收入增长率是否不低于公司利润增长率	A. 是(1分);B. 否(0分)
	22. 现金分红情况	标准化
	23. 是否有贷款诉讼	A. 是(−1分);B. 否(0分)
	24. 股东诉讼及赔偿情况	A. 有股东诉讼且有赔偿(0分); B. 有股东诉讼无赔偿(0.5分); C. 无股东诉讼(1分)
战略领导 能力(ES)	25. 高管贡献	标准化
	26. 国际化程度	海外收入/总收入,标准化
	27. 企业员工数	标准化
	28. 企业总资产	标准化
	29. 企业在行业中的地位	按行业(19个)标准化
	30. 企业有无完整的ERP系统	A. 有(1分);B. 无(0分)
	31. 企业有无制定战略目标和计划	A. 有(1分);B. 无(0分)

对于企业家能力指数指标体系,简要解释如下:

(1) 人力资本维度

企业家人力资本维度包括 7 个二级指标,可以通过其受教育程度、相关工作经验、在位工作时间等来测量。其中,指标 1 和 5 从教育角度评价企业家的人力资本水平;指标 2 从工作年限角度评价企业家人力资本水平;指标 3、4、6 和 7 从企业家个人工作经历角度评价其人力资本水平。这里需要说明的是,指标 7 中,集团内或企业内的选聘,大股东派出并任命的 CEO 均属于内部任命。

(2) 关系网络能力维度

企业家关系网络能力维度包括 9 个二级指标,主要包括企业家是否有完善的政府关系和社会关系等。其中,指标 8、9、10、11、12、13 和 16 评价企业家与政府的关系网络能力;指标 14 和 15 评价企业家在行业中的关系网络能力。

(3) 社会责任能力维度

企业家社会责任能力维度包括 8 个二级指标,主要考察企业家在社会责任方面作出的贡献。其中,指标 17 和 18 从公益事业角度评价企业家的社会责任;指标 19、20、21、22 和 23 从公司主要利益相关者(政府、客户、员工、股东、债权人等)角度评价企业家的社会责任;指标 24 评价股东的诉讼请求及实现,该指标是 2016 年评价新增加的指标。需要注意的是,企业家对社会公益的贡献不是以绝对额来衡量的,而是以公益行为来衡量的,因为企业规模和利润不同,对社会公益的贡献额度必然有差异,但爱心无价。

(4) 战略领导能力维度

企业家战略领导能力维度包括 7 个二级指标。其中,指标 25"高管贡献"指的是剔除企业资产规模、负债比率、增长机会、第一大股东持股比例、政府补贴和行业等影响因素后,高管对企业业绩的实际贡献,反映了高管努力的实际结果。该指标利用企业业绩回归的残差(即实际企业业绩与估计企业业绩的差值)代表高管贡献,由于残差有正有负,因此我们将残差形式的高管贡献指标进一步标准化,将其转化为位于[0,1]区间的小数。指标 26 评价企业家在任期间公司的国际化水平;指标 27 和 28 评价企业家对企业人员和资产的控制能力;指标 29 评价企业家在任期间企业的行业地位,是由企业的营业收入按行业(19 个[①])进行标准化来计算;指标 30 评价企业家在任期间企业的办公现代化的程度;指标 31 评价企业家在任期间企业的战略规划,反映企业家的长远规划能力。

1.4.2　企业家能力指数计算方法

首先是计分方法。企业家能力指数指标体系中的 31 个二级指标可以分为四类:第一类是 0/1(或−1/0)变量,使用该种计分方法的二级指标有 13 个,包括指标 4、5、6、7、13、17、

---

① 　按中国监事会《上市公司行业分类指引》(2012 年修订),上市公司分为 19 个行业,2015 年有上市公司的行业是 18 个。

18、19、20、21、23、30 和 31。第二类是程度变量,按照某个指标的质量高低对指标进行分层,使用该种计分方法的二级指标有 12 个,包括指标 1、2、3、8、9、10、11、12、14、15、16 和 24。第三类变量为连续变量,为便于分析,我们将其标准化①为[0,1]区间,使用该种计分方法的二级指标有 5 个,包括指标 22、25、27、28、29。需要说明的是,第 22 个指标在之前的评价中是0/1 变量,2016 年度评价改为标准化后的连续变量,这种改变更能反映公司现金分红的客观实际。第四类变量是比值,使用该变量的指标只有 1 个,即指标 26。考虑到该指标过小,为便于分析,也进行了标准化。

　　然后是权重确定。我们认为,企业家能力指数的四个维度具有明显的重要性区分。最重要的当数企业家的战略领导能力,这是企业家自身能力大小的最重要的现实体现;其次是企业家的社会责任能力,它关系到企业的可持续发展;再次是企业家的人力资本,它反映的是企业家的潜在能力,需要一些因素(如市场竞争、权责清晰等)把它们激发出来;最后是企业家的关系网络能力。在中国,关系网络曾被视为企业家的重要能力,在畸形的政商关系下往往被异化,但正常的关系网络还是有必要的。总之,企业家能力指数的四个维度按重要性依次是:战略领导能力、社会责任能力、人力资本、关系网络能力。

　　由于能够很容易确定四个维度重要性的顺序,因此,本报告采用 AHP 方法来确定四个维度的权重,但每个维度内的二级指标是难以区分重要性的,因此,仍然采用等权重方法。

　　AHP 方法是国际上比较常用的一种确定权重的方法,由美国学者萨蒂(T. L. Saaty)于 20 世纪 70 年代初提出。AHP 方法是一种解决多目标复杂问题的定性与定量相结合的决策分析方法。它不仅适用于存在不确定性和主观信息的情况,还允许以合乎逻辑的方式运用经验、洞察力和直觉。使用 AHP 方法的基本步骤如下:

　　(1) 建立层次结构模型

　　在深入分析的基础上,将各个因素按照不同属性自上而下地分解成若干层次,同一层的因素从属于上一层的因素或对上层因素有影响,同时又支配下一层的因素或受到下层因素的作用。最上层为目标层,通常只有 1 个因素,最下层通常为方案或对象层,中间可以有一个或几个层次,通常为准则或指标层。当准则过多时(譬如多于 9 个)应进一步分解出子准则层。

　　(2) 构造成对比较矩阵

　　从层次结构模型的第二层开始,对于从属于上一层每个因素的同一层因素,用成对比较法和 1 - 9 比较尺度构建成对比较矩阵,直到最下层。

　　(3) 计算权向量并作一致性检验

　　对每个成对比较矩阵计算最大特征根及对应特征向量,利用一致性指标、随机一致性指标和一致性比率作一致性检验。若检验通过,特征向量(归一化后)即为权向量;若不通过,需重新构建成对比较矩阵。

---

　　① 标准化的方法为:标准化数值=(指标得分-样本最小值)/(样本最大值-样本最小值)。

(4) 计算组合权向量并作组合一致性检验

计算最下层对目标的组合权向量,并根据公式作组合一致性检验,若检验通过,则可按照组合权向量表示的结果进行决策,否则需要重新考虑模型或重新构造那些一致性比率较大的成对比较矩阵。

在实际应用 AHP 法时,可使用已有的计算机软件来处理相关数据。因此,大多数情况下,我们要做的工作是对相关指标之间的重要性进行排序。在本报告中,为了计算企业家能力指数,需要确定各项指标在其所属体系中的权重。由于企业家能力指数的指标体系的层次关系非常明确,我们仅需要确定指标的重要性比较矩阵。二级指标数目较多,各指标之间的重要性不易排序,因此将属于同一个一级指标的二级指标视为重要性相同。而对于四个一级指标(维度)而言,其重要性排序已如前所述。

本报告企业家能力指数的具体计算方法如下:

(1) 指标打分:根据评价标准对每个上市公司的 31 个二级指标进行打分,得到 $X_i(i = 1, 2, 3, \cdots, 31)$。

(2) 分数汇总:将隶属于同一个一级指标的二级指标得分进行相加,然后将该二级指标的得分转化成百分制,得到人力资本分项指数,关系网络能力分项指数,社会责任能力分项指数,战略领导能力分项指数。具体计算公式如下:

$$EH = \frac{1}{7} \sum_{i=1}^{7} E_i \times 100$$

$$EN = \frac{1}{9} \sum_{i=8}^{16} E_i \times 100$$

$$ER = \frac{1}{8} \left(\sum_{i=17}^{24} E_i + 3 \right) \times 100$$

$$ES = \frac{1}{7} \sum_{i=25}^{31} E_i \times 100$$

其中,EH 代表人力资本分项指数,EN 代表关系网络能力分项指数,ER 代表社会责任能力分项指数,ES 代表战略领导能力分项指数。需要特别说明的是,由于二级指标中有部分属于负分取值(例如二级指标 19),为了保证每个一级指标(维度)都位于[0,100]区间,在对每个一级指标(维度)进行分项指数计算时,对负值进行简单调整,即对负分指标加上一个相应的正值,从而使每个分项指数落在[0,100]区间。这种处理涉及的一级指标只有 ER,有 3 个负值指标,故加上正值 3。这种调整只涉及取值数值,并不改变各个分项指数和总指数的排名情况。

(3) 总指标得分:将四个一级指标(人力资本、关系网络能力、社会责任能力、战略领导能力)按照重要性进行排序。如前所述,我们认为,战略领导能力最为重要,其次是社会责任能力,再次是人力资本,最后是关系网络能力,我们据此构造成对比较矩阵,如表 1 - 4 所示。

表 1-4　企业家能力指数四个一级指标成对比较矩阵

企业家能力指数	人 力 资 本	关 系 网 络	社 会 责 任	战 略 领 导
人力资本	1	2	1/2	1/3
关系网络	1/2	1	1/3	1/4
社会责任	2	3	1	1/2
战略领导	3	4	2	1

我们通过计算权向量,并作了一致性检验,获得通过。最后,用 AHP 方法计算所得的权重依次为:战略领导能力 0.3294,社会责任能力 0.2695,人力资本 0.2207,关系网络能力 0.1804,由此得到某上市公司企业家能力指数:

$$CCEI^{BNU} = 0.3294 \times ES + 0.2695 \times ER + 0.2207 \times EH + 0.1804 \times EN$$

其中,$CCEI^{BNU}$ 代表某上市公司的企业家能力指数("北京师范大学企业家能力指数")。采用同样的方法可以计算出所有上市公司的企业家能力指数。

1.5　财务治理指数指标体系及计算方法

1.5.1　财务治理指数指标体系

本报告基于国际财务报告准则和通行的财务治理规范,同时参考中国既有法律和规定,从财权配置、财务控制、财务监督和财务激励四个一级指标(维度)和 31 个二级指标来计算财务治理指数,据此来评价上市公司的财务治理质量。其中,财权配置维度包括 9 个二级指标,财务控制维度包括 8 个二级指标,财务监督维度包括 8 个二级指标,财务激励维度包括 6 个二级指标(见表 1-5)。

表 1-5　财务治理指数指标体系

一级指标	二 级 指 标	评 价 标 准
财权配置 (FA)	1. 关联交易是否提交(临时)股东大会讨论通过	A. 是(1分);B. 否(0分)
	2. 独立董事薪酬和高管股票期权是否通过(临时)股东大会	A. 两项都通过股东大会(如果没有高管股票期权,则只计独董薪酬一项)(1分); B. 独立董事报酬通过股东大会(0.5分); C. 高管股票期权通过股东大会(0.5分); D. 两项都没有通过股东大会(0分)
	3. 两权分离度[1]	现金流权/控制权
	4. 董事会是否提出清晰的财务目标	A. 是(1分);B. 否(0分)

续　表

一级指标	二 级 指 标	评 价 标 准
财权配置 （FA）	5. 内部董事与外部董事是否有明确的沟通交流制度	A. 是（1分）；B. 否（0分）
	6. 独立董事比例	A. 独立董事比例≥2/3（1分）； B. 1/2≤独立董事比例＜2/3（0.7分）； C. 1/3≤独立董事比例＜1/2（0.35分）； D. 独立董事比例＜1/3（0分）
	7. 独立董事中是否有财务或会计方面的专家	A. 是（1分）；B. 否或未披露（0分）
	8. 董事长和总经理是否两职分离	A. 是（1分）；B. 否（0分）
	9. CFO是否具有高级职称或相关资格认证	A. 是（1分）；B. 否或未披露（0分）
财务控制 （FC）	10. 董事会或股东大会是否定期评估内部控制	A. 有《报告》且有出处或全文（1分）； B. 有《报告》但无出处或全文（0.5分）； C. 没有《报告》（0分）
	11. 各专门委员会是否在内部控制中起作用	A. 是（1分）；B. 否（0分）
	12. 董事会或股东大会是否披露具体内部控制措施	A. 详细说明（1分）； B. 笼统说明（0.5分）； C. 无说明（0分）
	13. 风险控制委员会设置情况如何	A. 设置且独立董事比例不低于2/3（1分）； B. 设置但独立董事比例低于2/3（0.5分）； C. 未设置（0分）
	14. 公司财务弹性[2]	标准化
	15. 公司对外部资金依赖程度[3]	标准化
	16. 是否披露可预见的财务风险因素	A. 是（1分）；B. 否（0分）
	17. 是否ST	A. 是（−1分）；B. 否（0分）
财务监督 （FS）	18. 审计委员会设置情况如何	A. 设置且独立董事比例为100%（1分）； B. 设置但独立董事比例低于100%或未披露独立董事比例（0.5分）； C. 未设置或未披露（0分）
	19. 外部审计是否出具标准无保留意见	A. 是（1分）；B. 否（0分）
	20. 公司网站是否披露当年财务报告	A. 是（1分）；B. 否（0分）
	21. 公司网站是否披露过去连续三年财务报告	A. 是（1分）；B. 否（0分）
	22. 公司是否披露公司发展前景的相关信息	A. 是（1分）；B. 否（0分）
	23. 公司是否披露关联方交易状况	A. 是（1分）；B. 否（0分）
	24. 当公司会计政策发生变化时，是否作出解释	A. 未变更（1分）； B. 变更并作出解释（0.5分）； C. 变更但未作解释（0分）

续　表

一级指标	二级指标	评价标准
财务监督 (FS)	25. 公司是否因违规而被证监会、证交所等监管部门公开批评、谴责或行政处罚	A. 是(−1分);B. 否(0分)
财务激励 (FI)	26. 现金分红	近三年现金分红占净利润的比例,标准化
	27. 股票股利分配	标准化
	28. 高管薪酬支付是否合理[4]	A. 是(1分);B. 否(0分)
	29. 薪酬委员会设置情况如何	A. 设置且独立董事比例不低于50%(1分); B. 设置但独立董事比例低于50%或未披露独立董事比例(0.5分); C. 未设置或未披露(0分)
	30. 公司是否采用股票期权激励政策	A. 是(1分);B. 否(0分)
	31. 员工报酬增长率是否不低于公司营业收入增长率	A. 是(1分);B. 否(0分)

注:(1)本报告采用与拉波塔、洛佩兹-德-西拉内斯和施莱弗(La Porta, Lopez-de-Silanes & Shleifer, 1999)类似的方法,通过层层追溯上市公司股权控制链(Control Chain)的方式来找出最终控制人。两权分离度是所有权与控制权的比值。其中,控制权又称投票权,用控制链条上最弱的一环表示;所有权又称现金流权,用控制链条上各所有权比例的乘积表示。(2)本报告采用"经营活动产生的现金流量净额/总资产"表示财务弹性。(3)本报告采用"(投资产生的现金流出−经营活动产生的现金流出)/投资产生的现金流出"表示外部资金依赖度。(4)根据作者同期完成的"中国高管薪酬指数"中"激励区间"进行判断,如激励适中,则视为合理,得1分;如过度或不足,则视为不合理,得0分。

对于财务治理指数指标体系,简要解释如下:

(1) 财权配置维度

财权配置维度包括9个二级指标,主要考察上市公司的各利益相关主体是否有适当的财务决策权,是否能够行使好自己的财务决策权。其中,指标1、2和3从股东角度出发,评价上市公司的股东是否有效执行了财务决策权;指标4、5、6和7从董事会角度出发,评价上市公司的董事会是否有效执行了财务决策权;指标8从总经理角度出发,评价上市公司的总经理是否有效执行了财务决策权;指标9从首席财务官(CFO)角度出发,评价上市公司的CFO是否有效执行了财务决策权。需要说明的是,指标2评价内容与之前评价相比略作调整,由关注董事薪酬是否通过股东大会聚焦到关注独立董事薪酬是否通过股东大会,并将独立董事薪酬与高管股票期权分别考虑,这种变化可以更加准确地反映股东的决策权。

(2) 财务控制维度

财务控制维度包括8个二级指标,主要考察企业的财务权力执行过程,包括企业是否有一个健全的内部控制体系和风险控制体系等。其中,指标10、11和12评价上市公司内部控制制度及其运行的有效性;指标13评价上市公司风险控制委员会的建立和健全情况;指标14、15、16和17评价上市公司的财务风险状况。

(3) 财务监督维度

财务监督维度包括8个二级指标,主要考察企业各个职能部门及其他利益相关者对财务权力执行过程的监督,包括企业的内部监督机制(审计委员会、财务信息披露)以及外部监督机制(外部审计师)。其中,指标 18 评价上市公司内部监督机制运行状况;指标 19 评价上市公司外部监督机制运行状况;指标 20、21、22、23、24 和 25 评价上市公司财务信息披露质量。这里需要说明的是指标 24,"当公司会计政策发生变化时,是否作出解释",我们认为,从严格意义上讲,在法律、法规以及国家会计制度既定的情况下,会计政策是不允许随意变更的。上市公司会计政策变更本身就是财务治理质量较差的表现。如果上市公司变更了会计政策且未作出任何解释,情况就更加严重了。

(4) 财务激励维度

财务激励维度包括 6 个二级指标,主要考察企业是否具有足够有效的财务激励机制。其中,指标 26、27 评价上市公司对股东的激励情况;指标 28、29 和 30 评价上市公司对高管的激励情况;指标 31 评价上市公司对员工的激励情况。需要说明的是,指标 30"公司是否采用股票期权激励政策",虽然目前实施股票期权激励的上市公司还是少数,股票期权激励的效果也有待商榷,但国际经验告诉我们,随着资本市场的成熟,股权激励是一种有效的激励手段。因此,我们将股票期权激励纳入指标体系,以反映上市公司对高管人员的财务激励。

1.5.2　财务治理指数计算方法

首先是计分方法。财务治理指数指标体系中的 31 个二级指标可以分为四类:一是 0/1(或 −1/0)变量,使用该种计分方法的二级指标有 18 个,包括指标 1、4、5、7、8、9、11、16、17、19、20、21、22、23、25、28、30 和 31。需要说明的是,指标 28"高管薪酬支付是否合理",该指标利用 2016 年度对高管薪酬指数的评价结果,若高管薪酬激励适中,认为其高管薪酬支付合理,赋值 1;若高管薪酬激励不足或过度,则认为其高管薪酬支付不合理,赋值 0。二是程度变量,按照某个指标的质量高低对指标进行分层,使用该种计分方法的二级指标有 8 个,包括指标 2、6、10、12、13、18、24 和 29。需要说明的是,指标 6"独立董事比例",根据中国证监会的规定要达到 1/3,由于要求很低,几乎每家上市公司的独立董事比例都达到了 1/3,这使得独立董事比例这个指标失去了可分性。为了区分不同上市公司董事会的独立性,我们按照国际规范,采用了更加严格的独立性标准。指标 10"董事会或股东大会是否定期评估内部控制",考虑到年报对内部控制的披露程度不同,我们将原来的 0/1 变量改为程度变量,以准确反映上市公司对内部控制的重视程度。三是连续变量,为便于分析,我们将其标准化,使用该种计分方法的二级指标有 4 个,包括指标 14、15、26 和 27。四是实际值变量,即实际值就是得分,这类只有一个指标,即指标 3。

然后是权重确定。我们在 2011 年和 2013 年评估中国上市公司财务治理时,曾采用AHP 方法确定权重,后来课题组讨论认为,四个维度难以区分孰重孰轻,即使区分,也难免有主观性,于是在 2015 年评价时改为等权重。具体方法如下:

(1) 首先根据表 1-5 对各个二级指标进行赋值和计算,使得各个二级指标的取值均位于 0-1 的数值区间。

（2）采用算术平均值处理方法对各个二级指标进行赋权，并对每个一级指标（维度）汇总计算，然后将每个一级指标都转为百分制，以此获得各个一级指标的取值：

$$FA = \frac{1}{9} \sum_{i=1}^{9} F_i \times 100$$

$$FC = \frac{1}{8} (\sum_{i=10}^{17} F_i + 1) \times 100$$

$$FS = \frac{1}{8} (\sum_{i=18}^{25} F_i + 1) \times 100$$

$$FI = \frac{1}{6} \sum_{i=26}^{31} F_i \times 100$$

其中，FA 代表财权配置分项指数，FC 代表财务控制分项指数，FS 代表财务监督分项指数，FI 代表财务激励分项指数。需要特别说明的是，由于有两个二级指标属于负分取值（即指标 17 和 25），为了保证每个一级指标（维度）都位于[0，100]区间，在对每个一级指标（维度）进行分项指数计算时，对负值进行简单调整，即对负分指标加上一个相应的正值，从而使每个分项指数落在[0，100]区间。这种处理涉及的一级指标是 FC 和 FS，加上的正值都是 1。这种调整只涉及取值数值，并不改变各个分项指数和总指数的排名情况。

（3）总指标得分：将四个一级指标（财权配置、财务控制、财务监督和财务激励）的得分简单平均，得到中国上市公司财务治理指数：

$$CCFI^{BNU} = \frac{1}{4}(FA + FC + FS + FI)$$

公式中，$CCFI^{BNU}$ 代表中国上市公司财务治理指数（"北京师范大学财务治理指数"）。

1.6 自愿性信息披露指数指标体系及计算方法

1.6.1 自愿性信息披露指标体系

本报告借鉴国内外已有的自愿性信息披露评价研究成果，基于国内信息披露相关法律法规，特别参照国际先进的信息披露规范，立足于投资者权益保护，提出了自愿性信息披露四个一级指标（维度）和 31 个二级指标的指标体系，即治理结构方面的自愿性信息披露（简称"治理结构"）、治理效率方面的自愿性信息披露（简称"治理效率"）、利益相关者方面的自愿性信息披露（简称"利益相关者"）和风险控制方面的自愿性信息披露（简称"风险控制"）。其中治理结构维度包括 8 个二级指标，治理效率包括 8 个二级指标，利益相关者维度包括 6 个二级指标，风险控制维度包括 9 个二级指标，参见表 1-6。

表 1-6　自愿性信息披露指数指标体系

一级指标	二 级 指 标	评 价 标 准
治理结构（GS）	1. 董事会构成	A. 未披露或模糊披露董事会构成(0 分)； B. 明确披露董事会构成(1 分)
	2. 董事学历	A. 不披露(0 分)； B. 不完全披露(0.5 分)； C. 完全披露(1 分)
	3. 董事任职经历(不含兼职、社会称号等)	A. 不完全披露(0 分)； B. 完全披露(1 分)
	4. 专门委员会构成	A. 未披露任何信息(0 分)； B. 只作一般性说明(0.5 分)； C. 详细介绍委员会成员的情况(1 分)
	5. 监事会构成	A. 未披露或模糊披露监事会构成(0 分)； B. 明确披露监事会构成(1 分)
	6. 监事会成员	A. 未披露任何信息(0 分)； B. 只披露个人背景信息或只披露履职情况(0.5 分)； C. 既披露个人背景信息也披露履职情况(1 分)
	7. 高管层学历	A. 不披露(0 分)； B. 不完全披露(0.5 分)； C. 完全披露(1 分)
	8. 高管层任职经历(不低于三年)(不含兼职、社会称号)	A. 不完全披露(0 分)； B. 完全披露(1 分)
治理效率（GE）	9. 股东大会(包括临时股东大会)股东出席率	A. 不披露(0 分)； B. 不完全披露(0.5 分)； C. 完全披露(1 分)
	10. 股东大会(包括临时股东大会)投票机制的说明	A. 不披露(0 分)； B. 不完全披露(0.5 分)； C. 完全披露(1 分)
	11. 董事考评制度及结果的说明	A. 未披露任何信息(0 分)； B. 只披露考评制度但没有考评结果(0.5 分)； C. 既披露考评制度也披露考评结果(1 分)
	12.《董事会议事规则》的说明	A. 未披露任何信息(0 分)； B. 只作一般性说明(0.5 分)； C. 详细介绍议事规则(1 分)
	13. 董事会召开方式的说明	A. 不披露(0 分)； B. 披露(1 分)
	14. 独立董事同意、质疑或否决董事会某项决议的说明	A. 不披露(0 分)； B. 披露(1 分)

一级指标	二 级 指 标	评 价 标 准
治理效率 (GE)	15. 高管薪酬结构及额度	A. 不披露(0分); B. 不完全披露(0.5分); C. 完全披露(1分)
	16. 高管层关系网络	A. 未披露任何信息(0分); B. 明确披露高管层关系网络(1分)
利益相关者(SH)	17. 投资者关系建设情况的说明	A. 没有任何说明(0分); B. 只说明有《投资者关系管理制度》,但没有具体内容(0.5分); C. 详细披露投资者关系沟通或接待措施,或者给出《投资者关系管理制度》的出处(1分)
	18. 社会责任	A. 未披露任何信息(0分); B. 只披露参与社会公益或环保情况(0.5分); C. 披露社会责任报告或可持续发展报告(1分)
	19. 债权人情况	A. 不披露(0分); B. 披露(1分)
	20. 债务人情况	A. 不披露(0分); B. 披露(1分)
	21. 供应商情况	A. 不披露(0分); B. 披露(1分)
	22. 客户情况	A. 不披露(0分); B. 披露(1分)
风险控制 (RC)	23. 企业发展战略目标	A. 不披露(0分); B. 披露(1分)
	24. 盈利能力分析	A. 不披露(0分); B. 披露(1分)
	25. 营运能力分析	A. 不披露(0分); B. 披露(1分)
	26. 偿债能力分析	A. 不披露(0分); B. 披露(1分)
	27. 发展能力分析	A. 不披露(0分); B. 披露(1分)
	28. 关于现聘会计师事务所的说明	A. 没有任何说明(0分); B. 笼统披露(0.5分); C. 详细披露(1分)
	29. 宏观形势对公司业绩影响的分析	A. 不披露(0分); B. 披露(1分)
	30. 行业地位(或市场份额)分析	A. 不披露(0分); B. 披露(1分)
	31. 竞争对手分析	A. 不披露(0分); B. 披露(1分)

对于自愿性信息披露指数指标体系,简要解释如下:

(1) 治理结构信息披露维度

治理结构信息披露衡量与公司治理结构相关的信息披露情况,包括董事会和监事会的构成及成员情况、高层管理人员学历及经历情况,以及专门委员会的构成情况,包括编号1~8的8个二级指标,这些指标所反映的信息对于投资者和其他利益相关者了解代理人是否能够着眼于企业发展和满足各利益相关者的利益诉求具有重要价值。其中指标1衡量上市公司是否明确披露了董事会结构,包括董事类型(执行董事或内部董事、独立董事、外部非独立董事),以及相应的人数和兼职情况。指标2和3衡量关于董事个人背景的相关信息的披露情况。指标4衡量董事会下设的各专门委员会的信息披露情况,包括专门委员会召集人信息、委员会成员构成等。指标5和6衡量有关监事类型(外部监事、内部监事,股东监事、员工监事等),以及监事会成员方面的自愿性信息披露情况。指标7和8衡量有关高层管理人员个人背景信息的披露情况。

(2) 治理效率信息披露维度

治理效率信息披露维度衡量关于股东大会和董事会的召开情况、独立董事履职情况、董事考评,以及高层管理人员薪酬和关系网络等与公司治理效率相关信息的披露情况,包括编号9~16的8个指标。这些指标所反映的信息对于投资者和其他利益相关者评估公司的治理效率有着至关重要的作用。其中指标9和10考察公司股东大会召开及投票机制(包括法定投票、累积投票、举手表决、代理投票等)方面的信息披露情况。只有公司详细说明了每次股东大会(包括临时股东大会)的股东出席率以及投票机制,现有和潜在投资者,以及其他利益相关者才能判断股东大会的合法性和有效性。指标11衡量公司和投资者对董事的约束是否到位,反映董事的实际履职情况。指标12和13衡量公司董事会决策和监督的有效性,其中董事会召开方式包括通讯会议和现场会议等,会议方式不同,董事会履职的效果就会不同。指标14衡量独立董事提出的意见是否能被公司记录并进行披露,也反映着独立董事的独立性情况。指标15衡量高层管理人员薪酬的合理性,以及高管是否着眼于公司长期发展。指标16衡量高层管理人员的社会影响力,该类信息也有助于判断高层管理人员是否存在不规范交易问题。

(3) 利益相关者信息披露维度

利益相关者信息披露维度衡量公司对投资者、债权人、债务人、供应商、客户等利益相关者利益保护有关的信息的披露情况,包括编号17~22的6个指标。其中,指标17衡量公司在投资者保护方面的措施是否到位,如公司是否披露与投资者的沟通或接待措施,或者是否建立《投资者关系管理制度》。指标18考察公司履行社会责任的情况,如节能环保、参与社会公益,以及是否发布社会责任报告等。指标19、20、21和22衡量公司对于排名前几位的主要债权人、债务人、供应商及客户信息的披露情况,其中对于债权人和债务人,公司还应披露他们与公司是否具有关联关系。

(4) 风险控制信息披露维度

风险控制信息披露维度衡量公司经营风险及控制方面的信息分析与披露情况,包括编号 23~31 的 9 个指标。其中,指标 23 衡量公司是否明确披露至少三年的发展战略目标及经营计划。指标 24、25、26 和 27 衡量公司是否对自身的财务状况进行了分析并且进行了披露。指标 28 衡量公司对于会计师事务所聘任情况的说明。会计师事务所对公司进行独立审计,是投资人权益的重要维护者,对其聘任的相关信息进行披露,可以防止出现会计师事务所与公司存在私下交易的现象,有效控制风险。指标 29、30 和 31 衡量宏观环境对企业发展的影响、行业竞争优势或劣势,以及竞争对手的竞争策略等,这些信息有助于投资者了解公司所处环境及地位,并对公司日后的发展作出预测。

1.6.2　自愿性信息披露指数计算方法

首先是计分方法。自愿性信息披露指数指标体系中的 31 个二级指标得分区间都为 $[0,1]$,按赋值方法可以分为两类。第一类是 0/1 变量,使用该种赋值方法的指标有 19 个,包括指标 1、3、5、8、13、14、16、19、20、21、22、23、24、25、26、27、29、30、31。这类指标以企业年报中是否披露了理应披露的相关信息作为判断依据。明确披露相关信息的得 1 分,否则得 0 分。第二类是程度变量,按照某个指标的信息披露程度高低对指标分层赋值,使用该种赋值方法的指标有 12 个,包括指标 2、4、6、7、9、10、11、12、15、17、18、28。这类指标将年报中的相关信息披露程度分为三种,并按照披露程度的高低进行得分高低的赋值。

然后是权重确定。我们认为,自愿性信息披露指数的四个维度具有基本同等的重要性,每个维度内的二级指标也具有基本同等的重要性,为了避免主观性偏差,本报告计算自愿性信息披露指数时所涉及的所有一级指标和二级指标都设置为等权重。首先针对某个一级指标内的所有二级指标进行等权重计算,然后对所有四个一级指标进行等权重计算,以此得出自愿性信息披露指数。具体计算方法如下:

(1) 二级指标打分:根据赋值标准对每个上市公司的 31 个二级指标 $C_i(i=1, 2, \cdots, 31)$ 单独赋分。

(2) 计算四个一级指标得分,得到四个分项指数:对隶属于同一个一级指标的二级指标的得分先进行加总,再简单平均,然后转化为百分制,得到四个一级指标得分,即治理结构分项指数、治理效率分项指数、利益相关者分项指数和风险控制分项指数。

$$GS = \frac{1}{8} \sum_{i=1}^{8} V_i \times 100$$

$$GE = \frac{1}{8} \sum_{i=9}^{16} V_i \times 100$$

$$SH = \frac{1}{6} \sum_{i=17}^{22} V_i \times 100$$

$$RC = \frac{1}{9} \sum_{i=23}^{31} V_i \times 100$$

其中,*GS* 代表治理结构分项指数,*GE* 代表治理效率分项指数,*SH* 代表利益相关者分项指数,*RC* 代表风险控制分项指数。

(3) 计算总体指数:对四个一级指标(治理结构、治理效率、利益相关者和风险控制)的得分进行简单平均,得到上市公司自愿性信息披露指数。

$$CCVDI^{BNU} = \frac{1}{4}(GS + GE + SH + RC)$$

$CCVDI^{BNU}$ 代表某上市公司的自愿性信息披露指数("北京师范大学自愿性信息披露指数")。

1.7　高管薪酬指数变量及计算方法

1.7.1　高管薪酬指数评价变量

评价高管薪酬,就必须首先对公司高管作出界定。对于如何界定公司高管,理论界有不同的认识和理解,主要有五种观点:(1) 董事长;(2) 总经理(或 CEO);(3) 董事长和总经理两人;(4) 除董事长和总经理外,还包括党委书记和工会主席;(5) 所有高层管理人员,既包括董事长和总经理,也包括副职。我们认为,从研究高管薪酬角度,不能把研究仅集中于某个高管,把研究扩展到高级管理层,更易于得到普遍适用的规律性结论。而且,高管的绩效是整个团队共同努力的结果。因此,我们将高管激励延伸至高管团队的激励,本报告所评价的高管是指公司执行层,包括总经理(或 CEO)、副总经理,以及执行董事(含担任执行董事的董事长)和董事会秘书。由于各公司高管人员的人数并不一致,为了保证评价的客观性和同一性,本报告在计算高管薪酬指数时,仅包括年报披露的薪酬最高的前三位高管成员。如无特别说明,本报告提及的高管薪酬均为薪酬最高的前三位高管的平均薪酬。

本报告对高管薪酬的评价不是单纯针对薪酬总额,而是在企业经营业绩的基础上对高管薪酬进行比较研究。换言之,本报告是基于经营业绩的薪酬评价,即用高管薪酬与企业营业收入之比来计算高管薪酬指数。相关变量说明如下:

(1) 2015 年年报披露的薪酬最高的前三名高管的薪酬(不含股权激励)

(2) 2015 年年报披露的公司年度营业收入

对于实施期权激励的公司,先将高管的股权收入折算成货币形式,然后将股权收入与披露的年薪相加再进行比较,最终确定前三名高管的薪酬。期权激励主要包括股票期权、虚拟股票、限定股票、股票增值权、股票奖励和业绩股票。由于目前中国公司高管期权激励基本上都是股票期权,因此,本报告只计算股票期权。将股票期权折算成货币收入的方法是:

高管的股权收入=2015 年末可以行权的股票数量×(年均股价-行权股价)

前三位高管平均薪酬的具体计算方法：

前三位高管平均薪酬＝薪酬最高的前三位高管薪酬之和(含股票期权)÷3

1.7.2 高管薪酬指数计算方法

本报告在高管薪酬指数设计方法上采用基准法，即首先选择每个行业的基准公司，然后计算各行业全部公司的基准值，最后以该基准值为标杆，计算出各公司高管人员薪酬指数，并按照数值大小来排序。计算步骤和公式如下：

(1) 计算第 j 个行业第 i 个上市公司薪酬最高前三位高管的平均薪酬与营业收入的比值，计算公式是：

$$X_{ij} = \frac{\text{该公司前三位高管平均薪酬}}{\text{该公司营业收入}}$$

其中，高管薪酬是折算成货币形式的收入，包括基本工资、各项奖金、福利、补贴和各种津贴，以及股票期权。

(2) 找出 X_{ij} 的中位值，以位居该中位值的那家公司作为第 j 个行业的基准公司，令：

$$Y_j = X_{ij} \text{ 的中位值}$$

(3) 把 Y_j 相加，再除以行业总数，得到所有上市公司薪酬最高前三位高管的平均薪酬与营业收入的比值(Z)，计算公式是：

$$Z = \frac{\sum Y_j}{n}$$

其中，n 是行业总数，根据《上市公司行业分类指引(2012 年修订)》，上市公司分为 19 大类行业，但 2015 年样本中有 18 个行业有上市公司，故行业数定为 18。

(4) 将 X_{ij} 除以 Z，得到第 j 个行业第 i 个上市公司的高管薪酬指数，计算公式是：

$$A_{ij} = \frac{X_{ij}}{Z} \times 100 [1]$$

将 A_{ij} 值按照大小进行排名，即可得到基于经营业绩的上市公司高管薪酬指数排行榜。理论上讲，某家上市公司的 A_{ij} 值越接近 100，该公司的高管薪酬激励越适度。在排名中，对所有上市公司按照四分位法进行分类，即按照高管薪酬指数将 2655 家上市公司进行降序排列，排名在前四分之一的公司确定为激励过度，排名在后四分之一的公司确定为激励不足，中间的公司定为激励适中，这样的划分考虑了行业差距的影响。

---

[1] 此处乘以 100，是因为假设全部上市公司的高管薪酬指数为 100。

1.7.3　高管薪酬指数比较方法

为了进一步找出不同行业、不同地区、不同控股类型、不同板块上市公司高管薪酬指数的特点,分别比较不同类别上市公司的高管薪酬指数,具体方法如下:

(1) 将上市公司高管薪酬指数按行业进行排名,方法是:

① 各行业中激励适中公司所占比重的行业间排名:将各行业中激励适中公司数目除以该行业所有公司的数目,得出百分比,然后按照百分比的大小对各行业进行排名。百分比越大,说明该行业激励适中的公司数量越多,该行业整体的薪酬激励水平越合理。

② 各行业中激励过度公司所占比重的行业间排名:将各行业中激励过度公司数目除以该行业所有公司的数目,得出百分比,然后按照百分比的大小对各行业进行排名。百分比越大,说明该行业激励过度的公司数量越多,该行业整体的薪酬水平越趋于激励过度。

③ 各行业中激励不足公司所占比重的行业间排名:将各行业中激励不足公司数目除以该行业所有公司的数目,得出百分比,然后按照百分比的大小对各行业进行排名。百分比越大,说明该行业激励不足的公司数量越多,该行业整体的薪酬水平越趋于激励不足。

④ 行业间高管薪酬指数排名:用各个行业的公司高管薪酬指数排名的中位值来代表各个行业的公司高管薪酬指数,然后把各个行业的公司高管薪酬指数的中位值按照由高到低的顺序进行排名。理论上讲,将每个行业的中位值与 100 来比较,如果越接近 100,则该行业的高管薪酬越适度。

(2) 将上市公司高管薪酬指数按地区进行排名,方法是:

以东部、中部、西部和东北部上市公司高管薪酬指数的中位值来代表四个地区的公司高管薪酬指数,然后按照该中位值的大小进行排序。

(3) 将上市公司高管薪酬指数按控股类型进行排名,方法是:

为了更细致地进行比较,我们将所有公司按控股类型划分为国有绝对控股公司、国有强相对控股公司、国有弱相对控股公司、国有参股公司、无国有股份公司等五种类型(关于所有制的定义详见本章 1.8 节),分别确定出激励适中、激励过度和激励不足的公司在各类型上市公司中所占的比重,然后按照比重的大小对这五种所有制的公司进行排名。

1.8　中国公司治理分类指数评价范围及相关概念

1.8.1　评价范围

本报告的数据截至 2015 年 12 月 31 日,评价样本也是截至这个日期的全部 A 股上市公司。截至 2015 年 12 月 31 日,沪深两市有上市公司 2908 家,其中只在 B 股上市的公司有101 家,A、B 股同时上市的公司有 82 家。考虑到年报的完整性,剔除 2015 年 4 月 1 日之后上市的 152 家公司,同时剔除只在 B 股上市的 101 家公司,得到样本 2655 家,占全部 A 股上市公司的 94.58%,占全部 A、B 股上市公司的 91.30%,可以说,等同于全样本评价。2655 家 A 股上市公司中,沪市主板 1017 家,深市主板(不含中小企业板)466 家,深市中小企业板 744 家,深市创业板 428 家。需要注意的是,高管薪酬指数样本是 2632 家上市公司,原因是出现了 23 家公司高管零薪酬或未披露高管薪酬的不正常现象,故予以剔除。

1.8.2　相关概念

中国公司治理分类指数评价,可能会受到控股类型、地区和行业等方面的影响,因此,需要对数据统计和指数计算中涉及的相关概念作出界定。

(1) 控股或所有制类型

中国上市公司有不同的控股或所有制类型,不同控股类型对公司治理有不尽相同的影响。我们将所有公司按控股情况分为国有绝对控股公司、国有强相对控股公司、国有弱相对控股公司、国有参股公司和无国有股份公司等五种类型。参照《股份有限公司国有股股东行使股权行为规范意见》第五条规定,并结合本报告研究的实际情况,我们对这五种所有制类型的界定是:

A. 国有绝对控股公司:公司的国有股比例下限为 50%(不含 50%);

B. 国有强相对控股公司:国有股股东为第一股东,公司的国有股比例上限为 50%(含 50%),下限为 30%(不含 30%);

C. 国有弱相对控股公司:国有股股东为第一大股东,持股比例小于 30%(含 30%);

D. 国有参股公司:有国有股东,但国有股东不符合上述三条标准;

E. 无国有股份公司:上述四种情形以外的公司。

在上述五类公司中,最后两类其实就是典型的民营控股上市公司,或称非国有控股上市公司。

(2) 地区

处于不同地区的公司的市场化程度、制度完善程度、环境条件等是不同的,所以地区也是影响公司治理指数的基本因素。我们将全部区域划分为东部、中部、西部和东北部四个地区,其中,东部地区包括北京、福建、广东、海南、河北、江苏、山东、上海、天津、浙江等 10 个行政区域,中部地区包括安徽、河南、湖北、湖南、江西、山西等 6 个行政区域,西部地区包括重庆、甘肃、广西、贵州、内蒙古、宁夏、青海、陕西、四川、西藏、新疆、云南等 12 个行政区域,东北部地区包括黑龙江、吉林、辽宁等 3 个行政区域。

(3) 行业

中国证监会 2012 年修订的《上市公司行业分类指引》将上市公司行业分为 19 个门类,具体分类结构与代码如下:A. 农、林、牧、渔业;B. 采矿业;C. 制造业;D. 电力、热力、燃气及水生产和供应业;E. 建筑业;F. 批发和零售业;G. 交通运输、仓储和邮政业;H. 住宿和餐饮业;I. 信息传输、软件和信息技术服务业;J. 金融业;K. 房地产业;L. 租赁和商务服务业;M. 科学研究和技术服务业;N. 水利、环境和公共设施管理业;O. 居民服务、修理和其他服务业;P. 教育;Q. 卫生和社会工作;R. 文化、体育和娱乐业;S. 综合。在本报告的2655家样本上市公司中,除了O. 居民服务、修理和其他服务业外,其他18个行业均有上市公司。

在18个大类行业中,制造业是上市公司最多的行业。本报告2655家公司样本中,制造业企业共1672家。按照中国证监会2012年修订的《上市公司行业分类指引》,制造业还可以细分为31个小类,分别是C13. 农副食品加工业;C14. 食品制造业;C15. 酒、饮料和精制茶制造业;C16. 烟草制品业;C17. 纺织业;C18. 纺织服装、服饰业;C19. 皮革、毛皮、羽毛及其制品和制鞋业;C20. 木材加工和木、竹、藤、棕、草制品业;C21. 家具制造业;C22. 造纸和纸制品业;C23. 印刷和记录媒介复制业;C24. 文教、工美、体育和娱乐用品制造业;C25. 石油加工、炼焦和核燃料加工业;C26. 化学原料和化学制品制造业;C27. 医药制造业;C28. 化学纤维制造业;C29. 橡胶和塑料制品业;C30. 非金属矿物制品业;C31. 黑色金属冶炼和压延加工业;C32. 有色金属冶炼和压延加工业;C33. 金属制品业;C34. 通用设备制造业;C35. 专用设备制造业;C36. 汽车制造业;C37. 铁路、船舶、航空航天和其他运输设备制造业;C38. 电气机械和器材制造业;C39. 计算机、通信和其他电子设备制造业;C40. 仪器仪表制造业;C41. 其他制造业;C42. 废弃资源综合利用业;C43. 金属制品、机械和设备修理业。之前我们出版的指数报告对制造业细分行业都有分析,2016年度报告限于篇幅,不再对制造业细分类型进行分析。

中国公司治理分类
指数报告No.15
（2016）

Report on China
Classified Corporate
Governance Index
No.15（2016）

第二编
中小投资者
权益保护指数

第 2 章

中小投资者权益保护总体指数排名及比较

根据第 1 章确定的中小投资者权益保护指数评价方法,以及我们评估获得的 2015 年度 2655 家样本上市公司指数数据,本章对这些公司的中小投资者权益保护指数进行排名,然后分别从地区、行业、上市板块三个角度进行比较分析。

2.1 中小投资者权益保护指数总体分布及排名

基于上市公司 2015 年的公开数据,根据本报告构建的中小投资者权益保护指数指标体系和指数计算方法,对 2655 家上市公司中小投资者权益保护指数进行计算,从而得到中国上市公司中小投资者权益保护指数的整体排名情况(详见附带光盘附表Ⅰ-1 和Ⅰ-2)。

2.1.1 中小投资者权益保护指数总体分布

2015 年上市公司中小投资者权益保护指数的总体得分情况参见表 2-1。

表 2-1 2015 年上市公司中小投资者权益保护指数总体情况

项　目	公司数目	平均值	中位值	最大值	最小值	标准差	偏度系数	峰度系数
数　值	2655	48.6134	48.6853	65.7193	29.5425	5.2433	−0.0925	0.1662

从表 2-1 可以看出,2015 年上市公司中小投资者权益保护指数最大值 65.7193,最小值 29.5425,平均值 48.6134,中位值 48.6853,标准差 5.2433,样本的得分情况整体偏低。经检验,中小投资者权益保护指数整体分布基本满足正态分布。从整体分布偏离正态分布的程度来看,偏度系数为−0.0925,峰度系数为 0.1662,中小投资者权益保护指数分布为负偏态。

为进一步了解中小投资者权益保护指数在各个得分区间的分布情况,我们将中小投资者权益保护指数在有分布的区域以 5 分为间隔,划分为[0,25)、[25,30)、[30,35)、[35,

40)、[40，45)、[45，50)、[50，55)、[55，60)、[60，65)、[65，70)和[70，100]11个区间(公司数目为0的相邻区间合并)，每个指数区间的企业数目和所占比重参见表2-2和图2-1。

表 2-2　2015 年上市公司中小投资者权益保护指数区间分布

指 数 区 间	公 司 数 目	占比(%)	累计占比(%)
[0，25)	0	0.00	0.00
[25，30)	1	0.04	0.04
[30，35)	19	0.72	0.75
[35，40)	120	4.52	5.27
[40，45)	479	18.04	23.31
[45，50)	996	37.51	60.83
[50，55)	756	28.47	89.30
[55，60)	242	9.11	98.42
[60，65)	39	1.47	99.89
[65，70)	3	0.11	100.00
[70，100]	0	0.00	100.00
总　体	2655	100.00	—

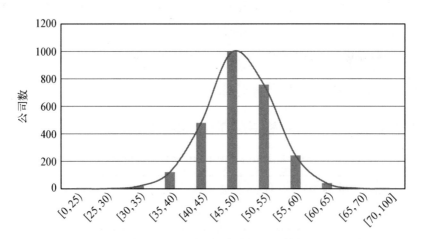

图 2-1　2015 年上市公司中小投资者权益保护指数区间分布

从表2-2和图2-1可以看出，中小投资者权益保护指数在[45，50)和[50，55)区间的公司数量最多，分别为996家和756家，占样本总数的37.51%和28.47%，两个区间总计占到65.99%。98.42%的上市公司的中小投资者权益保护指数分布在[25，60)区间，这意味着，98.42%的上市公司的中小投资者权益保护指数不及格(以60分作为及格线)，及格的公司只有42家，及格率只有1.58%，且分数均在[60，65)、[65，70)两个区间，没有得分超过70分的公司。这说明中国上市公司中小投资者权益保护水平整体很低。

2.1.2　中小投资者权益保护指数前后 100 名

表 2-3 给出了 2655 家上市公司中排名前 100 家和最后 100 家公司的中小投资者权益保护指数得分情况。可以看出，前 100 名公司的中小投资者权益保护指数均值为 59.9995；而后 100 名公司的中小投资者权益保护均值为 36.5152，得分并不理想。从标准差上看，在上述两类样本中，前 100 名公司的分数差异要小于后 100 名公司的分数差异。

表 2-3　2015 年上市公司中小投资者权益保护指数前后 100 名情况

	平 均 值	中 位 值	最 大 值	最 小 值	标 准 差
前 100 名	59.9995	59.5868	65.7193	57.7751	1.7957
后 100 名	36.5151	36.6889	39.1472	29.5425	1.9704
总　体	48.6134	48.6853	65.7193	29.5425	5.2433

我们对 2655 家上市公司的中小投资者权益保护指数进行从大到小降序排列，中小投资者权益保护指数越高，说明上市公司中小投资者权益保护水平越高。表 2-4 是中小投资者权益保护指数排名前 100 名的上市公司情况。

表 2-4　2015 年上市公司中小投资者权益保护指数排名(前 100 名)

排 名	代 码	公司简称	指 数 值	排 名	代 码	公司简称	指 数 值
1	600999	招商证券	65.7193	14	002294	信立泰	61.7218
2	600837	海通证券	65.2993	15	600000	浦发银行	61.6127
3	601377	兴业证券	65.2271	16	002500	山西证券	61.3965
4	002701	奥瑞金	64.8116	17	002258	利尔化学	61.3804
5	002507	涪陵榨菜	64.1132	18	600377	宁沪高速	61.2910
6	002736	国信证券	63.7256	19	601390	中国中铁	61.2595
7	002437	誉衡药业	63.5672	20	002179	中航光电	61.0411
8	600029	南方航空	63.3786	21	601688	华泰证券	60.9946
9	603328	依顿电子	63.2556	22	002191	劲嘉股份	60.9649
10	002563	森马服饰	62.8857	23	300015	爱尔眼科	60.8140
11	002658	雪迪龙	62.6716	24	600155	宝硕股份	60.8100
12	000750	国海证券	62.0092	25	002673	西部证券	60.5938
13	000063	中兴通讯	61.7678	26	002739	万达院线	60.5783

排　名	代　码	公司简称	指 数 值	排　名	代　码	公司简称	指 数 值
27	002588	史丹利	60.5717	55	002217	合力泰	59.4152
28	000070	特发信息	60.5192	56	000690	宝新能源	59.3952
29	000776	广发证券	60.5190	57	002709	天赐材料	59.3680
30	600271	航天信息	60.4652	58	300214	日科化学	59.3572
31	300370	安控科技	60.4354	59	603766	隆鑫通用	59.3161
32	300199	翰宇药业	60.4288	60	601398	工商银行	59.3001
33	300085	银之杰	60.4005	61	002276	万马股份	59.2121
34	601601	中国太保	60.2305	62	600548	深高速	59.1108
35	002539	新都化工	60.2271	63	600030	中信证券	59.0593
36	000002	深万科	60.2163	64	002183	怡亚通	59.0393
37	000783	长江证券	60.1802	65	600876	洛阳玻璃	58.9896
38	002584	西陇化工	60.1290	66	002393	力生制药	58.9693
39	002672	东江环保	60.0819	67	002123	荣信股份	58.9610
40	300223	北京君正	60.0307	68	300327	中颖电子	58.9511
41	300109	新开源	60.0166	69	002152	广电运通	58.9482
42	601009	南京银行	60.0070	70	600779	水井坊	58.9293
43	300017	网宿科技	59.9056	71	002426	胜利精密	58.8950
44	000090	天健集团	59.8584	72	002733	雄韬股份	58.8552
45	601607	上海医药	59.8307	73	002029	七匹狼	58.7836
46	300387	富邦股份	59.8072	74	000686	东北证券	58.7535
47	300269	联建光电	59.8064	75	601555	东吴证券	58.7401
48	002568	百润股份	59.7949	76	300284	苏交科	58.7337
49	002523	天桥起重	59.6918	77	000563	陕国投 A	58.6639
50	300124	汇川技术	59.6108	78	002122	天马股份	58.6622
51	300194	福安药业	59.5628	79	002203	海亮股份	58.6601
52	600226	升华拜克	59.4594	80	000023	深天地 A	58.5058
53	000538	云南白药	59.4352	81	002511	中顺洁柔	58.4953
54	300373	扬杰科技	59.4221	82	600556	慧球科技	58.4400

续　表

排　名	代　码	公司简称	指 数 值	排　名	代　码	公司简称	指 数 值
83	300148	天舟文化	58.4098	92	002236	大华股份	58.0706
84	002657	中科金财	58.3962	93	300230	永利带业	58.0552
85	002396	星网锐捷	58.3814	94	002493	荣盛石化	58.0374
86	300009	安科生物	58.3514	95	600718	东软集团	57.9143
87	002215	诺普信	58.3303	96	002630	华西能源	57.8802
88	002304	洋河股份	58.3172	97	002206	海利得	57.8678
89	002620	瑞和股份	58.2949	98	000680	山推股份	57.8265
90	002385	大北农	58.1334	99	002300	太阳电缆	57.7852
91	002351	漫步者	58.0798	100	601166	兴业银行	57.7751

从表 2-4 可以看出,中小投资者权益保护指数得分最高的前三名均为沪市主板上市公司,且均为证券板块,分别是招商证券(60099)、海通证券(600837)和兴业证券(601377)。相比 2014 年,2015 年前 100 名公司中小投资者权益保护指数均值提高 3.9641 分,有 16 家公司连续两年出现在前 100 名中,他们是招商证券、中兴通讯、信立泰、浦发银行、宁沪高速、中航光电、劲嘉股份、航天信息、中国太保、长江证券、西陇化工、宝新能源、中信证券、七匹狼、东北证券和陕国投 A。

进一步对中小投资者权益保护指数得分前 100 家上市公司的地区、行业、控股类型和上市板块进行观察,我们发现,前 100 家上市公司中,从地区来看,东部、中部、西部和东北各有74 家、10 家、12 家和 4 家,各占所在地区公司总数的 4.23%、2.64%、3.13%和 2.82%。从行业来看,主要分布在制造业(62 家)和金融业(19 家),各占所在行业公司总数的 3.71%和38.78%,金融业进入前 100 名的公司占比非常高。从控股类型来看,国有控股公司有 40家、非国有控股公司有 60 家,分别占两类公司总数的 3.91%和 3.68%。其中,在国有控股公司中,中央企业控股的公司有 12 家,占中央企业控股上市公司总数的 3.38%;地方国企控股的公司有 28 家,占地方国企控股上市公司总数的 4.19%。

需要注意的是,中小投资者权益保护指数得分最高的前 100 名在地区、行业和控股类型中的分布,并不能完全说明某个地区、行业和控股类型整体表现就好,因为各地区、行业和控股类型的上市公司数量不同。比如,制造业进入前 100 名的公司数多于金融业,但金融业进入前 100 名的占比更高,无疑金融业表现更好。再如,国有控股公司进入前 100 名的公司数少于非国有控股公司,但前者占比却高于后者,显然国有控股公司表现略好。

图 2-2 直观地反映了中小投资者权益保护指数前 100 名的变化。可以看出,前 100 名上市公司的中小投资者权益保护指数得分的分布并不平坦,最高分 65.7193,最低分

57.7751,绝对差距 7.9442,排名在前 15 名的企业间的指数波动较大,但排在 15 名之后的企业间得分差距并不大。绝大多数企业分数在 60 分附近浮动。60 分以上有 42 家,60 分以下有 58 家,其中 58 分以下仅有 6 家。

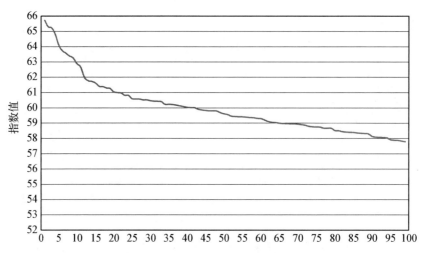

图 2-2　2015 年上市公司中小投资者权益保护指数分布情况(前 100 名)

表 2-5 为中小投资者权益保护指数排名后 100 名的上市公司情况。

表 2-5　2015 年上市公司中小投资者权益保护指数排名(后 100 名)

排　名	代　码	公司简称	指数值	排　名	代　码	公司简称	指数值
2556	000007	零七股份	39.1472	2571	600158	中体产业	38.6478
2557	002046	轴研科技	39.1390	2572	000820	金城股份	38.6212
2558	600773	西藏城投	39.1247	2573	000688	建新矿业	38.5849
2559	600279	重庆港九	39.1143	2574	002480	新筑股份	38.5227
2560	002289	宇顺电子	39.1031	2575	002127	*ST 新民	38.3692
2561	600461	洪城水业	39.0358	2576	600230	沧州大化	38.2534
2562	600320	振华重工	39.0267	2577	000677	*ST 海龙	38.2249
2563	000005	世纪星源	39.0190	2578	000930	中粮生化	38.1827
2564	600767	运盛实业	38.8540	2579	603020	爱普股份	38.1278
2565	600091	ST 明科	38.8350	2580	000721	西安饮食	38.0759
2566	002558	世纪游轮	38.8253	2581	600810	神马股份	38.0731
2567	600432	吉恩镍业	38.7819	2582	000788	北大医药	38.0685
2568	600721	百花村	38.7685	2583	600385	ST 金泰	38.0010
2569	600228	昌九生化	38.6863	2584	002234	民和股份	37.9876
2570	600733	S 前锋	38.6839	2585	600503	华丽家族	37.9034

续　表

排　名	代　码	公司简称	指数值	排　名	代　码	公司简称	指数值
2586	600661	新南洋	37.8789	2617	600671	天目药业	36.0656
2587	600306	商业城	37.7967	2618	600403	大有能源	36.0590
2588	600217	*ST 秦岭	37.7842	2619	000927	*ST 夏利	36.0392
2589	000715	中兴商业	37.7143	2620	002459	*ST 天业	36.0362
2590	600005	武钢股份	37.5929	2621	002248	*ST 东数	35.8890
2591	000918	嘉凯城	37.5896	2622	600768	宁波富邦	35.8766
2592	600206	有研新材	37.5691	2623	600078	澄星股份	35.8354
2593	600603	大洲兴业	37.5683	2624	000968	煤气化	35.7967
2594	603788	宁波高发	37.5123	2625	000410	沈阳机床	35.7897
2595	000632	三木集团	37.2558	2626	600212	江泉实业	35.6992
2596	600753	东方银星	37.1586	2627	600785	新华百货	35.6007
2597	601666	平煤股份	37.1443	2628	600696	多伦股份	35.5388
2598	600636	三爱富	37.0583	2629	600301	*ST 南化	35.5327
2599	600439	瑞贝卡	37.0544	2630	600747	大连控股	35.5115
2600	300220	金运激光	36.9698	2631	600707	彩虹股份	35.3400
2601	002604	龙力生物	36.9280	2632	000710	天兴仪表	35.3301
2602	000996	中国中期	36.8107	2633	600145	*ST 国创	35.2426
2603	002694	顾地科技	36.7626	2634	000408	金谷源	35.1572
2604	000687	恒天天鹅	36.7364	2635	002608	舜天船舶	35.0593
2605	600090	啤酒花	36.6995	2636	000420	吉林化纤	34.9889
2606	002075	沙钢股份	36.6783	2637	000885	同力水泥	34.8616
2607	600992	贵绳股份	36.5905	2638	601519	大智慧	34.8615
2608	600892	宝诚股份	36.5293	2639	000557	*ST 广厦	34.6965
2609	002278	神开股份	36.4419	2640	000526	银润投资	34.6823
2610	000755	*ST 三维	36.4179	2641	600806	*ST 昆机	34.3346
2611	000760	斯太尔	36.3923	2642	601558	*ST 锐电	34.2182
2612	600146	大元股份	36.3844	2643	000629	攀钢钒钛	34.1949
2613	000693	华泽钴镍	36.3526	2644	600822	上海物贸	34.1507
2614	002330	得利斯	36.3064	2645	000897	津滨发展	33.9849
2615	600802	福建水泥	36.2261	2646	600988	赤峰黄金	33.9353
2616	300372	欣泰电气	36.1480	2647	000403	ST 生化	33.8397

续 表

排 名	代 码	公司简称	指 数 值	排 名	代 码	公司简称	指 数 值
2648	600179	黑化股份	33.7666	2652	600281	太化股份	32.0103
2649	600381	贤成矿业	33.5785	2653	000020	深华发	31.5802
2650	600710	常林股份	33.1970	2654	000611	内蒙发展	31.3504
2651	600760	中航黑豹	32.4996	2655	600610	*ST中毅	29.5425

从表2-5可以看出,中小投资者权益保护指数得分最低的三名分别是沪市主板的*ST中毅(600610)、深市主板的内蒙发展(000611)和深华发(000020)。在后100名中,ST公司有16家,占全部ST公司的比例为38.10%。

从地区分布看,中小投资者权益保护指数后100名公司中,东部、中部、西部和东北部各有46家、19家、26家和9家,分别占所在地区上市公司总数的2.63%、5.01%、6.79%和6.34%,从相对值(比例)角度,西部和东北部表现较差。从行业分布看,制造业有62家,房地产业有11家,批发和零售业有9家,采矿业有7家,分别占所在行业上市公司总数的3.71%、8.21%、6.12%和9.59%,从相对值(比例)角度,采矿业和房地产业表现较差。从控股类型看,国有控股公司有47家,非国有控股公司有53家,分别占同类上市公司总数的4.59%和3.25%,从相对值(比例)角度,国有控股公司表现较差。在国有控股公司中,最终控制人为中央企业的公司有16家,占全部央企控股上市公司的4.51%;地方国企控股的公司有31家,占全部地方国企控股上市公司的4.64%,从相对值(比例)角度,地方国企控股的公司表现略差。从上市板块看,深市主板(不含中小企业板)、深市中小企业板、深市创业板和沪市主板各有30家、14家、2家和54家,分别占所在板块上市公司数的6.44%、1.88%、0.47%和5.31%,从相对值(比例)角度,深市主板(不含中小企业板)和沪市主板表现较差。

图2-3为最后100名上市公司中小投资者权益保护指数分布情况(按倒数排列,即指

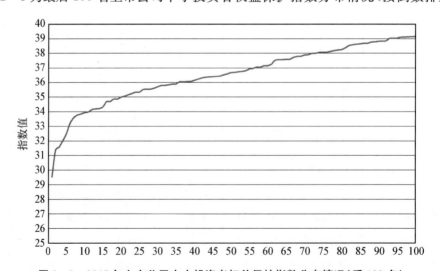

图2-3　2015年上市公司中小投资者权益保护指数分布情况(后100名)

数最后一位作为倒数第一位)。可以看出,最后10家公司的指数得分波动较大,而整体上比较平缓。最后100名上市公司中小投资者权益保护指数分布在29～40分之间,最高分39.1472,最低分29.5425,绝对差距9.6047。绝大多数上市公司中小投资者权益保护指数的分布处于30～35分之间,低于30分的仅一家公司。

2.2　分地区中小投资者权益保护指数比较

根据东部、中部、西部和东北四大地区的划分,四个地区上市公司中小投资者权益保护指数总体情况如表2-6所示。

表2-6　2015年不同地区上市公司中小投资者权益保护指数比较

排名	地　区	公司数目	平 均 值	中 位 值	最 大 值	最 小 值	标准差
1	东部	1751	49.1198	49.0930	65.7193	29.5425	5.1352
2	中部	379	47.8752	47.9155	61.3965	32.0103	5.2879
3	西部	383	47.6289	47.8883	64.1132	31.3504	5.3527
4	东北	142	46.9949	46.4623	63.5672	33.7666	5.2621
总　体		2655	48.6134	48.6853	65.7193	29.5425	5.2433

由表2-6可知,各地区上市公司中小投资者权益保护指数均值最高的为东部(49.1198),其次分别是中部(47.8752)和西部(47.6289),东北(46.9949)排在最后一位,中小投资者权益保护指数最大值和最小值均出于东部地区。总体来看,中小投资者权益保护指数的地区间差异不是很大。

图2-4可以直观地看出四个地区上市公司中小投资者权益保护之间的差异。

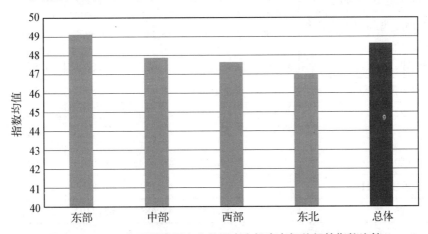

图2-4　2014年不同地区上市公司中小投资者权益保护指数比较

从图2-4可以看出，四个地区中，除东部地区外，中部、西部和东北地区上市公司中小投资者权益保护指数均值都低于总体均值。东部地区的中小投资者权益保护指数高于其他三个地区，这说明由于东部地区经济发达，市场经济发展较其他地区相对更为成熟。

2.3 分行业中小投资者权益保护指数比较

用各个行业上市公司中小投资者权益保护指数的平均值来代表各个行业的上市公司中小投资者权益保护指数，然后将各行业的上市公司中小投资者权益保护指数平均值按照从高到低的顺序进行排名，具体排名结果参见表2-7。

表2-7 2015年不同行业上市公司中小投资者权益保护指数比较

排名	行业	公司数目	平均值	中位值	最大值	最小值	标准差
1	金融业（J）	49	56.0520	56.9453	65.7193	41.5446	5.2361
2	卫生和社会工作（Q）	5	53.6949	52.4380	60.8140	49.7912	4.3870
3	水利、环境和公共设施管理业（N）	30	50.5981	51.8647	60.0819	38.8253	4.3411
4	租赁和商务服务业（L）	26	50.2790	48.7416	59.0393	40.0293	4.8901
5	信息传输、软件和信息技术服务业（I）	145	50.1254	50.6929	60.4005	34.8615	4.5071
6	科学研究和技术服务业（M）	18	49.8205	48.9723	58.7337	43.0428	4.5461
7	建筑业（E）	71	49.2057	49.0679	61.2595	29.5425	5.3815
8	文化、体育和娱乐业（R）	36	49.1880	49.1694	60.5784	42.3384	4.3099
9	制造业（C）	1672	48.6957	48.7325	64.8116	31.3504	5.2222
10	交通运输、仓储和邮政业（G）	81	48.6590	48.3722	63.3786	39.1143	4.7849
11	电力、热力、燃气及水生产和供应业（D）	89	47.8202	48.2642	59.3952	39.0358	4.6459
12	农、林、牧、渔业（A）	42	47.1534	47.7911	56.5049	37.9876	4.0043
13	批发和零售业（F）	147	46.8374	46.3338	59.8307	34.1507	4.7563
14	房地产业（K）	134	46.7183	46.8298	60.2163	33.9849	4.7539
15	综合（S）	25	46.3024	46.0928	56.338	35.6992	5.3361
16	采矿业（B）	73	46.1952	46.6545	56.0913	33.9353	5.1647
17	住宿和餐饮业（H）	11	44.4524	44.1218	50.806	38.0759	4.5664
	总体	2655	48.6134	48.6853	65.7193	29.5425	5.2433

注：由于教育（P）只有1家上市公司，不具有代表性，故没有纳入比较。

从表 2-7 可以看出,上市公司中小投资者权益保护指数最高的三个行业是金融业(J)(56.0520),卫生和社会工作(Q)(53.6949),水利、环境和公共设施管理业(N)(50.5981),金融业(J)连续两年排名第一。中小投资者权益保护水平最差的三个行业是住宿和餐饮(H)(44.4524),采矿业(B)(46.1952)和综合(S)(46.3024)。在 17 个行业(剔除教育,因为只有 1 家上市公司,不具有代表性)中,有 10 个行业的中小投资者权益保护指数均值高于总体均值(48.6134),这 10 个行业的行业最大均值与总体均值的绝对差距为 7.4386;低于总体均值的行业有 7 个,总体均值与这 7 个行业的行业最小均值之间的绝对差距为 4.1610。显然,高分区行业的内部差距远大于低分区行业。

进一步,利用图 2-5 来显示行业间在中小投资者权益保护上的差异。可以看出,图形整体呈现较为平缓的变动趋势,各行业上市公司的中小投资者保护水平除金融业、卫生和社会工作明显高于整体水平,住宿和餐饮业明显低于整体水平以外,各行业上市公司中小投资者权益保护指数中的大部分(10 个行业)集中在[47,51]这一范围内,占到总体的 58.82%。

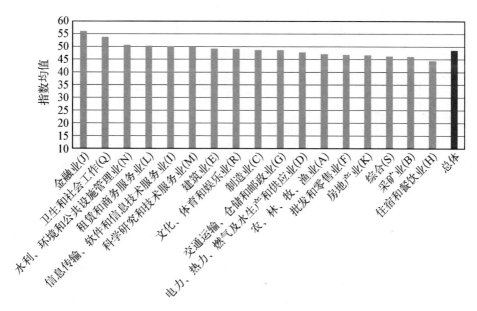

注:由于教育(P)只有 1 家上市公司,不具有代表性,故没有纳入比较。

图 2-5　2015 年不同行业上市公司中小投资者权益保护指数比较

2.4　分上市板块中小投资者权益保护指数比较

按照深市主板(不含中小企业板)、深市中小企业板、深市创业板和沪市主板的划分,来比较不同板块上市公司的中小投资者权益保护指数,结果参见表 2-8。

表 2 - 8   2015 年不同板块上市公司中小投资者权益保护指数比较

排名	上 市 板 块	公司数目	平均值	中位值	最大值	最小值	标准差
1	深市中小企业板	744	50.4534	50.4563	64.8116	35.0593	4.8172
2	深市创业板	428	50.1186	50.0350	60.8140	36.1480	4.5037
3	深市主板(不含中小企业板)	466	47.5524	47.6385	62.0092	31.3504	5.2934
4	沪市主板	1017	47.1201	46.7712	65.7193	29.5425	5.2264
总　体		**2655**	**48.6134**	**48.6853**	**65.7193**	**29.5425**	**5.2433**

从表 2 - 8 可以看出,2655 家上市公司中,沪市主板有 1017 家,占比 38.31%;深交所有 1638 家企业,占比 61.69%。在深交所上市的 1638 家企业中,中小企业板有 744 家,创业板有 428 家,除中小企业板以外的主板有 466 家。中小投资者权益保护指数平均值从高到低排列依次为深市中小企业板(50.4534)、深市创业板(50.1186)、深市主板(不含中小企业板)(47.5524)和沪市主板(47.1201)。深市在中小投资者权益保护方面的表现好于沪市。

图 2 - 6 更直观地反映了不同上市板块的上市公司中小投资者权益保护指数的差异。可以看到,深市中小企业板和创业板上市公司的中小投资者权益保护指数均高于总体均值,其他两个板块上市公司的中小投资者权益保护指数均低于总体均值。

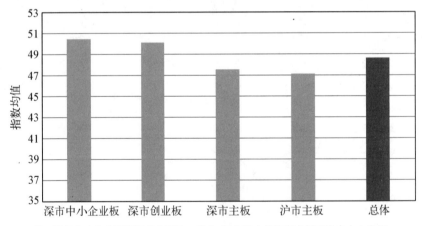

注:深市中小企业板是深市主板的一部分,但本图中的深市主板不含中小企业板。

图 2 - 6   2015 年不同板块上市公司中小投资者权益保护指数比较

2.5 本 章 小 结

本章分别从总体、地区、行业及上市板块等方面对 2015 年上市公司的中小投资者权益保护指数进行比较与分析。主要结论如下:

(1)从总体看,中国上市公司中小投资者权益保护指数最大值 65.7193,最小值

29.5425,平均值48.6134,标准差5.2433,样本的得分情况整体偏低。中小投资者权益保护指数分布较为集中,有65.99%的上市公司分布在[45,55)区间。若以60分作为及格线,上市公司中小投资者权益保护指数超过60分的仅有42家,仅占上市公司总数的1.58%。

(2) 从地区看,东部地区上市公司中小投资者权益保护指数均值最高,为49.1198分,明显高于其他三个地区。东北地区最低,为46.9949分。中小投资者权益保护指数的地区间差异不是很大。

(3) 从行业看,上市公司中小投资者权益保护指数最高的三个行业是金融业(J)(56.0520),卫生和社会工作(Q)(53.6949),水利、环境和公共设施管理业(N)(50.5981);最差的三个行业是住宿和餐饮业(H)(44.4524),采矿业(B)(46.1952)和综合(S)(46.3024),其中金融业(J)中小投资者权益保护指数连续两年排名第一。

(4) 从上市板块看,中小投资者权益保护指数均值从大到小依次是:深市中小企业板(50.4534)、深市创业板(50.1186)、深市主板(不含中小企业板)(47.5524)和沪市主板(47.1201)。深市中小企业板和创业板上市公司中小投资者权益保护水平明显好于深沪主板上市公司(这里的深市主板不含中小企业板),深市上市公司中小投资者权益保护水平总体好于沪市上市公司,深市创业板上市公司中小投资者权益保护指数均值高于沪深主板上市公司(含中小企业板)。

第3章

中小投资者权益保护分项指数排名及比较

第2章从总体上对中国上市公司中小投资者权益保护指数作了排名,并从地区、行业以及上市板块等三个角度进行了分类汇总和分析。本章按照中小投资者权益保护指数四个维度的划分,即把中小投资者权益保护指数分解为知情权、决策与监督权、收益权和维权环境四个分项指数,对这四个分项指数进行排名和比较分析。

3.1　中小投资者权益保护分项指数总体情况

本报告选取主板和创业板共计2655家A股上市公司作为样本。2015年,中国上市公司中小投资者权益保护四个分项指数的描述性统计结果参见表3-1。

表3-1　2015年上市公司中小投资者权益保护分项指数描述性统计结果

分项指数	公司数目	平均值	中位值	最大值	最小值	标准差	变异系数
知情权	2655	58.2677	60.0000	81.4806	23.8710	8.1005	0.1390
决策与监督权	2655	40.0962	39.5455	66.8182	11.8595	8.2425	0.2056
收益权	2655	41.1320	37.8590	65.9738	6.3104	9.5486	0.2321
维权环境	2655	54.9577	55.5556	88.8889	20.0000	10.6484	0.1938

从表3-1中可以看出,四个分项指数平均得分都不及格。其中,知情权分项指数的平均值最大,维权环境分项指数的标准差最大,说明各上市公司在维权环境方面的差距高于其他三个分项指数。知情权与维权环境两个分项指数的平均得分明显高于决策与监督权和收益权这两个分项指数的平均得分,说明上市公司在知情权和维权环境方面做得相对好一点,而在决策与监督权和收益权方面则还很差。

图3-1直观地反映了中小投资者权益保护四个分项指数的平均值和中位值的差异。

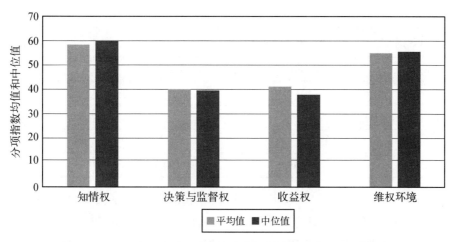

图 3-1　2015 年上市公司中小投资者权益保护四个分项指数比较

可以看出,四个分项指数各自的平均值和中位值是基本一致的,知情权和维权环境的得分相对较高,决策与监督权和收益权的得分相对较低。

3.2　知情权分项指数排名及比较

中小投资者知情权分项指数侧重从定期报告披露、披露时间、预告业绩与实际业绩的一致性、违规信息披露、外部审计意见、披露便捷性、分析师关注度、媒体关注、独董经历披露、财务风险披露等角度来评价中小投资者的知情权状况。本节主要是对中小投资者知情权分项指数排名的各种情况进行比较说明和分析。

3.2.1　知情权分项指数总体比较

基于 2655 家上市公司中小投资者知情权的各项指标,我们得出了每家上市公司中小投资者知情权分项指数。以 10 分为间隔,可以将知情权分项指数划分为 9 个区间段(公司数目为 0 的相邻区间合并),每个分数区间段的公司数目和所占比重参见表 3-2。

表 3-2　2015 年上市公司中小投资者知情权分项指数区间分布

指 数 区 间	公 司 数 目	占　比(%)	累计占比(%)
[0, 20)	0	0.00	0.00
[20, 30)	8	0.30	0.30
[30, 40)	42	1.58	1.88
[40, 50)	298	11.22	13.11
[50, 60)	926	34.88	47.98

指 数 区 间	公 司 数 目	占 比(%)	累计占比(%)
[60，70)	1165	43.88	91.86
[70，80)	213	8.02	99.89
[80，90)	3	0.11	100.00
[90，100]	0	0.00	100.00
总　体	**2655**	**100.00**	**—**

由表 3-2 可见,2015 年中小投资者知情权分项指数分布比较集中,主要集中在[50, 60)和[60,70)两个区间内,总计有 2091 家公司,占样本总数的 78.76%。

图 3-2 直观地描绘了中小投资者知情权分项指数的分布区间。可以看出,2015 年上市公司中小投资者知情权分项指数从低分到高分,公司数目呈负偏态分布,偏度系数是-0.4153。

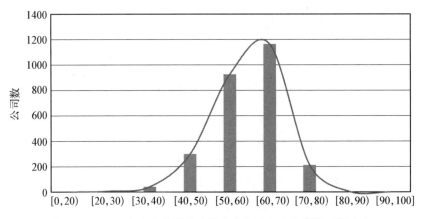

图 3-2　2015 年上市公司中小投资者知情权分项指数区间分布

3.2.2　分地区知情权分项指数比较

按照四个地区的划分,我们进一步统计了不同地区上市公司中小投资者知情权分项指数,参见表 3-3。

表 3-3　2015 年不同地区上市公司中小投资者知情权分项指数比较

排 名	地 区	公司数目	平均值	中位值	最大值	最小值	标准差
1	东部	1751	59.5910	60.1000	81.4806	25.0000	7.8680
2	中部	379	56.8407	57.9839	78.4000	30.1613	8.4408
3	西部	383	56.5913	58.0000	77.0806	23.8710	8.0390
4	东北	142	55.2115	57.5000	74.2000	25.0000	8.2203
总　体		**2655**	**58.2677**	**60.0000**	**81.4806**	**23.8710**	**8.1005**

从表 3－3 可以看到,中小投资者知情权分项指数在中部、西部和东北这三个地区的差别不大。三个地区中,中部上市公司的中小投资者知情权分项指数均值最高,为 56.8407,东北上市公司的中小投资者知情权分项指数均值最低,为 55.2115,二者绝对差距为 1.6292。东部上市公司的中小投资者知情权分项指数均值最高,为 59.5910,东部和东北二者绝对差距为 4.3795。中小投资者知情权分项指数最大值出自东部,最小值出自西部。

图 3－3 直观地反映了四个地区上市公司中小投资者知情权分项指数均值的差异。可以看到,不同地区上市公司中小投资者知情权分项指数均值相差较为明显,除东部地区外,其他地区中小投资者知情权分项指数均值都低于总体均值。

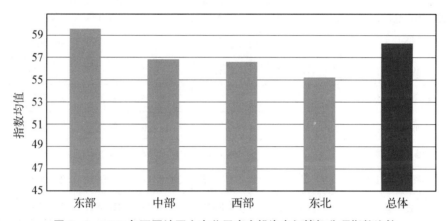

图 3－3　2015 年不同地区上市公司中小投资者知情权分项指数比较

3.2.3　分行业知情权分项指数比较

用各个行业内的上市公司中小投资者知情权分项指数的平均值来代表各个行业的上市公司中小投资者知情权分项指数,然后把各个行业的上市公司中小投资者知情权分项指数按照由高到低的顺序进行排名,具体排名结果参见表 3－4。

表 3－4　2015 年不同行业上市公司中小投资者知情权分项指数比较

排名	行　业	公司数目	平均值	中位值	最大值	最小值	标准差
1	金融业(J)	49	64.5633	65.0355	81.4032	45.0806	9.0320
2	卫生和社会工作(Q)	5	61.9884	61.1000	72.7806	48.2000	10.2124
3	水利、环境和公共设施管理业(N)	30	61.2320	62.5903	76.0000	43.3258	8.0744
4	租赁和商务服务业(L)	26	60.7122	60.9500	78.9613	47.0806	7.9104
5	文化、体育和娱乐业(R)	36	60.5266	60.1210	77.1839	42.5000	8.3568

排名	行　业	公司数目	平 均 值	中 位 值	最 大 值	最 小 值	标 准 差
6	信息传输、软件和信息技术服务业(I)	145	60.1898	60.6097	77.5000	29.4935	8.5993
7	建筑业(E)	71	60.0363	60.4000	77.8613	35.0000	7.6555
8	科学研究和技术服务业(M)	18	59.7685	60.9323	75.2806	45.5806	7.1139
9	制造业(C)	1672	58.4395	60.0000	81.4806	23.8710	8.0926
10	电力、热力、燃气及水生产和供应业(D)	89	57.6762	58.3806	79.9000	40.5000	6.9649
11	交通运输、仓储和邮政业(G)	81	57.2991	58.4226	70.4000	35.8871	6.2006
12	采矿业(B)	73	56.6035	58.1000	70.5806	30.7000	7.5371
13	农、林、牧、渔业(A)	42	56.1205	57.6613	66.1806	42.5806	6.3508
14	批发和零售业(F)	147	55.7276	57.9000	77.0839	30.7258	7.7355
15	房地产业(K)	134	55.3072	57.5806	74.6000	35.0000	7.3979
16	综合(S)	25	53.7961	55.2613	60.5419	25.0000	7.7451
17	住宿和餐饮业(H)	11	53.0258	58.6613	66.9613	27.9032	11.9667
总　体		2655	58.2677	60.0000	81.4806	23.8710	8.1005

注：由于教育(P)只有1家上市公司，不具有代表性，故没有纳入比较。

从表3-4可以看出，有9个行业的中小投资者知情权分项指数均值高于总体均值(58.2677)，这9个行业的行业最大均值与总体均值的绝对差距为6.2956；其他8个行业的上市公司中小投资者知情权分项指数均值低于总体均值，总体均值与这8个行业的行业最小均值的绝对差距为5.2419。显然，知情权分项指数的高分区行业内部差距大于低分区行业。上市公司中小投资者知情权分项指数均值排名前三位的行业分别是金融业(J)，卫生和社会工作(Q)，水利、环境和公共设施管理业(N)；排名最后三位的行业分别是住宿和餐饮业(H)，综合(S)，房地产业(K)。中小投资者知情权分项指数最大值和最小值均出自制造业(C)。

图3-4直观地反映了不同行业中小投资者知情权分项指数均值的差异。可以看到，除金融业(J)中小投资者知情权分项指数均值明显较高外，其他各行业从高到低差异不太明显。

3.2.4　分上市板块知情权分项指数比较

考虑到中小企业板块和创业板块的特殊性，我们将上市公司划分为深市主板(不含中小

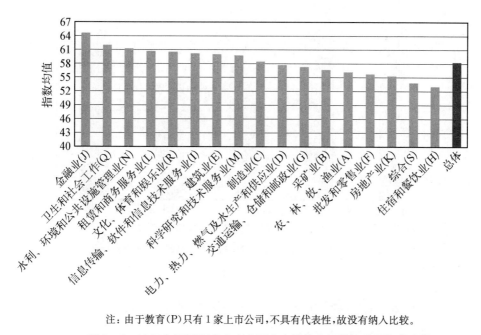

注：由于教育(P)只有 1 家上市公司，不具有代表性，故没有纳入比较。

图 3-4　2015 年不同行业上市公司中小投资者知情权分项指数比较

企业板)、沪市主板、深市中小企业板和深市创业板。对不同板块上市公司中小投资者知情权分项指数进行综合比较，结果如表 3-5 所示。

表 3-5　2015 年不同板块上市公司中小投资者知情权分项指数比较

排名	上 市 板 块	公司数目	平 均 值	中 位 值	最 大 值	最 小 值	标 准 差
1	深市创业板	428	60.7059	60.6258	78.1000	35.1613	7.7555
2	深市中小企业板	744	60.3554	60.2613	81.4806	27.9032	8.4283
3	沪市主板	1017	56.9661	58.6032	81.4032	23.8710	7.4341
4	深市主板(不含中小企业板)	466	55.5356	57.6000	79.1903	25.2419	7.8354
	总 体	**2655**	**58.2677**	**60.0000**	**81.4806**	**23.8710**	**8.1005**

从表 3-5 可以看出，深市创业板上市公司中小投资者知情权分项指数均值最高，为 60.7059，其后依次是深市中小企业板和沪市主板，排在最后的是深市主板(不含中小企业板)，均值为 55.5356。四个板块中，中小投资者知情权分项指数最大值出现在深市中小企业板，中小投资者知情权分项指数最小值出现在沪市主板。

图 3-5 可以直观地反映出四个板块上市公司中小投资者知情权的差异。可以看出，深市创业板和深市中小企业板上市公司中小投资者知情权分项指数均值高于总体均值；沪市主板和深市主板(不含中小企业板)上市公司中小投资者知情权分项指数均值则低于总体均值；深市创业板和中小企业板上市公司中小投资者知情权分项指数均值明显高于沪、深两个主板(深市不含中小企业板)上市公司。

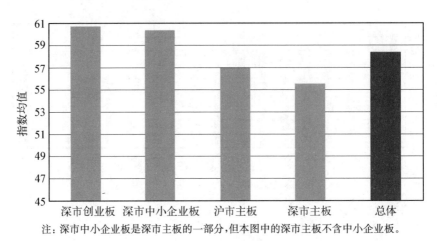

注:深市中小企业板是深市主板的一部分,但本图中的深市主板不含中小企业板。

图 3 - 5   2015 年不同板块上市公司中小投资者知情权分项指数比较

3.3   决策与监督权分项指数排名及比较

中小投资者决策与监督权分项指数侧重在投票方式、独立董事履行职责、行使临时股东大会倡议权、行使股东大会提案权、专门委员会设置、董事长来源等方面,衡量中小投资者参与公司决策和履行对经营者监督方面的问题。本报告中的中小投资者决策与监督权一级指标包括 11 个二级指标。本节主要对决策与监督权分项指数排名的各种情况进行比较分析。

3.3.1   决策与监督权分项指数总体比较

我们将中小投资者决策与监督权分项指数整体得分情况以 10 分为间隔,划分成 8 个区间段(公司数目为 0 的相邻区间合并),得到的结果参见表 3 - 6。

表 3 - 6   2015 年上市公司中小投资者决策与监督权分项指数区间分布

指 数 区 间	公 司 数 目	占 比(%)	累计占比(%)
[0, 10)	0	0.00	0.00
[10, 20)	10	0.38	0.38
[20, 30)	198	7.46	7.84
[30, 40)	1530	57.63	65.47
[40, 50)	735	27.68	93.15
[50, 60)	163	6.14	99.29
[60, 70)	19	0.71	100.00
[70, 100]	0	0.00	100.00
总 体	2655	100.00	—

　　由表 3 - 6 可以看出,中小投资者决策与监督权分项指数非常集中,主要分布在[30,40)和[40,50)两个区间内,总计有 2265 家公司,占样本总数的 85.31%;尤其是在[30,40)区间,有 1530 家公司,占样本总数的 57.63%。

　　图 3 - 6 直观地反映了上市公司中小投资者决策与监督权分项指数的区间分布。可以看出,2015 年上市公司中小投资者决策与监督权分项指数从低分到高分,公司数目呈正偏态分布,偏度系数是 0.1830。

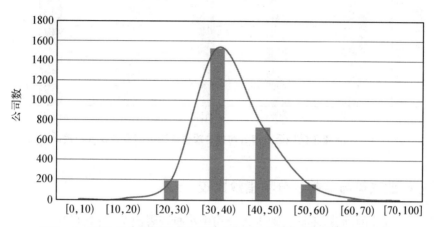

图 3 - 6　2015 年上市公司中小投资者决策与监督权分项指数区间分布

3.3.2　分地区决策与监督权分项指数比较

　　从东部、中部、西部和东北四个地区的划分来看,东部上市公司中小投资者决策与监督权分项指数均值最高,为 40.4071;其次是西部,为 39.8204;再次是东北,为 39.4090;中部最低,为 39.2081。总体来看,这四个地区上市公司中小投资者决策与监督权分项指数差别不大,最高的东部与最低的中部之间的中小投资者决策与监督权分项指数绝对差距为 1.1990,参见表 3 - 7。

表 3 - 7　2015 年不同地区上市公司中小投资者决策与监督权分项指数比较

排 名	地 区	公司数目	平 均 值	中 位 值	最 大 值	最 小 值	标 准 差
1	东部	1751	40.4071	39.5455	66.8182	11.8595	8.4194
2	西部	383	39.8204	39.5455	66.8182	15.4545	7.8678
3	东北	142	39.4090	39.5455	57.7273	20.7576	7.2580
4	中部	379	39.2081	39.5455	66.6716	21.1111	8.0888
总 体		2655	40.0962	39.5455	66.8182	11.8595	8.2425

　　图 3 - 7 更直观地反映了四个地区上市公司中小投资者决策与监督权分项指数均值的

差异。可以看出,只有东部上市公司中小投资者决策与监督权分项指数均值高于总体均值,其他三个地区则低于总体均值。在四个地区中,中小投资者决策与监督权分项指数最大值出自东部和西部(并列),最小值出自东部。

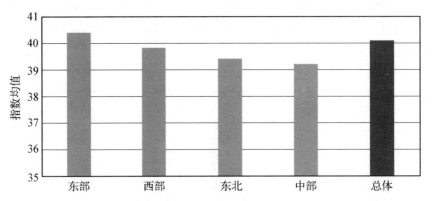

图 3-7　2015 年不同地区上市公司中小投资者决策与监督权分项指数比较

3.3.3　分行业决策与监督权分项指数比较

按照 18 个行业的划分,不同行业上市公司中小投资者决策与监督权分项指数均值排名参见表 3-8。

表 3-8　2015 年不同行业上市公司中小投资者决策与监督权分项指数比较

排名	行　业	公司数目	平均值	中位值	最大值	最小值	标准差
1	金融业(J)	49	49.4680	48.6364	66.8182	30.4545	7.6061
2	卫生和社会工作(Q)	5	43.1818	39.5455	57.7273	30.4545	10.3652
3	科学研究和技术服务业(M)	18	42.1362	39.5455	57.7273	30.4545	7.3153
4	建筑业(E)	71	40.9465	39.5455	60.9091	20.1240	9.1508
5	电力、热力、燃气及水生产和供应业(D)	89	40.7022	39.5455	66.8182	23.6585	9.0448
6	水利、环境和公共设施管理业(N)	30	40.3220	39.5455	51.6043	27.2727	6.7469
7	综合(S)	25	40.2557	39.5455	57.7273	18.6364	8.8569
8	制造业(C)	1672	40.0348	39.5455	66.8182	11.8595	8.0939
9	交通运输、仓储和邮政业(G)	81	39.9482	39.5455	66.6017	24.5455	8.9105
10	信息传输、软件和信息技术服务业(I)	145	39.6315	39.5455	57.7273	21.3636	7.0913
11	租赁和商务服务业(L)	26	39.4378	39.3514	57.7273	24.5455	9.5810

续　表

排名	行　业	公司数目	平均值	中位值	最大值	最小值	标准差
12	房地产业(K)	134	39.4199	39.5455	57.7273	21.3636	7.9477
13	采矿业(B)	73	39.3508	39.3561	57.7273	15.4545	8.6733
14	批发和零售业(F)	147	39.1890	39.5455	57.7273	18.6364	8.2296
15	文化、体育和娱乐业(R)	36	38.8541	39.5455	57.7273	27.7273	6.8006
16	农、林、牧、渔业(A)	42	38.5939	39.5455	57.7273	18.6364	8.6997
17	住宿和餐饮业(H)	11	37.1610	33.6364	58.1818	30.1299	8.7484
	总　体	2655	40.0962	39.5455	66.8182	11.8595	8.2425

注：由于教育(P)只有 1 家上市公司，不具有代表性，故没有纳入比较。

　　由表 3-8 可知，上市公司中小投资者决策与监督权分项指数排名中，金融业(J)以 49.4680 排名第一，卫生和社会工作(Q)、科学研究和技术服务业(M)排名第二、三位。排在后三位的分别是住宿和餐饮业(H)，农、林、牧、渔业(A)以及文化、体育和娱乐业(R)。在 17 个行业中，中小投资者决策与监督权分项指数最大值出自金融业(J)，电力、热力、燃气及水生产和供应业(D)，制造业(C)(三个行业并列)，最小值出自制造业(C)。有 7 个行业的中小投资者决策与监督权分项指数均值高于总体均值，这 7 个行业的最大均值与总体均值的绝对差距为 9.3718；其他 10 个行业的决策与监督权分项指数均值低于总体均值，总体均值与这 10 个行业的最小均值的绝对差距为 2.9352。显然，中小投资者决策与监督权分项指数高分区行业的内部差距远大于低分区行业。

　　图 3-8 直观地反映了不同行业上市公司中小投资者决策与监督权分项指数均值的差

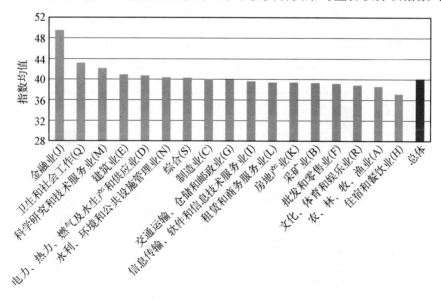

注：由于教育(P)只有 1 家上市公司，不具有代表性，故没有纳入比较。

图 3-8　2015 年不同行业上市公司中小投资者决策与监督权分项指数比较

异。可以看到,除了排名第一的金融业(J)上市公司中小投资者决策与监督权分项指数均值远高于其他行业,排在最后一位的住宿和餐饮业(H)明显低于其他行业之外,其他行业上市公司中小投资者决策与监督权分项指数均值从大到小差别不大,较为平缓。

3.3.4　分上市板块决策与监督权分项指数比较

按照四个上市板块的划分,对不同板块上市公司中小投资者决策与监督权分项指数进行综合比较,结果如表3-9和图3-9所示。

表3-9　2015年不同板块上市公司中小投资者决策与监督权分项指数比较

排名	上 市 板 块	公司数目	平均值	中位值	最大值	最小值	标准差
1	深市中小企业板	744	41.3580	39.5455	66.8182	17.7489	8.1446
2	沪市主板	1017	40.1094	39.5455	66.6716	11.8595	8.4341
3	深市创业板	428	39.1573	39.5455	60.9091	18.6364	7.2454
4	深市主板(不含中小企业板)	466	38.9154	39.5455	66.8182	18.6364	8.5666
总　体		**2655**	**40.0962**	**39.5455**	**66.8182**	**11.8595**	**8.2425**

从表3-9和图3-9可以看出,四个板块上市公司中小投资者决策与监督权分项指数相差不大。深市中小企业板以41.3580分位居第一,沪市主板中小投资者决策与监督权分项指数均值以40.1094分位居第二位,这两个板块中小投资者决策与监督权分项指数均值高于总体均值;深市创业板以39.1573分位居第三位,深市主板(不含中小企业板)以38.9154分位居最后一位,这两个板块中小投资者决策与监督权分项指数均值低于总体均值;四个板块中最高者与最低者之间的均值绝对差距为2.4426分。由数据可见,深市中小企业板在中小投资者决策与监督权方面表现相对较为突出,而其他三个上市板块之间差距很小。在四个板块中,中小投资者决策与监督权分项指数最大值出自深市中小企业板和深市主板(不含中小企业板)(两个板块并列),最小值出自沪市主板。

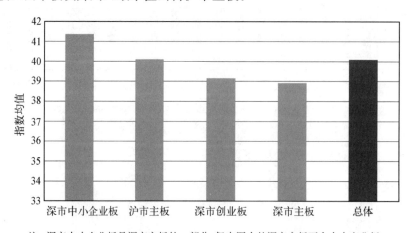

注:深市中小企业板是深市主板的一部分,但本图中的深市主板不含中小企业板。

图3-9　2015年不同板块上市公司中小投资者决策与监督权分项指数比较

3.4　收益权分项指数排名及比较

中小投资者收益权分项指数侧重从个股收益率、现金分红、股利分配、财务绩效、营业收入增长率、是否 ST、保证收益的制度安排等角度来衡量上市公司中小投资者收益权的保障情况。本节就中小投资者收益权分项指数从不同角度进行比较和分析。

3.4.1　收益权分项指数总体比较

本报告计算了 2655 家样本上市公司的中小投资者收益权分项指数,我们将其划分为 8 个区间段,每组以 10 分为间隔(公司数目为 0 的相邻区间合并),所有上市公司的中小投资者收益权分项指数分布如表 3-10 和图 3-10 所示。

表 3-10　2015 年上市公司中小投资者收益权分项指数区间分布

指 数 区 间	公 司 数 目	占　比(%)	累计占比(%)
[0, 10)	8	0.30	0.30
[10, 20)	8	0.30	0.60
[20, 30)	269	10.13	10.73
[30, 40)	1425	53.67	64.40
[40, 50)	32	1.21	65.61
[50, 60)	902	33.97	99.59
[60, 70)	11	0.41	100.00
[70, 100]	0	0.00	100.00
总　体	2655	100.00	—

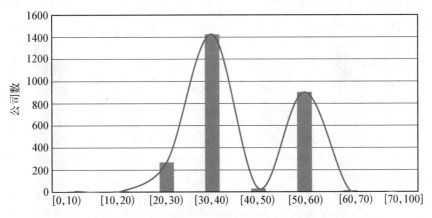

图 3-10　2015 年上市公司中小投资者收益权分项指数区间分布

由表3-10和图3-10可知,大部分公司落在[30,40)和[50,60)两个区间内,总计有2327家公司,占比为87.65%;落在[40,50)区间的公司只有32家,但是落在[20,30)区间的公司有269家,占比10.13%;不同区间公司数分布不一,说明上市公司在中小投资者收益权分项指数方面的表现参差不齐。

3.4.2　分地区收益权分项指数比较

将上市公司按照东部、中部、西部和东北四个地区划分,不同地区上市公司中小投资者收益权分项指数均值参见表3-11。

表3-11　2015年不同地区上市公司中小投资者收益权分项指数比较

排　名	地　区	公司数目	平均值	中位值	最大值	最小值	标准差
1	东部	1751	41.6205	37.9504	65.9738	6.5439	9.3338
2	中部	379	40.9710	37.7233	60.1802	9.1940	10.0826
3	东北	142	39.9981	37.6603	63.6844	20.6866	9.7687
4	西部	383	39.4782	37.5828	63.1972	6.3104	9.7050
总　体		2655	41.1320	37.8590	65.9738	6.3104	9.5486

由表3-11可知,四个地区中小投资者收益权分项指数均值差距不大。东部上市公司中小投资者收益权分项指数均值最高,为41.6205;其次是中部地区,为40.9710;东北地区排在第三位,为39.9981;西部地区中小投资者收益权分项指数均值排在最后,为39.4782;最高与最低地区的绝对差距为2.1423。在四个地区中,中小投资者收益权分项指数最大值出自东部,最小值出自西部。

图3-11更直观地反映了不同地区上市公司中小投资者收益权分项指数均值的差异。可以看出,不同地区上市公司中小投资者收益权分项指数均值的差别不是很大。只有东部上市公司中小投资者收益权分项指数均值略高于总体均值,其他三个地区中小投资者收益

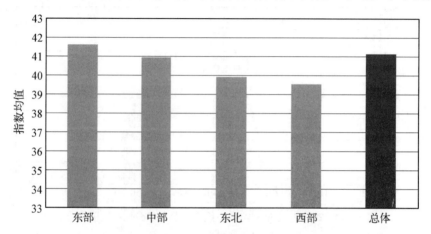

图3-11　2015年不同地区上市公司中小投资者收益权分项指数比较

权分项指数均值则略低于总体均值。

3.4.3　分行业收益权分项指数比较

按照行业划分,不同行业上市公司中小投资者收益权分项指数也会存在差别。按照中小投资者收益权分项指数均值从大到小的顺序,将不同行业上市公司中小投资者收益权分项指数均值的排名列在表 3-12 中。

表 3-12　2015 年不同行业上市公司中小投资者收益权分项指数比较

排名	行　　业	公司数目	平均值	中位值	最大值	最小值	标准差
1	卫生和社会工作(Q)	5	52.9427	52.8387	53.3501	52.6613	0.2972
2	金融业(J)	49	46.6960	52.0982	56.1309	37.3751	7.3683
3	文化、体育和娱乐业(R)	36	44.5011	38.6919	56.5152	37.3638	7.3403
4	信息传输、软件和信息技术服务业(I)	145	44.4273	39.7825	58.0588	20.7913	8.5357
5	水利、环境和公共设施管理业(N)	30	44.1530	40.5186	52.6284	22.4300	8.1345
6	租赁和商务服务业(L)	26	43.6796	39.0232	52.6896	23.1865	8.1961
7	交通运输、仓储和邮政业(G)	81	42.2173	37.9039	54.1658	10.9452	8.6870
8	制造业(C)	1672	41.1101	37.8819	65.9738	6.5439	9.7222
9	科学研究和技术服务业(M)	18	41.0500	37.9439	52.6687	37.3780	6.2343
10	建筑业(E)	71	40.9808	37.6286	54.2571	8.6016	10.1350
11	农、林、牧、渔业(A)	42	39.9310	37.6002	52.6440	6.3104	10.0515
12	房地产业(K)	134	39.8076	37.5397	60.8439	21.9864	9.0672
13	电力、热力、燃气及水生产和供应业(D)	89	39.7937	37.7818	63.1972	21.2952	9.0862
14	批发和零售业(F)	147	39.5758	37.6505	57.8942	21.3822	8.5733
15	综合(S)	25	37.6911	37.3358	54.8867	16.0584	12.3590
16	住宿和餐饮业(H)	11	36.3096	37.3557	52.0675	22.6322	9.8988
17	采矿业(B)	73	35.7367	37.2575	52.4066	21.5133	8.5734
	总　　体	2655	41.1320	37.8590	65.9738	6.3104	9.5486

注:由于教育(P)只有 1 家上市公司,不具有代表性,故没有纳入比较。

从表 3-12 中可以看出,卫生和社会工作(Q)上市公司中小投资者收益权分项指数以52.9427 排名第一,金融业(J),文化、体育和娱乐业(R)排名第二、三位。这里需要说明的是,卫生和社会工作(Q)只有 5 家企业,因此代表性不足。最后三位是采矿业(B),住宿和餐饮业(H),综合(S)。在 17 个行业中,中小投资者收益权分项指数最大值出自制造业(C),最小值出自农、林、牧、渔业(A)。有 7 个行业的中小投资者收益权分项指数均值高于总体均值,这 7 个行业的最大均值与总体均值的绝对差距为 11.8107;其他 10 个行业的收益权分项指数均值低于总体均值,总体均值与这 10 个行业的最小均值的绝对差距为 5.3953。显然,中小投资者收益权分项指数高分区行业的内部差距远大于低分区行业。

图 3-12 更直观地反映了不同行业上市公司中小投资者收益权分项指数均值的差异。可以看出,如果不考虑样本量很少的卫生和社会工作(Q),则金融业(J)相对比较突出;文化、体育和娱乐业(R),信息传输、软件和信息技术服务业(I),水利、环境和公共设施管理业(N)这三个行业的中小投资者收益权分项指数相差不大;排在最后三位的三个行业,其中小投资者收益权分项指数明显低于其他行业。

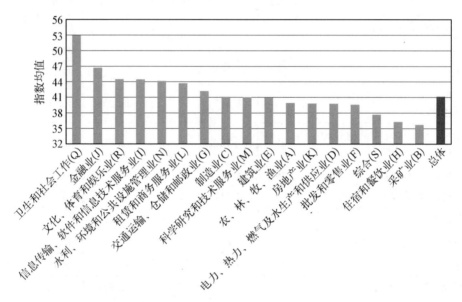

注:由于教育(P)只有 1 家上市公司,不具有代表性,故没有纳入比较。

图 3-12　2015 年不同行业上市公司中小投资者收益权分项指数比较

3.4.4　分上市板块收益权分项指数比较

按照前述四个上市板块的划分,对不同板块上市公司中小投资者收益权分项指数进行综合比较,结果如表 3-13 和图 3-13 所示。

表 3-13　2015 年不同板块上市公司中小投资者收益权分项指数比较

排名	上 市 板 块	公司数目	平均值	中位值	最大值	最小值	标准差
1	深市创业板	428	43.6499	38.4300	63.5081	19.9674	8.9925
2	深市中小企业板	744	41.7973	37.9778	64.3038	6.5439	9.4775
3	沪市主板	1017	40.4357	37.7023	65.9738	6.3104	9.3961
4	深市主板(不含中小企业板)	466	39.2767	37.5967	56.5152	8.2819	9.9324
总　体		**2655**	**41.1320**	**37.8590**	**65.9738**	**6.3104**	**9.5486**

从表 3-13 和图 3-13 可以看出,深市创业板上市公司中小投资者收益权分项指数均值最高,标准差也最小;深市中小企业板上市公司中小投资者收益权分项指数均值位居第二;沪市主板中小投资者收益权分项指数均值排在第三;深市主板(不含中小企业板)中小投资者收益权分项指数均值最小,比第一位深市创业板低 4.3732 分。在四个板块中,深市创业板和深市中小企业板中小投资者收益权分项指数均值高于总体均值,沪市主板和深市主板(不含中小企业板)中小投资者收益权分项指数均值低于总体均值,中小投资者收益权分项指数最大值和最小值均出自沪市主板。

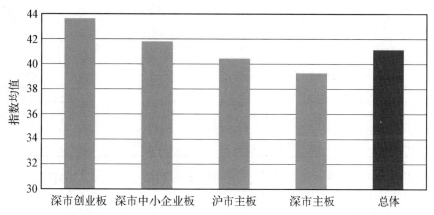

注:深市中小企业板是深市主板的一部分,但本图中的深市主板不含中小企业板。

图 3-13　2015 年不同板块上市公司中小投资者收益权分项指数比较

3.5　维权环境分项指数排名及比较

中小投资者维权环境分项指标侧重从股东诉讼及赔偿、实际控制人是否因违规而遭处罚或谴责、是否建立违规风险准备金制度、投资者关系建设、内部控制、各专门委员会的作用、是否披露存在重大内部控制缺陷、风险控制机构设置,以及是否出现股价异动等方面来评估中小投资者的维权环境情况。本节就中小投资者维权环境分项指数从不同角度进行比较和分析。

3.5.1　维权环境分项指数总体比较

我们把中小投资者维权环境分项指数以 10 分为间隔划分为 9 个组(公司数目为 0 的相邻区间合并),所有上市公司中小投资者维权环境分项指数如表 3-14。

由表 3-14 可知,中小投资者维权环境分项指数分布最多的区间是[50,60),有公司999 家,占样本总数的 37.63%;其次是[60,70)区间,有公司 708 家,占样本总数的26.67%;再次是[40,50)区间,有公司 659 家,占样本总数的 24.82%。从图 3-14 中可

表 3‑14　2015 年上市公司中小投资者维权环境分项指数区间分布

指 数 区 间	公 司 数 目	占　比(%)	累计占比(%)
[0，20)	0	0.00	0.00
[20，30)	11	0.41	0.41
[30，40)	97	3.65	4.07
[40，50)	659	24.82	28.89
[50，60)	999	37.63	66.52
[60，70)	708	26.67	93.18
[70，80)	169	6.37	99.55
[80，90)	12	0.45	100.00
[90，100]	0	0.00	100.00
总　体	2655	100.00	—

以更直观地看出,中小投资者维权环境分项指数大多数集中在[40，70)区间,占样本总数的 89.12%。

图 3‑14 直观地描绘了中小投资者维权环境分项指数的分布区间。可以看出,2015 年上市公司中小投资者维权环境分项指数从低分到高分,公司数目呈正偏态分布,偏度系数是 0.1737。

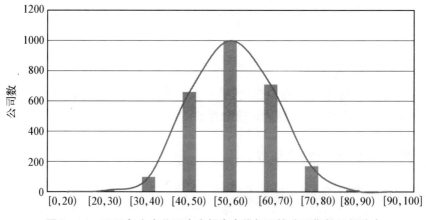

图 3‑14　2015 年上市公司中小投资者维权环境分项指数区间分布

3.5.2　分地区维权环境分项指数比较

按照东部、中部、西部和东北四个地区进行划分,各地区上市公司中小投资者维权环境分项指数比较参见表 3‑15。

表 3‑15　2015 年不同地区上市公司中小投资者维权环境分项指数比较

排　名	地　区	公司数目	平　均　值	中　位　值	最　大　值	最　小　值	标　准　差
1	东部	1751	55.2605	55.5556	88.8889	20.0000	10.5562
2	西部	383	54.6258	55.5556	83.3333	29.4444	11.0504
3	中部	379	54.4811	55.5556	77.7778	29.4444	10.4708
4	东北	142	53.3920	55.5556	88.8889	23.8889	11.0437
总　体		2655	54.9577	55.5556	88.8889	20.0000	10.6484

由表 3‑15 可知,东部上市公司中小投资者维权环境分项指数均值最高,为 55.2605;其次是西部和中部;东北上市公司中小投资者维权环境分项指数均值最低,为 53.3920;最高与最低之间的绝对差距为 1.8685,差别不是很大。在四个地区中,中小投资者维权环境分项指数最大值出自东部和东北(并列),最小值出自东部。

图 3‑15 更直观地反映了不同地区上市公司中小投资者维权环境分项指数均值的差异。可以看到,只有东部上市公司中小投资者维权环境分项指数均值略超过总体均值,其他三个地区上市公司中小投资者维权环境分项指数均值则都略低于总体均值。

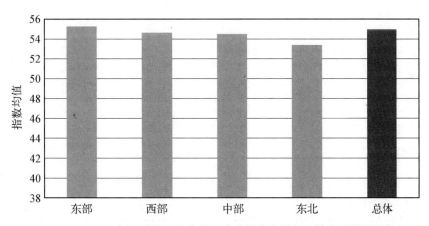

图 3‑15　2015 年不同地区上市公司中小投资者维权环境分项指数比较

3.5.3　分行业维权环境分项指数比较

按照 18 个行业大类划分,各行业上市公司中小投资者维权环境分项指数排名见表 3‑16。

由表 3‑16 可以看出,上市公司中小投资者维权环境分项指数排名中,金融业(J)以 63.4807 排名第一,租赁和商务服务业(L),水利、环境和公共设施管理业(N)排名第二、三位;而住宿和餐饮业(H),房地产业(K),批发和零售业(F)排名最后三位。在 17 个行业中,中小投资者维权环境分项指数最大值出自金融业(J)、制造业(C)和房地产业(K)(三个行业并列),最小值出自制造业(C)。有 8 个行业的中小投资者维权环境分项指数均值高于总体均值,这 8 个行业的最大均值与总体均值的绝对差距为 8.5230;其他 9 个行业的维权环境分

表3-16   2015年不同行业上市公司中小投资者维权环境分项指数比较

排名	行　　业	公司数目	平　均　值	中 位 值	最 大 值	最 小 值	标 准 差
1	金融业(J)	49	63.4807	68.3333	88.8889	35.0000	13.6421
2	租赁和商务服务业(L)	26	57.2863	61.1111	77.7778	33.3333	9.7820
3	水利、环境和公共设施管理业(N)	30	56.6852	55.5556	77.7778	44.4444	10.0652
4	卫生和社会工作(Q)	5	56.6667	55.5556	77.7778	44.4444	12.6686
5	科学研究和技术服务业(M)	18	56.3272	55.5556	72.2222	40.5556	9.1489
6	信息传输、软件和信息技术服务业(I)	145	56.2529	55.5556	77.7778	35.0000	9.3107
7	制造业(C)	1672	55.1984	55.5556	88.8889	20.0000	10.5904
8	交通运输、仓储和邮政业(G)	81	55.1715	55.5556	85.0000	29.4444	11.2531
9	建筑业(E)	71	54.8592	55.5556	77.7778	29.4444	10.7011
10	农、林、牧、渔业(A)	42	53.9683	55.5556	72.2222	40.5556	9.1193
11	综合(S)	25	53.4667	51.6667	66.6667	40.5556	7.9175
12	电力、热力、燃气及水生产和供应业(D)	89	53.1086	51.6667	77.7778	29.4444	10.3576
13	采矿业(B)	73	53.0898	51.6667	83.3333	29.4444	11.7756
14	文化、体育和娱乐业(R)	36	52.8704	51.6667	77.7778	38.8889	10.2038
15	批发和零售业(F)	147	52.8571	51.6667	77.7778	23.8889	10.2450
16	房地产业(K)	134	52.3383	51.6667	88.8889	23.8889	10.7681
17	住宿和餐饮业(H)	11	51.3131	50.0000	66.6667	33.3333	10.2085
	总　　体	2655	54.9577	55.5556	88.8889	20.0000	10.6484

注：由于教育(P)只有1家上市公司,不具有代表性,故没有纳入比较。

项指数均值低于总体均值,总体均值与这9个行业的最小均值的绝对差距为3.6446。显然,中小投资者收益权分项指数高分区行业的内部差距远大于低分区行业。

图3-16直观地反映了不同行业上市公司中小投资者维权环境分项指数均值的差异。可以看到,中小投资者维权环境分项指数最高的行业和最低的行业之间的差距还是比较大的,尤其是金融业比较突出。

3.5.4   分上市板块维权环境分项指数比较

按照前述四个上市板块的划分,对不同板块上市公司中小投资者维权环境分项指数进

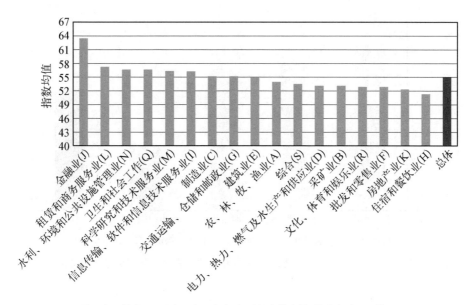

注：由于教育(P)只有1家上市公司，不具有代表性，故没有纳入比较。

图 3-16　2015 年不同行业上市公司中小投资者维权环境分项指数比较

行综合比较，结果如表 3-17 和图 3-17 所示。

表 3-17　2015 年不同板块上市公司中小投资者维权环境分项指数比较

排名	上 市 板 块	公司数目	平均值	中位值	最大值	最小值	标准差
1	深市中小企业板	744	58.3027	55.5556	83.3333	25.5556	10.0482
2	深市创业板	428	56.9613	55.5556	77.7778	33.3333	9.0528
3	深市主板(不含中小企业板)	466	56.4819	55.5556	88.8889	29.4444	10.8179
4	沪市主板	1017	50.9691	51.6667	88.8889	20.0000	10.3672
	总　体	2655	54.9577	55.5556	88.8889	20.0000	10.6484

　　从表 3-17 可以看出，深市中小企业板块上市公司中小投资者维权环境分项指数均值最高；深市创业板和深市主板(不含中小企业板)中小投资者维权环境分项指数均值分别排第二和第三，二者相差不大；沪市主板中小投资者维权环境分项指数均值排在最后，且与排名最高的深市中小企业板块上市公司中小投资者维权环境分项指数均值相差很大，绝对差额为 7.3336 分。

　　从图 3-17 可以更直观地看出，深市中小企业板、深市创业板和深市主板(不含中小企业板)上市公司中小投资者维权环境分项指数均值高于总体均值，沪市主板上市公司中小投资者维权环境分项指数均值则显著低于总体均值，其与其他三个板块相比差距较大。在四个板块中，中小投资者维权环境分项指数最大值出自深市主板(不含中小企业板)和沪市主板(并列)，最小值出自沪市主板。

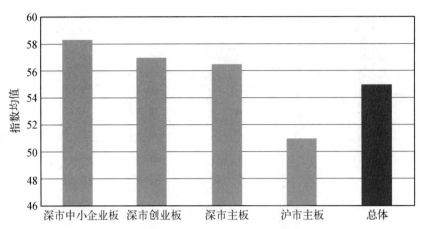

注：深市中小企业板是深市主板的一部分，但本图中的深市主板不含中小企业板。

图 3－17　2015 年不同板块上市公司中小投资者维权环境分项指数比较

3.6　本 章 小 结

本章根据指数分布，结合地区、行业，以及上市板块等方面，对中小投资者权益保护的四个维度，即知情权、决策与监督权、收益权、维权环境四个分项指数进行了全面分析，通过分析我们发现：

(1) 从中小投资者权益保护四个分项指数比较来看，知情权分项指数均值最高，决策与监督权分项指数均值最低。从指数分布区间来看，知情权分项指数主要集中在[50，70)区间，总计有 2091 家公司，占样本总数的 78.76%；决策与监督权分项指数主要集中在[30，50)区间，总计有 2265 家公司，占样本总数的 85.31%；收益权分项指数主要集中在[30，40)和[50，60)两个区间，共有公司 2327 家，占比为 87.65%；维权环境分项指数主要集中在[40，70)区间，占样本总数的 89.12%。

(2) 从地区来看，知情权分项指数均值从高到低依次是东部、中部、西部和东北；决策与监督权分项指数均值从高到低依次是东部、西部、东北和中部；收益权分项指数均值从高到低依次是东部、中部、东北和西部；维权环境分项指数均值从高到低依次是东部、西部、中部和东北。总体看，在四个分项指数中，东部都是位列第一，东北较差。

(3) 从行业来看，知情权分项指数均值最高的前三名是金融业(J)，卫生和社会工作(Q)，水利、环境和公共设施管理业(N)(因教育只有 1 家上市公司不作排序)；决策与监督权分项指数均值最高的前三名是金融业(J)，卫生和社会工作(Q)，科学研究和技术服务业(M)；收益权分项指数均值最高的前三名是卫生和社会工作(Q)，金融业(J)，文化、体育和娱乐业(R)；维权环境分项指数均值最高的前三名是金融业(J)，租赁和商务服务业(L)，水利、环境和公共设施管理业(N)。在四个分项指数中，金融业(J)在各分项指数的排名中均名列前两名,这说明金融业(J)上市公司的中小投资者权益保护相对较好。

（4）从上市板块来看,知情权分项指数均值从高到低依次是深市创业板、深市中小企业板、沪市主板、深市主板(不含中小企业板);决策与监督权分项指数均值从高到低依次是深市中小企业板、沪市主板、深市创业板、深市主板(不含中小企业板);收益权分项指数均值从高到低依次是深市创业板、深市中小企业板、沪市主板、深市主板(不含中小企业板);维权环境分项指数均值从高到低依次是深市中小企业板、深市创业板、深市主板(不含中小企业板)、沪市主板。总体看,在中小投资者权益保护四个分项指数中,深市中小板和创业板表现较好,而深市主板(不含中小企业板)则表现较差;深市创业板上市公司中小投资者除了在决策与监督权分项指数均值上略低于沪深主板上市公司(含中小企业板)外,其他三个分项指数均值都高于沪深主板上市公司(含中小企业板)。

第4章

中小投资者权益保护指数的所有制比较

根据第 1 章的控股或所有制类型划分,中国的上市公司可以分为国有绝对控股公司、国有强相对控股公司、国有弱相对控股公司、国有参股公司和无国有股份公司五种类型,还可以进一步归类为国有控股公司和非国有控股公司两个大类。那么,国有控股上市公司和非国有控股上市公司的中小投资者权益保护是否有差别,差别有多大,本章将对此进行分析。

4.1 中小投资者权益保护指数总体的所有制比较

4.1.1 中小投资者权益保护总体指数比较

表 4-1 按照不同所有制上市公司的中小投资者权益保护指数均值进行了降序排列。

表 4-1　2015 年不同所有制上市公司中小投资者权益保护指数比较

排序	所有制类型	公司数目	平均值	中位值	最大值	最小值	标准差
1	国有参股公司	603	49.1109	49.2983	63.2556	34.2182	4.9242
2	无国有股份公司	1029	49.0227	49.0210	64.8116	29.5425	5.2260
3	国有绝对控股公司	295	48.0178	47.6315	65.7193	34.8616	4.8951
4	国有强相对控股公司	444	48.0143	47.9777	64.1132	32.0103	5.3491
5	国有弱相对控股公司	284	47.6294	47.6216	65.2993	32.4996	5.8579
总　体		2655	48.6134	48.6853	65.7193	29.5425	5.2433

根据表 4-1,从整体上看,五类上市公司的中小投资者权益保护指数均值相差不大,且均未达到及格线,说明中小投资者权益保护水平普遍较低。其中,国有参股公司的中小投资者权益保护指数均值最高,为 49.1109,其后依次是无国有股份公司(49.0227)、国有绝对控

股公司(48.0178)、国有强相对控股公司(48.0143),国有弱相对控股公司中小投资者权益保护指数均值最低,为 47.6294。中小投资者权益保护指数中位值从高到低依次是国有参股公司、无国有股份公司、国有强相对控股公司、国有绝对控股公司和国有弱相对控股公司。相对于平均值的排序,中位值的排名仅是国有绝对控股公司与国有强相对控股公司互换位置。从标准差看,国有弱相对控股公司的标准差最大,国有绝对控股公司的标准差最小,但差别不大,反映各种所有制类型上市公司内部的差距不是很大。

图 4-1 按照第一大股东中的国有股份比例从大到小进行了排序,从而更直观地反映不同所有制上市公司中小投资者权益保护指数的差异。可以看出,在国有控股的三类公司中,随着国有股比例降低,中小投资者权益保护水平随之下降,这可能说明,国有大股东的存在并非一定会损害中小投资者权益,但由于五类公司差距很小,这个结论需要进一步验证。整体上看,五类上市公司的中小投资者权益保护指数均值差距不太明显,无国有股份公司和国有参股公司的中小投资者权益保护指数均值高于总体均值,三类国有控股公司中小投资者权益保护指数均值则低于总体均值。

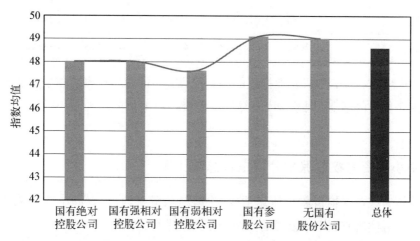

图 4-1　2015 年不同所有制上市公司中小投资者权益保护指数均值比较

进一步将国有绝对控股公司、国有强相对控股公司和国有弱相对控股公司归类为国有控股公司,将国有参股公司和无国有股份公司归类为非国有控股公司,比较两大类公司的中小投资者权益保护水平,如表 4-2 所示。

表 4-2　2015 年国有控股与非国有控股上市公司中小投资者权益保护指数比较

排序	所有制类型	公司数目	平均值	中位值	最大值	最小值	标准差
1	非国有控股公司	1632	49.0553	49.1531	64.8116	29.5425	5.1152
2	国有控股公司	1023	47.9084	47.7681	65.7193	32.0103	5.3692
	总　体	2655	48.6134	48.6853	65.7193	29.5425	5.2433

从表4-2可以看出,2015年上市公司中,国有控股公司1023家,中小投资者权益保护指数最大值为65.7193,最小值为32.0103,均值为47.9084。非国有控股公司1632家,最大值为64.8116,最小值为29.5425,均值为49.0553。不管是平均值还是中位值,非国有控股公司都高于国有控股公司,但整体差距不大。

根据实际控制人的性质,我们还可以将国有控股上市公司进一步区分为最终控制人为中央企业的国有控股公司(或称"中央企业控股公司")和最终控制人为地方国企的国有控股公司(或称"地方国企控股公司")。表4-3比较了两类国有控股公司与非国有控股公司的中小投资者权益保护指数。

表4-3 2015年不同最终控制人上市公司中小投资者权益保护指数比较

排序	最终控制人	公司数目	平均值	中位值	最大值	最小值	标准差
1	民资股东	1632	49.0553	49.1531	64.8116	29.5425	5.1152
2	中央国有企业	355	48.0665	47.9155	65.7193	32.4996	5.4282
3	地方国有企业	668	47.8244	47.6736	65.2993	32.0103	5.3397
总 体		2655	48.6134	48.6853	65.7193	29.5425	5.2433

从表4-3可以看出,中央企业控股的国有控股公司的中小投资者权益保护指数均值略高于地方国企控股的国有控股公司,但都低于民资控股上市公司的中小投资者权益保护指数均值。

4.1.2 中小投资者权益保护分项指数总体比较

中小投资者权益保护指数包括知情权、决策与监督权、收益权和维权环境四个分项指数,表4-4对五类所有制上市公司的四个分项指数进行了比较。

表4-4 2015年不同所有制上市公司中小投资者权益保护分项指数均值比较

所有制类型	知情权	决策与监督权	收益权	维权环境
国有绝对控股公司	58.2911	39.0220	39.1217	55.6365
国有强相对控股公司	57.3303	40.2755	40.8701	53.5811
国有弱相对控股公司	56.7039	40.0769	39.3586	54.3779
国有参股公司	58.9302	40.1177	42.0466	55.3492
无国有股份公司	58.7087	40.3196	41.7747	55.2878
总 体	58.2677	40.0962	41.1320	54.9577

从表4-4可以看出,知情权分项指数从高到低依次为国有参股公司、无国有股份公司、

国有绝对控股公司、国有强相对控股公司和国有弱相对控股公司;决策与监督权分项指数从高到低依次为无国有股份公司、国有强相对控股公司、国有参股公司、国有弱相对控股公司和国有绝对控股公司;收益权分项指数从高到低依次为国有参股公司、无国有股份公司、国有强相对控股公司、国有弱相对控股公司和国有绝对控股公司;维权环境分项指数从高到低依次为国有绝对控股公司、国有参股公司、无国有股份公司、国有弱相对控股公司和国有强相对控股公司。总体上看,除了在维权环境分项指数上,国有绝对控股公司表现较好外,在其他三个分项上,无国有股份公司和国有参股公司的表现都好于国有控股公司的三种类型。

图 4-2 更直观地反映了不同所有制上市公司中小投资者权益保护四个分项指数的差异。可以看出,五类所有制上市公司中在四个分项指数中都是知情权分项指数最高,其次是维权环境分项指数,决策与监督权分项指数与收益权分项指数则明显低于其他两个分项指数。各所有制上市公司在每个分项指数上差别并不大。随着国有股份比例的降低,除了维权环境分项指数,其他三个分项指数总体上是上升的。

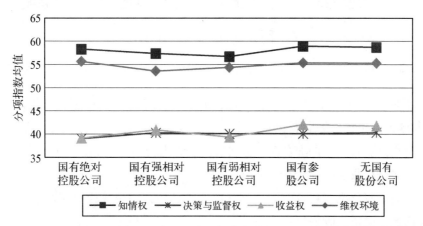

图 4-2　2015 年不同所有制上市公司中小投资者权益保护分项指数均值比较趋势图

我们进一步将国有绝对控股公司、国有强相对控股公司和国有弱相对控股公司合并,视为国有控股公司,将国有参股公司和无国有股份公司合并,视为非国有控股公司,两者的比较见表 4-5。可以看出,在上市公司中小投资者权益保护的四个分项指数上,国有控股公司均低于非国有控股公司。

表 4-5　2015 年国有控股与非国有控股上市公司中小投资者权益保护分项指数均值比较

所有制类型	知情权	决策与监督权	收益权	维权环境
国有控股公司	57.4335	39.8589	39.9463	54.3950
非国有控股公司	58.7906	40.2450	41.8752	55.3105
总　体	**58.2677**	**40.0962**	**41.1320**	**54.9577**

　　图4-3更直观地反映了国有控股公司与非国有控股公司中小投资者权益保护四个分项指数的差异。可以发现,非国有控股公司在四个分项指数上都好于国有控股公司,尤其在知情权与收益权两个分项指数上的优势较明显,在决策与监督权和维权环境两个分项指数上仅有微弱优势。

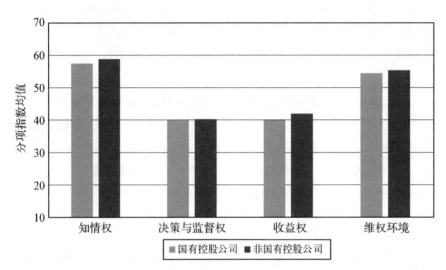

图4-3　2015年国有控股与非国有控股上市公司中小投资者权益保护分项指数均值比较

　　根据实际控制人的类型,我们将国有控股上市公司进一步划分为中央企业控股的国有控股公司和地方国企控股的国有控股公司,两类国有控股公司与民资控股上市公司(非国有控股公司)中小投资者权益保护在四个分项指数上的比较参见表4-6。可以看出,中央企业控股公司在知情权、收益权两个分项指数上高于地方国企控股公司,但都低于民资控股公司;在决策与监督权和维权环境两个分项指数上则是地方国企控股公司高于中央企业控股公司,但也都低于民资控股公司。

表4-6　2015年不同最终控制人上市公司中小投资者权益保护分项指数均值比较

最终控制人	知　情　权	决策与监督权	收　益　权	维权环境
中央国有企业	57.6280	39.8531	40.7113	54.0736
地方国有企业	57.3301	39.8620	39.5398	54.5659
民资股东	58.7906	40.2450	41.8752	55.3105
总　体	**58.2677**	**40.0962**	**41.1320**	**54.9577**

　　图4-4更直观地反映了中央企业控股公司和地方国企控股公司在中小投资者权益保护四个分项指数上的差异。不同最终控制人的上市公司在决策与监督权分项指数上的均值差异最小,相比之下在知情权和收益权两个分项指数上的均值差异则较明显。

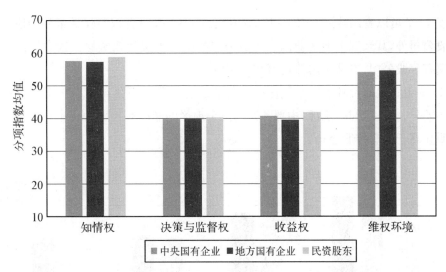

图 4 - 4　2015 年不同最终控制人上市公司中小投资者权益保护分项指数均值比较

4.2　分地区中小投资者权益保护指数的所有制比较

4.2.1　中小投资者权益保护总体指数比较

按照四个地区的划分标准,我们来比较四个地区上市公司的中小投资者权益保护指数的差异,参见表 4 - 7。

表 4 - 7　2015 年不同地区国有与非国有控股上市公司中小投资者权益保护指数比较

地区	所有制类型	公司数目	平均值	中位值	最大值	最小值	标准差
东部	国有控股公司	572	48.4538	48.2903	65.7193	32.4996	5.3922
	非国有控股公司	1179	49.4429	49.5597	64.8116	29.5425	4.9761
	总体	1751	49.1198	49.0930	65.7193	29.5425	5.1352
中部	国有控股公司	189	47.0347	47.2248	61.3965	32.0103	5.2864
	非国有控股公司	190	48.7113	48.7230	60.8140	33.8397	5.1687
	总体	379	47.8752	47.9155	61.3965	32.0103	5.2879
西部	国有控股公司	193	47.6412	47.7138	64.1132	33.5785	5.2531
	非国有控股公司	190	47.6165	47.9741	60.2271	31.3504	5.4659
	总体	383	47.6289	47.8883	64.1132	31.3504	5.3527
东北	国有控股公司	69	46.5279	46.2587	58.7535	33.7666	5.2136
	非国有控股公司	73	47.4362	47.4793	63.5672	35.5115	5.3053
	总体	142	46.9949	46.4623	63.5672	33.7666	5.2621

　　从表4-7可以看出,除西部地区国有控股公司中小投资者权益保护指数均值略高于非国有控股公司外,其余三个地区非国有控股公司的中小投资者权益保护指数均值和中位值都高于国有控股公司,也高于总体均值和中位值。

　　图4-5更直观地反映了四个地区国有与非国有控股上市公司中小投资者权益保护指数均值的差异。可以看到,东部、中部和东北三个地区的非国有控股公司中小投资者权益保护水平明显高于国有控股公司。

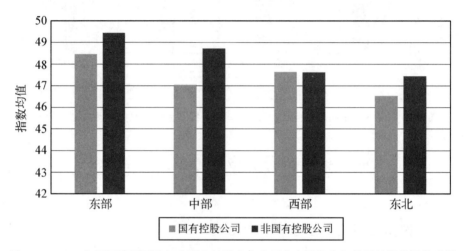

图4-5　2015年不同地区国有与非国有控股上市公司中小投资者权益保护指数均值比较

4.2.2　中小投资者权益保护分项指数比较

　　我们继续对四个地区国有控股与非国有控股上市公司的中小投资者权益保护分项指数均值进行比较分析(参见表4-8)。可以看出,除西部地区在知情权、决策与监督权,以及维权环境三个分项指数上国有控股公司高于非国有控股公司外,其他三个地区在四个分项指数均值均为非国有控股公司高于国有控股公司。

表4-8　2015年不同地区国有与非国有控股上市公司中小投资者权益保护分项指数均值比较

地区	所有制类型	知 情 权	决策与监督权	收 益 权	维权环境
东部	国有控股公司	58.3968	40.2901	40.3936	54.7349
	非国有控股公司	59.5763	40.4638	42.2158	55.5155
	总体	59.1910	40.4071	41.6205	55.2605
中部	国有控股公司	56.1604	38.7900	39.7229	53.4656
	非国有控股公司	57.5175	39.6239	42.2126	55.4912
	总体	56.8407	39.2081	40.9710	54.4811

续　表

地区	所有制类型	知 情 权	决策与监督权	收 益 权	维权环境
西部	国有控股公司	56.7880	39.9556	39.0658	54.7553
	非国有控股公司	56.3915	39.6831	39.8971	54.4942
	总体	56.5913	39.8204	39.4782	54.6258
东北	国有控股公司	54.7400	38.9418	39.3140	53.1159
	非国有控股公司	55.6571	39.7900	40.6448	53.6530
	总体	55.2115	39.3779	39.9982	53.3920

　　为了便于比较,我们计算出四个地区非国有控股公司中小投资者权益保护四个分项指数均值与对应的国有控股公司中小投资者权益保护四个分项指数均值的差值,由此可以反映四个地区两类所有制上市公司中小投资者权益保护四个分项指数的差异,如图 4-6 所示。可以明显看出,非国有控股公司在中小投资者权益保护四个分项指数上的表现总体好于国有控股公司。尤其在收益权分项指数上,四个地区(尤其是东部和中部)均是非国有控股公司显著高于国有控股公司,在维权环境分项指数上,中部地区的非国有控股公司中小投资者权益保护水平也显著高于国有控股公司。

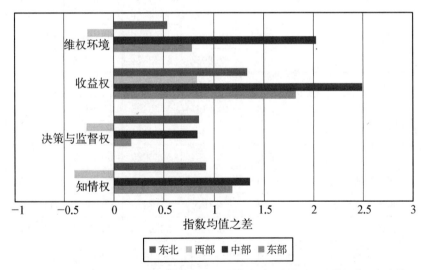

注：指数均值之差＝非国有控股公司中小投资者权益保护分项指数均值－国有控股公司中小投资者权益保护分项指数均值。

图 4-6　2015 年不同地区国有与非国有控股上市公司中小投资者权益保护分项指数均值之差值比较

4.3　分行业中小投资者权益保护指数的所有制比较

4.3.1　中小投资者权益保护总体指数比较

我们选择上市公司较多且具有代表性的六个行业,即制造业(C),电力、热力、燃气及水生产和供应业(D),交通运输、仓储和邮政业(G),信息传输、软件和信息技术服务业(I),金融业(J)和房地产业(K),对这六个行业上市公司中小投资者权益保护指数进行比较,结果参见表4-9。

表4-9　2015年不同行业国有与非国有控股上市公司中小投资者权益保护指数比较

行　业	所有制类型	公司数目	平 均 值	中 位 值	最 大 值	最 小 值	标 准 差
制造业(C)	国有控股公司	509	47.4648	47.5005	64.1132	32.0103	5.3537
	非国有控股公司	1163	49.2344	49.2080	64.8116	31.3504	5.0728
	总体	1672	48.6957	48.7325	64.8116	31.3504	5.2222
电力、热力、燃气及水生产和供应业(D)	国有控股公司	76	47.4932	48.1833	57.0264	39.0358	4.3177
	非国有控股公司	13	49.7318	49.4114	59.3952	40.2940	6.0937
	总体	89	47.8202	48.2642	59.3952	39.0358	4.6459
交通运输、仓储和邮政业(G)	国有控股公司	68	48.8050	48.4959	63.3786	39.1143	4.8301
	非国有控股公司	13	47.8954	47.8824	55.8045	39.3309	4.6503
	总体	81	48.6590	48.3722	63.3786	39.1143	4.7849
信息传输、软件和信息技术服务业(I)	国有控股公司	28	48.8165	49.8406	57.9143	40.0739	4.1729
	非国有控股公司	117	50.4386	50.9114	60.4005	34.8615	4.5444
	总体	145	50.1254	50.6929	60.4005	34.8615	4.5071
金融业(J)	国有控股公司	39	56.6909	57.5403	65.7193	44.9865	5.0649
	非国有控股公司	10	53.5601	55.3875	60.1802	41.5446	5.4073
	总体	49	56.0520	56.9453	65.7193	41.5446	5.2361
房地产业(K)	国有控股公司	63	46.7171	46.1608	60.2163	33.9849	5.1154
	非国有控股公司	71	46.7193	47.1308	54.7395	34.6823	4.4455
	总体	134	46.7183	46.8298	60.2163	33.9849	4.7539

从表4-9可以看出,交通运输、仓储和邮政业(G),金融业(J)两个行业的国有控股公司中小投资者权益保护指数均值高于非国有控股公司,房地产业国有控股公司中小投资者权益保护指数均值与非国有控股公司基本持平,其余三个行业都是非国有控股公司中小投资

者权益保护指数均值高于国有控股公司。其中国有控股公司与非国有控股公司中小投资者权益保护指数均值相差最大的是金融业(J),前者高于后者 3.1308 分。另外,电力、热力、燃气及水生产和供应业(D)的国有控股公司和非国有控股公司的标准差有一定差距,该行业内非国有控股公司中小投资者权益保护水平的离散程度较大,其他五个行业国有控股公司和非国有控股公司的标准差相差很小。

图 4-7 更直观地反映了六个行业国有控股公司与非国有控股公司中小投资者权益保护指数的差异。六个行业中,国有控股公司与非国有控股公司中小投资者权益保护指数均值最高的都是金融业(J),最低的都是房地产业(K)。

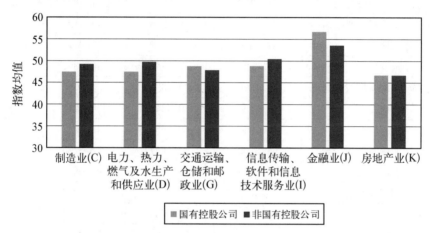

图 4-7 2015 年不同行业国有与非国有控股上市公司中小投资者权益保护指数均值比较

4.3.2 中小投资者权益保护分项指数比较

表 4-10 对六个行业国有控股公司与非国有控股公司的中小投资者权益保护分项指数进行了比较。可以看出,不同行业两类公司中小投资者权益保护分项指数孰高孰低的情况不尽相同。在知情权分项指数中,金融业(J)、房地产业(K)两个行业的国有控股公司高于非国有控股公司,其余四个行业均为非国有控股公司高于国有控股公司;在决策与监督权分项指数上,交通运输、仓储和邮政业(G),以及金融业(J)两个行业的国有控股公司高于非国有控股公司,其他四个行业均为非国有控股公司高于国有控股公司;在收益权分项指数上,信息传输、软件和信息技术服务业(I),以及金融业(J)两个行业的国有控股公司略高于非国有控股公司,其他四个行业均为非国有控股公司高于国有控股公司;在维权环境分项指数上,交通运输、仓储和邮政业(G),金融业(J),房地产业(K)三个行业国有控股公司高于非国有控股公司,其他三个行业则是非国有控股公司均值高于国有控股公司。

我们进一步计算出六个行业国有控股公司中小投资者权益保护四个分项指数均值与对应的非国有控股公司中小投资者权益保护四个分项指数均值的差值,由此可以反映这六个行业两类所有制公司中小投资者权益保护四个分项指数的差异,参见图 4-8。金融业在四

表 4-10 2015 年不同行业国有与非国有控股上市公司中小投资者权益保护分项指数均值比较

行 业	所有制类型	知 情 权	决策与监督权	收 益 权	维权环境
制造业(C)	国有控股公司	57.0575	39.4949	39.1101	54.1967
	非国有控股公司	59.0444	40.2711	41.9854	55.6368
	总体	58.4395	40.0348	41.1101	55.1984
电力、热力、燃气及水生产和供应业(D)	国有控股公司	57.5646	39.8651	39.7726	52.7705
	非国有控股公司	58.3285	45.5961	39.9172	55.0855
	总体	57.6762	40.7022	39.7937	53.1086
交通运输、仓储和邮政业(G)	国有控股公司	57.1438	40.2976	41.9697	55.8088
	非国有控股公司	58.1112	38.1206	43.5123	51.8376
	总体	57.2991	39.9482	42.2173	55.1715
信息传输、软件和信息技术服务业(I)	国有控股公司	57.8924	39.1840	44.9357	53.2540
	非国有控股公司	60.7396	39.7386	44.3056	56.9706
	总体	60.1898	39.6315	44.4273	56.2529
金融业(J)	国有控股公司	65.3940	49.9558	46.7275	64.6866
	非国有控股公司	61.3239	47.5657	46.5733	58.7778
	总体	64.5633	49.4680	46.6960	63.4807
房地产业(K)	国有控股公司	56.3724	38.7026	39.1216	52.6720
	非国有控股公司	54.3621	40.0564	40.4164	52.0423
	总体	55.3072	39.4199	39.8076	52.3383

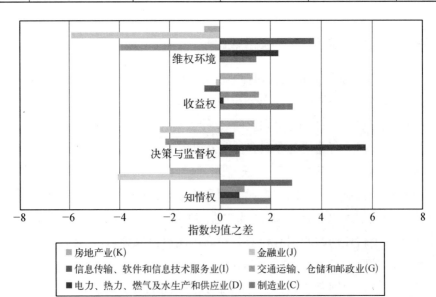

注:指数均值之差=非国有控股公司中小投资者权益保护分项指数均值-国有控股公司中小投资者权益保护分项指数均值。

图 4-8 2015 年不同行业国有与非国有控股上市公司中小投资者权益保护
分项指数均值之差值比较

个分项指数上都是国有控股公司高于非国有控股公司,尤其是在知情权和维权环境两个分项指数上优势明显;电力、热力、燃气及水生产和供应业(D)的非国有控股公司在决策与监督权方面的优势较突出;交通运输、仓储和邮政业(G)的国有控股公司在维权环境方面的优势较明显;信息传输、软件和信息技术服务业(I)的非国有控股公司在维权环境方面的优势较突出。

4.4　本 章 小 结

本章从所有制或控股类型角度对 2015 年沪深两市 2655 家上市公司中小投资者权益保护指数及四个分项指数进行了统计和分析,主要结论如下:

关于中小投资者权益保护总体指数:(1) 在国有控股的三类公司中,随着国有股比例降低,中小投资者权益保护水平随之下降,这可能说明,国有大股东的存在并非一定会损害中小投资者权益,但由于五类公司差距很小,这个结论需要进一步验证。(2) 非国有控股公司中小投资者权益保护水平总体上优于国有控股公司。(3) 最终控制人为中央企业的国有控股公司的中小投资者权益保护水平略好于最终控制人为地方国企的国有控股公司。(4) 从地区看,除西部地区国有控股公司中小投资者权益保护指数均值略高于非国有控股公司外,其余三个地区都是非国有控股上市公司中小投资者权益保护指数均值高于国有控股公司。(5) 从行业看,六个行业中,交通运输、仓储和邮政业,以及金融业两个行业的国有控股公司中小投资者权益保护指数均值高于非国有控股公司,房地产业国有控股公司中小投资者权益保护指数均值与非国有控股公司基本持平,其余三个行业都是非国有控股公司中小投资者权益保护指数均值高于国有控股公司。国有控股公司与非国有控股公司中小投资者权益保护指数均值最高的都是金融业,最低的都是房地产业。

关于中小投资者权益保护分项指数:(1) 五类所有制上市公司中,四个分项指数中最高的都是知情权分项指数,其次是维权环境分项指数,决策与监督权分项指数和收益权分项指数则明显低于前两个分项指数。(2) 除了在维权环境分项指数上国有绝对控股公司表现较好外,在其他三个分项上,无国有股份公司和国有参股公司的表现都好于国有控股公司的三种类型。随着国有股份比例的降低,除了维权环境分项指数,其他三个分项指数总体上是上升的。(3) 从最终控制人角度,中央企业控股公司在知情权、收益权两个分项指数上高于地方国企控股公司,但都低于民资控股公司;在决策与监督权和维权环境两个分项指数上则是地方国企控股公司高于中央企业控股公司,但也都低于民资控股公司。(4) 从地区看,除西部地区在知情权、决策与监督权,以及维权环境三个分项指数上国有控股公司高于非国有控股公司外,其他三个地区在四个分项指数均值均是非国有控股公司高于国有控股公司。(5) 从行业看,六个行业中,金融业在四个分项指数上都是国有控股公司高于非国有控股公司,尤其是在知情权和维权环境两个分项指数上优势明显;电力、热力、燃气及水生产和供应业(D)的非国有控股公司在决策与监督权方面的优势较明显;交通运输、仓储和邮政业(G)的国有控股公司在维权环境方面的优势较明显;信息传输、软件和信息技术服务业(I)的非国有控股公司在维权环境方面的优势较明显。

第 5 章

中小投资者权益保护指数的年度
比较（2014 & 2015）

2015 年我们对 2014 年中国上市公司中小投资者权益保护水平进行了测度，2016 年是第二次测度。本章将从总体、地区、行业、所有制和上市板块等五个角度，比较分析近两年中国上市公司中小投资者权益保护水平，以了解中小投资者权益保护水平的发展趋势，进而对完善中国中小投资者权益保护制度提供参考。

5.1　中小投资者权益保护指数总体的年度比较

对 2014 年和 2015 年两个年度中国上市公司中小投资者权益保护的评价，样本公司数分别是 2514 家和 2655 家，基本上是对全部上市公司的评价。比较 2014 年和 2015 年样本上市公司的中小投资者权益保护指数，以及知情权、决策与监督权、收益权和维权环境四个分项指数，结果参见表 5 - 1。

表 5 - 1　2014 年与 2015 年上市公司中小投资者权益保护指数均值比较

年　份	样 本 量	总体指数	分 项 指 数			
			知 情 权	决策与监督权	收 益 权	维权环境
2014	2514	44.6191	55.7513	35.6674	27.9141	59.1437
2015	2655	48.6134	58.2677	40.0962	41.1320	54.9577
2015 年与 2014 年指数之差		3.9943	2.5164	4.4288	13.2179	−4.1860

由表 5 - 1 可知，2014 年和 2015 年中小投资者权益保护指数均值分别为 44.6191 和 48.6134。相较于 2014 年，2015 年中小投资者权益保护指数有明显的提高，指数均值提高 3.9943。从分项指数看，2015 年中小投资者在知情权、决策与监督权、收益权三个分项指数均值上均有所提高，其中收益权分项指数均值的提高最为显著，提高了 13.2179 分。但维权环境分项指数却比 2014 年有所下降，2015 年较为动荡的证券市场或许是重要原因。

图 5-1 更直观地反映了 2014 年和 2015 年中小投资者权益保护指数及四个分项指数变化情况。可以看出,除了维权环境分项指数下降外,其他三个分项指数均值的提高幅度自大到小依次是收益权、决策与监督权、知情权。

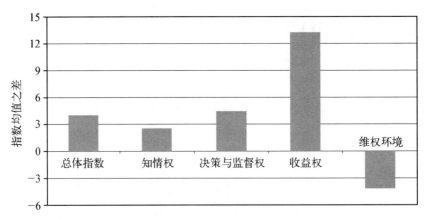

注:指数均值之差＝2015 年指数均值－2014 年指数均值。

图 5-1 2014 年与 2015 年上市公司中小投资者权益保护指数均值的变化

为了弄清导致中小投资者权益保护分项指数波动的具体原因,表 5-2 比较了 2014 年与 2015 年中小投资者权益保护指数的具体指标。

表 5-2 2014 年与 2015 年上市公司中小投资者权益保护指数具体指标比较

一级指标	二 级 指 标	2014 年	2015 年	变 动
知情权 (1~10)	1. 是否按时披露公司定期报告	0.9819	0.9874	↑
	2. 年报预披露时间与实际披露时间是否一致	0.9320	0.9503	↑
	3. 预告业绩与实际业绩是否一致	0.0119	0.1363	↑
	4. 公司是否因违规而被证监会、证交所等部门公开批评、谴责或行政处罚	−0.0979	−0.1024	↓
	5. 外部审计是否出具标准无保留意见	0.9614	0.9665	↑
	6. 上市公司是否开通微信/微博/网站/投资者咨询电话或在线互动平台	0.4320	0.4105	↓
	7. 分析师关注度	0.0611	0.0988	↑
	8. 是否详细披露独立董事过去三年的任职经历	0.5372	0.5471	↑
	9. 媒体关注度	0.0069	0.0157	↑
	10. 是否披露可预见的财务风险因素	0.7486	0.8166	↑
决策与监督权 (11~21)	11. 是否采用网络投票制	0.8305	0.9620	↑
	12. 是否实行累积投票制	0.2013	0.0753	↓
	13. 是否采用中小投资者表决单独计票	0.3210	0.6019	↑

续　表

一级指标	二　级　指　标	2014 年	2015 年	变　动
决策与监督权(11~21)	14. 独立董事比例	0.3601	0.3503	↓
	15. 有无单独或者合计持有公司 10％以上股份的股东提出召开临时股东大会	0.0040	0.0026	↓
	16. 独立董事是否担任本公司董事长	0.0052	0.0041	↓
	17. 有无单独或者合并持有公司 3％以上股份的股东提出议案	0.0036	0.0008	↓
	18. 三个委员会(审计、提名、薪酬)是否设立	0.8768	0.9150	↑
	19. 审计委员会主席是否由独立董事担任	0.1639	0.1571	↓
	20. 独立董事的董事会实际出席率	0.8392	0.9788	↑
	21. 董事长是否来自大股东单位	0.3178	0.3627	↑
收益权(22~28)	22. 个股收益率是否大于或等于市场收益率	0.2852	0.4249	↑
	23. 现金分红	0.0052	0.0047	↓
	24. 股票股利	0.0052	0.0105	↑
	25. 财务绩效	0.0051	0.6167	↑
	26. 增长率	0.0013	0.0154	↑
	27. 是否 ST	−0.0175	−0.0158	↑
	28. 是否有中小股东收益权的制度安排(分红权)	0.6695	0.8230	↑
维权环境(29~37)	29. 股东诉讼及赔偿情况	0.9660	0.9554	↓
	30. 控股股东(实际控制人)是否因直接或者间接转移、侵占上市公司资产受到监管机构查处	−0.0091	−0.0128	↓
	31. 是否建立违规风险准备金制度	0.0020	0.0064	↑
	32. 投资者关系建设情况	0.5207	0.4729	↓
	33. 董事会或股东大会是否定期评估内部控制	0.8441	0.9605	↑
	34. 各专门委员会是否在内部控制中发挥作用	0.3934	0.4392	↑
	35. 是否披露存在重大内部控制缺陷	−0.0365	−0.1276	↓
	36. 风险控制委员会设置情况如何	0.0199	0.0218	↑
	37. 是否存在股价异动	−0.3775	−0.7695	↓

注:"↑"表示得分上升,"↓"表示得分下降,"—"表示得分不变。

由表 5-2 可知,2015 年在中小投资者权益保护分项指数的 37 个二级指标中,有 23 个指标的得分上升,有 14 个指标的得分下降,在知情权分项指数的 10 个二级指标中,有 2 个指标得分较 2014 年下降,分别是"4. 公司是否因违规而被证监会、证交所等部门公开批评、谴责或行政处罚"、"6. 上市公司是否开通微信/微博/网站/投资者咨询电话或在线互动平台",其他 8 个指标的得分则有不同程度的上升。在决策与监督权分项指数的 11 个二级指标中,有 5 个指标比 2014 年提高,其他 6 个指标的得分均是下降,这说明决策与监督权分项指数尽管总体上是提高的,但存在的问题不容小觑。在收益权分项指数的 7 个二级指标中,仅有"23.现金分红"一个指标的得分较 2014 年下降,其他 6 个指标都不同程度的有所提高。"现金分红"指标得分的下降可能与公司业绩下滑有关,但更可能的原因是没有强制性分红制度。在维权环境分项指数的 9 个二级指标中,有 5 个指标得分下降且幅度较大,其中"37.是否存在股价异动"是下降幅度最大的指标,较 2014 年下降了 0.3920 分,这恰恰反映了 2015 年的股灾问题;其他 4 个指标得分在 2015 年有所提高。

5.2　分地区中小投资者权益保护指数的年度比较

按照四个地区的划分,将 2014 年与 2015 年两个年度不同地区的中小投资者权益保护总体指数,以及四个分项指数进行比较,从而更清晰地了解不同地区中小投资者权益保护在不同年度的变化,如表 5-3 所示。

表 5-3　2014 年与 2015 年不同地区上市公司中小投资者权益保护指数均值比较

地区	年份	总体指数	分项指数				总体指数排名	总体指数排名变化
			知情权	决策与监督权	收益权	维权环境		
东部	2014	44.7869	56.1466	35.4075	28.4258	59.1675	1	—
	2015	49.1198	59.5910	40.4071	41.6205	55.2605	1	
	差值	4.3329	3.4444	4.9996	13.1947	-3.9070		
中部	2014	44.3372	54.7772	35.5611	27.5208	59.4899	2	—
	2015	47.8752	56.8407	39.2081	40.9710	54.4811	2	
	差值	3.5380	2.0635	3.6470	13.4502	-5.0088		
西部	2014	44.2894	55.3182	36.5027	26.5905	58.7462	3	—
	2015	47.6289	56.5913	39.8204	39.4782	54.6258	3	
	差值	3.3395	1.2731	3.3177	12.8877	-4.1204		
东北	2014	44.2379	54.7638	36.8494	26.3473	58.9910	4	—
	2015	46.9949	55.2115	39.4090	39.9981	53.3920	4	
	差值	2.7570	0.4477	2.5596	13.6508	-5.5990		

注:(1)指数均值之差=2015 年指数均值-2014 年指数均值;(2)"↑"表示排名上升,"↓"表示排名下降,"—"表示排名不变。

由表 5-3 可知,从中小投资者权益保护总体指数看,四个地区的排名均未发生变化,2015 年四个地区的中小投资者权益保护指数均值均比 2014 年有所提高,其中提高幅度最大的地区是东部,提高 4.3329 分。从分项指数看,四个地区的知情权、决策与监督权、收益权三个分项指数均比 2014 年同类分项指数均值有不同程度的提高。其中知情权和决策与监督权两个分项指数提高幅度最大的地区都是东部,分别提高 3.4444 分和 4.9996 分;收益权分项指数提高幅度都比较大,都在 12 分以上,幅度最大的地区是东北,提高 13.6508 分。相反,2015 年四个地区的维权环境分项指数均值却有较明显的下降,其中下降幅度最大的地区是东北,下降 5.5990 分。从排序看,在总体指数以及知情权和收益权两个分项指数上,东部地区在 2014 年和 2015 年两个年度都位列第一,东北则都排名末位;在决策与监督权分项指数上,2014 年东北排名第一,东部排名末位,2015 年则是东部排第一,中部排末位;在维权环境分项指数上,2014 年中部排第一,西部排末位,2015 年则是东部排第一,东北排末位。

图 5-2 更加直观地反映了 2015 年与 2014 年各地区中小投资者权益保护指数均值之差。可以看出,四个地区除了维权环境分项指数下降外,其他三个分项指数都出现不同程度的上升。

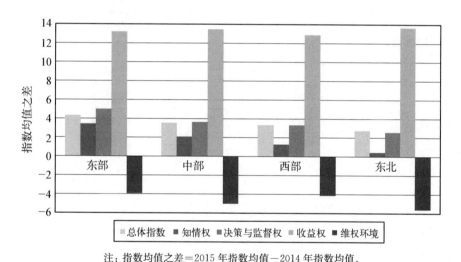

注:指数均值之差＝2015 年指数均值－2014 年指数均值。

图 5-2　2014 年与 2015 年不同地区中小投资者权益保护指数的变化

5.3　分行业中小投资者权益保护指数的年度比较

将 2014 年与 2015 年两个年度不同行业的中小投资者权益保护总体指数以及四个分项指数进行比较,以了解不同行业中小投资者权益保护在不同年度的变化,结果如表 5-4 所示。

由表 5-4 可知,17 个行业的上市公司中小投资者权益保护总体指数在 2015 年均有不同程度的上升,上升幅度最大的行业是卫生和社会工作(Q),提高 9.3777 分;其次是信息传输、软件和信息技术服务业(I),提高 8.1599 分。从排序看,排名没有变化的有 2 个行业,排名提高的有 6 个行业,排名下降的有 9 个行业,金融业(J)在两个年度均排名第一。

表 5 - 4 2014 年与 2015 年不同行业上市公司中小投资者权益保护指数均值比较

行 业	年 份	总体指数	分 项 指 数				总体指数排名变化
			知情权	决策与监督权	收益权	维权环境	
农、林、牧、渔业(A)	2014	44.3153	55.2904	36.5568	24.7334	60.6806	↓
	2015	47.1534	56.1205	38.5939	39.9310	53.9683	
	差值	2.8381	0.8301	2.0371	15.1976	−6.7123	
采矿业(B)	2014	45.0650	57.2175	35.7774	27.2650	60.0000	↓
	2015	46.1952	56.6035	39.3508	35.7367	53.0898	
	差值	1.1302	−0.6140	3.5734	8.4717	−6.9102	
制造业(C)	2014	44.5135	55.7503	35.2801	27.7672	59.2562	↓
	2015	48.6957	58.4395	40.0348	41.1101	55.1984	
	差值	4.1822	2.6892	4.7547	13.3429	−4.0578	
电力、热力、燃气及水生产和供应业(D)	2014	45.3775	57.2139	36.0883	28.4067	60.0068	↓
	2015	47.8202	57.6762	40.7022	39.7937	53.1086	
	差值	2.4427	0.4623	4.6139	11.3870	−6.8982	
建筑业(E)	2014	44.6868	57.2489	35.1240	28.0076	58.3670	↑
	2015	49.2057	60.0363	40.9465	40.9808	54.8592	
	差值	4.5189	2.7874	5.8225	12.9732	−3.5078	
批发和零售业(F)	2014	44.7604	55.0857	37.6602	27.1199	59.1760	↓
	2015	46.8374	55.7276	39.1890	39.5758	52.8571	
	差值	2.0770	0.6419	1.5288	12.4559	−6.3189	
交通运输、仓储和邮政业(G)	2014	44.9841	56.6950	35.4714	27.3038	60.4664	↓
	2015	48.6590	57.2991	39.9482	42.2173	55.1715	
	差值	3.6749	0.6041	4.4768	14.9135	−5.2949	
住宿和餐饮业(H)	2014	43.4099	48.6641	40.1653	24.7093	60.1010	↓
	2015	44.4524	53.0258	37.1610	36.3096	51.3131	
	差值	1.0425	4.3617	−3.0043	11.6003	−8.7879	
信息传输、软件和信息技术服务业(I)	2014	41.9655	53.7218	31.0482	30.0656	53.0265	↑
	2015	50.1254	60.1898	39.6315	44.4273	56.2529	
	差值	8.1599	6.4680	8.5833	14.3617	3.2264	
金融业(J)	2014	51.6857	59.6192	46.5328	32.4900	68.1008	—
	2015	56.0520	64.5633	49.4680	46.6960	63.4807	
	差值	4.3663	4.9441	2.9352	14.2060	−4.6201	

行　业	年　份	总体指数	分　项　指　数				总体指数排名变化
			知情权	决策与监督权	收益权	维权环境	
房地产业(K)	2014	45.3240	55.3800	38.4435	27.4092	60.0632	
	2015	46.7183	55.3072	39.4199	39.8076	52.3383	↓
	差值	1.3943	−0.0728	0.9764	12.3984	−7.7249	
租赁和商务服务业(L)	2014	46.5373	58.5542	33.9394	31.2484	62.4074	
	2015	50.2790	60.7122	39.4378	43.6796	57.2863	↓
	差值	3.7417	2.1580	5.4984	12.4312	−5.1211	
科学研究和技术服务业(M)	2014	42.8790	56.0101	31.5703	27.8752	56.0606	
	2015	49.8205	59.7685	42.1362	41.0500	56.3272	↑
	差值	6.9415	3.7584	10.5659	13.1748	0.2666	
水利、环境和公共设施管理业(N)	2014	44.7495	53.4587	37.0280	29.2164	59.2949	
	2015	50.5981	61.2320	40.3220	44.1530	56.6852	↑
	差值	5.8486	7.7733	3.2940	14.9366	−2.6097	
卫生和社会工作(Q)	2014	44.3172	55.3054	27.5000	43.0745	51.3889	
	2015	53.6949	61.9884	43.1818	52.9427	56.6667	↑
	差值	9.3777	6.6830	15.6818	9.8682	5.2778	
文化、体育和娱乐业(R)	2014	45.1717	54.1809	38.0251	31.1627	57.3180	
	2015	49.1880	60.5266	38.8541	44.5011	52.8704	↑
	差值	4.0163	6.3457	0.8290	13.3384	−4.4476	
综合(S)	2014	42.7579	55.2313	37.6894	22.6711	55.4398	
	2015	46.3024	53.7961	40.2557	37.6911	53.4667	—
	差值	3.5445	−1.4352	2.5663	15.0200	−1.9731	

注：(1) 由于教育(P)只有 1 家上市公司,不具有代表性,故在比较时将其剔除;(2) 指数均值之差＝2015 年指数均值−2014 年指数均值;(3) "↑"表示排名上升,"↓"表示排名下降,"—"表示排名不变。

从四个分项指数看,在知情权分项指数上,有 3 个行业下降,但下降幅度都不大;其他 14 个行业均上升,其中升幅最大的行业是水利、环境和公共设施管理业(N),提高 7.7733 分。在决策与监督权分项指数上,只有住宿和餐饮业(H)出现下降,降幅为 3.0043 分;其他 16 个行业均上升,其中升幅最大的行业是卫生和社会工作(Q),升幅 15.6818 分,其次是科学研究和技术服务业(M),升幅也达到 10.5659 分。在收益权分项指数上,所有 17 个行业均较大幅度上升,升幅最大的行业是农、林、牧、渔业(A),升幅为 15.1976 分;升幅最低的行业是采矿业(B),升幅也达到 8.4717 分。在维权环境分项指数上,只有 3 个行业上升,而且升幅都不大;其他 14 个行业均出现不同程度的下降,其中降幅最大的行业是住宿和餐饮业(H),降幅为 8.7879 分。

5.4　分所有制中小投资者权益保护指数的年度比较

依照第 1 章的五种所有制类型的划分,对 2014 年和 2015 年两个年度中小投资者权益保护总体指数和四个分项指数进行所有制比较,结果参见表 5 - 5 Panel A。另外,进一步将样本按照国有控股公司和非国有控股公司分类,统计信息见表 5 - 5 Panel B。

表 5 - 5　2014 年与 2015 年不同所有制中小投资者权益保护指数均值比较

所有制类型	年份	总体指数	分项指数				总体指数排名	总体指数排名变化
			知情权	决策与监督权	收益权	维权环境		
Panel A　按照五类所有制公司分类								
国有绝对控股公司	2014	45.6839	57.3306	36.7554	27.9220	60.7276	1	
	2015	48.0178	58.2911	39.0220	39.1217	55.6365	3	↓
	差值	2.3339	0.9605	2.2666	11.1997	−5.0911		
国有强相对控股公司	2014	45.2707	56.3288	36.8703	27.0087	60.8751	2	
	2015	48.0143	57.3303	40.2755	40.8701	53.5811	4	↓
	差值	2.7436	1.0015	3.4052	13.8614	−7.2940		
国有弱相对控股公司	2014	45.0480	55.8306	37.9084	27.0563	59.3969	4	
	2015	47.6294	56.7039	40.0769	39.3586	54.3779	5	↓
	差值	2.5814	0.8733	2.1685	12.3023	−5.0190		
国有参股公司	2014	45.1470	55.7341	36.8887	27.5819	60.3833	3	
	2015	49.1109	58.9302	40.1177	42.0466	55.3492	1	↑
	差值	3.9639	3.1961	3.2290	14.4647	−5.0341		
无国有股份公司	2014	43.7980	55.1011	33.9210	28.5897	57.5802	5	
	2015	49.0227	58.7087	40.3196	41.7747	55.2878	2	↑
	差值	5.2247	3.6076	6.3986	13.1850	−2.2924		
Panel B　按照国有控股公司和非国有控股公司分类								
国有控股公司	2014	45.3279	56.4796	37.1371	27.2916	60.4035	1	
	2015	47.9084	57.4335	39.8589	39.9463	54.3950	2	↓
	差值	2.5805	0.9539	2.7218	12.6547	−6.0085		
非国有控股公司	2014	44.1447	55.2638	34.6836	28.3307	58.3005	2	
	2015	49.0553	58.7906	40.2450	41.8752	55.3105	1	↑
	差值	4.9106	3.5268	5.5614	13.5445	−2.9900		

注:(1) 指数均值之差＝2015 年指数均值−2014 年指数均值;(2)"↑"表示排名上升,"↓"表示排名下降,"—"表示排名不变。

从表 5 - 5 Panel A 可知,2015 年,五类所有制上市公司中小投资者权益保护总体指数均值都有不同程度的上升,其中无国有股份公司升幅最大,升幅为 5.2247 分;国有绝对控股公司升幅最小,为 2.3339 分。从分项指数看,知情权、决策与监督权和收益权三个分项指数都有不同程度的上升,其中知情权升幅较小,收益权升幅较大。在知情权和决策与监督权两个分项指数,都是无国有控股公司升幅最大,升幅分别是 3.6076 分和 6.3986 分;在收益权分项指数上,国有参股公司升幅最大,为 14.4647 分,而且五类所有制公司的升幅都超过了10 分。在四个分项指数上,唯独在维权环境分项指数上,五类所有制公司全部都有不同程度的下降,其中国有强相对控股公司降幅最大,为 7.2940 分。

从表 5-5 Panel B 可知,把五类所有制公司归纳为国有控股公司和非国有控股公司,2015 年两类公司中小投资者权益保护总体指数都比 2014 年提高,其中非国有控股公司升幅较大,为 4.9106 分。在分项指数中,两类公司在知情权、决策与监督权和收益权三个分项指数上都有所上升,而且都是非国有控股公司升幅大于国有控股公司,其中非国有控股公司的收益权分项指数升幅最大,为 13.5445 分。在维权环境分项指数上,两类公司都是下降的,其中国有控股公司降幅大于非国有控股公司,前者降幅为 6.0085 分。

图 5-3 则更清晰地反映出五类所有制上市公司在 2014 年和 2015 年两个年度中小投资者权益保护指数均值的变化。可以看到,随着第一大股东中的国有股份比例的降低,中小投资者权益保护总体指数均值的增幅总体上呈加大态势,知情权、决策与监督权和收益权三个分项指数也基本上呈这种态势;但在维权环境分项指数上,随着第一大股东中的国有股份比例的降低,降幅却呈减少态势。

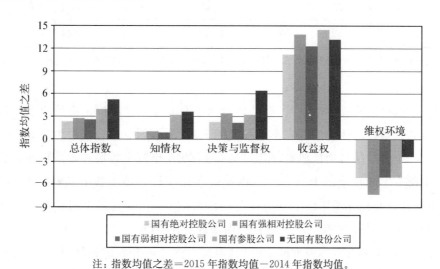

注:指数均值之差=2015 年指数均值-2014 年指数均值。

图 5-3　2014 年与 2015 年不同所有制上市公司中小投资者权益保护指数的变化

5.5　分上市板块中小投资者权益保护指数的年度比较

按照深市主板(不含中小企业板)、深市中小企业板、深市创业板和沪市主板的划分,对

2014 年和 2015 年不同板块上市公司中小投资者权益保护指数进行比较,结果参见表 5-6。

表 5-6　2014 年和 2015 年不同板块上市公司中小投资者权益保护指数均值比较

上市板块	年 份	总体指数	分 项 指 数				总体指数排名	总体指数排名变化
			知情权	决策与监督权	收益权	维权环境		
深市中小企业板	2014	46.7559	55.6821	38.6694	28.5717	64.1006	1	—
	2015	50.4534	60.3554	41.3580	41.7973	58.3027	1	
	差值	3.6975	4.6733	2.6886	13.2256	−5.7979		
深市创业板	2014	39.1456	54.0980	23.8954	32.1317	46.4571	4	↑
	2015	50.1186	60.7059	39.1573	43.6499	56.9613	2	
	差值	10.9730	6.6079	15.2619	11.5182	10.5042		
深市主板(不含中小企业板)	2014	45.8753	54.7379	39.1315	26.5842	63.0478	2	↓
	2015	47.5524	55.5356	38.9154	39.2767	56.4819	3	
	差值	1.6771	0.7977	−0.2161	12.6925	−6.5659		
沪市主板	2014	44.5679	56.9627	36.3895	26.3859	58.5335	3	↓
	2015	47.1201	56.9661	40.1094	40.4357	50.9691	4	
	差值	2.5522	0.0034	3.7199	14.0498	−7.5644		

注:(1)指数均值之差=2015 年指数均值−2014 年指数均值;(2)"↑"表示排名上升,"↓"表示排名下降,"—"表示排名不变。

　　由表 5-6 可见,从总体指数看,相比 2014 年,2015 年四个不同上市板块上市公司中小投资者权益保护指数总体均值都有不同程度的上升,深市创业板升幅最为显著,比 2014 年提高了 10.9730 分。从分项指数看,相比 2014 年,2015 年四个板块在知情权和收益权两个分项指数上都有不同程度的上升,其中,创业板在知情权分项指数上升幅最大,为 6.6079 分;沪市主板在收益权分项指数上升幅最大,为 14.0498 分,而且四个板块在该分项指数上的升幅都超过了 10 分。在决策与监督权分项指数上,除深市主板(不含中小企业板)略有下降外,其他三个板块都有不同程度的上升,其中深市创业板升幅远超另两个板块,升幅达到 15.2619 分。在维权环境分项指数上,除了深市创业板大幅提升(升幅为 10.5042 分)外,其他三个板块都有较大幅度下降,其中沪市主板降幅最大,为 7.5644 分。

　　图 5-4 更直观地反映出四个板块上市公司中小投资者权益保护指数在 2014 年和 2015 年的变化。可以看到,深市创业板在总体指数和四个分项指数上都是上升的,而且升幅较大。其他三个板块都在维权环境分项指数上下降,而在总体指数和其他三个分项指数上基本上都是上升的。

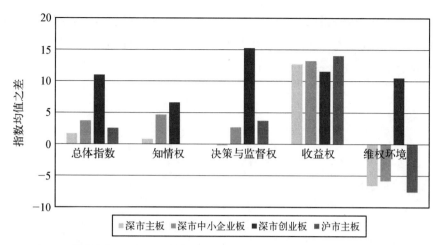

注：(1) 指数均值之差＝2015 年指数均值－2014 年指数均值；(2) 深市中小企业板是深市主板的一部分，但本图中的深市主板不含中小企业板。

图 5‒4　2014 年和 2015 年不同板块上市公司中小投资者权益保护指数的变化

5.6　本 章 小 结

本章分别从总体、地区、行业、所有制和上市板块角度，对 2014 年和 2015 年上市公司中小投资者权益保护指数进行了比较，主要结论如下：

(1) 从总体来看，相比 2014 年，2015 年上市公司中小投资者权益保护总体指数有明显的提高。从分项指数看，知情权、决策与监督权、收益权三个分项指数均值均有所提高，其中收益权分项指数均值的提高最为显著，但维权环境分项指数却比 2014 年有所下降。

(2) 从地区来看，2015 年四个地区上市公司中小投资者权益保护总体指数均值均比 2014 年有所提高，其中提高幅度最大的地区是东部。从分项指数看，四个地区的知情权、决策与监督权、收益权三个分项指数均比 2014 年有不同程度的提高，而维权环境分项指数均值却有较明显的下降。

(3) 从行业来看，17 个行业的上市公司中小投资者权益保护总体指数在 2015 年均有不同程度的上升。从分项指数看，在知情权分项指数上，有 3 个行业下降，14 个行业上升；在决策与监督权分项指数上，1 个行业下降，16 个行业均上升；在收益权分项指数上，所有 17 个行业均有较大幅度上升；在维权环境分项指数上，3 个行业上升，14 个行业下降。

(4) 从所有制来看，2015 年国有控股公司和非国有控股公司两类公司中小投资者权益保护总体指数都比 2014 年提高，其中非国有控股公司升幅较大。在分项指数中，两类公司在知情权、决策与监督权和收益权三个分项指数上都有所上升，而且都是非国有控股公司升幅大于国有控股公司；在维权环境分项指数上，两类公司都是下降的，其中国有控股公司降幅大于非国有控股公司。

（5）从上市板块来看，相比 2014 年，2015 年深市创业板在总体指数和四个分项指数上都是上升的，而且升幅较大。其他三个板块都在维权环境分项指数上下降，而在总体指数和其他三个分项指数上基本上都是上升的。

中国公司治理分类
指数报告No.15
（2016）

Report on China
Classified Corporate
Governance Index
No.15（2016）

第三编
董事会治理
指数

第6章

董事会治理总体指数排名及比较

根据第 1 章确定的董事会治理指数评价方法,以及我们评估获得的 2015 年度 2655 家样本上市公司指数数据,本章对这些公司的董事会治理指数进行排名,然后分别从地区、行业、上市板块三个角度进行比较分析。

6.1 董事会治理指数总体分布及排名

基于上市公司 2015 年的公开数据,根据本报告构建的董事会治理指数指标体系和指数计算方法,我们对 2655 家上市公司董事会治理指数进行计算,可以得到中国上市公司董事会治理指数的整体排名情况(详见附带光盘附表Ⅱ-1 和Ⅱ-2)。

6.1.1 董事会治理指数总体分布

2015 年上市公司董事会治理指数的总体得分情况参见表 6-1。

表 6-1 2015 年上市公司董事会治理指数总体情况

项　　目	公司数目	平均值	中位值	最大值	最小值	标准差	偏度系数	峰度系数
数　　值	2655	50.3955	50.5681	71.5846	29.0520	6.1982	0.0599	0.0120

从表 6-1 可以看出,2015 年上市公司董事会治理指数最大值 71.5846,最小值 29.0520,平均值 50.3955,中位值 50.5681,标准差 6.1982,全部样本得分整体偏低。经检验,董事会治理指数整体分布基本满足正态分布。从整体分布偏离正态分布的程度来看,偏度系数为 0.0599,峰度系数为 0.0120,董事会治理总体指数分布为正偏态分布,较陡峭。

为进一步了解董事会治理总体指数在各个得分区间的分布情况,我们将董事会治理指数以 5 分为间隔,划分为[0,25)、[25,30)、[30,35)、[35,40)、[40,45)、[45,50)、[50,55)、[55,60)、[60,65)、[65,70)、[70,75)和[75,100]12 个区间(公司数目为 0 的相邻区间合并),每个得分区间的企业数目和所占比重参见表 6-2 和图 6-1。

表 6-2   2015 年上市公司董事会治理指数区间分布

指数区间	公司数目	占　比(%)	累积占比(%)
[0，25)	0	0.00	0.00
[25，30)	2	0.08	0.08
[30，35)	11	0.41	0.49
[35，40)	116	4.37	4.86
[40，45)	374	14.09	18.95
[45，50)	737	27.76	46.70
[50，55)	840	31.64	78.34
[55，60)	398	14.99	93.33
[60，65)	151	5.69	99.02
[65，70)	25	0.94	99.96
[70，75)	1	0.04	100.00
[75，100]	0	0.00	100.00
总　体	2655	100.00	—

从表 6-2 和图 6-1 可以看出,董事会治理指数在[50,55)区间的公司数最多,有 840 家,占样本总数的 31.64%。88.47%的上市公司董事会治理指数分布在[40,60)区间。值得关注的是,93.33%的上市公司的董事会治理指数不及格(以 60 分作为及格线),及格的公司只有 177 家,及格率为 6.67%,且超过 65 分的只有 26 家。这说明中国上市公司董事会治理水平整体偏低,还有很大的提升空间。

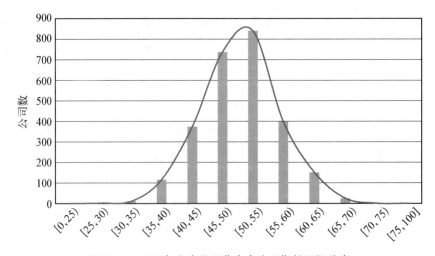

图 6-1   2015 年上市公司董事会治理指数区间分布

6.1.2　董事会治理指数前后 100 名

表 6-3 给出了 2655 家上市公司中排名前 100 家和最后 100 家公司的董事会治理指数得分情况。可以看出,前 100 名公司的董事会治理指数均值为 64.2064;而后 100 名公司的董事会治理均值为 37.1899,得分相当不理想。从标准差来看,在上述两类样本中,前 100 名公司得分的差异较后 100 名要小。

表 6-3　2015 年上市公司董事会治理指数前后 100 名情况

	平 均 值	中 位 值	最 大 值	最 小 值	标 准 差
前 100 名	64.2064	63.7680	71.5846	61.9387	2.0129
后 100 名	37.1899	37.7775	39.3130	29.0520	2.1011
总　体	**50.3955**	**50.5681**	**71.5846**	**29.0520**	**6.1982**

我们对 2655 家上市公司的董事会治理指数从大到小降序排列,董事会治理指数越高,说明上市公司董事会治理水平越高。表 6-4 是董事会治理指数排名前 100 名的上市公司情况。

表 6-4　2015 年上市公司董事会治理指数排名(前 100 名)

排　名	代　码	公司简称	指 数 值	排　名	代　码	公司简称	指 数 值
1	000090	天健集团	71.5846	16	002709	天赐材料	66.3614
2	000513	丽珠集团	69.8778	17	000952	广济药业	66.2714
3	000875	吉电股份	69.5596	18	002181	粤传媒	66.2503
4	002654	万润科技	69.1551	19	002249	大洋电机	66.0854
5	000681	视觉中国	67.7713	20	300214	日科化学	65.9007
6	000886	海南高速	67.5832	21	600876	洛阳玻璃	65.7805
7	000776	广发证券	67.4571	22	000070	特发信息	65.7070
8	000002	深万科	67.3922	23	000669	金鸿能源	65.5077
9	300181	佐力药业	67.2856	24	002507	涪陵榨菜	65.3802
10	002156	通富微电	67.2271	25	300102	乾照光电	65.2866
11	002596	海南瑞泽	67.1386	26	002539	新都化工	65.0319
12	000680	山推股份	66.6259	27	002357	富临运业	64.9560
13	002600	江粉磁材	66.5898	28	300370	安控科技	64.9333
14	300235	方直科技	66.4289	29	300085	银之杰	64.9313
15	002168	深圳惠程	66.4123	30	000099	中信海直	64.9150

排　名	代　码	公司简称	指　数　值	排　名	代　码	公司简称	指　数　值
31	002029	七匹狼	64.7877	60	300083	劲胜精密	63.4220
32	000768	中航飞机	64.7864	61	002468	艾迪西	63.3760
33	000536	华映科技	64.7457	62	002052	同洲电子	63.1360
34	000528	柳　工	64.7367	63	002022	科华生物	62.9666
35	002396	星网锐捷	64.6694	64	002233	塔牌集团	62.9017
36	300064	豫金刚石	64.5868	65	603126	中材节能	62.8958
37	000301	东方市场	64.4613	66	300024	机器人	62.8701
38	300204	舒泰神	64.3397	67	002272	川润股份	62.8334
39	002429	兆驰股份	64.3163	68	000913	钱江摩托	62.8218
40	002105	信隆实业	64.2766	69	300327	中颖电子	62.7508
41	000777	中核科技	64.2632	70	000750	国海证券	62.7094
42	002656	卡奴迪路	64.2591	71	000978	桂林旅游	62.6635
43	002428	云南锗业	64.1810	72	002205	国统股份	62.6356
44	001896	豫能控股	64.0641	73	002294	信立泰	62.5939
45	601038	一拖股份	63.9757	74	000004	国农科技	62.5804
46	002186	全聚德	63.9608	75	002293	罗莱家纺	62.5380
47	002218	拓日新能	63.9293	76	002061	江山化工	62.4594
48	300383	光环新网	63.7907	77	002736	国信证券	62.4419
49	002365	永安药业	63.7703	78	300162	雷曼光电	62.3886
50	603328	依顿电子	63.7687	79	000029	深深房	62.3853
51	300036	超图软件	63.7672	80	002093	国脉科技	62.3690
52	000023	深天地 A	63.7602	81	002571	德力股份	62.3541
53	002612	朗姿股份	63.7236	82	002421	达实智能	62.3249
54	002203	海亮股份	63.7115	83	300219	鸿利光电	62.2904
55	600029	南方航空	63.7112	84	000548	湖南投资	62.2803
56	600585	海螺水泥	63.6581	85	002073	软控股份	62.2582
57	002605	姚记扑克	63.6252	86	002630	华西能源	62.2521
58	002106	莱宝高科	63.4685	87	002289	宇顺电子	62.2330
59	600860	京城股份	63.4361	88	002362	汉王科技	62.1894

排　名	代　码	公司简称	指 数 值	排　名	代　码	公司简称	指 数 值
89	002651	利君股份	62.1892	95	002163	*ST 三鑫	62.0415
90	002120	新海股份	62.1730	96	300342	天银机电	62.0305
91	002613	北玻股份	62.1594	97	300103	达刚路机	62.0285
92	000732	泰禾集团	62.1586	98	002512	达华智能	61.9636
93	002339	积成电子	62.1026	99	600651	飞乐音响	61.9390
94	002550	千红制药	62.0736	100	002628	成都路桥	61.9387

　　从表 6-4 可以看出,董事会治理指数得分最高的前三名都来自深市主板,分别是天健集团(71.5846)、丽珠集团(69.8778)和吉电股份(69.5596)。与 2014 年相比,董事会治理指数前 100 名的平均值提高 1.08 分,有 25 家连续两年出现在前 100 名中,它们是广发证券、通富微电、海南瑞泽、山推股份、深圳惠程、粤传媒、特发信息、金鸿能源、七匹狼、东方市场、兆驰股份、信隆实业、中核科技、一拖股份、超图软件、深天地 A、京城股份、劲胜精密、同洲电子、塔牌集团、川润股份、桂林旅游、软控股份、华西能源、千红制药。

　　从地区看,在前 100 家公司中,东部、中部、西部和东北部各有 73 家、10 家、14 家和 3 家,分别占四个地区上市公司总数的 4.17%、2.64%、3.66% 和 2.11%。从行业看,前 100 家公司主要分布在制造业(71 家)、信息传输、软件和信息技术服务业(6 家)、房地产业(4 家)、交通运输、仓储和邮政业(4 家)与电力、热力、燃气及水生产和供应业(4 家),分别占所在行业上市公司总数的 4.25%、4.14%、2.99%、4.94% 和 4.49%。从控股类型看,国有控股公司有 36 家,非国有控股公司有 64 家,分别占同类全部上市公司的 3.52% 和 3.92%;在进入前 100 的 36 家国有控股公司中,最终控制人为中央企业的公司有 13 家,占全部央企控股上市公司的 3.66%;最终控制人为地方国企的公司有 23 家,占全部地方国企控股上市公司的 3.44%。从上市板块看,深市主板(不含中小企业板)、深市中小企业板、深市创业板和沪市主板各有 26 家、49 家、17 家和 8 家,分别占所在板块全部上市公司的 5.58%、6.59%、3.97% 和 0.79%。

　　需要注意的是,董事会治理指数得分最高的前 100 名在地区、行业和控股类型中的分布,并不能完全说明某个地区、行业和控股类型整体表现就好,因为各地区、行业和控股类型的上市公司数量不同。比如,制造业尽管有 71 家进入前 100 名,但比例却低于交通运输、仓储和邮政业,而后者却只有 4 个公司进入前 100 名。从这个角度比较,交通运输、仓储和邮政业反而表现略好一些。

　　图 6-2 为前 100 名上市公司董事会治理指数的分布情况。可以看出,在前 100 名中,前几名公司的董事会治理指数下降较快,而后较平缓下降。最高分 71.5846,最低分 61.9387,绝对差距 9.6459,说明有一定的差异。

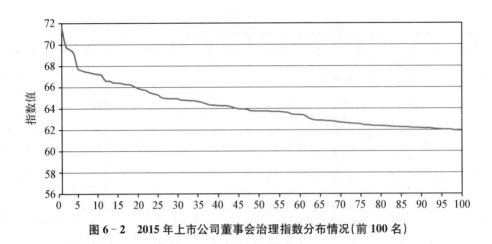

图 6-2　2015 年上市公司董事会治理指数分布情况(前 100 名)

表 6-5 为董事会治理指数排名后 100 名的上市公司情况。

表 6-5　2015 年上市公司董事会治理指数排名(后 100 名)

排　名	代　码	公司简称	指数值	排　名	代　码	公司简称	指　数　值
2556	000863	三湘股份	39.3130	2576	601919	中国远洋	38.7770
2557	600825	新华传媒	39.3065	2577	600817	ST 宏盛	38.7544
2558	600086	东方金钰	39.2853	2578	600682	南京新百	38.7108
2559	601388	怡球资源	39.2538	2579	600613	神奇制药	38.6645
2560	600755	厦门国贸	39.2090	2580	600753	东方银星	38.6552
2561	600408	安泰集团	39.2073	2581	601339	百隆东方	38.6441
2562	600193	创兴资源	39.1952	2582	002027	七喜控股	38.5559
2563	600727	鲁北化工	39.1877	2583	603008	喜临门	38.5405
2564	600289	亿阳信通	39.1498	2584	002262	恩华药业	38.4642
2565	002010	传化股份	39.1400	2585	600992	贵绳股份	38.4633
2566	600526	菲达环保	39.1159	2586	603011	合锻股份	38.4312
2567	600774	汉商集团	39.0379	2587	600742	一汽富维	38.3871
2568	000968	煤气化	38.9864	2588	600121	郑州煤电	38.3862
2569	600126	杭钢股份	38.9705	2589	000020	深华发	38.3648
2570	002406	远东传动	38.9695	2590	600707	彩虹股份	38.3179
2571	601700	风范股份	38.9608	2591	300138	晨光生物	38.3110
2572	000564	西安民生	38.9592	2592	600007	中国国贸	38.2684
2573	600657	信达地产	38.9169	2593	600598	北大荒	38.2474
2574	600639	浦东金桥	38.9138	2594	600099	林海股份	38.2156
2575	001696	宗申动力	38.8797	2595	603686	龙马环卫	38.1847

排　名	代　码	公司简称	指　数　值	排　名	代　码	公司简称	指　数　值
2596	600795	国电电力	38.1509	2626	000839	中信国安	36.7349
2597	600818	中路股份	38.1347	2627	600767	运盛实业	36.7245
2598	002535	林州重机	38.0586	2628	600158	中体产业	36.6932
2599	603077	和邦股份	38.0185	2629	600145	*ST国创	36.6389
2600	600157	永泰能源	37.9985	2630	600781	辅仁药业	36.5906
2601	600148	长春一东	37.9883	2631	600338	西藏珠峰	36.5154
2602	600109	国金证券	37.9783	2632	603788	宁波高发	36.2895
2603	600971	恒源煤电	37.9413	2633	600182	S佳通	36.2877
2604	000999	华润三九	37.8502	2634	600839	四川长虹	36.1719
2605	600156	华升股份	37.7784	2635	600759	洲际油气	36.1125
2606	600177	雅戈尔	37.7766	2636	601668	中国建筑	36.0197
2607	601010	文峰股份	37.7684	2637	000651	格力电器	35.8673
2608	600301	*ST南化	37.7495	2638	600869	智慧能源	35.8225
2609	300110	华仁药业	37.7101	2639	601169	北京银行	35.7788
2610	600199	金种子酒	37.5926	2640	600370	三房巷	35.5542
2611	601991	大唐发电	37.5106	2641	600280	中央商场	35.2311
2612	600283	钱江水利	37.5025	2642	600515	海岛建设	35.2045
2613	600705	中航资本	37.4765	2643	600444	*ST国通	34.9466
2614	600892	宝诚股份	37.4540	2644	600570	恒生电子	34.3054
2615	603366	日出东方	37.3732	2645	600054	黄山旅游	34.1531
2616	600299	*ST新材	37.3288	2646	600169	太原重工	34.0811
2617	300251	光线传媒	37.3244	2647	600308	华泰股份	33.8863
2618	000506	中润资源	37.3083	2648	600315	上海家化	33.4277
2619	600744	华银电力	37.3020	2649	600023	浙能电力	33.3158
2620	600823	世茂股份	37.2994	2650	600873	梅花生物	33.1429
2621	600309	万华化学	37.1993	2651	601866	中海集运	32.9296
2622	600167	联美控股	37.1284	2652	600230	沧州大化	32.4670
2623	600170	上海建工	37.0539	2653	600060	海信电器	30.3502
2624	600636	三爱富	37.0184	2654	600747	大连控股	29.6497
2625	600993	马应龙	36.9665	2655	600856	长百集团	29.0520

从表6-5可以看出,董事会治理指数得分最低的三名都来自沪市主板,分别是长百集团(29.0520)、大连控股(29.6497)和海信电器(30.3502)。在后100名中,从地区看,东部、中部、西部和东北部各有58家、19家、13家和10家,分别占所在地区全部上市公司总数的3.31%、5.01%。3.39%和7.04%,从相对值(比例)角度,东北地区表现相对较差;从行业看,制造业(C)、批发和零售业(F)、房地产业(K)各有52家、10家和9家,分别占所在行业全部上市公司总数的3.11%、6.80%和6.72%,从相对值(比例)角度,批发和零售业(F)以及房地产行业(K)表现较差。从控股类型看,国有控股公司有44家,非国有控股公司有56家,分别占同类全部上市公司的4.30%和3.43%,从相对值(比例)角度,国有控股公司表现较差。其中,最终控制人为央企的上市公司有20家,最终控制人是地方国企的上市公司有24家,分别占同类全部上市公司总数的5.63%和3.49%,央企表现并不尽如人意。从上市板块来看,沪市主板有83家,深市主板有9家,在同类板块全部上市公司中的占比分别是8.16%和1.93%,沪市主板表现较差。可能的原因是,2015年深市加强了对上市公司信息披露的要求,增加了像"披露股东大会(包括临时股东大会)股东出席率"等条款,而沪市则没有相关要求,使得沪市的整体得分偏低。

图6-3为最后100名上市公司董事会治理指数分布情况(按倒数排列,即指数最后一位作为倒数第一位)。可以看出,最后100名上市公司董事会治理指数分布在29~40分,最高分39.3130,最低分29.0520,绝对差距10.2610分,排名最后几位的公司的董事会治理指数下降很快。

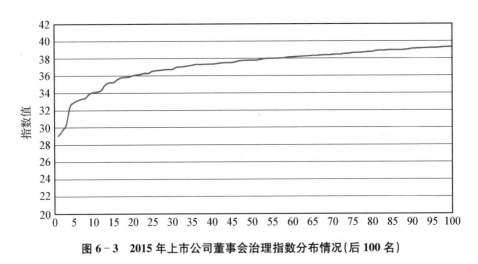

图6-3   2015年上市公司董事会治理指数分布情况(后100名)

6.2   分地区董事会治理指数比较

根据东部、中部、西部和东北部四大地区的划分,来比较四个地区上市公司董事会治理指数,结果参见表6-6。

表 6‑6　2015 年不同地区上市公司董事会治理指数比较

排 名	地 区	公司数目	平 均 值	中 位 值	最 大 值	最 小 值	标 准 差
1	西部	383	50.6203	50.8564	65.3802	33.1429	6.1282
2	东部	1751	50.5515	50.6422	71.5846	30.3502	6.2065
3	中部	379	50.0624	50.2175	66.2714	34.0811	6.1720
4	东北	142	48.7538	49.0339	69.5596	29.0520	6.1416
总　体		2655	50.3955	50.5681	71.5846	29.0520	6.1982

由表 6‑6 可知,各地区上市公司董事会治理指数均值由大到小分别为西部(50.6203)、东部(50.5515)、中部(50.0624)和东北(48.7538)。董事会治理指数最高和最低的公司分别来自东部和东北。总体来看,除了东北地区董事会治理指数均值较低之外,其他三个地区之间的差异不是很大。

从图 6‑4 可以直观地看出四个地区上市公司董事会治理之间的差异。

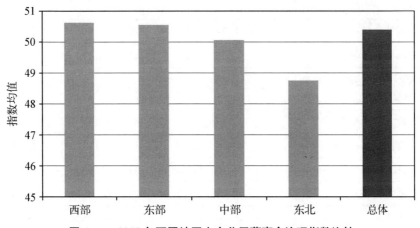

图 6‑4　2015 年不同地区上市公司董事会治理指数比较

从图 6‑4 可以看出,四个地区中,西部和东部地区上市公司董事会治理指数均值高于总体均值(50.3955);东北和中部地区上市公司董事会治理指数均值则低于总体均值。西部地区上市公司董事会治理指数高于东部、中部和东北部,可能与该地区公司的上市时间普遍较晚有关,因为公司上市越晚,受到的制度监管越严格,董事会治理水平越高;而东北部的老工业企业则面临着产能过剩和转型困难等各种问题,董事会治理表现略差。

6.3　分行业董事会治理指数比较

用各个行业上市公司董事会治理指数的平均值来代表各个行业的上市公司董事会治理

指数,然后将各行业的上市公司董事会治理指数平均值按照从高到低的顺序进行排名,具体排名结果参见表6-7。

表6-7 2015年不同行业上市公司董事会治理指数比较

排名	行 业	公司数目	平均值	中位值	最大值	最小值	标准差
1	科学研究和技术服务业(M)	18	52.4917	53.0199	62.8958	41.3593	6.5867
2	水利、环境和公共设施管理业(N)	30	51.7435	52.1863	62.6635	34.1531	6.4894
3	卫生和社会工作(Q)	5	51.6158	50.8508	55.4841	48.7156	3.0653
4	建筑业(E)	71	50.8162	51.0366	71.5846	36.0197	6.3448
5	交通运输、仓储和邮政业(G)	81	50.7525	49.6216	64.9560	32.9296	6.0240
6	金融业(J)	49	50.7265	50.3818	67.4571	35.7788	6.9389
7	制造业(C)	1672	50.7032	50.8328	69.8778	30.3502	6.1499
8	信息传输、软件和信息技术服务业(I)	145	50.4914	50.8483	66.4289	34.3054	6.1118
9	住宿和餐饮业(H)	11	50.1619	48.6529	63.9608	41.3491	6.6427
10	租赁和商务服务业(L)	26	50.1302	50.5241	66.2503	40.6870	5.7057
11	电力、热力、燃气及水生产和供应业(D)	89	50.0047	50.5187	69.5596	29.0520	7.0878
12	农、林、牧、渔业(A)	42	49.6289	49.3898	60.4601	38.2474	5.3181
13	文化、体育和娱乐业(R)	36	49.5160	49.5518	67.7713	37.3244	6.6193
14	采矿业(B)	73	49.3443	49.0255	61.5856	36.1125	6.1660
15	批发和零售业(F)	147	48.7885	49.1877	60.6809	35.2045	5.7430
16	房地产业(K)	134	48.7601	48.3069	67.5832	29.6497	6.3531
17	综合(S)	25	48.4643	49.3116	60.3606	38.7544	5.6093
	总 体	2655	50.3955	50.5681	71.5846	29.0520	6.1982

注:由于教育(P)只有1家上市公司,不具有代表性,故没有纳入比较。

从表6-7可以看出,上市公司董事会治理指数最高的三个行业是科学研究和技术服务业(M)(52.4917),水利、环境和公共设施管理业(N)(51.7435),卫生和社会工作(Q)(51.6158)。需要注意的是,卫生和社会工作行业样本量只有5家,较难代表该行业上市公司董事会治理的实际水平。董事会治理水平最差的三个行业是综合(S)(48.4643),房地产业(K)(48.7601),批发和零售业(F)(48.7885)。在所有行业中,董事会治理指数均值高于总体均值(50.3955)的行业有8个,这8个行业的最大均值与总体均值的绝对差距是2.0962;董事会治理指数均值低于总体均值的行业有9个,总体均值与这9个行业的最小均值的绝对差距是1.9312。显然,董事会治理指数的高分区行业的内部差距大于低分区行业。

整体来看,各行业上市公司董事会治理水平差异不大。受 2015 年经济下滑的影响,批发和零售业(F),房地产业(K),综合(S)等行业可能存在一定的波动,导致董事会治理水平较差;而金融业(J)等行业的董事会治理指数也出现了下降现象。科学研究和技术服务业(M),水利、环境和公共设施管理业(N),卫生和社会工作(Q)等行业一则受经济下滑的影响较小,二则这些行业多为国有企业,在 2015 年巡视组加强督查的环境下,这些企业的董事会治理得到了优化,董事会治理水平得到了一定的提升。

图 6-5 进一步显示了行业间上市公司董事会治理指数的差别。可以看出,各行业上市公司董事会治理指数中的大部分(14 个行业)集中在[49,53]这一范围内,占到总体的82.35%,各行业上市公司董事会治理水平之间差距不大。

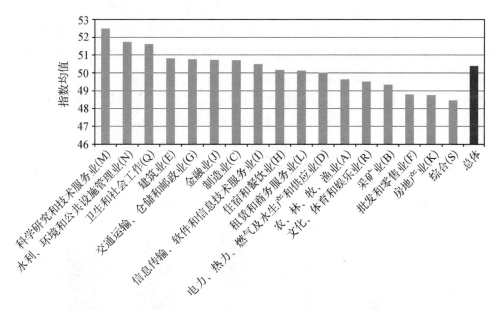

注:由于教育(P)只有 1 家上市公司,不具有代表性,故没有纳入比较。

图 6-5　2015 年不同行业上市公司董事会治理指数比较

6.4　分上市板块董事会治理指数比较

按照深市主板(不含中小企业板)、深市中小企业板、深市创业板和沪市主板的上市板块划分,我们比较了不同板块上市公司的董事会治理指数,结果参见表 6-8。

从表 6-8 可以看出,2655 家上市公司中有 1017 家在上交所上市,占比 38.31%;有1638 家在深交所上市,占比 61.69%。在深交所上市的 1638 家公司中,有 744 家在中小企业板上市,428 家在创业板上市,466 家在中小企业板以外的深市主板上市。董事会治理指数平均值从高到低排列依次为深市主板(不含中小企业板,52.6016)、深市中小企业板(52.4296)、深市创业板(51.6300)和沪市主板(47.3769)。整体上看,深市上市公司的董事

表 6-8 2015 年不同板块上市公司董事会治理指数比较

排名	上 市 板 块	公司数目	平均值	中位值	最大值	最小值	标准差
1	深市主板(不含中小企业板)	466	52.6016	52.1369	71.5846	35.8673	5.9773
2	深市中小企业板	744	52.4296	52.2001	69.1551	38.0586	5.6272
3	深市创业板	428	51.6300	51.4786	67.2856	37.3244	5.5871
4	沪市主板	1017	47.3769	47.3673	65.7805	29.0520	5.7186
	总 体	2655	50.3955	50.5681	71.5846	29.0520	6.1982

会治理水平明显好于沪市上市公司,这说明对于相对成熟的主板而言,深交所对所辖公司的监管力度大于上交所;另一方面,深交所主板(不含中小企业板)的董事会治理平均水平高于中小企业板,也高于创业板,这反映了近几年对创业板和中小企业板的监管有放松倾向,创业板上市公司属于中小型、技术含量较高的企业,家族或个人治理仍是主流的治理模式,董事会治理意识还没有有效建立起来。

图 6-6 更直观地反映了不同上市板块的上市公司董事会治理指数的差异。可以看到,深市主板(不含中小企业板)、深市中小企业板和深市创业板上市公司的董事会治理指数均值都高于总体均值(50.3955);而沪市主板上市公司的董事会治理指数则低于总体均值,这说明深市的董事会治理水平整体上高于沪市。

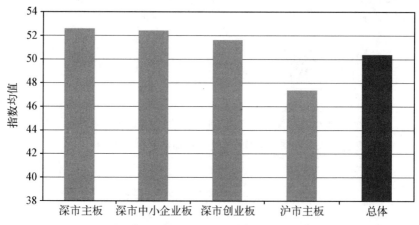

注:深市中小企业板是深市主板的一部分,但本图中的深市主板不含中小企业板。

图 6-6 2015 年不同板块上市公司董事会治理指数比较

6.5 本 章 小 结

本章计算了沪深两市 2015 年共计 2655 家上市公司的董事会治理指数,并分别从总体、地区、行业、上市板块等四个角度全面评价了中国上市公司董事会治理水平,结论如下:

（1）从总体看，2015 年上市公司董事会治理指数最大值 71.5846，最小值 29.0520，平均值 50.3955，标准差 6.1982。全部样本得分整体偏低，88.47％的上市公司董事会治理指数分布在[40，60)区间，及格率仅为 6.67％。

（2）从地区看，西部地区上市公司董事会治理指数均值较高，为 50.6203；东北地区董事会治理指数均值最低，为 48.7538。除了东北地区，其他三个地区上市公司董事会治理指数的地区间差异不是很大。

（3）从行业看，上市公司董事会治理均值位居前三的行业是科学研究和技术服务业(M)(52.4917)，水利、环境和公共设施管理业(N)(51.7435)，卫生和社会工作(Q)(51.6158)；最后三位是综合(S)(48.4643)，房地产业(K)(48.7601)，批发和零售业(F)(48.7885)。各行业上市公司董事会治理水平之间差距不大。

（4）从上市板块看，董事会治理指数均值从高到低依次为深市主板(不含中小企业板)(52.6016)、深市中小企业板(52.4296)、深市创业板(51.6300)和沪市主板(47.3769)。深市上市公司董事会治理水平明显好于沪市上市公司。

第7章

董事会治理分项指数排名及比较

第6章从总体上对中国上市公司董事会治理指数作了排名,并从地区、行业、上市板块等三个角度进行了分类汇总和分析。本章按照对董事会治理四个维度的划分,即把董事会治理指数分解为董事会结构、独立董事独立性、董事会行为和董事激励与约束四个分项指数,根据上市公司董事会治理分项指数数据,对上市公司在不同维度下的董事会治理分项指数进行排名和比较分析。

7.1 董事会治理分项指数总体情况

依据我们评估的2655家上市公司董事会治理指数数据,2015年中国上市公司董事会治理四个分项指数的描述性统计结果参见表7-1。

表7-1 2015年上市公司董事会治理分项指数描述性统计结果

分项指数	公司数目	平均值	中位值	最大值	最小值	标准差
董事会结构	2655	40.2751	39.6970	83.5455	10.1515	8.9372
独立董事独立性	2655	60.5699	60.0000	90.0000	20.0000	11.2936
董事会行为	2655	48.6130	48.0816	92.6648	13.9416	14.2912
董事激励与约束	2655	52.1239	55.5556	77.7778	16.6667	8.8566

从表7-1中可以看出,董事会治理四个分项指数的平均值,除独立董事独立性分项指数均值略超60分外,其他三个分项指数均未达到60分的及格水平,而且相差较大。独立董事独立性分项指数均值最大,为60.5699;董事会结构分项指数均值最小,为40.2751;董事激励与约束分项指数和董事会行为分项指数均值居中。董事会行为分项指数的标准差最大,说明各上市公司在董事会行为方面的差距高于其他三个分项指数。需要注意的是,独立董事独立性分项指数均值较大,这可能与独立董事独立性衡量指标偏重于形式上的独立性

有关。独立董事形式上的独立是指独立董事任职符合国家法律和政策上的规定,但未必在实质上实现了独立。董事会结构虽然是董事会建设和发展的基础,但其内部结构的不规范、下设机构的缺失、对利益相关者的忽视,再加上2015年股灾导致的公司管理层的动荡,使得董事会结构分项指数在四个分项指数中最低。

图7-1直观地反映了董事会治理四个分项指数的均值和中位值的差异。可以看出,整体来看,四个分项指数的均值和中位值是基本一致的,独立董事独立性分项指数均值和中位值最高,董事会结构分项指数均值和中位值都是最低的。

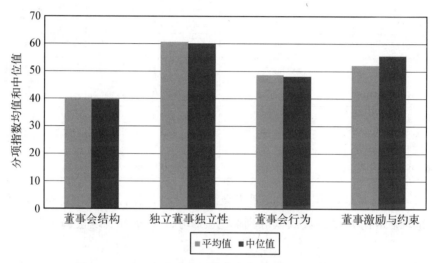

图 7-1　2015 年上市公司董事会治理四个分项指数比较

7.2　董事会结构分项指数排名及比较

董事会结构分项指数侧重从形式上考察上市公司董事会成员构成和机构设置的合理性和有效性。本报告中董事会结构分项指数包括11个二级指标,分别从董事会成员组成、董事受教育程度、年龄,以及相关委员会的设置等角度来评价董事会结构状况。本节主要是对董事会结构分项指数排名的各种情况进行比较说明和分析。

7.2.1　董事会结构分项指数总体比较

基于2655家上市公司董事会结构的各项指标,我们得出了每家上市公司董事会结构分项指数。以10分为间隔,可以将董事会结构分项指数划分为10个区间段,每个分数区间段的公司数目和所占比重参见表7-2。

由表7-2可见,2015年董事会结构分项指数在除[0,10)和[90,100]以外的各个区间都有上市公司存在,董事会结构分项指数主要分布在[20,50)区间,共计2416家公司,占样本总数的 91.00%。

表 7-2 2015 年上市公司董事会结构分项指数区间分布

指 数 区 间	公 司 数 目	占 比(%)	累计占比(%)
[0, 10)	0	0.00	0.00
[10, 20)	37	1.39	1.39
[20, 30)	321	12.09	13.48
[30, 40)	1072	40.38	53.86
[40, 50)	1023	38.53	92.39
[50, 60)	158	5.95	98.34
[60, 70)	36	1.36	99.70
[70, 80)	6	0.23	99.92
[80, 90)	2	0.08	100.00
[90, 100]	0	0.00	100.00
总 体	2655	100.00	—

图 7-2 可以直观地看出上市公司董事会结构分项指数的分布区间。可以看到,2015 年上市公司董事会结构分项指数从低分到高分,公司数目分布呈现正偏态分布,偏度系数是 0.2083。

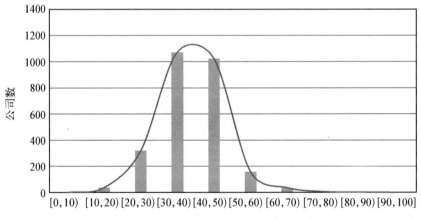

图 7-2 2015 年上市公司董事会结构分项指数区间分布

7.2.2 分地区董事会结构分项指数比较

按照四个地区的划分,我们统计了不同地区上市公司的董事会结构分项指数,参见表 7-3。

从表 7-3 可以看到,四个地区中,西部上市公司的董事会结构分项指数均值最高,为 40.7816,东北部上市公司的董事会结构分项指数均值最低,为 39.4127,二者绝对差距为

1.3689。董事会结构分项指数最大值和最小值均出自中部。

表 7 - 3　2015 年不同地区上市公司董事会结构分项指数比较

排 名	地 区	公司数目	平 均 值	中 位 值	最 大 值	最 小 值	标 准 差
1	西部	383	40.7816	39.8864	67.4545	14.3434	8.4395
2	东部	1751	40.3700	39.6694	82.6667	14.1736	9.0852
3	中部	379	39.6478	39.6465	83.5455	10.1515	8.7806
4	东北	142	39.4127	39.6465	66.2626	15.8392	8.7596
总 体		**2655**	**40.2751**	**39.6970**	**83.5455**	**10.1515**	**8.9372**

图 7 - 3 直观地反映了四个地区上市公司董事会结构分项指数均值的差异。可以看到,不同地区的上市公司董事会结构分项指数均值相差不是很大,西部和东部两个地区的董事会结构分项指数均值高于总体均值,而中部和东北两个地区的董事会结构分项指数低于总体均值。

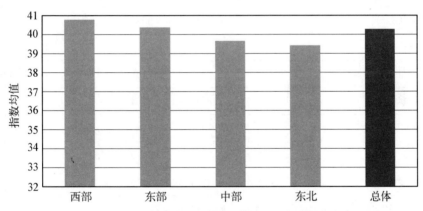

图 7 - 3　2015 年不同地区上市公司董事会结构分项指数比较

7.2.3　分行业董事会结构分项指数比较

用各个行业内的上市公司董事会结构分项指数的平均值来代表各个行业的上市公司董事会结构分项指数,然后把各个行业的上市公司董事会结构分项指数按照由高到低的顺序进行排名,具体排名结果参见表 7 - 4。

表 7 - 4　2015 年不同行业上市公司董事会结构分项指数比较

排名	行 业	公司数目	平 均 值	中 位 值	最 大 值	最 小 值	标 准 差
1	金融业(J)	49	49.5428	49.2727	73.6364	30.5844	10.3348
2	交通运输、仓储和邮政业(G)	81	42.6532	40.3030	78.5455	18.9394	10.0101
3	科学研究和技术服务业(M)	18	42.2470	40.4356	59.0909	18.5714	8.2971

排名	行　业	公司数目	平均值	中位值	最大值	最小值	标准差
4	电力、热力、燃气及水生产和供应业(D)	89	41.9915	40.0699	67.2727	20.5051	9.1482
5	水利、环境和公共设施管理业(N)	30	41.8793	40.2651	52.5000	26.6667	6.7348
6	卫生和社会工作(Q)	5	41.6111	40.5195	56.6234	30.5556	11.3624
7	文化、体育和娱乐业(R)	36	41.0871	39.4697	62.9545	27.7841	8.7174
8	采矿业(B)	73	41.0768	40.0000	61.7769	20.7143	8.2808
9	房地产业(K)	134	40.4784	40.2273	64.1736	16.8831	8.8348
10	信息传输、软件和信息技术服务业(I)	145	40.4353	39.7403	60.7143	20.1705	8.3542
11	住宿和餐饮业(H)	11	40.3565	40.5682	49.7727	31.1616	5.5570
12	建筑业(E)	71	40.1488	39.6970	60.7071	14.1736	9.2327
13	综合(S)	25	40.1366	39.6104	49.7727	28.6364	6.7520
14	租赁和商务服务业(L)	26	40.0187	39.2468	58.6713	26.0606	8.4284
15	批发和零售业(F)	147	39.8619	39.6694	68.7374	10.1515	8.9160
16	制造业(C)	1672	39.7456	39.3939	83.5455	14.3434	8.8244
17	农、林、牧、渔业(A)	42	38.7398	38.8636	65.2479	18.8384	9.6457
总　体		2655	40.2751	39.6970	83.5455	10.1515	8.9372

注：由于教育(P)只有1家上市公司,不具有代表性,故没有纳入比较。

从表7-4可以看出,有11个行业的董事会结构分项指数均值高于总体均值(40.2751),这11个行业的董事会结构分项指数最大均值与总体均值的绝对差距为9.2677;其他6个行业的上市公司董事会结构分项指数均值低于总体均值,总体均值与这6个行业的董事会结构分项指数最低均值的绝对差距为1.5353。显然董事会结构分项指数高分区行业的内部差距远高于低分区行业。上市公司董事会结构分项指数均值排名前三位的行业分别是金融业(J),交通运输、仓储和邮政业(G),以及科学研究和技术服务业(M);排名最后三位的行业是农、林、牧、渔业(A),制造业(C),以及批发和零售业(F)。董事会结构分项指数最大值出自制造业(C),最小值出自批发和零售业(F)。

图7-4直观地反映了不同行业董事会结构分项指数均值的差异。可以看到,各行业董事会结构分项指数均值中间部分相差不大,但得分最高的金融业与其他行业相比,差异较为明显。

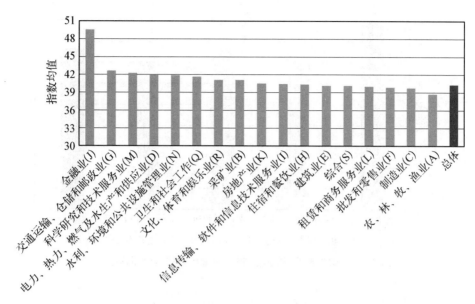

注：由于教育(P)只有1家上市公司,不具有代表性,故没有纳入比较。

图 7-4 2015 年不同行业上市公司董事会结构分项指数比较

7.2.4 分上市板块董事会结构分项指数比较

根据上市公司上市的四个板块,对不同板块上市公司的董事会结构分项指数进行综合比较,结果如表 7-5 所示。

表 7-5 2015 年不同板块上市公司董事会结构分项指数比较

排名	上 市 板 块	公司数目	平 均 值	中 位 值	最 大 值	最 小 值	标 准 差
1	深市主板(不含中小企业板)	466	42.8089	40.4132	82.6667	10.1515	9.1861
2	深市中小企业板	744	39.9465	39.3939	67.6364	16.6234	8.4488
3	深市创业板	428	39.6964	39.3506	62.8571	17.1591	7.7993
4	沪市主板	1017	39.5979	39.6465	83.5455	14.1736	9.4147
	总　体	2655	40.2751	39.6970	83.5455	10.1515	8.9372

从表 7-5 可以看出,深市主板(不含中小企业板)上市公司董事会结构分项指数的均值最高,为 42.8089,沪市主板上市公司董事会结构分项指数均值最低,为 39.5979,位居中间的深市中小企业板和深市创业板的董事会结构分项指数均值与最后的沪市主板之间的差别不大。四个板块中,董事会结构分项指数最大值出自沪市主板,最小值出自深市主板(不含中小企业板)。

图 7-5 可以直观地反映出四个上市板块上市公司董事会结构分项指数的差异。可以看出,深市主板(不含中小企业板)的上市公司董事会结构分项指数均值高于总体均值;而深市中小企业板、深市创业板和沪市主板上市公司董事会治理指数均值则低于总体均值。

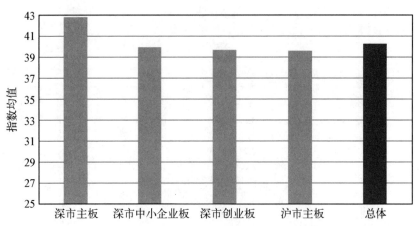

注：深市中小企业板是深市主板的一部分，但本图中的深市主板不含中小企业板。

图 7-5　2015 年不同板块上市公司董事会结构分项指数比较

7.3　独立董事独立性分项指数排名及比较

独立董事独立性分项指数衡量独立董事专业素质和履职情况，主要从形式上来评价独立董事的独立性。本报告中独立董事独立性分项指数包括 10 个二级指标，主要涉及独立董事专业素质、来源、任职情况、津贴和信息披露等方面。本节主要对独立董事独立性分项指数排名的各种情况进行比较分析。

7.3.1　独立董事独立性分项指数总体比较

根据独立董事独立性分项指数的分布，我们将独立董事独立性分项指数以 10 分为间隔，划分成 9 个组(公司数目为 0 的相邻区间合并)，得到的结果参见表 7-6。

表 7-6　2015 年上市公司独立董事独立性分项指数区间分布

指 数 区 间	公司数目	占 比(%)	累计占比(%)
[0，20)	0	0.00	0.00
[20，30)	12	0.45	0.45
[30，40)	76	2.86	3.31
[40，50)	290	10.92	14.24
[50，60)	689	25.95	40.19
[60，70)	899	33.86	74.05
[70，80)	583	21.96	96.01
[80，90)	99	3.73	99.74
[90，100]	7	0.26	100.00
总　体	2655	100.00	—

由表 7-6 可以看出,独立董事独立性分项指数主要分布在[40,80)区间,总计有 2461 家公司,占样本总数的 92.69%。相对于其他三个分项指数,上市公司在独立董事独立性分项指数上得分较高。原因在于,如表 7-1 所显示的,中国上市公司设立独立董事更多地为了满足中国证监会的强制性要求,或者说,是满足于形式上的独立性要求,而不是更多地追求实质上的独立性。

图 7-6 可以直观地反映出上市公司独立董事独立性分项指数的区间分布。可以看出,2015 年上市公司独立董事独立性分项指数从低分到高分,公司数目呈负偏态分布,偏度系数是-0.2664。

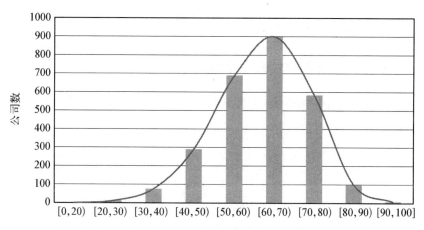

图 7-6　2015 年上市公司独立董事独立性分项指数区间分布

7.3.2　分地区独立董事独立性分项指数比较

从东部、中部、西部和东北四个地区的划分来看,西部上市公司的独立董事独立性分项指数均值最高,为 61.4578;其次是中部,为 60.4903;再次是东部,为 60.4467;东北最低,为 59.9072。最高的西部与最低的东北部之间的绝对差距为 1.5506,差距不算大,参见表 7-7。

表 7-7　2015 年不同地区上市公司独立董事独立性分项指数比较

排　名	地　区	公司数目	平均值	中位值	最大值	最小值	标准差
1	西部	383	61.4578	60.0000	90.0000	22.8333	11.4677
2	中部	379	60.4903	60.0000	85.0000	20.0000	10.8954
3	东部	1751	60.4467	60.0000	90.0000	20.0000	11.3966
4	东北	142	59.9072	60.0000	85.0000	30.0000	10.5556
总　体		2655	60.5699	60.0000	90.0000	20.0000	11.2936

图 7-7 更直观地反映了四个地区上市公司独立董事独立性分项指数均值的差异。可以看出,只有西部上市公司的独立董事独立性分项指数均值高于总体均值外,其他三个地区都低于总体均值。

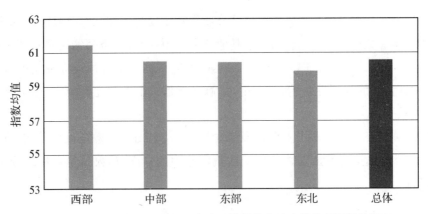

图 7-7　2015 年不同地区上市公司独立董事独立性分项指数比较

7.3.3 分行业独立董事独立性分项指数比较

按照 18 个行业的划分,剔除不具有代表性的教育行业(P)后,不同行业上市公司独立董事独立性分项指数均值排名参见表 7-8。

表 7-8　2015 年不同行业上市公司独立董事独立性分项指数比较

排名	行　　业	公司数目	平均值	中位值	最大值	最小值	标准差
1	科学研究和技术服务业(M)	18	65.6276	70.0000	90.0000	30.0000	16.1837
2	卫生和社会工作(Q)	5	64.0000	65.0000	70.0000	50.0000	8.2158
3	水利、环境和公共设施管理业(N)	30	61.3376	60.0000	80.0000	35.0000	12.4121
4	制造业(C)	1672	61.2551	60.0000	90.0000	20.0000	10.8537
5	住宿和餐饮业(H)	11	60.6044	60.0000	79.6429	39.6296	10.7373
6	文化、体育和娱乐业(R)	36	60.2256	60.0000	85.0000	40.0000	10.7551
7	批发和零售业(F)	147	59.7678	60.0000	90.0000	29.5000	11.7480
8	电力、热力、燃气及水生产和供应业(D)	89	59.6376	60.0000	85.0000	20.0000	12.5894
9	建筑业(E)	71	59.5975	60.0000	85.0000	29.1667	12.3510
10	信息传输、软件和信息技术服务业(I)	145	59.5740	60.0000	90.0000	29.6296	11.3422
11	农、林、牧、渔业(A)	42	59.3818	60.0000	85.0000	30.0000	12.9503
12	房地产业(K)	134	59.1977	60.0000	85.0000	34.7917	11.7324
13	综合(S)	25	59.0013	60.0000	80.0000	39.0833	11.2771
14	租赁和商务服务业(L)	26	58.4777	59.7183	84.6296	22.8333	14.1380

续 表

排名	行 业	公司数目	平均值	中位值	最大值	最小值	标准差
15	交通运输、仓储和邮政业(G)	81	58.4677	59.3333	80.0000	29.8701	11.3156
16	采矿业(B)	73	58.1763	60.0000	85.0000	30.0000	12.2659
17	金融业(J)	49	56.7413	55.0000	80.0000	39.2308	11.0643
	总 体	2655	60.5699	60.0000	90.0000	20.0000	11.2936

注：由于教育(P)只有1家上市公司，不具有代表性，故没有纳入比较。

由表7-8可知，上市公司独立董事独立性分项指数排名中，科学研究和技术服务业(M)以65.6276排名第一，卫生和社会工作(Q)，水利、环境和公共设施管理业(N)排名第二、三位；排在后三位的分别是金融业(J)、采矿业(B)，以及交通运输、仓储和邮政业(G)。17个行业中，有5个行业的独立董事独立性分项指数均值高于总体均值(60.5699)，这5个行业的行业均值最大值与总体均值的绝对差距是5.0577；其他12个行业的独立董事独立性分项指数均值低于总体均值，总体均值与这12个行业的最小均值的绝对差距是3.8286。独立董事独立性分项指数高分区行业的内部差距大于低分区行业。

图7-8直观地反映了不同行业上市公司独立董事独立性分项指数均值的差异。可以看到，除了排名前两位的科学研究和技术服务业(M)以及卫生和社会工作(Q)明显高于其他行业，最后一位的金融业(J)明显低于其他行业之外，其他各行业上市公司独立董事独立性分项指数均值从大到小差别不大，较为平缓。

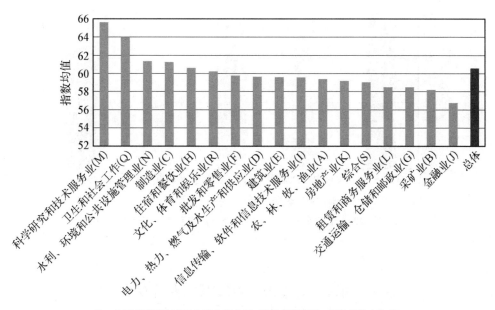

注：由于教育(P)只有1家上市公司，不具有代表性，故没有纳入比较。

图7-8 2015年不同行业上市公司独立董事独立性分项指数比较

7.3.4 分上市板块独立董事独立性分项指数比较

按照四个市场板块的划分,对不同板块上市公司的独立董事独立性分项指数进行综合比较,结果如表7-9所示。

表7-9 2015年不同板块上市公司独立董事独立性分项指数比较

排名	上市板块	公司数目	平均值	中位值	最大值	最小值	标准差
1	深市主板(不含中小企业板)	466	61.7426	60.0000	90.0000	22.8333	11.9309
2	深市中小企业板	744	61.7237	60.0000	90.0000	28.6667	10.6871
3	深市创业板	428	61.6840	60.0000	90.0000	28.8889	10.8929
4	沪市主板	1017	58.7196	60.0000	90.0000	20.0000	11.3613
	总体	**2655**	**60.5699**	**60.0000**	**90.0000**	**20.0000**	**11.2936**

从表7-9可以看出,深市主板(不含中小企业板)的上市公司独立董事独立性分项指数均值以61.7426分位居第一位,深市中小企业板以61.7237分位居第二,深市创业板以61.6840分居第三位,沪市主板以58.7196分位居最后一位,与前三名差距较大,最高者与最低者之间的均值差距为3.0230。

图7-9直观地反映了四个板块上市公司独立董事独立性分项指数的差异。可以看到,只有沪市主板上市公司独立董事独立性分项指数均值低于总体均值,其他三个板块都高于总体均值。

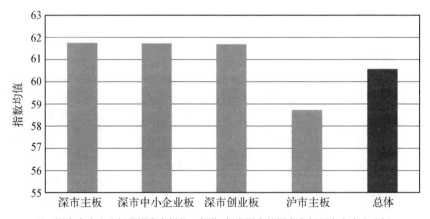

注:深市中小企业板是深市主板的一部分,但本图中的深市主板不含中小企业板。

图7-9 2015年不同板块上市公司独立董事独立性分项指数比较

7.4 董事会行为分项指数排名及比较

董事会行为分项指数主要衡量董事会行为相关制度的建立及其执行情况,侧重从实质上来衡量董事会的实际履职情况。本报告中董事会行为分项指数包括 7 个二级指标,涉及董事会会议、董事之间的沟通制度、董事会议事规则、董事会对高管的考评和激励制度、董事会财务控制、投资者关系制度等方面。本节就董事会行为分项指数从不同角度进行比较和分析。

7.4.1 董事会行为分项指数总体比较

根据 2655 家样本上市公司的董事会行为分项指数,我们将其划分为 10 组,每组以 10 分为间隔,所有上市公司的董事会行为分项指数分布如表 7 - 10 所示。

表 7 - 10 2015 年上市公司董事会行为分项指数区间分布

指 数 区 间	公司数目	占 比(%)	累计占比(%)
[0, 10)	0	0.00	0.00
[10, 20)	1	0.04	0.04
[20, 30)	298	11.22	11.26
[30, 40)	499	18.79	30.06
[40, 50)	547	20.60	50.66
[50, 60)	759	28.59	79.25
[60, 70)	352	13.26	92.50
[70, 80)	193	7.27	99.77
[80, 90)	4	0.15	99.92
[90, 100]	2	0.08	100.00
总 体	2655	100.00	—

由表 7 - 10 可知,董事会行为分项指数位于[50,60)区间的上市公司最多,有 759 家,占上市公司样本总数的 28.59%。大部分上市公司分布在[20,80)区间,有 2648 家公司,占上市公司样本总数的 99.74%。

图 7 - 10 直观地反映了上市公司董事会行为分项指数的分布情况。可以看到,上市公司董事会行为分项指数得分较为集中,偏度系数是 -0.0007,呈负偏态分布。

7.4.2 分地区董事会行为分项指数比较

将上市公司按照东部、中部、西部和东北四个地区划分,不同地区上市公司董事会行为分项指数均值参见表 7 - 11。

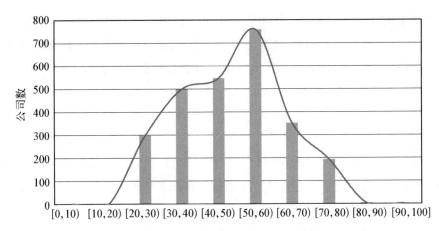

图 7-10 2015 年上市公司董事会行为分项指数区间分布

表 7-11 2015 年不同地区上市公司董事会行为分项指数比较

排 名	地 区	公司数目	平均值	中位值	最大值	最小值	标准差
1	东部	1751	49.1716	50.6724	92.6648	13.9416	14.3034
2	西部	383	48.1095	47.1865	89.0899	21.1313	13.7945
3	中部	379	48.1033	48.2584	76.6122	20.3271	14.6149
4	东北	142	44.4432	43.5896	75.7744	21.1167	13.9345
总 体		2655	48.6130	48.0816	92.6648	13.9416	14.2912

由表 7-11 可知,东部上市公司的董事会行为分项指数均值最高,为 49.1716;其次是西部地区,为 48.1095;中部地区比西部地区略低,为 48.1033;东北地区董事会行为分项指数均值最低,为 44.4432,最高与最低地区的绝对差距为 4.7284。在四个地区中,董事会行为分项指数最大值和最小值均出自东部。

图 7-11 更直观地反映了四个地区上市公司董事会行为分项指数均值的差异。可以看

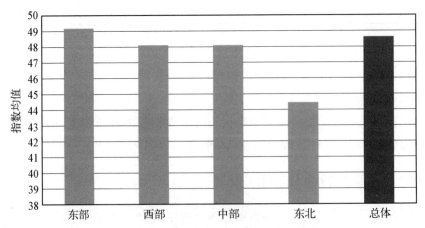

图 7-11 2015 年不同地区上市公司董事会行为分项指数比较

出,除东北地区明显低于其他三个地区外,东部、西部和中部地区的上市公司的董事会行为分项指数均值的差别不大。其中,东部上市公司的董事会行为分项指数均值高于总体均值,其他三个地区的董事会行为分项指数均值则低于总体均值。

7.4.3　分行业董事会行为分项指数比较

按照董事会行为分项指数均值从大到小的顺序,将不同行业上市公司董事会行为分项指数均值的排名列在表 7 - 12 中。

表 7 - 12　2015 年不同行业上市公司董事会行为分项指数比较

排名	行　　业	公司数目	平 均 值	中位值	最大值	最小值	标准差
1	租赁和商务服务业(L)	26	50.7422	49.3924	75.7252	29.3289	12.8368
2	水利、环境和公共设施管理业(N)	30	50.6089	52.4975	75.7408	20.5013	14.3283
3	信息传输、软件和信息技术服务业(I)	145	50.4239	47.2612	75.9041	21.2869	13.2727
4	科学研究和技术服务业(M)	18	50.2403	52.4594	75.6711	24.7297	12.3751
5	金融业(J)	49	50.1367	49.8576	76.6881	20.4233	15.6341
6	卫生和社会工作(Q)	5	49.7409	45.4215	75.8614	31.1973	16.4013
7	建筑业(E)	71	49.6061	50.6532	77.5331	20.2739	14.4865
8	制造业(C)	1672	49.5624	51.5874	92.6648	20.3271	14.2398
9	农、林、牧、渔业(A)	42	49.4681	47.5656	75.7457	22.2586	13.9287
10	交通运输、仓储和邮政业(G)	81	48.1856	48.0831	75.7710	22.1512	12.6411
11	住宿和餐饮业(H)	11	46.1513	43.6274	59.7608	36.4067	9.0841
12	采矿业(B)	73	45.6125	44.5702	89.0899	22.1188	14.8267
13	房地产业(K)	134	44.9496	44.5160	81.0896	13.9416	14.6706
14	批发和零售业(F)	147	44.3528	44.4723	86.4487	21.1863	13.8548
15	电力、热力、燃气及水生产和供应业(D)	89	44.0825	43.6707	75.8017	20.3864	14.9249
16	文化、体育和娱乐业(R)	36	43.2019	44.9844	72.1983	22.2414	14.8340
17	综合(S)	25	41.6082	39.1088	68.5662	21.2831	13.5654
	总　　体	2655	48.6130	48.0816	92.6648	13.9416	14.2912

注:由于教育(P)只有 1 家上市公司,不具有代表性,故没有纳入比较。

从表 7 - 12 中可以看出,租赁和商务服务业(L)上市公司董事会行为分项指数以 50.7422 分排名第一;水利、环境和公共设施管理业(N),信息传输、软件和信息技术服务业(I),排名第二、三位;最后三位是综合(S),文化、体育和娱乐业(R),以及电力、热力、燃气及水生产和供应业(D)。在 17 个行业中,董事会行为分项指数最大值出自制造业(C),最小值出自房地产业(K)。有 9 个行业的董事会行为分项指数均值高于总体均值(48.6130),这 9 个行业的行业均值最大值与总体均值的绝对差距是 2.1292;其他 8 个行业的董事会行为分项指数均值低于总体均值,总体均值与这 8 个行业的最小均值的绝对差距是 7.0048。董事会行为分项指数高分区行业的内部差距远低于低分区行业。

图 7-12 更直观地反映了不同行业上市公司董事会行为分项指数均值的差异。可以看出,董事会行为分项指数行业均值高于总体均值的 9 个行业均值差异不大,但行业均值低于总体均值的 8 类行业则逐名递减,尤其是最后一位的综合(S)明显差于其他行业。

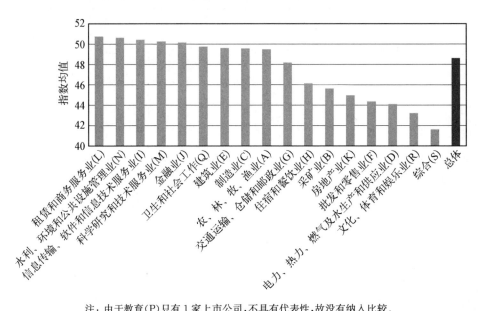

注:由于教育(P)只有 1 家上市公司,不具有代表性,故没有纳入比较。

图 7-12　2015 年不同行业上市公司董事会行为分项指数比较

7.4.4　分上市板块董事会行为分项指数比较

按照四大上市板块的划分,对不同板块上市公司的董事会行为分项指数进行综合比较,结果如表 7-13 所示。

表 7-13　2015 年不同板块上市公司董事会行为分项指数比较

排名	上 市 板 块	公司数目	平均值	中位值	最大值	最小值	标准差
1	深市中小企业板	744	55.7185	54.3634	90.0334	23.0642	11.9295
2	深市主板(不含中小企业板)	466	53.3751	52.6025	89.0899	21.1963	12.8875
3	深市创业板	428	52.9851	52.5678	75.9041	21.2630	12.6700
4	沪市主板	1017	39.3928	38.2626	92.6648	13.9416	12.0596
	总　体	2655	48.6130	48.0816	92.6648	13.9416	14.2912

从表 7-13 可以看出,深市中小企业板上市公司的董事会行为分项指数均值最高;深市主板(不含中小企业板)上市公司董事会行为分项指数均值位居第二;深市创业板的董事会行为分项指数均值排在第三;沪市主板的均值最小,比第一位深市中小企业板低 16.3257分。在四个板块中,董事会行为分项指数最大值和最小值均出自沪市主板。图 7-13 直观地反映了四个板块上市公司董事会行为分项指数的差异。可以看到,只有沪市主板上市公司董事会行为分项指数均值低于总体均值,其他三个板块都高于总体均值。

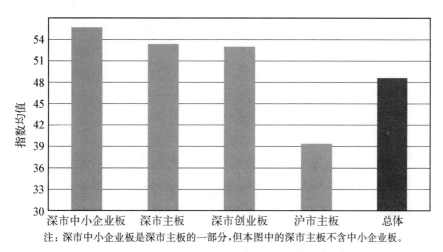

注:深市中小企业板是深市主板的一部分,但本图中的深市主板不含中小企业板。

图 7-13　2015 年不同板块上市公司董事会行为分项指数比较

7.5　董事激励与约束分项指数排名及比较

董事激励与约束分项指数衡量董事激励和约束制度的建立和执行情况,主要从实质上评价董事激励与约束机制,尤其是约束机制的有效性。本报告中董事激励与约束分项指数包括 9 个二级指标,涉及执行董事薪酬是否与其业绩相吻合、股东诉讼及赔偿情况、董事会成员是否遭到监管机构处罚或谴责、是否有明确的董事考核或薪酬制度、是否公布董事考核结果、是否披露董事薪酬情况、是否有董事会会议记录、是否有董事行为准则相关的规章制度,以及独立董事是否明确保证年报内容的真实性、准确性和完整性或不存在异议等方面。本节就董事激励与约束分项指数从不同角度进行比较和分析。

7.5.1　董事激励与约束分项指数总体比较

我们把董事激励与约束分项指数以 10 分为间隔划分为 9 个组(公司数目为 0 的相邻区间合并),所有上市公司的董事激励与约束分项指数如表 7-14 所示。

由表 7-14 可知,董事激励与约束分项指数主要分布在[40,70)区间范围内,共有 2476家公司,占样本上市公司总数的 93.26%,其中在[50,60)区间的上市公司最多,共 1234 家,占上市公司样本总数的 46.48%。

表 7 - 14　2015 年上市公司董事激励与约束分项指数区间分布

指 数 区 间	公 司 数 目	占　比(%)	累计占比(%)
[0, 10)	0	0.00	0.00
[10, 20)	1	0.04	0.04
[20, 30)	18	0.68	0.72
[30, 40)	141	5.31	6.03
[40, 50)	865	32.58	38.61
[50, 60)	1234	46.48	85.08
[60, 70)	377	14.20	99.28
[70, 80)	19	0.72	100.00
[80, 100]	0	0.00	100.00
总　体	2655	100.00	—

从图 7 - 14 中可以更直观地看出,董事激励与约束分项指数分布较集中,偏度系数为 −0.0284,呈负偏态分布。

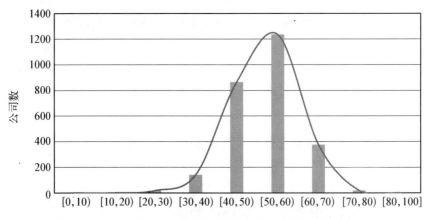

图 7 - 14　2015 年上市公司董事激励与约束分项指数区间分布

7.5.2　分地区董事激励与约束分项指数比较

按照东部、中部、西部和东北四个地区的划分,各地区上市公司董事激励与约束分项指数比较参见表 7 - 15。

由表 7 - 15 可知,东部上市公司的董事激励与约束分项指数均值最高,为 52.2178;其次是西部和中部,东北上市公司的董事激励与约束分项指数均值最低,为 51.2520,最高与最低之间的绝对差距为 0.9658,差别很小。在四个地区中,董事激励与约束分项指数最大值出自东部、西部、中部(并列),最小值出自中部,西部的标准差最大。

表 7 - 15　2015 年不同地区上市公司董事激励与约束分项指数比较

排 名	地 区	公司数目	平 均 值	中 位 值	最 大 值	最 小 值	标 准 差
1	东部	1751	52.2178	55.5556	77.7778	22.2222	8.6332
2	西部	383	52.1323	55.5556	77.7778	22.2222	9.6333
3	中部	379	52.0082	55.5556	77.7778	16.6667	9.1058
4	东北	142	51.2520	55.5556	66.6667	22.2222	8.7628
总 体		2655	52.1239	55.5556	77.7778	16.6667	8.8566

图 7 - 15 更直观地反映了四个地区上市公司董事激励与约束分项指数均值的差异。可以看到,东部和西部的上市公司董事激励与约束分项指数均值略超过总体均值,其他两个地区的上市公司董事激励与约束分项指数均值则低于总体均值。

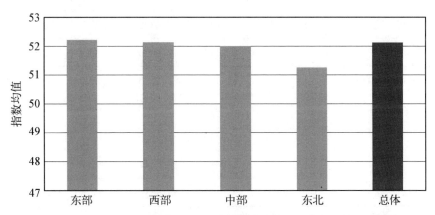

图 7 - 15　2015 年不同地区上市公司董事激励与约束分项指数比较

7.5.3　分行业董事激励与约束分项指数比较

按照 18 个行业大类划分,剔除教育业(P)后,各行业上市公司董事激励与约束分项指数排名见表 7 - 16。

表 7 - 16　2015 年不同行业上市公司董事激励与约束分项指数比较

排名	行 业	公司数目	平 均 值	中 位 值	最 大 值	最 小 值	标 准 差
1	电力、热力、燃气及水生产和供应业(D)	89	54.3071	55.5556	77.7778	33.3333	8.0225
2	建筑业(E)	71	53.9124	55.5556	66.6667	33.3333	7.1759
3	交通运输、仓储和邮政业(G)	81	53.7037	55.5556	66.6667	33.3333	9.3789
4	文化、体育和娱乐业(R)	36	53.5494	55.5556	77.7778	38.8889	8.5194

续　表

排名	行　业	公司数目	平　均　值	中位值	最大值	最小值	标准差
5	住宿和餐饮业(H)	11	53.5354	55.5556	77.7778	33.3333	11.9858
6	水利、环境和公共设施管理业(N)	30	53.1481	55.5556	66.6667	33.3333	9.6428
7	综合(S)	25	53.1111	55.5556	77.7778	27.7778	11.2354
8	采矿业(B)	73	52.5114	55.5556	77.7778	22.2222	10.1447
9	制造业(C)	1672	52.2495	55.5556	77.7778	16.6667	8.8024
10	科学研究和技术服务业(M)	18	51.8519	55.5556	66.6667	33.3333	7.8567
11	信息传输、软件和信息技术服务业(I)	145	51.5326	55.5556	72.2222	33.3333	8.2424
12	租赁和商务服务业(L)	26	51.2821	47.2222	77.7778	33.3333	11.0339
13	批发和零售业(F)	147	51.1716	50.0000	66.6667	33.3333	8.2820
14	卫生和社会工作(Q)	5	51.1111	55.5556	55.5556	44.4444	6.0858
15	农、林、牧、渔业(A)	42	50.9259	55.5556	66.6667	33.3333	8.5818
16	房地产业(K)	134	50.4146	55.5556	77.7778	22.2222	9.3318
17	金融业(J)	49	46.4853	44.4444	66.6667	27.7778	8.3867
总　体		**2655**	**52.1239**	**55.5556**	**77.7778**	**16.6667**	**8.8566**

注：由于教育(P)只有1家上市公司，不具有代表性，故没有纳入比较。

由表7-16可以看出，电力、热力、燃气及水生产和供应业(D)以均值54.3071在上市公司董事激励与约束分项指数中排名第一，建筑业(E)，交通运输、仓储和邮政业(G)排名第二、三位；而金融业(J)，房地产业(K)，以及农、林、牧、渔业(A)则排名最后三位。董事激励与约束分项指数均值高于总体均值的行业有9个，这9个行业董事激励与约束分项指数最大均值与总体均值的绝对差距为2.1832；低于总体均值的行业有8个，总体均值与这8个行业董事激励与约束分项指数最小均值的绝对差距为5.6386。显然，低分区行业的内部差距大于高分区行业。在17个行业中，董事激励与约束分项指数最大值（多个行业最大值并列）和最小值均出自制造业(C)。

图7-16直观地反映了不同行业上市公司董事激励与约束分项指数均值的差异。可以看到，董事激励与约束分项指数最高的行业和最低的行业之间的差距还是比较大的，尤其是最后一名金融业(J)，与其他行业董事激励与约束分项指数均值差别较大，这可能与限薪政策有关。

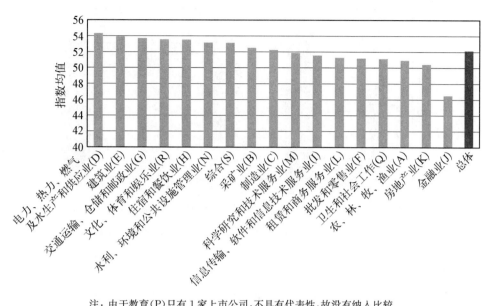

注：由于教育(P)只有 1 家上市公司，不具有代表性，故没有纳入比较。

图 7 - 16　2015 年不同行业上市公司董事激励与约束分项指数比较

7.5.4　分上市板块董事激励与约束分项指数比较

按照四大上市板块的划分，对不同板块上市公司的董事激励与约束分项指数进行综合比较，结果如表 7 - 17 所示。

表 7 - 17　2015 年不同板块上市公司董事激励与约束分项指数比较

排名	上 市 板 块	公司数目	平均值	中位值	最大值	最小值	标准差
1	深市主板(不含中小企业板)	466	52.4797	55.5556	77.7778	22.2222	9.8480
2	深市中小企业板	744	52.3297	55.5556	77.7778	22.2222	8.6354
3	深市创业板	428	52.1547	55.5556	77.7778	27.7778	8.6017
4	沪市主板	1017	51.7972	55.5556	77.7778	16.6667	8.6421
	总　体	2655	52.1239	55.5556	77.7778	16.6667	8.8566

从表 7 - 17 可以看出，深市主板(不含中小企业板)上市公司的董事激励与约束分项指数均值最高。深市中小企业板和深市创业板的董事激励与约束分项指数均值分别排第二和第三，沪市主板的董事激励与约束分项指数均值排在最后。

图 7 - 17 直观地反映了四个板块上市公司董事激励与约束分项指数均值的差异。可以看到，沪市主板上市公司董事激励与约束分项指数均值低于总体均值，其他三个板块上市公司董事激励与约束分项指数均值都高于总体均值。

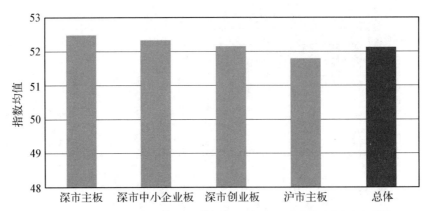

注：深市中小企业板是深市主板的一部分，但本图中的深市主板不含中小企业板。

图 7-17　2015 年不同板块上市公司董事激励与约束分项指数比较

7.6　本章小结

本章从总体、地区、行业、上市板块等四个方面，对董事会治理的四个分项指数，即董事会结构、独立董事独立性、董事会行为、董事激励与约束进行了全面分析，主要结论如下：

(1) 从董事会治理四个分项指数比较看，独立董事独立性分项指数最高，董事会结构分项指数最低。从指数分布区间来看，董事会结构分项指数主要分布在[20，50)区间，共计2416 家公司，占样本总数的 91.00%；独立董事独立性分项指数主要分布在[40，80)区间，总计有 2461 家公司，占样本总数的 92.69%；董事会行为分项指数主要分布在[20，80)区间，有 2648 家公司，占上市公司样本总数的 99.74%；董事激励与约束分项指数主要分布在[40，70)区间范围内，共有 2476 家公司，占样本上市公司总数的 93.26%。总体上看，四个分项指数分布都比较集中。

(2) 从地区来看，董事会结构分项指数均值从高到低依次是西部、东部、中部和东北；独立董事独立性分项指数均值从高到低依次是西部、中部、东部和东北；董事会行为和董事激励与约束两个分项指数的均值从高到低依次都是东部、西部、中部和东北。总体看，在四个分项指数中，东部较好，东北较差。

(3) 从行业来看，董事会结构分项指数均值最高的前三名是金融业(J)，交通运输、仓储和邮政业(G)以及科学研究和技术服务业(M)；独立董事独立性分项指数均值最高的前三名是科学研究和技术服务业(M)，卫生和社会工作(Q)，以及水利、环境和公共设施管理业(N)；董事会行为分项指数均值最高的前三名是租赁和商务服务业(L)，水利、环境和公共设施管理业(N)，以及信息传输、软件和信息技术服务业(I)；董事激励与约束分项指数均值最高的前三名是电力、热力、燃气及水生产和供应业(D)，建筑业(E)，以及交通运输、仓储和邮政业(G)。各行业在四个分项指数中的表现各有侧重。

（4）从上市板块来看,董事会结构、独立董事独立性和董事激励与约束三个分项指数的均值从高到低依次都是深市主板(不含中小企业板)、深市中小企业板、深市创业板、沪市主板;董事会行为分项指数均值从高到低依次是深市中小企业板、深市主板(不含中小企业板)、深市创业板、沪市主板。从总体看,在四个董事会治理分项指数中,深市主板(不含中小企业板)表现较好,而沪市主板则表现较差。

第 8 章

董事会治理指数的所有制比较

根据第 1 章的控股或所有制类型划分,本章对 2015 年 2655 家样本上市公司的董事会治理指数及四个分项指数从所有制角度进行比较分析,以了解国有控股公司和非国有控股公司在董事会治理方面存在的异同。

8.1 董事会治理指数总体的所有制比较

8.1.1 董事会治理总体指数比较

不同的所有制会对上市公司董事会治理产生影响,表 8-1 比较了不同所有制上市公司总体的董事会治理指数,并按照均值从高到低的顺序进行了排名。

表 8-1 2015 年不同所有制上市公司董事会治理指数比较

排序	所有制类型	公司数目	平均值	中位值	最大值	最小值	标准差
1	国有参股公司	603	50.9634	51.1024	69.8778	29.6497	6.3047
2	国有弱相对控股公司	284	50.7189	50.6660	71.5846	34.0811	6.5431
3	国有强相对控股公司	444	50.3112	50.7278	66.2503	30.3502	6.5291
4	无国有股份公司	1029	50.2695	50.3211	69.1551	29.0520	5.9949
5	国有绝对控股公司	295	49.4895	49.0255	64.0641	36.0197	5.7145
总　体		2655	50.3955	50.5681	71.5846	29.0520	6.1982

从表 8-1 可以看出,中国上市公司董事会治理指数总体较低,平均值 50.3955,未达到 60 分的及格水平。五类所有制公司的董事会治理指数均值差异不大,最大值和最小值之差仅为 1.4739。国有参股公司的董事会治理指数均值最高,为 50.9634,其后是国有弱相对控股公司(50.7189)、国有强相对控股公司(50.3112)和无国有股份公司(50.2695),国有绝对

控股公司的董事会治理指数均值最低,为 49.4895。董事会治理指数中位值从高到低依次为国有参股公司、国有强相对控股公司、国有弱相对控股公司、无国有股份公司和国有绝对控股公司。最大值来自国有弱相对控股公司,最小值来自无国有股份公司。从标准差来看,国有绝对控股公司最低,无国有股份公司次之,其他三类所有制类型公司的董事会治理水平离散程度差别不大。

图 8-1 按照第一大股东中的国有股份比例从大到小进行了排序,从而更直观地反映了不同所有制上市公司董事会治理指数均值的差异。可以发现,五类所有制公司董事会治理水平差别不大,国有弱相对控股公司、国有参股公司的董事会治理指数高于总体均值,国有绝对控股公司、国有强相对控股公司和无国有股份公司的董事会治理指数则低于总体均值。

进一步观察不同所有制上市公司董事会治理指数之间的差异,可以发现,随着第一大股东中的国有股比例的降低,董事会治理指数先逐渐上升,后逐渐降低,呈现"倒 U"形关系。即上市公司的控股方持股比例越大,董事会治理指数越低,这说明,适度降低股权集中度可能是提高公司董事会治理水平的比较有效的方式。这与我们之前出版的《中国上市公司董事会治理指数报告 2013》及《中国上市公司董事会治理指数报告 2015》中的结论是完全一致的。

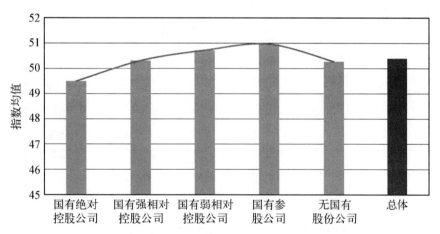

图 8-1　2015 年不同所有制上市公司董事会治理指数均值比较

我们进一步将国有绝对控股公司、国有强相对控股公司和国有弱相对控股公司归类为国有控股公司,将国有参股公司和无国有股份公司归类为非国有控股公司(民资控股公司),表 8-2 比较了国有控股公司和非国有控股公司董事会治理指数的差异。

表 8-2　2015 年国有控股与非国有控股上市公司董事会治理指数比较

排序	所有制类型	公司数目	平均值	中位值	最大值	最小值	标准差
1	非国有控股公司	1632	50.5259	50.6493	69.8778	29.0520	6.1185
2	国有控股公司	1023	50.1874	50.3424	71.5846	30.3502	6.3208
	总　体	2655	50.3955	50.5681	71.5846	29.0520	6.1982

　　从表 8-2 可知,国有控股公司与非国有控股公司的董事会治理指数总体均值差距不大,二者相差不超过 0.5 分。非国有控股公司董事会治理指数均值略高于国有控股公司。

　　我们进一步将国有控股公司按照实际控制人划分为中央企业控股公司和地方国企控股公司,表 8-3 对两类国有控股公司与非国有控股公司进行了比较,并按照均值从高到低的顺序进行了排序。可以发现,就两类国有控股公司来说,中央企业控股公司有 355 家,其董事会治理指数均值为 50.1908,地方国企控股公司有 668 家,其董事会治理指数均值为 50.1857,二者之间差距不超过 0.1,差距很不明显。董事会治理指数的最大值来自地方国企控股公司,而最小值来自非国有控股上市公司。

表 8-3　2015 年不同最终控制人上市公司董事会治理指数比较

排序	最终控制人	公司数目	平均值	中位值	最大值	最小值	标准差
1	民资股东	1632	50.5259	50.6493	69.8778	29.0520	6.1185
2	中央国有企业	355	50.1908	50.6580	69.5596	32.4670	6.4437
3	地方国有企业	668	50.1857	50.2269	71.5846	30.3502	6.2594
总　体		2655	50.3955	50.5681	71.5846	29.0520	6.1982

8.1.2　董事会治理分项指数总体比较

　　董事会治理指数包括董事会结构、独立董事独立性、董事会行为和董事激励与约束四个分项指数,表 8-4 对五类所有制上市公司的四个董事会治理分项指数进行了比较。

表 8-4　2015 年不同所有制上市公司董事会治理分项指数均值比较

所有制类型	董事会结构	独立董事独立性	董事会行为	董事激励与约束
国有绝对控股公司	41.2992	58.3869	45.5225	52.7495
国有强相对控股公司	42.3986	59.8447	45.9109	53.0906
国有弱相对控股公司	42.6243	60.9209	46.6504	52.6800
国有参股公司	39.5999	60.9727	50.7473	52.5336
无国有股份公司	38.8125	61.1757	49.9558	51.1338
总　体	40.2751	60.5699	48.6130	52.1239

　　从表 8-4 可以看出,四个分项指数中,仅国有弱相对控股公司、国有参股公司和无国有股份公司的独立董事独立性分项指数的平均值达到 60 分的及格水平,其他三类分项指数的平均值均未及格,且存在较大的差异。董事会结构分项指数从高到低依次为国有弱相对控股公司、国有强相对控股公司、国有绝对控股公司、国有参股公司和无国有股份公司;独立董事独立性分项指数相差不大,从高到低依次为无国有股份公司、国有参股公司、国有弱相对控股公司、国有强相对控股公司和国有绝对控股公司;董事会行为分项指数从高到低依次为

国有参股公司、无国有股份公司、国有弱相对控股公司、国有强相对控股公司和国有绝对控股公司;董事激励与约束分项指数从高到低依次为国有强相对控股公司、国有绝对控股公司、国有弱相对控股公司、国有参股公司和无国有股份公司。需要注意的是,董事会行为作为最能从实质上反映董事会治理有效性的方面,其指数均值在五类所有制上市公司中差异相对较大,且国有参股公司明显好于其他四类所有制上市公司。

图8-2更直观地反映了不同所有制上市公司董事会治理四个分项指数均值的差异。可以发现,从总体上看,四个分项指数从高到低依次为独立董事独立性、董事激励与约束、董事会行为和董事会结构。在董事会结构方面,随着第一大股东中的国有股比例的降低,该分项指数先上升后下降,并且三类国有控股上市公司要好于非国有控股上市公司;在独立董事独立性方面,随着第一大股东中的国有股比例的降低,该分项指数呈不断上升态势,反映非国有控股公司更加注重独立董事的作用,尽管更多的还是局限于形式;在董事会行为方面,随着第一大股东中的国有股比例的降低,该分项指数也基本呈现上升态势,这反映非国有控股公司开始注重董事会的实质性作用;在董事激励与约束方面,随着第一大股东中的国有股比例降低,该分项指数基本呈下降态势,原因可能来自经济下行因素。整体看五类公司的四个分项指数,适度降低第一大股东持股比例,完善相应的法律制度,对于优化董事会结构和行为,增强独立董事独立性,规范董事激励与约束,可能具有一定的积极意义。

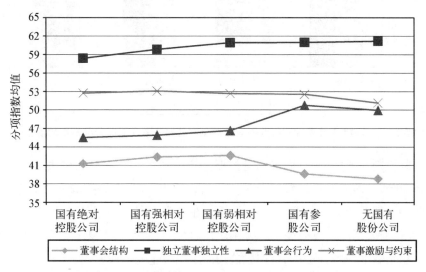

图8-2 2015年不同所有制上市公司董事会治理分项指数均值比较趋势图

我们进一步将国有绝对控股公司、国有强相对控股公司和国有弱相对控股公司归类为国有控股公司,将国有参股公司和无国有股份公司归类为非国有控股公司,两类所有制上市公司董事会治理分项指数均值的比较参见表8-5。可以看出,在董事会结构、董事激励与约束两个分项指数上,国有控股公司高于非国有控股公司,尤其在董事会结构分项指数上高出较多,差距为3.0408分。在独立董事独立性和董事会行为两个分项指数上,非国有控股公司高于国有控股公司,尤其在董事会行为分项指数上高出较多,差距为

4.2441 分。这可能说明,相对于非国有控股公司,国有控股公司形式上的董事会治理更明显一些。

表 8-5 2015 年国有控股与非国有控股上市公司董事会治理分项指数均值比较

所有制类型	董事会结构	独立董事独立性	董事会行为	董事激励与约束
国有控股公司	42.1442	59.7231	46.0042	52.8782
非国有控股公司	39.1034	61.1007	50.2483	51.6510
总 体	**40.2751**	**60.5699**	**48.6130**	**52.1239**

图 8-3 更直观地反映了国有控股公司和非国有控股公司董事会治理四个分项指数均值的上述差异。

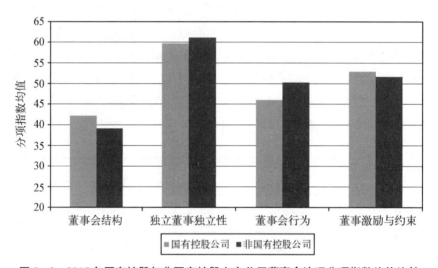

图 8-3 2015 年国有控股与非国有控股上市公司董事会治理分项指数均值比较

根据实际控制人的类型,我们将国有控股上市公司进一步划分为中央企业控股公司和地方国企控股公司,两者的比较参见表 8-6。可以看出,中央企业控股公司与地方国企控股公司在董事会治理四个分项指数上各有所长。在董事会结构和董事会行为两个分项指数上,中央企业控股公司高于或略高于地方国企控股公司,而在独立董事独立性及董事激励与约束两个分项指数上,则是地方国企控股公司高于中央企业控股公司。

表 8-6 2015 年不同最终控制人上市公司董事会治理分项指数均值比较

最终控制人	董事会结构	独立董事独立性	董事会行为	董事激励与约束
中央国有企业	42.9150	58.6905	46.3564	52.8013
地方国有企业	41.7346	60.2719	45.8170	52.9192
民资股东	39.1034	61.1007	50.2483	51.6510
总 体	**40.2751**	**60.5699**	**48.6130**	**52.1239**

图 8－4 更直观地反映了不同最终控制人类型上市公司董事会治理四个分项指数均值的差异。可以发现,两类国有控股公司与非国有控股公司的董事会治理分项指数相差不大。在董事会结构分项指数上,中央企业控股公司高于地方国企控股公司,且都高于非国有控股公司;在独立董事独立性分项指数上,中央企业控股公司低于地方国企控股公司,两类国有控股公司都低于非国有控股公司;在董事会行为分项指数上,两类国有控股公司相差不大,但都低于非国有控股公司;在董事会激励与约束分项指数上,两类国有控股公司基本持平,但都高于非国有控股公司。两类国有控股公司在不同分项指数上表现的不一致性,可能部分说明,最终控制人控制严格并非意味着董事会治理的规范性更好,因为最终控制人并不代表所有利益相关者。

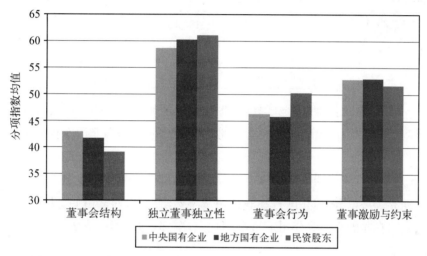

图 8－4　2015 年不同最终控制人上市公司董事会治理分项指数均值比较

8.2　分地区董事会治理指数的所有制比较

8.2.1　分地区董事会治理总体指数比较

按照四个地区的划分,我们进一步统计了不同地区国有控股和非国有控股上市公司的董事会治理指数,参见表 8－7。

表 8－7　2015 年不同地区国有与非国有控股上市公司董事会治理指数比较

地区	所有制类型	公司数目	平均值	中位值	最大值	最小值	标准差
东部	国有控股公司	572	50.0593	50.0140	71.5846	30.3502	6.3911
	非国有控股公司	1179	50.7903	50.8676	69.8778	33.4277	6.1034
	总体	1751	50.5515	50.6422	71.5846	30.3502	6.2065

续　表

地区	所有制类型	公司数目	平均值	中位值	最大值	最小值	标准差
中部	国有控股公司	189	49.7775	50.2038	66.2714	34.0811	6.3767
	非国有控股公司	190	50.3459	50.2409	64.5868	36.5906	5.9648
	总体	379	50.0624	50.2175	66.2714	34.0811	6.1720
西部	国有控股公司	193	51.5203	51.7327	65.3802	36.1719	5.9646
	非国有控股公司	190	49.7060	49.5499	65.0319	33.1429	6.1721
	总体	383	50.6203	50.8564	65.3802	33.1429	6.1282
东北	国有控股公司	69	48.6444	48.3517	69.5596	37.4765	6.0454
	非国有控股公司	73	48.8571	50.0394	65.5077	29.0520	6.2713
	总体	142	48.7538	49.0339	69.5596	29.0520	6.1416

从表 8-7 可以看出,除西部地区外,其他三个地区非国有控股上市公司的董事会治理指数均值都高于国有控股上市公司,但每个地区国有控股公司和非国有控股公司的差异并不大。

图 8-5 直观地反映了四个地区国有控股上市公司与非国有控股上市公司董事会治理指数均值的差异。可以看出,在国有控股公司董事会治理上,西部最好,其后依次是东部和中部,东北最差;在非国有控股公司董事会治理上,东部最好,其后依次是中部和西部,东北地区依旧最差。

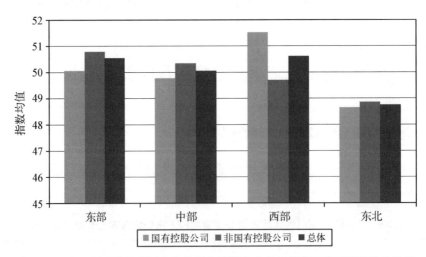

图 8-5　2015 年不同地区国有与非国有控股上市公司董事会治理指数均值比较

8.2.2　分地区董事会治理分项指数比较

接下来,我们对四个地区国有控股与非国有控股上市公司的董事会治理分项指数均值进行比较分析,参见表 8-8。

表 8-8　2015 年不同地区国有与非国有控股上市公司董事会治理分项指数均值比较

地区	所有制类型	董事会结构	独立董事独立性	董事会行为	董事激励与约束
东部	国有控股公司	42.5663	58.6530	46.0264	52.9915
	非国有控股公司	39.3044	61.3168	50.6975	51.8424
	总体	40.3700	60.4467	49.1716	52.2178
中部	国有控股公司	40.9224	60.1902	45.4400	52.5573
	非国有控股公司	38.3800	60.7889	50.7527	51.4620
	总体	39.6478	60.4903	48.1033	52.0082
西部	国有控股公司	42.8043	62.8786	47.6350	52.7634
	非国有控股公司	38.7270	60.0146	48.5914	51.4912
	总体	40.7816	61.4578	48.1095	52.1323
东北	国有控股公司	40.1457	58.4881	42.8036	53.1401
	非国有控股公司	38.7198	61.2485	45.9929	49.4673
	总体	39.4127	59.9072	44.4432	51.2520

由表 8-8 可以看出,四个地区上市公司董事会治理在四个分项指数上并没有一致的排序。对于国有控股公司来说,西部在董事会结构、独立董事独立性和董事会行为三个分项指数上都拔得头筹,在董事激励与约束分项指数上排在第二;东北地区在董事激励与约束分项指数上获得第一,但在董事会结构、独立董事独立性和董事会行为三个分项指数上位居末位。对于非国有控股公司来说,东部在董事会结构、独立董事独立性和董事激励与约束三个分项指数上位居第一;中部在董事会行为分项指数上位居第一;东北部则在董事会行为和董事激励与约束两个分项指数上位居末位,总体表现略差。

为了便于比较,我们计算出四个地区国有控股公司董事会治理四个分项指数均值与对应的非国有控股公司董事会治理四个分项指数均值的差值,由此可以反映四个地区两类所有制上市公司董事会治理四个分项指数的差异,如图 8-6 所示。可以看出,在董事会结构和董事激励与约束两个分项指数上,四个地区均是国有控股公司优于非国有控股公司;在独立董事独立性分项指数上,除了西部外,其他三个地区均是非国有控股公司优于国有控股公司;在董事会行为分项指数上,四个地区的非国有控股公司表现优于国有控股公司;总体看,在四个地区中,国有控股公司与非国有控股公司各有所长,在董事会结构和董事会激励与约束分项指数上,国有控股公司表现更为突出;而在独立董事独立性和董事会行为分项指数上,非国有控股公司表现更加突出。

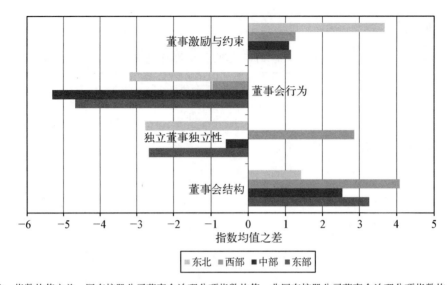

注：指数均值之差＝国有控股公司董事会治理分项指数均值－非国有控股公司董事会治理分项指数均值。

图 8-6   2015 年不同地区国有与非国有控股上市公司董事会治理分项指数均值之差值比较

8.3   分行业董事会治理指数的所有制比较

8.3.1   分行业董事会治理总体指数比较

我们选择上市公司较多且具有代表性的六个行业，即制造业(C)，电力、热力、燃气及水生产和供应业(D)，交通运输、仓储和邮政业(G)，信息传输、软件和信息技术服务业(I)，金融业(J)和房地产业(K)，对这六个行业上市公司的董事会治理指数进行比较，参见表 8-9。

表 8-9   2015 年不同行业国有与非国有控股上市公司董事会治理指数比较

行　　业	所有制类型	公司数目	平均值	中位值	最大值	最小值	标准差
制造业(C)	国有控股公司	509	50.3725	50.7279	66.6259	30.3502	6.3572
	非国有控股公司	1163	50.8479	50.8623	69.8778	33.1429	6.0540
	总体	1672	50.7032	50.8328	69.8778	30.3502	6.1499
电力、热力、燃气及水生产和供应业(D)	国有控股公司	76	49.9446	50.3130	69.5597	33.3158	6.7185
	非国有控股公司	13	50.3561	51.1596	65.5077	29.0520	9.2805
	总体	89	50.0047	50.5187	69.5597	29.0520	7.0878
交通运输、仓储和邮政业(G)	国有控股公司	68	50.9168	50.7086	64.9150	32.9296	6.0496
	非国有控股公司	13	49.8933	48.4981	64.9560	42.0426	6.0526
	总体	81	50.7525	49.6216	64.9560	32.9296	6.0240

续 表

行　　业	所有制类型	公司数目	平均值	中位值	最大值	最小值	标准差
信息传输、软件和信息技术服务业(I)	国有控股公司	28	48.9742	49.8588	58.2448	36.7349	5.5889
	非国有控股公司	117	50.8545	50.8483	66.4289	34.3054	6.1977
	总体	145	50.4914	50.8483	66.4289	34.3054	6.1118
金融业(J)	国有控股公司	39	51.1457	50.7211	67.4571	35.7788	7.0014
	非国有控股公司	10	49.0916	48.7612	60.6720	37.9783	6.7887
	总体	49	50.7265	50.3818	67.4571	35.7788	6.9389
房地产业(K)	国有控股公司	63	49.5987	48.4816	67.5833	36.6932	6.7051
	非国有控股公司	71	48.0160	48.1928	62.1586	29.6497	5.9726
	总体	134	48.7601	48.3069	67.5833	29.6497	6.3531

　　从表8-9可以看出,六个代表性行业中,制造业(C),电力、热力、燃气及水生产和供应业(D),信息传输、软件和信息技术服务业(I)三个行业的非国有控股公司董事会治理指数均值高于国有控股公司;其他三个行业的国有控股公司董事会治理指数则高于非国有控股公司。总体来看,各行业的国有控股企业与非国有控股企业各有所长。

　　图8-7更直观地反映了六个行业国有控股公司与非国有控股公司董事会治理指数的差异。可以看到,六个行业中,国有控股公司董事会治理指数均值最高的行业是金融业(J),其后依次是交通运输、仓储和邮政业(G),制造业(C),电力、热力、燃气及水生产和供应业(D),房地产业(K),最低的是信息传输、软件和信息技术服务业(I);非国有控股公司董事会治理指数均值最高的行业则是信息传输、软件和信息技术服务业(I),其后依次是制造业(C),电力、热力、燃气及水生产和供应业(D),交通运输、仓储和邮政业(G),金融业(J),最低

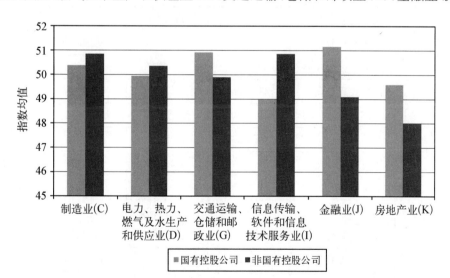

图8-7 2015年不同行业国有与非国有控股上市公司董事会治理指数均值比较

的是房地产业(K)。总体看,国有控股公司在金融业(J),交通运输、仓储和邮政业(G)等事关民生的基础行业上的董事会治理水平相对较好,而非国有控股企业则在信息传输、软件和信息技术服务业(I)等高科技行业上的董事会治理水平较好。

8.3.2 分行业董事会治理分项指数比较

接下来,我们对六个行业国有控股与非国有控股上市公司的董事会治理分项指数进行比较,参见表8-10。可以看出,与地区一样,不同行业两类所有制上市公司董事会治理分项指数排序也不一致。在董事会治理四个分项指数上,对于国有控股公司来说,在董事会结构和董事会行为两个分项指数上,金融业(J)明显好于其他行业;在独立董事独立性分项指数上,制造业(C)表现较好;在董事激励与约束分项指数上,电力、热力、燃气及水生产和供应业(D)表现较好。对于非国有控股公司来说,在董事会结构分项指数上,依旧是金融业(J)表现较好;在独立董事独立性分项指数上,制造业(C)表现较好;在董事会行为分项指数上,信息

表 8-10　2015 年不同行业国有与非国有控股上市公司董事会治理分项指数均值比较

行　业	所有制类型	董事会结构	独立董事独立性	董事会行为	董事激励与约束
制造业(C)	国有控股公司	41.9730	60.3413	46.2288	52.9470
	非国有控股公司	38.7708	61.6551	51.0214	51.9442
	总体	39.7456	61.2551	49.5624	52.2495
电力、热力、燃气及水生产和供应业(D)	国有控股公司	41.4304	59.7135	43.8099	54.8246
	非国有控股公司	45.2718	59.1941	45.6764	51.2821
	总体	41.9915	59.6376	44.0825	54.3071
交通运输、仓储和邮政业(G)	国有控股公司	43.9091	58.4891	47.7560	53.5131
	非国有控股公司	36.0836	58.3558	50.4330	54.7009
	总体	42.6532	58.4677	48.1856	53.7037
信息传输、软件和信息技术服务业(I)	国有控股公司	41.1288	56.5131	45.2788	52.9762
	非国有控股公司	40.2694	60.3065	51.6552	51.1871
	总体	40.4353	59.5740	50.4239	51.5326
金融业(J)	国有控股公司	50.2776	56.9642	50.0477	47.2934
	非国有控股公司	46.6770	55.8722	50.4836	43.3333
	总体	49.5428	56.7413	50.1367	46.4853
房地产业(K)	国有控股公司	40.8989	59.2792	44.9537	53.2628
	非国有控股公司	40.1053	59.1254	44.9459	47.8873
	总体	40.4784	59.1977	44.9496	50.4146

传输、软件和信息技术服务业（I）表现较好；在董事激励与约束分项指数上，交通运输、仓储和邮政业（G）则明显高于其他行业的非国有控股公司，甚至比在该分项指数上排名末位的金融业（J）高出 11.3676 分之多，这可能与 2015 年金融业行业较为不景气以及限薪有关。

为了便于比较，我们计算了六个代表性行业国有控股公司董事会治理四个分项指数均值与对应的非国有控股公司董事会治理四个分项指数均值的差值，由此可以反映这六个代表性行业两类所有制上市公司董事会治理四个分项指数的差异，如图 8-8 所示。可以看出，在董事会结构分项指数上，除了电力、热力、燃气及水生产和供应业（D）非国有控股公司优于国有控股公司外，其他五个行业的国有控股公司都优于非国有控股公司，尤其是交通运输、仓储和邮政业（G）的国有控股公司均值高于非国有控股公司均值 7.8255 分；在独立董事独立性分项指数上，除了制造业（C），信息传输、软件和信息技术服务业（I）两个行业外，其他四个行业均是国有控股公司好于非国有控股公司，但高出不多，而信息传输、软件和信息技术服务业（I）的非国有控股公司的表现却较为突出；在董事会行为分项指数上，除房地产业（K）国有控股公司稍微高出非国有控股公司外，其他五个行业的非国有控股公司都优于国有控股公司，尤其是信息传输、软件和信息技术服务业（I），制造业（C）两个行业的非国有控股公司的表现比较突出；在董事激励与约束分项指数上，除交通运输、仓储和邮政业（G）外，其他五个行业都是国有控股公司优于非国有控股公司，尤其是房地产业非国有控股公司的表现比较突出。总体看，在六个代表性行业中，国有控股公司在董事会结构和董事激励与约束两个分项指数上好于或略好于非国有控股公司，而在独立董事独立性和董事会行为两个分项指数上，则是非国有控股公司表现更为突出。由此可见，国有控股公司的董事会治理在形式上略高一筹，尤其表现在董事会结构以及各种激励约束制度的设立上，但在董事会的实质治理行为上，则是非国有控股公司相对更好一些。

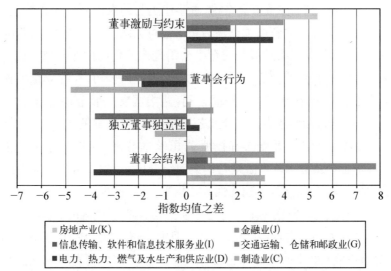

注：指数均值之差＝国有控股公司董事会治理分项指数均值－非国有控股公司董事会治理分项指数均值。

图 8-8　2015 年不同行业国有与非国有控股上市公司董事会治理分项指数均值之差值比较

8.4　本章小结

本章对 2015 年沪深两市国有控股公司与非国有控股公司的董事会治理指数及四个分项指数进行了统计和比较分析,主要结论如下:

关于董事会治理总体指数:(1)随着第一大股东中的国有股比例的降低,董事会治理指数先逐渐上升,后逐渐降低,呈现"倒 U"形关系。即上市公司的控股方持股比例越大,董事会治理指数越低,这说明,适度降低股权集中度可能是提高公司董事会治理水平的比较有效的方式。(2)国有控股公司董事会治理水平与非国有控股公司差距不大,非国有控股公司略优于国有控股公司。(3)最终控制人是中央企业的国有控股公司的董事会治理水平与最终控制人是地方国有企业的国有控股公司相比相差也不大,前者略优于后者。(4)从地区看,除西部地区国有控股公司董事会治理水平明显好于非国有控股公司外,其他三个地区的非国有控股公司都好于国有控股公司。(5)从行业看,在六个代表性行业中,国有控股公司董事会治理指数均值最高的行业是金融业,非国有控股公司董事会治理指数均值最高的行业是信息传输、软件和信息技术服务业,各行业的国有控股企业与非国有控股企业各有所长。

关于董事会治理分项指数:(1)在董事会结构方面,随着第一大股东中的国有股比例的降低,该分项指数先上升后下降;在独立董事独立性方面,随着第一大股东中的国有股比例的降低,该分项指数呈不断上升态势,反映非国有控股公司更加注重独立董事的作用,尽管更多的还是局限于形式;在董事会行为方面,随着第一大股东中的国有股比例的降低,该分项指数也基本呈现上升态势,这反映非国有控股公司开始注重董事会的实质性作用;在董事激励与约束方面,随着第一大股东中的国有股比例降低,该分项指数基本呈下降态势,原因可能来自经济下行因素。(2)在董事会结构、董事激励与约束两个分项指数上,国有控股公司高于非国有控股公司;在独立董事独立性和董事会行为两个分项指数上,非国有控股公司高于国有控股公司,这说明,国有控股公司董事会治理形式化的问题还比较明显。(3)在董事会结构分项指数上,中央企业控股公司高于地方国企控股公司;在独立董事独立性分项指数上,中央企业控股公司低于地方国企控股公司,两类国有控股公司都低于非国有控股公司;在董事会行为分项指数上,两类国有控股公司相差不大,但都低于非国有控股公司;在董事会激励与约束分项指数上,两类国有控股公司基本持平,但都高于非国有控股公司。(4)从地区看,在董事会结构和董事激励与约束两个分项指数上,四个地区均是国有控股公司优于非国有控股公司;在独立董事独立性分项指数上,除了西部外,其他三个地区均是非国有控股公司优于国有控股公司;在董事会行为分项指数上,四个地区的非国有控股公司表现优于国有控股公司。(5)从行业看,在六个代表性行业中,国有控股公司在董事会结构和董事激励与约束两个分项指数上好于或略好于非国有控股公司,而在独立董事独立性和董事会行为两个分项指数上,则是非国有控股公司表现更为突出。以上说明,国有控股公司的董事会治理在形式上略高一筹,但在董事会的实质治理行为上,则是非国有控股公司相对更好一些。

第 9 章

董事会治理指数的年度比较(2012～2015)

2013 年和 2015 年,我们对 2012 年和 2014 年的中国上市公司董事会治理水平进行了两次测度,2016 年是第三次测度。本章将从总体、地区、行业、所有制和上市板块等五个角度,比较分析三个年度中国上市公司董事会治理水平,以便了解董事会治理质量是否有所改进以及改进程度,以期对董事会治理的完善有所启示。

9.1 董事会治理指数总体的年度比较

我们对 2012 年、2014 年和 2015 年三个年度董事会治理进行了评价,样本公司数分别是 2314 家、2514 家和 2655 家,基本上涵盖了全部上市公司。比较 2012 年、2014 年和 2015 年样本上市公司的董事会治理指数,以及董事会结构、独立董事独立性、董事会行为和董事激励与约束四个分项指数,结果参见表 9-1。

表 9-1 2012～2015 年三个年度上市公司董事会治理指数均值比较

年　份	样 本 量	总体指数	分 项 指 数			
			董事会结构	独立董事独立性	董事会行为	董事激励与约束
2012	2314	51.9522	49.6966	58.8121	47.4252	51.8751
2014	2514	50.3363	49.0601	57.0975	42.6572	52.5303
2015	2655	50.3955	40.2751	60.5699	48.6130	52.1239

由表 9-1 可知,2015 年上市公司董事会治理指数均值为 50.3955,相比 2014 年有微小提升,但仍低于 2012 年的水平。在四个分项指数中,相比 2014 年,董事会结构分项指数下滑幅度较大,独立董事独立性分项指数和董事会行为分项指数有所上升,董事激励与约束有所下降。需要说明的是,为了更清楚地反映上市公司董事会"三会"的设置情况,根据市场经济成熟国家公司治理的一般标准,我们将指标"9. 审计委员会设置情况"由原来的"0-1 变量(是否设置)"变为"设置且独立董事比例为 100%(1 分)、设置但独立董事比例低于 100%

或未披露独董比例(0.5 分)、未设置或未披露(0 分)";指标"10. 薪酬委员会设置情况"和指标"11. 提名委员会设置情况"由原来的"0 - 1 变量(是否设置)"变为"设置且独立董事比例不低于 50%(1 分)、设置但独立董事比例低于 50% 或未披露独董比例(0.5 分)、未设置或未披露(0 分)"。尽管这种调整是董事会结构分项指数下滑的一个重要原因,但也从侧面说明了中国上市公司董事会结构还存在"低标准,低配置"的情况。

图 9 - 1 更加直观地描绘了三个年度董事会治理指数的变化情况。可以看出,董事会治理总体指数均值差别不大,2012 年稍高,2014 年与 2015 年基本持平。从分项指数看,2015年,董事会结构分项指数均值明显低于 2014 年和 2012 年,除了上文提到的指标调整因素外,对董事会的要求放松也是一个重要原因,这可以从 2015 年股灾得到部分印证;独立董事独立性和董事会行为两个分项指数均值都高于 2014 年和 2012 年,这主要源于 2015 年股灾后的加强;在董事激励与约束分项指数上,三个年度差别很小,2015 年该分项指数均值略低于 2014 年,但高于 2012 年。这表明,在 2015 年股灾后政府部门监管力度有所加强的情况下,董事会的治理意识有所上升,实质意义上的董事会治理有所提高(主要体现在董事会行为上),但形式上的董事会治理仍处在满足法律法规"最低要求"的阶段,董事会治理水平的提高仍然任重而道远。

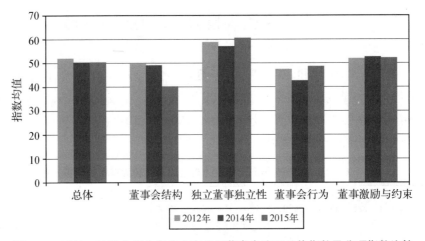

图 9 - 1　2012~2015 年三个年度上市公司董事会治理总体指数及分项指数比较

为了弄清导致董事会治理分项指数波动的来源,表 9 - 2 比较了 2012 年、2014 年与2015 年中国上市公司董事会治理指数的具体指标。

表 9 - 2　2012~2015 年三个年度上市公司董事会治理指数具体指标比较

一级指标	二 级 指 标	2012 年	2014 年	2015 年
董事会结构 (1~11)	1. 外部董事比例	0.0360	0.0295	0.0294
	2. 有无外部非独立董事	0.0359	0.0255	0.0166
	3. 两职分离	0.7597	0.5382	0.7510

一级指标	二　级　指　标	2012 年	2014 年	2015 年
董事会结构(1～11)	4. 董事长是否来自大股东单位	0.2770	0.3178	0.3627
	5. 有无小股东代表(是否实行累积投票制)	0.0985	0.2013	0.0753
	6. 有无职工董事	0.0337	0.0259	0.0241
	7. 董事学历	0.7798	0.7876	0.8097
	8. 年龄超过 60 岁(包括 60 岁)的董事比例	0.8591	0.8560	0.8584
	9. 审计委员会设置情况	0.9045	0.9049	0.4812
	10. 薪酬委员会设置情况	0.9330	0.9284	0.5405
	11. 提名委员会设置情况	0.7494	0.7816	0.4814
独立董事独立性(12～21)	12. 审计委员会主席是否由独立董事担任	0.2031	0.1639	0.1571
	13. 独立董事中有无财务专家	0.8885	0.9021	0.8964
	14. 独立董事中有无法律专家	0.4866	0.4960	0.5352
	15. 独立董事中有无其他企业高管	0.6132	0.6850	0.6761
	16. 独立董事中是否有人曾就职于政府部门或人大政协(人大、政协可以是现任)	0.6188	0.7243	0.7397
	17. 独立董事是否担任本公司董事长	0.0043	0.0052	0.0041
	18. 在多家公司担任独立董事情况(包括本公司)	0.7310	0.4566	0.6557
	19. 独立董事董事会实际出席率	0.8631	0.8392	0.9788
	20. 独立董事津贴是否超过 10 万元(税前,不包括 10 万元)	0.8997	0.9002	0.8667
	21. 是否详细披露独立董事过去三年的任职经历	0.5728	0.5372	0.5471
董事会行为(22～28)	22. 内部董事与外部董事是否有明确的沟通制度	0.0078	0.0072	0.0087
	23. 投资者关系建设情况	0.5949	0.5207	0.4729
	24. 是否存在董事会提交的决议事项或草案被股东大会撤销或者否决的情况	0.9853	0.9865	0.9966
	25.《董事会议事规则》的说明	0.6893	0.6734	0.3153
	26. 财务控制	0.5719	0.4550	0.6645
	27. 董事会是否有明确的高管考评和激励制度	0.4166	0.3433	0.4083
	28. 股东大会(包括临时股东大会)股东出席率	0.0540	0.0000	0.5367
董事激励与约束(29～37)	29. 执行董事薪酬是否与其业绩相吻合	0.4996	0.5099	0.4998
	30. 股东诉讼及赔偿情况	0.9909	0.9660	0.9554
	31. 董事会成员是否遭到监管机构处罚或谴责	0.9620	0.9749	0.9507
	32. 是否有明确的董事考核或薪酬制度	0.2433	0.2904	0.2750
	33. 是否公布董事考评/考核结果	0.0095	0.0151	0.0098

一级指标	二　级　指　标	2012 年	2014 年	2015 年
董事激励 与约束 (29~37)	34. 是否披露董事薪酬情况	0.9855	0.9558	0.9693
	35. 是否有董事会会议记录或者董事会备忘录	0.0428	0.0446	0.0309
	36. 是否有董事行为准则相关的规章制度	0.0082	0.0060	0.0060
	37. 独立董事是否明确保证年报内容的真实性、准确性和 完整性或不存在异议	0.9270	0.9650	0.9944

由表 9-2 可知,三个年度中,在董事会结构分项指数的 11 个二级指标中,有 2 个指标连续上升,4 个指标连续下降,3 个指标先升后降,2 个指标先降后升。其中 2015 年下降幅度较大的指标"9. 审计委员会设置情况"、"10. 薪酬委员会设置情况"和"11. 提名委员会设置情况",主要原因在于前述的衡量标准优化。指标"5. 有无小股东代表(是否实行累积投票制)"也出现了大幅下滑,不难看出股灾对小股东权益的侵害;而指标"3. 两职分离"得分相较于 2014 年则出现了大幅上升,但还没有达到 2012 年的水平,这意味着两权分离仍需强化。在独立董事独立性分项指数的 10 个二级指标中,有 2 个指标连续上升,1 个指标连续下降,3 个指标先降后升,4 个指标先升后降,其中相比 2014 年,上升幅度最大的指标是"18. 在多家公司担任独立董事情况(包括本公司)",这说明独立董事兼职过多现象有所降低。在董事会行为分项指数的 7 个二级指标中,有 1 个指标连续上升,2 个指标连续下降,4 个指标先降后升,值得注意的是指标"28. 股东大会(包括临时股东大会)股东出席率",由于深圳证券交易所增添了新的规定,深市上市公司绝大多数都在年报中披露了该指标,致使该指标得分大幅增长。在董事激励与约束分项指数的 9 个二级指标中,有 1 个指标连续上升,1 个指标连续下降,1 个指标先降后升,5 个指标先升后降,还有 1 个指标 2014 年和 2015 年持平,低于 2012 年。总体看,指标下降幅度高于上升幅度。

9.2　分地区董事会治理指数的年度比较

用各地区上市公司董事会治理总体指数,以及董事会结构、独立董事独立性、董事会行为和董事激励与约束四个分项指数的平均值来代表各地区上市公司董事会治理情况,分别比较不同地区 2012 年、2014 年与 2015 年董事会治理的差异,结果见表 9-3。

根据表 9-3,从董事会治理总体指数看,三个年度中东部和中部两个地区的总体指数均值先降后升,西部和东北两个地区持续下降;西部和东部占据第一或第二的地位,中部则列居第三或末位;整体来看变化幅度不大,但考虑到本年度进行了指标的优化(更加严格),这其实表明 2015 年董事会治理水平有所提高。从四个分项指数看,在董事会结构分项指数上,2015 年各地区都显著低于其他两个年度,原因已如上所述;在独立董事独立性分项指数

表 9 - 3　2012～2015 年三个年度不同地区上市公司董事会治理指数均值比较

地　区	年　份	总体指数	分　项　指　数				总体指数排名
			董事会结构	独立董事独立性	董事会行为	董事激励与约束	
东部	2012	52.2066	49.6929	59.0708	48.0436	52.0188	1
	2014	50.3275	48.9373	56.7206	42.8083	52.8436	2
	2015	50.5515	40.3700	60.4467	49.1716	52.2178	2
中部	2012	51.2506	48.9875	57.9780	46.3752	51.6619	3
	2014	49.8115	48.0151	57.3733	41.9351	51.9225	4
	2015	50.0624	39.6478	60.4903	48.1033	52.0082	3
西部	2012	52.0921	50.8373	58.5893	47.3086	51.6331	2
	2014	51.0817	50.9167	58.1421	43.3402	51.9277	1
	2015	50.6203	40.7816	61.4578	48.1095	52.1323	1
东北	2012	50.5665	48.6091	58.7010	43.5027	51.4530	4
	2014	49.8529	48.3695	58.1005	40.9401	52.0016	3
	2015	48.7538	39.4127	59.9072	44.4432	51.2520	4

上,四个地区 2015 年的均值显著高于其他两个年度,其中,东部地区相比于 2014 年上升幅度最大,上升了 3.7261 分,由上一年度的末位上升到第三,东北地区由第二名滑落到了最后一名;在董事会行为分项指数上,2015 年四个地区都得到了大幅提升,且均高于 2012 年,依旧是东部地区相比于 2014 年上升幅度最大,上升了 6.3633 分,由上一年度的第二跃居第一;在董事激励与约束分项指数上,东部和东北先升后降,西部和中部都是连续上升,但变化幅度都不大。

图 9 - 2 显示了四个地区董事会治理总体指数的变化。从总体指数排名看,三个年度各不相同,西部在 2014 年和 2015 年蝉联第一名,在 2012 年为第二名;东部地区在 2012 年为

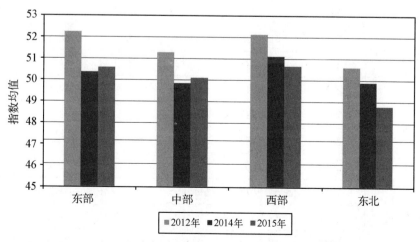

图 9 - 2　2012～2015 年三个年度不同地区上市公司董事会治理总体指数的变化

第一名,2014 年和 2015 年位居第二;中部地区则在 2012 年和 2015 年位居第三,在 2014 年处于末位;东北地区 2012 年处于末位,2014 年上升到第三位,2015 年又下降至最后一名。总体来看,东部和西部表现较好,东北地区的表现则不太令人满意。

9.3 分行业董事会治理指数的年度比较

用各行业上市公司董事会治理总体指数,以及董事会结构、独立董事独立性、董事会行为和董事激励与约束四个分项指数的平均值来代表各行业上市公司董事会治理情况,分别比较不同行业 2012 年、2014 年与 2015 年董事会治理水平的差异,结果参见表 9-4。

表 9-4   2012～2015 年三个年度不同行业上市公司董事会治理指数均值比较

行 业	年 份	总体指数	分 项 指 数			
			董事会结构	独立董事独立性	董事会行为	董事激励与约束
农、林、牧、渔业(A)	2012	52.1836	49.2741	58.9423	47.1230	53.3951
	2014	53.4196	51.5785	60.5000	46.1830	59.4167
	2015	49.6289	38.7398	59.3818	49.4681	50.9259
采矿业(B)	2012	51.7153	49.7309	57.0607	48.9975	51.0721
	2014	50.5378	50.2145	59.0580	44.0864	48.7923
	2015	49.3443	41.0768	58.1763	45.6125	52.5114
制造业(C)	2012	51.8823	49.1963	58.8384	47.4177	52.0767
	2014	50.3151	48.3955	57.0059	42.7593	53.0997
	2015	50.7032	39.7456	61.2551	49.5624	52.2495
电力、热力、燃气及水生产和供应业(D)	2012	51.3189	50.6491	58.5701	43.8196	52.2367
	2014	50.4024	49.6323	58.8008	41.5505	51.6260
	2015	50.0047	41.9915	59.6376	44.0825	54.3071
建筑业(E)	2012	53.2887	49.4457	58.5202	52.3119	52.8770
	2014	50.6253	50.8567	59.6818	44.6158	51.3468
	2015	50.8162	40.1488	59.5975	49.6061	53.9124
批发和零售业(F)	2012	51.5817	50.1455	60.0271	49.0060	51.1482
	2014	49.6645	49.4804	57.8591	40.9456	50.3729
	2015	48.7885	39.8619	59.7678	44.3528	51.1716

行　业	年　份	总体指数	分　项　指　数			
			董事会结构	独立董事独立性	董事会行为	董事激励与约束
交通运输、仓储和邮政业(G)	2012	53.0746	50.5281	58.9228	49.0955	53.7518
	2014	51.0785	49.8959	58.3951	43.4855	52.5377
	2015	50.7525	42.6532	58.4677	48.1856	53.7037
住宿和餐饮业(H)	2012	54.2591	54.5959	62.6717	47.9167	51.8519
	2014	49.7189	52.4703	59.5455	43.4253	43.4343
	2015	50.1619	40.3565	60.6044	46.1513	53.5354
信息传输、软件和信息技术服务业(I)	2012	49.3109	47.3182	59.8364	49.7390	48.3498
	2014	48.0378	49.8415	53.5821	39.8254	52.9022
	2015	50.4914	40.4353	59.5740	50.4239	51.5326
金融业(J)	2012	56.2024	62.6741	56.4566	54.5950	51.0840
	2014	53.5545	61.3309	59.3488	47.2799	50.2584
	2015	50.7265	49.5428	56.7413	50.1367	46.4853
房地产业(K)	2012	52.6711	51.0853	60.0771	47.7616	51.7606
	2014	50.5469	51.8365	57.6894	41.6937	50.9680
	2015	48.7601	40.4784	59.1977	44.9496	50.4146
租赁和商务服务业(L)	2012	52.9163	49.4710	57.8812	51.4031	52.9101
	2014	51.5749	49.8702	58.5417	49.5729	52.3148
	2015	50.1302	40.0187	58.4777	50.7422	51.2821
科学研究和技术服务业(M)	2012	51.1267	41.6093	62.5116	53.4722	46.9136
	2014	50.6820	46.9216	57.7273	49.0487	53.0303
	2015	52.4917	42.2470	65.6276	50.2403	51.8519
水利、环境和公共设施管理业(N)	2012	52.5111	51.4597	61.3366	46.0404	51.2077
	2014	51.9392	50.7598	56.1539	49.5014	59.3419
	2015	51.7435	41.8793	61.3376	50.6089	53.1481
卫生和社会工作(Q)	2012	47.3709	46.9095	53.2222	37.5000	51.8519
	2014	49.0260	46.2695	53.7500	31.4732	48.6111
	2015	51.6158	41.6111	64.0000	49.7409	51.1111

行　　业	年　份	总体指数	分　项　指　数			
			董事会结构	独立董事独立性	董事会行为	董事激励与约束
文化、体育和娱乐业（R）	2012	53.3846	51.6794	59.1406	49.1072	53.6111
	2014	51.0201	51.0905	58.6207	41.6872	52.6820
	2015	49.5160	41.0871	60.2256	43.2019	53.5494
综合（S）	2012	50.3377	49.7220	58.6950	41.9237	51.0101
	2014	49.5955	48.8417	56.6667	40.3274	52.5463
	2015	48.4643	40.1366	59.0013	41.6082	53.1111

注：由于教育（P）只有 1 家上市公司，不具有代表性，故在比较时将其剔除。

我们从表 9-4 中可以看出：

第一，从董事会治理总体指数看，三个年度中 10 个行业都是持续下降；5 个行业先降后升，即 2015 年比 2014 年都是上升的，2014 年比 2012 年则都是下降的；仅有卫生和社会工作（Q）是持续上升的；农、林、牧、渔业（A）从 2012 年到 2015 年是先升后降。2015 年比 2014 年下降幅度较大的行业有农、林、牧、渔业（A）和金融业（J），分别下降 3.7907 分和 2.8280 分。金融业（J）也未能在 2015 年蝉联第一，而是下降到了第 6 位。

第二，从董事会结构分项指数看，三个年度中有 7 个行业先升后降，另外 10 个行业连续下降。也就是说，相比 2014 年，17 个行业 2015 年都是下降的。其中 2015 年比 2014 年下降幅度超过 10 分的行业达 6 个，自高到低分别是农、林、牧、渔业（A），住宿和餐饮业（H），金融业（J），房地产业（K），建筑业（E），文化、体育和娱乐业（R），下降幅度最大的行业是农林牧渔业（A），下降幅度高达 12.8387 分。

第三，从独立董事独立性分项指数看，三个年度中有 5 个行业先升后降，10 个行业先降后升，2 个行业连续上升。其中，相对于 2014 年，上升幅度最大的是卫生和社会工作（Q），幅度达 10.2500 分；下降幅度最大的是金融业（J），幅度为 2.6075 分。总体来说上升行业的上升幅度大于下降行业的下降幅度。

第四，从董事会行为分项指数看，三个年度中除了水利、环境和公共设施管理业（N）是持续上升之外，其他 16 个行业均是先下降后上升。其中，卫生和社会工作（Q），信息传输、软件和信息技术服务业（I），制造业（C）三个行业 2015 年的上升幅度较大，均高于 2012 年度和 2014 年度该行业上市公司董事会行为分项指数均值；尤其是卫生和社会工作（Q），相较于 2014 年，上升幅度达 18.2677 分。

第五，从董事激励与约束分项指数看，三个年度中除了综合（S）持续上升，金融业（J）、房地产业（K）、租赁和商务服务业（L）持续下降外，有 8 个行业是先降后升，有 5 个行业是先升后降。相比于 2014 年，上升幅度最大的行业是住宿和餐饮业（H），上升幅度为 10.1011 分；

下降幅度最大的是农、林、牧、渔业(A)，下降幅度为8.4908分。

图9-3显示了17个行业董事会治理总体指数的变化。从总体指数排名看，各行业排名变化较大，2012年及2014年金融业(J)排名第一，2015年却下降到了第6位；2012年及2014年卫生和社会工作(Q)行业都排名末位，2015年却上升到了第3位，但该行业仅有5家上市公司，代表性不足。

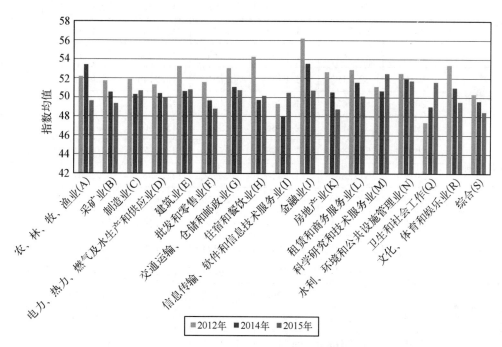

图9-3　2012～2015年三个年度不同行业上市公司董事会治理总体指数的变化

9.4　分所有制董事会治理指数的年度比较

按照五类所有制的划分，用各所有制上市公司董事会治理总体指数，以及董事会结构、独立董事独立性、董事会行为和董事激励与约束四个分项指数的平均值来代表各所有制上市公司董事会治理情况，分别比较2012年、2014年与2015年不同所有制上市公司的董事会治理水平的差异，结果参见表9-5 Panel A。另外，进一步将样本按照国有控股公司和非国有控股公司分类，统计信息见表9-5 Panel B。

从表9-5 Panel A可以看出：

第一，从董事会治理总体指数看，2015年国有参股公司和无国有股份公司的董事会治理水平相较于2014年有了一定的提升，但均低于2012年的同所有制类型的公司得分；国有绝对控股、国有强相对控股和国有弱相对控股公司则低于2014年度同所有制类型的公司得分，且低于2012年度得分；2015年国有弱相对控股公司排名下降到第2名，国有强相对控股

表 9－5　2012～2015 年三个年度不同所有制上市公司董事会治理指数均值比较

所有制类型	年　份	总体指数	分　项　指　数				总体指数排名
			董事会结构	独立董事独立性	董事会行为	董事激励与约束	
Panel A　按照五类所有制公司分类							
国有绝对控股公司	2012	51.5340	50.2349	57.4871	47.4476	50.9662	4
	2014	50.1619	51.1554	56.9731	42.2198	50.2993	4
	2015	49.4895	41.2992	58.3869	45.5225	52.7495	5
国有强相对控股公司	2012	52.5190	51.8172	58.7547	46.9145	52.5897	2
	2014	50.9436	51.7851	57.4272	42.4139	52.1480	2
	2015	50.3112	42.3986	59.8447	45.9109	53.0906	3
国有弱相对控股公司	2012	53.1609	51.6198	59.7199	48.2375	53.0664	1
	2014	51.2333	51.4312	58.8584	42.3985	52.2451	1
	2015	50.7189	42.6243	60.9209	46.6504	52.6800	2
国有参股公司	2012	51.8411	49.1394	59.2114	46.7108	52.3028	3
	2014	50.9164	49.0825	58.0491	43.7062	52.8280	3
	2015	50.9634	39.5999	60.9727	50.7473	52.5336	1
无国有股份公司	2012	51.5027	48.3006	58.7642	47.6497	51.2963	5
	2014	49.7204	46.8572	56.2183	42.5691	53.2370	5
	2015	50.2695	38.8125	61.1757	49.9558	51.1338	4
Panel B　按照国有控股公司和非国有控股公司分类							
国有控股公司	2012	52.4424	51.3032	58.7004	47.4875	52.2785	1
	2014	50.7972	51.4971	57.7080	42.3523	51.6314	1
	2015	50.1874	42.1442	59.7231	46.0042	52.8782	2
非国有控股公司	2012	51.5998	48.5412	58.8924	47.3805	51.5850	2
	2014	50.0278	47.4291	56.6888	42.8613	53.1319	2
	2015	50.5259	39.1034	61.1007	50.2483	51.6510	1

公司下降到第 3 名,国有参股公司则由原来的第 3 名跃居首位;相较于前两年,无国有股份公司和国有绝对控股公司则对调了名次。

第二,在董事会结构分项指数上,除国有绝对控股公司是先升后降之外,其他四类所有制公司均是持续下降,相比 2014 年,五类所有制上市公司 2015 年的下降幅度都较大,主要原因还是我们前文提到的指标优化问题。

第三,在独立董事独立性分项指数上,五类公司在三个年度中都是先降后升,并且 2015 年度的得分均值高于 2012 年度,说明近两年上市公司更加重视独立董事独立性的问题,尽管还主要限于形式上的独立性。

第四,在董事会行为分项指数上,五类公司在三个年度中都是先降后升。国有参股公司和无国有股份公司2015年的得分均值比前两个年度都高,国有绝对控股、国有强相对控股公司和国有弱相对控股公司2015年的得分则高于2014年度,但低于2012年度。相比2014年,2015年变化幅度最大的是无国有股份公司,该分项指数均值上升了7.3867分;相比2012年变化幅度最大的是国有参股公司,该分项指数均值上升了4.0365分。

第五,在董事激励与约束分项指数上,五类公司有升有降。国有弱相对控股公司、国有强相对控股公司、国有绝对控股公司都是先降后升,国有参股公司和无国有股份公司则是先升后降。其中,国有绝对控股和国有强相对控股公司相较于2012年度和2014年度,都有较明显的上升,这与反腐力度加大可能有一定关系。

图9-4显示了五类所有制公司董事会治理总体指数的变化。从总体指数排名可以看出,2012年度与2014年度各类所有制公司排名是一致的,但在2015年度发生了较大的变化,国有参股公司排名第一,国有绝对控股公司、国有强相对控股公司和国有弱相对控股公司均后调一名,而无国有股份公司由第5位上升至第4位。

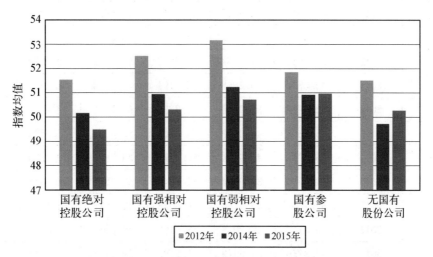

图9-4　2012～2015年三个年度不同所有制上市公司董事会治理总体指数的变化

从表9-5 Panel B可以看出:

国有控股公司三个年度董事会治理总体指数持续下降,2015年的总体指数均值甚至略低于非国有控股公司;非国有控股公司三个年度则是先降后升。其中,董事会结构分项指数下降较多,其原因主要是如前所述的指标优化,尤其是国有控股公司下降了9.3529分;在独立董事独立性分项指数上,两类公司都是先降后升,并且2015年度指数均值显著高于2014年,也高于2012年,其中非国有控股公司上升较多,上升了4.4119分;两类公司的董事会行为分项指数也是先降后升,尤其是非国有控股公司的该分项指数均值高于2014年度7.3870分,高于2012年度2.8678分;国有控股公司在董事激励与约束分项指数上是先降后升,而非国有控股公司则是先升后降。国有控股公司在董事激励与约束分项指数上的上升,主要来自政府监管和约束力度的加强。

9.5　分上市板块董事会治理指数的年度比较

用各板块上市公司董事会治理总体指数,以及董事会结构、独立董事独立性、董事会行为和董事激励与约束四个分项指数的平均值来代表各板块上市公司董事会治理情况,分别比较不同板块 2012 年、2014 年与 2015 年董事会治理的差异,结果见表 9-6。

表 9-6　2012～2015 年三个年度不同板块上市公司董事会治理指数均值比较

上市板块	年　份	总体指数	分　项　指　数				总体指数排名
			董事会结构	独立董事独立性	董事会行为	董事激励与约束	
深市主板(不含中小企业板)	2012	52.8235	51.7457	60.1841	47.8040	51.5603	2
	2014	51.7614	52.6955	59.1442	43.6831	51.5227	2
	2015	52.6016	42.8089	61.7426	53.3751	52.4797	1
深市中小企业板	2012	54.6867	51.6751	60.6847	52.7491	53.6378	1
	2014	52.2776	50.2642	58.3194	46.6633	53.8634	1
	2015	52.4296	39.9465	61.7237	55.7185	52.3297	2
深市创业板	2012	46.8658	42.6673	54.2004	43.6007	46.9949	4
	2014	46.6760	41.9404	50.1979	39.1420	59.4236	4
	2015	51.6300	39.6964	61.6840	52.9851	52.1547	3
沪市主板	2012	51.1380	49.4066	58.2028	44.6526	52.2901	3
	2014	49.6147	49.2023	57.9199	40.5210	50.8606	3
	2015	47.3769	39.5979	58.7196	39.3928	51.7972	4

从表 9-6 可以看出:

第一,从董事会治理总体指数看,除沪市主板连续下降外,深市中小企业板、深市主板(不含中小企业板)、深市创业板均是先降后升。尤其是深市创业板,2015 年比 2014 年高出 4.9540 分,比 2012 年高出 4.7642 分,这说明 2015 年深交所对创业板上市公司的监管力度较强。

第二,从董事会结构分项指数看,三个年度中,深市主板(不含中小企业板)是先升后降,深市中小企业板、深市创业板、沪市主板都是连续下降,且下降幅度较大,主要原因还是前文提到的指标优化。2015 年比 2014 年下降幅度从高到低依次是深市中小企业板、深市主板(不含中小企业板)、沪市主板和深市创业板。深市中小企业板 2015 年比 2014 年下降幅度最大,下降 10.3177 分。

第三,从独立董事独立性分项指数看,三个年度中,四个上市板块都是先降后升。2015 年比 2014 年上升幅度从高到低依次是深市创业板、深市中小企业板、深市主板(不含中小企业板)和沪市主板。深市创业板上升了 11.4861 分,上升幅度较大可能主要因为其基础较差,而沪市主板与 2014 年和 2012 年的得分均值相差不大,2015 年排名下调至末位。

第四,从董事会行为分项指数看,三个年度中,沪市主板是持续下降,其他三个上市板块都是先降后升。相比于 2014 年,深市创业板上升幅度最大,上升了 13.8431 分,排名由 2012 年和 2014 年的第四名上升至第三名;深市中小企业板上升 9.0552 分,并且三个年度都名列第一;深市主板(不含中小企业板)上升了 9.6920 分,并且三个年度都位列第二;沪市主板则下降了 1.1282 分。

第五,从董事激励与约束分项指数看,三个年度中,深市主板(不含中小企业板)和沪市主板是先降后升;深市中小企业板和深市创业板则是先升后降。相比于 2012 年和 2014 年,深市主板(不含中小企业板)、深市中小企业板和沪市主板变化幅度都不大,但深市创业板却在 2014 年有了大幅度的提升,在 2015 年又有大幅度的下降,可见创业板上市公司董事激励与约束机制不够完善,尤其是约束机制的有效性不强,易受经济环境的影响。

图 9-5 显示了四个板块上市公司三个年度董事会治理总体指数的变化情况。从排名中看到,深市中小企业板在 2012 年和 2014 年均排名第一,2015 年下降至第二。深市主板(不含中小企业板)在 2012 年和 2014 年均是排名第二,在 2015 年排名第一,并且这三个年度相差不大。沪市主板三个年度的董事会治理总体指数均值逐年下降,分别排在第三、第三和第四的位置。深市创业板上市公司在经过了一段时间的高管辞职套现、高超募等一系列问题的爆发与整改后,其董事会治理水平在 2015 年得到了明显的提升。

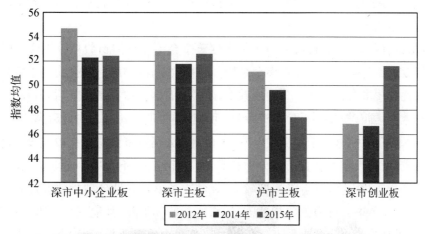

注:深市中小企业板是深市主板的一部分,但本图中的深市主板不含中小企业板。

图 9-5 2012~2015 年三个年度不同板块上市公司董事会治理总体指数的变化

9.6　本　章　小　结

本章从总体、地区、所有制、行业和上市板块等角度分别比较了 2012 年、2014 年与 2015 年中国上市公司的董事会治理水平，主要结论如下：

第一，从总体看，2015 年上市公司董事会治理指数均值与 2014 年相比有所上升，但低于 2012 年董事会治理指数均值。其中，董事会结构分项指数下滑幅度较大，独立董事独立性分项指数和董事会行为分项指数有所上升，董事激励与约束分项指数与前两年相差不大。需要说明的是，为了更清楚地反映上市公司董事会"三会"的设置情况，我们对指标进行了优化，这是董事会结构分项指数下降的主要原因，但不是全部原因，董事会结构分项指数下降也是客观现实。

第二，从地区看，2012 年、2014 年和 2015 年三个年度中东部和中部两个地区的总体指数均值先降后升，西部和东北两个地区持续下降，整体来看变化幅度不大。在董事会结构分项指数上，2015 年各地区都显著低于其他两个年度；在独立董事独立性分项指数上，四个地区 2015 年的均值显著高于其他两个年度；在董事会行为分项指数上，2015 年四个地区都得到了大幅提升，且均高于 2012 年；在董事激励与约束分项指数上，东部和东北先升后降，西部和中部都是连续上升，但变化幅度都不大。

第三，从行业看，三个年度中，10 个行业上市公司董事会治理总体指数持续下降，5 个行业先降后升，1 个行业持续上升；在董事会结构分项指数上，有 7 个行业先升后降，另 10 个行业连续下降；在独立董事独立性分项指数上，有 5 个行业先升后降，10 个行业先降后升，2 个行业连续上升；在董事会行为分项指数上，有 1 个行业持续上升，其他 16 个行业均是先下降后上升；在董事激励与约束分项指数上，1 个行业持续上升，3 个行业持续下降，8 个行业先降后升，5 个行业先升后降。

第四，从所有制看，国有控股公司三个年度董事会治理总体指数持续下降，非国有控股公司三个年度则是先降后升。在董事会结构分项指数上，两类所有制公司均下降较多；在独立董事独立性和董事会行为两个分项指数上，两类所有制公司都是先降后升；在董事激励与约束分项指数上，国有控股公司是先降后升，而非国有控股公司则是先升后降。

第五，从上市板块看，三个年度中，沪市主板上市公司董事会总体指数连续下降，其他三个板块均是先降后升；在董事会结构分项指数上，深市主板（不含中小企业板）先升后降，其他三个板块都是连续下降，且下降幅度较大；在独立董事独立性分项指数上，四个上市板块都是先降后升；在董事会行为分项指数上，沪市主板持续下降，其他三个上市板块都是先降后升；在董事激励与约束分项指数上，深市主板（不含中小企业板）和沪市主板先降后升，深市中小企业板和深市创业板则是先升后降。

中国公司治理分类
指数报告No.15
（2016）

Report on China
Classified Corporate
Governance Index
No.15（2016）

第四编
企业家能力
指数

第 10 章

企业家能力总体指数排名及比较

根据第 1 章确定的企业家能力指数评价方法，以及我们评估获得的 2015 年度 2655 家样本上市公司指数数据，本章对这些上市公司的企业家能力指数进行总体排名和分析，然后分别从地区、行业和上市板块等三个角度依次进行比较和分析。

10.1 企业家能力指数总体分布及排名

基于上市公司 2015 年的公开数据，根据本报告构建的企业家能力指数指标体系和指数计算方法，对 2655 家上市公司企业家能力指数进行计算，可以得到中国上市公司企业家能力指数的整体排名情况（详见附带光盘附表Ⅲ-1 和Ⅲ-2）。

10.1.1 企业家能力指数总体分布

2015 年上市公司企业家能力指数总体得分情况参见表 10-1。

表 10-1 2015 年上市公司企业家能力指数总体情况

项目	公司数目	平均值	中位值	最大值	最小值	标准差	偏度系数	峰度系数
数值	2655	34.8158	34.7858	57.2811	13.5564	5.3657	0.0394	0.3842

从表 10-1 可以看出，2015 年上市公司企业家能力指数最大值 57.2811，最小值 13.5564，平均值 34.8158，中位值 34.7858，标准差 5.3657，全部样本得分整体偏低。企业家能力指数的偏度系数为 0.0394，峰度系数为 0.3842，峰度系数与标准差的比例是 0.0716，基本符合正态分布，且分布较集中。相对于 2014 年度（2013 年数据）的评价，2015 年度企业家能力指数有所下降，平均值从 35.4806 降至 34.8158，降幅为 0.6648 分，总体下降幅度不大。

为进一步了解企业家能力指数在各个得分区间的分布情况，我们将企业家能力指数以 5 分为间隔进行区间划分，由于企业家能力指数最大值为 57.2811，最小值为 13.5564，故可以划分为[0, 10)、[10, 20)、[20, 30)、[30, 40)、[40, 50)、[50, 60)、[60, 100]等 7 个区间（公司数目为 0 的相邻区间合并),每个得分区间的企业数目和所占比重参见表 10-2。

表 10-2　2015 年上市公司企业家能力指数区间分布

指 数 区 间	公 司 数 目	占 比(%)	累计占比(%)
[0, 10)	0	0.00	0.00
[10, 15)	2	0.08	0.08
[15, 20)	10	0.38	0.45
[20, 25)	71	2.67	3.13
[25, 30)	389	14.65	17.78
[30, 35)	911	34.31	52.09
[35, 40)	833	31.37	83.47
[40, 45)	359	13.52	96.99
[45, 50)	71	2.67	99.66
[50, 55)	8	0.30	99.96
[55, 60)	1	0.04	100.00
[60, 100)	0	0.00	100.00
总　体	2655	100.00	—

　　从表 10-2 可以看出,企业家能力指数在[30,35)区间的公司数最多,为 911 家,占样本总数的 34.31%。93.86% 的上市公司的企业家能力指数分布在[25,45)区间,有公司 2492家。值得关注的是,在 2655 家上市公司中,没有一家公司的企业家能力指数达到 60 分以上。如果以 60 分作为及格线,这意味着,所有上市公司的企业家能力均"不及格"。这说明中国上市公司企业家能力水平整体偏低,还有很大的提升空间。

　　图 10-1 更直观地显示了企业家能力指数在各个得分区间的分布情况。可以看出,企业家能力指数基本符合正态分布,略向左偏。

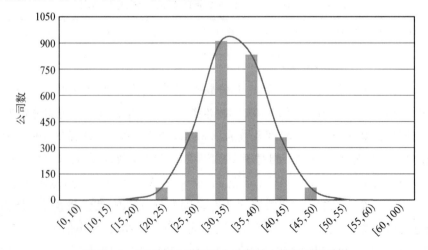

图 10-1　2015 年上市公司企业家能力指数区间分布

10.1.2 企业家能力指数前后 100 名

表 10-3 给出了 2655 家上市公司中排名前 100 家和最后 100 家公司的企业家能力指数得分情况。可以看出,前 100 名公司的企业家能力指数均值为 46.9628;而后 100 名公司的企业家能力均值为 22.9697,得分相当不理想。从标准差来看,在上述两类样本中,前 100 名公司得分的差异较后 100 名略小。

表 10-3 2015 年上市公司企业家能力指数前后 100 名情况

	平 均 值	中 位 值	最 大 值	最 小 值	标 准 差
前 100 名	46.9628	46.2724	57.2811	44.4601	2.3441
后 100 名	22.9697	23.8252	25.5580	13.5564	2.4903
总 体	34.8158	34.7858	57.2811	13.5564	5.3657

我们对 2655 家上市公司的企业家能力指数从大到小降序排列,企业家能力指数越高,说明上市公司企业家能力水平越高。表 10-4 是企业家能力指数排名前 100 名的上市公司情况。

表 10-4 2015 年上市公司企业家能力指数排名(前 100 名)

排名	代 码	公司简称	CEO	指 数 值	排名	代 码	公司简称	CEO	指 数 值
1	600887	伊利股份	潘 刚	57.2811	15	300382	斯莱克	安 旭	49.2075
2	002444	巨星科技	仇建平	54.7000	16	002468	艾迪西	王绍东	49.0095
3	000425	徐工机械	王 民	52.6241	17	002294	信立泰	Kevin Sing Ye	48.9824
4	002486	嘉麟杰	杨世滨	52.5286					
5	000338	潍柴动力	谭旭光	51.8819	18	002483	润邦股份	吴 建	48.8665
6	603268	松发股份	林道藩	51.8570	19	000157	中联重科	詹纯新	48.6885
7	000404	华意压缩	朱金松	51.4196	20	600881	亚泰集团	宋尚龙	48.6252
8	300001	特锐德	Siegfried Arno Ruhland	50.3129	21	600031	三一重工	向文波	48.6031
					22	002085	万丰奥威	梁赛南	48.1597
					23	002478	常宝股份	朱洪章	48.0625
9	002251	步步高	王 填	50.1083	24	002051	中工国际	罗 艳	47.9853
10	300078	中瑞思创	章笠中	49.8458	25	601002	晋亿实业	蔡晋彰	47.9706
11	603309	维力医疗	韩广源	49.7724	26	002223	鱼跃医疗	吴光明	47.8960
12	300009	安科生物	宋礼华	49.5304	27	000760	斯太尔	吴晓白	47.8334
13	002070	众和股份	许建成	49.3319	28	600493	凤竹纺织	陈 锋	47.6595
14	002335	科华恒盛	陈成辉	49.2912	29	002594	比亚迪	王传福	47.6538

排名	代 码	公司简称	CEO	指 数 值	排名	代 码	公司简称	CEO	指 数 值
30	600699	均胜电子	王剑峰	47.5918	60	300084	海默科技	郑子琼	45.9006
31	002567	唐人神	陶一山	47.4633	61	300228	富瑞特装	李宝瑞	45.8572
32	600192	长城电工	张希泰	47.4189	62	601011	宝泰隆	焦 云	45.7874
33	300211	亿通科技	王振洪	47.3156	63	603799	华友钴业	陈雪华	45.6695
34	300266	兴源环境	周立武	47.2406	64	600268	国电南自	应光伟	45.5453
35	300296	利亚德	李 军	47.2365	65	002329	皇氏集团	黄嘉棣	45.5082
36	000065	北方国际	王粤涛	47.1943	66	002650	加加食品	杨 振	45.5044
37	300373	扬杰科技	梁 勤	47.1233	67	002644	佛慈制药	孙 裕	45.4711
38	002439	启明星辰	王 佳	47.1221	68	600028	中国石化	李春光	45.4613
39	002677	浙江美大	夏 鼎	47.1066	69	002434	万里扬	王维传	45.4095
40	002299	圣农发展	傅光明	47.1017	70	300218	安利股份	姚和平	45.4026
41	300168	万达信息	史一兵	47.0103	71	002121	科陆电子	饶陆华	45.2170
42	000876	新希望	陈春花	47.0066	72	002640	百圆裤业	杨建新	45.2146
43	000100	TCL 集团	李东生	46.9532	73	300155	安居宝	陈 平	45.2057
44	002050	三花股份	张亚波	46.8075	74	300147	香雪制药	王永辉	45.1908
45	600299	*ST 新材	Jean Marc Dublanc	46.7160	75	300138	晨光生物	卢庆国	45.1689
					76	300429	强力新材	李 军	45.1546
46	600375	华菱星马	刘汉如	46.5383	77	002733	雄韬股份	张华农	45.0935
47	300123	太阳鸟	李跃先	46.5330	78	002579	中京电子	杨 林	45.0399
48	002215	诺普信	卢柏强	46.4955	79	002302	西部建设	吴志旗	45.0194
49	603118	共进股份	唐佛南	46.4446	80	603686	龙马环卫	张桂潮	45.0177
50	600260	凯乐科技	马圣竣	46.2917	81	002105	信隆实业	廖学湖	44.9959
51	002582	好想你	石聚彬	46.2531	82	002141	蓉胜超微	周圣华	44.9570
52	601339	百隆东方	杨卫新	46.2315	83	000504	南华生物	向双林	44.9445
53	002527	新时达	纪德法	46.2254	84	002249	大洋电机	徐海明	44.9369
54	603766	隆鑫通用	高 勇	46.2175	85	600351	亚宝药业	任武贤	44.9204
55	300151	昌红科技	谭龙泉	46.1896	86	300234	开尔新材	郑根土	44.9180
56	300298	三诺生物	李少波	46.1795	87	002721	金一文化	陈宝康	44.8614
57	601857	中国石油	汪东进	46.1655	88	002595	豪迈科技	张 岩	44.8577
58	300358	楚天科技	唐 岳	46.0465	89	002185	华天科技	李六军	44.8508
59	300153	科泰电源	许乃强	45.9872	90	000963	华东医药	李邦良	44.8475

续　表

排名	代　码	公司简称	CEO	指 数 值	排名	代　码	公司简称	CEO	指 数 值
91	601288	农业银行	赵　欢	44.7900	96	002311	海大集团	薛　华	44.6113
92	002056	横店东磁	何时金	44.7806	97	600728	佳都科技	刘　伟	44.5955
93	600352	浙江龙盛	阮伟祥	44.7708	98	002324	普利特	周　文	44.5835
94	002583	海能达	陈清州	44.6979	99	002018	华信国际	陈　斌	44.5158
95	600697	欧亚集团	曲慧霞	44.6482	100	002005	德豪润达	李华亭	44.4601

从表 10-3 可以看出,企业家能力指数得分最高的前三名分别是沪市主板上市公司伊利股份的潘刚(57.2811)、深市中小企业板上市公司巨星科技的仇建平(54.7000)和深市主板上市公司徐工机械的王民(52.6241)。与 2013 年评价结果相比,企业家能力指数前 100 名的平均值降低 2.9218 分,有 16 家公司连续出现在 2013 年和 2015 年两个年度评价结果的前 100 名中,分别是巨星科技、嘉麟杰、安科生物、信立泰、中联重科、亚泰集团、三一重工、中工国际、万达信息、TCL 集团、诺普信、中国石油、加加食品、安利股份、豪迈科技、海大集团;有 14 名 CEO 连续出现在 2013 年和 2015 年两个年度评价结果的前 100 名中,分别是巨星科技的仇建平、安科生物的宋礼华、中联重科的詹纯新、亚泰集团的宋尚龙、三一重工的向文波、中工国际的罗艳、万达信息的史一兵、TCL 集团的李东升、诺普信的卢柏强、中国石油的汪东进、加加食品的杨振、安利股份的姚和平、豪迈科技的张岩和海大集团的薛华。

从地区看,前 100 家上市公司中,东部、中部、西部和东北部各有 70 家、18 家、9 家和 3 家,分别占所在地区上市公司数的 4.00%、4.75%、2.35% 和 2.11%,从相对值(占比)看,中部地区上市公司的 CEO 表现较好。从行业看,制造业有 84 家,批发和零售业有 4 家,采矿业以及信息传输、软件和信息技术服务业都有 3 家,分别占所在行业全部上市公司数的 5.02%、2.72%、4.11% 和 2.07%,从相对值(占比)看,制造业上市公司的 CEO 表现较好。从控股类型看,国有控股公司有 19 家,非国有控股公司有 81 家,分别占同类型上市公司总数的 1.86% 和 4.96%,从相对值(占比)看,非国有控股公司的 CEO 表现较好。在 19 家国有控股公司中,中央企业控股的公司有 9 家,地方国企控股的公司有 10 家,分别占同类型公司总数的 2.54% 和 1.50%,从相对值(占比)看,央企控股的公司表现较好。从上市板块来看,深市主板(不含中小企业板)、深市中小企业板、深市创业板和沪市主板分别有 10 家、42 家、22 家和 26 家,分别占所在板块全部上市公司数的 2.15%、5.65%、5.14% 和 2.56%。从相对值(占比)看,深市中小企业板上市公司 CEO 表现较好。

图 10-2 为前 100 名上市公司企业家能力指数分布情况。可以看出,前 100 名上市公司企业家能力指数分布在 44~58 分,最高分 57.2811,最低分 44.4601,绝对差距 12.8210,有较大差距。绝大多数分布在 48 分上下,前几名相对比较突出。

表 10-5 为企业家能力指数排名后 100 名的上市公司情况。

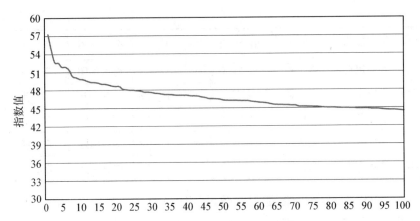

图 10-2　2015 年上市公司企业家能力指数分布情况(前 100 名)

表 10-5　2015 年上市公司企业家能力指数排名(后 100 名)

排名	代码	公司简称	CEO	指数值	排名	代码	公司简称	CEO	指数值
2556	300002	神州泰岳	李　力	25.5580	2577	002617	露笑科技	慎东初	24.7630
2557	600145	*ST 国创	庞建东	25.5379	2578	600566	济川药业	曹龙祥	24.7528
2558	600281	太化股份	张瑞红	25.4834	2579	600769	祥龙电业	杨　雄	24.6988
2559	002190	成飞集成	黄绍浒	25.4752	2580	600415	小商品城	朱　旻	24.6842
2560	000584	友利控股	程小凡	25.4542	2581	600273	嘉化能源	汪建平	24.6388
2561	600855	航天长峰	史燕中	25.3809	2582	600653	申华控股	池　冶	24.5772
2562	000586	汇源通信	徐小文	25.3563	2583	002262	恩华药业	孙家权	24.5442
2563	600747	大连控股	高　宁	25.3481	2584	600093	禾嘉股份	冷天辉	24.4998
2564	000783	长江证券	邓　晖	25.3213	2585	600890	中房股份	吴小辉	24.4925
2565	600279	重庆港九	熊维明	25.3170	2586	000886	海南高速	郭　强	24.4778
2566	300025	华星创业	陈劲光	25.2982	2587	300027	华谊兄弟	王中磊	24.3819
2567	002015	*ST 霞客	冯淑君	25.2715	2588	600635	大众公用	梁嘉玮	24.3549
2568	600753	东方银星	王文胜	25.1292	2589	000040	宝安地产	周　非	24.3528
2569	002296	辉煌科技	谢春生	25.1153	2590	601336	新华保险	万　峰	24.3368
2570	002680	黄海机械	王祥明	25.0754	2591	000677	*ST 海龙	申孝忠	24.3206
2571	000670	盈方微	陈志成	25.0500	2592	000668	荣丰控股	王焕新	24.2993
2572	002075	沙钢股份	陈　瑛	25.0429	2593	600806	*ST 昆机	常宝强	24.2838
2573	300241	瑞丰光电	龚伟斌	24.9313	2594	002316	键桥通讯	孟令章	24.2783
2574	002447	壹桥海参	刘德群	24.9299	2595	600083	博信股份	黄元华	24.2322
2575	600550	保变电气	刘淑娟	24.8286	2596	300220	金运激光	梁　伟	24.1487
2576	000429	粤高速	汪春华	24.7660	2597	000856	冀东装备	于宝池	24.1259

续　表

排名	代码	公司简称	CEO	指数值	排名	代码	公司简称	CEO	指数值
2598	600335	国机汽车	夏闻迪	24.1072	2628	300033	同花顺	易峥	22.1360
2599	000952	广济药业	陈飞豹	24.0960	2629	000058	深赛格	刘志军	22.0152
2600	600621	华鑫股份	曹宇	24.0925	2630	600898	三联商社	薛超	21.9913
2601	600838	上海九百	戴天	24.0922	2631	000995	皇台酒业	李学继	21.9470
2602	600082	海泰发展	宋克新	24.0702	2632	002647	宏磊股份	张震宇	21.9083
2603	600895	张江高科	葛培健	24.0139	2633	600802	福建水泥	何友栋	21.8514
2604	600678	四川金顶	杨学品	23.9756	2634	000639	西王食品	王晓	21.6643
2605	600000	浦发银行	刘信义	23.8660	2635	600555	九龙山	杨卫东	21.4213
2606	600371	万向德农	陈贵樟	23.7844	2636	000557	*ST 广厦	王天林	21.3545
2607	600275	武昌鱼	樊国红	23.7815	2637	601111	中国国航	宋志勇	21.3420
2608	601009	南京银行	胡昇荣	23.7431	2638	002608	舜天船舶	高松	21.3049
2609	601908	京运通	冯焕培	23.6709	2639	600779	水井坊	John Fan (范祥福)	21.2380
2610	002140	东华科技	崔从权	23.5515					
2611	000820	金城股份	杜恩义	23.4088					
2612	600512	腾达建设	杨九如	23.3999	2640	600581	八一钢铁	张志刚	21.2005
2613	000032	深桑达 A	张革	23.3953	2641	600766	园城黄金	郝周明	21.0046
2614	002456	欧菲光	宣利	23.1704	2642	002142	宁波银行	罗孟波	20.8627
2615	000691	亚太实业	陈罡	23.1268	2643	000056	深国商	陈小海	20.5621
2616	600146	大元股份	顾雷雷	23.0984	2644	600783	鲁信创投	王飚	19.9691
2617	600620	天宸股份	曲明光	23.0328	2645	601328	交通银行	彭纯	19.9620
2618	601800	中国交建	陈奋健	23.0248	2646	600817	ST 宏盛	马婷婷	19.8010
2619	600979	广安爱众	余正军	22.9824	2647	000628	高新发展	栾汉忠	19.6162
2620	002716	金贵银业	曹永德	22.7300	2648	000815	美利纸业	田生文	18.5378
2621	000892	星美联合	徐虹	22.7233	2649	600234	山水文化	陆麟育	18.2309
2622	600864	哈投股份	张凯臣	22.5578	2650	600751	天津海运	刘亮	17.6075
2623	002143	印纪传媒	吴冰	22.5333	2651	600265	*ST 景谷	杨晓茗	17.0836
2624	600247	*ST 成城	申方文	22.4534	2652	600733	S 前锋	徐建	16.5411
2625	600708	海博股份	沈宏泽	22.4200	2653	002202	金风科技	王海波	16.1296
2626	002235	安妮股份	张杰	22.3789	2654	600193	创兴资源	阙江阳	13.7153
2627	000662	索芙特	高友志	22.2239	2655	000007	零七股份	叶健勇	13.5564

从表 10-5 可以看出,企业家能力指数得分最低的三名分别是深市主板上市公司零七股份叶

健勇(13.5564)、沪市主板上市公司创兴资源的阚江阳(13.7153)和深市中小企业板上市公司金风科技的王海波(16.1296)。后100名公司中,ST公司有8家,占全部ST公司的19.05%。

从地区分布来看,后100名中,东部、中部、西部和东北各有59家、13家、22家和6家,分别占所在地区全部上市公司数的3.37%、3.43%、5.74%和4.23%,从相对值(占比)看,西部地区上市公司的CEO表现较差。从行业分布来看,制造业,房地产业,批发和零售业,信息传输、软件和信息技术服务业,综合各有44家、12家、7家、5家和5家,占所在行业全部上市公司数的2.63%、8.96%、4.76%、3.45%和20%,从相对值(占比)看,综合和房地产业的CEO表现较差。从控股类型看,国有控股公司41家,非国有控股公司59家,分别占同类型公司总数的4.01%和3.61%,从相对值(占比)看,国有控股公司的CEO表现较差。在41家国有控股公司中,中央企业控股的公司15家,地方国企控股的公司26家,分别占同类型公司总数的4.23%和3.89%,从相对值(占比)看,央企控股的公司的CEO表现较差。从上市板块看,深市主板(不含中小企业板)、深市中小企业板、深市创业板和沪市主板各有24家、18家、6家和52家,分别占各板块上市公司总数的5.15%、2.42%、1.40%和5.11%,从相对值(占比)看,深沪主板上市公司的CEO表现较差。

图10-3为最后100名上市公司企业家能力指数分布情况(按倒数排列,即指数最后一位作为倒数第一位)。可以看出,最后100名上市公司企业家能力指数分布在13~26分,最高分25.5580,最低分13.5564,绝对差距12.0016分,有较大的差距;而绝大多数上市公司企业家能力水平处于20~25分之间。

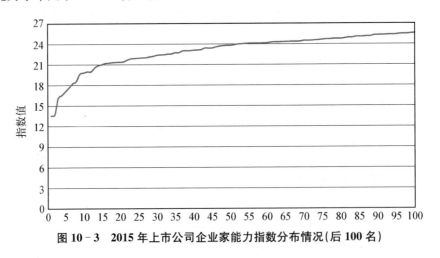

图10-3 2015年上市公司企业家能力指数分布情况(后100名)

10.2 分地区企业家能力指数比较

按照东部、中部、西部、东北部的地区划分,对各地区上市公司的自愿性信息披露指数进行比较,结果参见表10-6。

表 10 - 6　2015 年不同地区上市公司企业家能力指数比较

排　名	地　区	公司数目	平 均 值	中 位 值	最 大 值	最 小 值	标 准 差
1	东部	1751	35.2184	35.1680	54.7000	13.5564	5.3088
2	中部	379	35.0068	35.0200	51.4196	18.2309	5.2844
3	西部	383	33.4291	33.1804	57.2811	16.1296	5.4447
4	东北	142	33.0826	33.0363	48.6252	22.4534	5.1571
总　体		2655	34.8159	34.7858	57.2811	13.5564	5.3657

由表 10 - 6 可知,各地区上市公司企业家能力指数均值由大到小分别为东部
(35.2184)、中部(35.0068)、西部(33.4291)和东北(33.0826)。企业家能力指数最高的公司
来自西部,最低的公司来自东部。从总体来看,企业家能力指数的地区间差异不大。

图 10 - 4 可以直观地看出四个地区上市公司企业家能力之间的差异。可以看出,四个
地区中,东部地区和中部地区的上市公司企业家能力指数均值高于总体均值;西部和东北地
区上市公司企业家能力指数均值都明显低于总体均值。

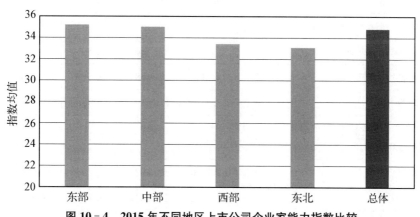

图 10 - 4　2015 年不同地区上市公司企业家能力指数比较

10.3　分行业企业家能力指数比较

用各个行业上市公司企业家能力指数的平均值来代表各个行业的上市公司企业家能力
指数,然后将各行业的上市公司企业家能力指数平均值按照从高到低的顺序进行排名,具体
排名结果参见表 10 - 7。

从表 10 - 7 可以看出,2015 年全部 2655 家上市公司企业家能力指数总体均值为
34.8159。其中,只有 3 个行业的上市公司企业家能力指数均值高于总体均值,这 3 个行业
的行业最大均值与总体均值之间的绝对差距为 0.8605;有 14 个行业的上市公司企业家能力

表 10 - 7　2015 年不同行业上市公司企业家能力指数比较

排名	行　　业	公司数目	平均值	中位值	最大值	最小值	标准差
1	科学研究和技术服务业(M)	18	35.6764	35.5814	42.9702	29.7525	3.6416
2	制造业(C)	1672	35.6511	35.4870	57.2811	16.1296	5.3218
3	批发和零售业(F)	147	34.9964	34.5955	50.1083	21.9913	5.2700
4	文化、体育和娱乐业(R)	36	34.5613	34.9738	44.9445	24.3819	5.1399
5	采矿业(B)	73	33.9748	34.1541	46.1655	13.7153	5.3247
6	农、林、牧、渔业(A)	42	33.9048	33.5954	47.1017	17.0836	6.1949
7	水利、环境和公共设施管理业(N)	30	33.8723	34.7477	41.0007	27.1915	3.9028
8	信息传输、软件和信息技术服务业(I)	145	33.7845	33.8616	47.1221	22.1360	4.6663
9	建筑业(E)	71	33.6532	33.5410	47.9853	19.6162	5.5807
10	租赁和商务服务业(L)	26	33.2041	34.3113	41.2699	22.0152	5.2944
11	交通运输、仓储和邮政业(G)	81	32.8432	33.4563	41.4616	17.6075	4.3806
12	卫生和社会工作(Q)	5	32.8246	33.3540	38.6830	28.1213	4.0973
13	住宿和餐饮业(H)	11	32.3620	35.0984	39.5203	13.5564	7.4469
14	房地产业(K)	134	32.3149	32.6597	42.9853	16.5411	4.9649
15	电力、热力、燃气及水生产和供应业(D)	89	32.1834	31.5320	43.1246	22.5578	4.4287
16	金融业(J)	49	31.5888	32.1027	44.7900	19.9620	5.2644
17	综合(S)	25	30.4588	31.1847	46.2917	19.8010	5.8625
总　体		**2655**	**34.8159**	**34.7858**	**57.2811**	**13.5564**	**5.3657**

注:由于教育(P)只有 1 家上市公司,不具有代表性,故没有纳入比较。

指数均值低于总体均值,总体均值与这 14 个行业的最小均值之间的绝对差距为 4.3571。显然前 3 个行业的内部差距远小于后 14 个行业,即企业家能力指数行业低分区的内部差距较大。企业家能力指数最高的三个行业是科学研究和技术服务业(35.6764),制造业(35.6511),批发和零售业(34.9964)。企业家能力水平最差的三个行业是综合(30.4588),金融业(31.5888),电力、热力、燃气及水生产和供应业(32.1834)。

图 10 - 5 进一步显示了行业间上市公司企业家能力指数的差别。可以看出,各行业上市公司企业家能力指数中的大部分集中在[32,34]这一范围内,图形整体呈现出较为平缓的变动趋势。

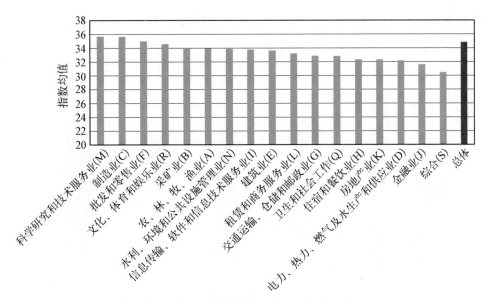

注：由于教育(P)只有 1 家上市公司，不具有代表性，故没有纳入比较。

图 10－5 2015 年不同行业上市公司企业家能力指数比较

10.4 分上市板块企业家能力指数比较

根据深市主板(不含中小企业板)、深市中小企业板、深市创业板和沪市主板四个上市板块的划分，来比较不同板块上市公司的企业家能力指数，结果参见表 10－8。

表 10－8 2015 年不同板块上市公司企业家能力指数比较

排名	上 市 板 块	公司数目	平均值	中位值	最大值	最小值	标准差
1	深市中小企业板	744	35.9655	35.9096	54.7000	16.1296	5.2708
2	深市创业板	428	35.4924	35.1020	50.3129	22.1360	5.0613
3	沪市主板	1017	34.1792	34.1473	57.2811	13.7153	5.3628
4	深市主板(不含中小企业板)	466	33.7485	33.7340	52.6241	13.5564	5.3863
	总 体	**2655**	**34.8159**	**34.7858**	**57.2811**	**13.5564**	**5.3657**

从表 10－8 可以看出，企业家能力指数平均值从高到低排列依次为深市中小企业板(35.9655)、深市创业板(35.4924)、沪市主板(34.1792)和深市主板(不含中小企业板，33.7485)。整体上看，深市创业板和深市中小企业板上市公司的企业家能力水平好于沪市主板和深市主板(不含中小企业板)上市公司，这部分说明了随着公司达到成熟规模，股本增大，企业家能力的作用有弱化趋向。

图 10－6 更直观地反映了不同板块上市公司企业家能力指数的差异。可以看到，深市

创业板和深市中小企业板上市公司的企业家能力指数均值都高于总体均值;而沪市主板和深市主板(不含中小企业板)上市公司的企业家能力指数都低于总体均值。

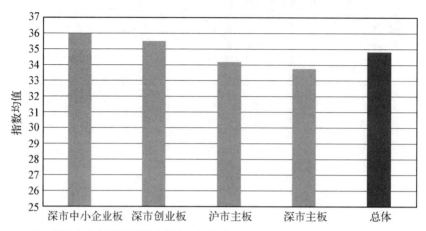

注:深市中小企业板是深市主板的一部分,但本图中的深市主板不含中小企业板。

图 10 - 6   2015 年不同板块上市公司企业家能力指数比较

10.5   本 章 小 结

本章计算了沪深两市 2015 年共计 2655 家上市公司的企业家能力指数,并分别从总体、地区、行业、上市板块等角度评价了中国上市公司企业家能力水平。主要结论如下:

(1) 从总体看,中国上市公司企业家能力指数基本符合正态分布,得分较低,所有上市公司企业家能力指数都处于不及格的区间。企业家能力指数主要分布在[25, 45)区间,共有 2492 家公司,占比为 93.86%。

(2) 从地区看,上市公司企业家能力指数均值由大到小依次为东部(35.2184)、中部(35.0068)、西部(33.4291)和东北部(33.0826),西部和东北部明显低于东部和中部。

(3) 从行业看,上市公司企业家能力水平位居前三位的行业是科学研究和技术服务业(35.6764)、制造业(35.6511)以及批发和零售业(34.9964)(因教育只有 1 家上市公司不作排序);而位居最后三位的行业是综合(30.4588),金融业(31.5888),电力、热力、燃气及水生产和供应业(32.1834)。企业家能力指数的行业间差别不大。

(4) 从上市板块看,企业家能力指数均值从高到低依次是深市中小企业板、深市创业板、沪市主板和深市主板(不含中小企业板)。深市创业板上市公司企业家能力指数均值高于沪深主板(深市主板含中小企业板)上市公司。

第 11 章
企业家能力分项指数排名及比较

第 10 章从总体上对中国上市公司企业家能力指数作了排名,并从地区、行业、上市板块三个角度进行了分类汇总和分析。本章按照对企业家能力指数四个维度的划分,即把企业家能力指数分解为人力资本、关系网络能力、社会责任能力和战略领导能力四个分项指数,对这四个分项指数进行排名和比较分析。

11.1 企业家能力分项指数总体情况

本报告选取沪深主板和深市创业板共计 2655 家上市公司作为样本。2015 年,中国上市公司企业家能力四个分项指数的描述性统计结果参见表 11 - 1。

表 11 - 1 2015 年上市公司企业家能力分项指数描述性统计结果

分 项 指 数	公司数目	平 均 值	中 位 值	最 大 值	最 小 值	标 准 差
人力资本	2655	28.4504	27.1429	81.4286	0.0000	9.6171
关系网络能力	2655	6.9136	3.8889	60.0000	0.0000	9.2469
社会责任能力	2655	63.9644	62.5621	88.2649	6.2500	11.6306
战略领导能力	2655	30.5138	26.9822	63.6177	4.0772	8.3841

从表 11 - 1 中可以看出,企业家能力四个分项指数中,如以 60 分作为及格线,则除社会责任能力分项指数外,其他三个分项指数的平均值均未达到及格水平,而且相差较大。企业家社会责任能力分项指数的均值最大,为 63.9644,其标准差也最大,说明企业家的社会责任能力总体较高,但彼此之间差异较大,水平不稳定。企业家战略领导能力和人力资本两个分项指数整体水平居中,均值分别为 30.5138 和 28.4504。企业家关系网络能力分项指数的均值最低,仅为个位数,说明上市公司企业家关系网络能力普遍很差。需要特别说明的是,企业家社会责任能力分项指数较高,与本报告对社会责任的认识以及相应的指标设计有关。

企业家社会责任能力指标包括 7 个二级指标,主要涉及两个角度,一是公益行为;二是对主要利益相关者(政府、客户、员工、股东、债权人等)的责任。关于企业家对社会公益的贡献,不能以绝对额来评价,而是以公益行为来评价,因为企业规模和利润不同,对社会公益的贡献额度必然有差异,但爱心无价;对于利益相关者的责任,有的可能因信息披露缺陷而使得分较高,如指标"有没有产品质量或安全等问题的重大投诉事件",没有投诉并不意味着产品质量绝对没有问题;再比如指标"有无贷款诉讼",没有贷款诉讼也不意味着企业征信水平一定很高。这是社会责任评价方面的一个难以避免的缺憾。

　　图 11-1 直观地反映了企业家能力四个分项指数的均值差异。可以明显看出,四个分项指数均值的差异较大。但需要注意的是,由于各分项指标体系的设计不同,不同指标之间的可比性有限。

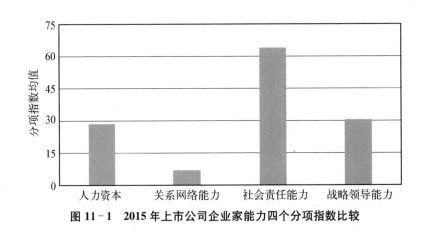

图 11-1　2015 年上市公司企业家能力四个分项指数比较

11.2　企业家人力资本分项指数排名及比较

　　企业家人力资本分项指数主要从企业家最高学历、工作年限、工作经历变更、是否担任其他公司的独立董事、是否有海外留学及工作经历(半年以上),以及选聘路径等方面来对企业家能力进行考察。本节主要是对企业家人力资本分项指数排名的各种情况进行比较说明和分析。

11.2.1　企业家人力资本分项指数总体比较

　　基于 2655 家上市公司企业家人力资本的各项指标,我们得出了每家上市公司企业家人力资本分项指数。以 10 分为间隔,可以将企业家人力资本分项指数划分为 10 个区间段,每个分数区间段的公司数目和所占比重参见表 11-2。

表 11-2 2015 年上市公司企业家人力资本分项指数区间分布

指 数 区 间	公 司 数 目	占 比(%)	累计占比(%)
[0, 10)	9	0.34	0.34
[10, 20)	345	12.99	13.33
[20, 30)	1264	47.61	60.94
[30, 40)	771	29.04	89.98
[40, 50)	177	6.67	96.65
[50, 60)	62	2.34	98.98
[60, 70)	20	0.75	99.74
[70, 80)	6	0.23	99.96
[80, 90)	1	0.04	100.00
[90, 100]	0	0.00	100.00
总 体	2655	100.00	—

由表 11-2 可见,2015 年上市公司企业家人力资本分项指数在 9 个分数段上有分布,企业家人力资本分项指数分布主要集中在[10, 40)区间,有 2380 家公司,占样本总体的89.64%,比较集中。

由图 11-2 可以直观地看出上市公司企业家人力资本分项指数的分布区间。可以看到,2015 年上市公司企业家人力资本分项指数从低分到高分,呈正偏态分布。

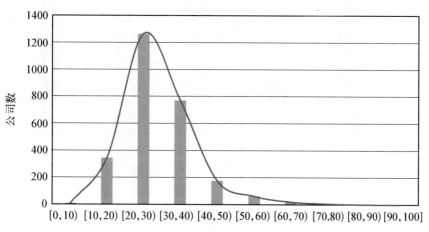

图 11-2 2015 年上市公司企业家人力资本分项指数区间分布

11.2.2 分地区企业家人力资本分项指数比较

按照四个地区的划分,我们统计了不同地区上市公司企业家人力资本分项指数,参见表11-3。

表 11‐3　2015 年不同地区上市公司企业家人力资本分项指数比较

排　名	地　区	公司数目	平均值	中位值	最大值	最小值	标准差
1	西部	383	28.9519	27.1429	78.5714	5.0000	9.5095
2	东北	142	28.4658	28.5714	57.1429	10.0000	7.7605
3	东部	1751	28.4254	27.1429	81.4286	0.0000	9.8146
4	中部	379	28.0531	26.4286	69.2857	5.0000	9.4418
总　体		2655	28.4504	27.1429	81.4286	0.0000	9.6171

　　从表 11‐3 可以看到,四个地区中,西部地区上市公司企业家人力资本分项指数均值最高,为 28.9519,中部地区上市公司企业家人力资本分项指数均值最低,为 28.0531,二者绝对差距为 0.8988,说明企业家人力资本分项指数均值的地区间差距不大。企业家人力资本分项指数最大值和最小值都出自东部,其中最大值为 81.4286,最小值为 0,东部地区上市公司企业家人力资本最大的标准差也反映出其内部差距较大。

　　图 11‐3 直观地反映了四个地区上市公司企业家人力资本分项指数均值的差异。可以看到,不同地区上市公司企业家人力资本分项指数均值之间的差距很小,都在 1 分以内。西部和东北地区的企业家人力资本分项指数均值都大于总体均值,而东部与中部地区的企业家人力资本分项指数均值则略低于总体均值。

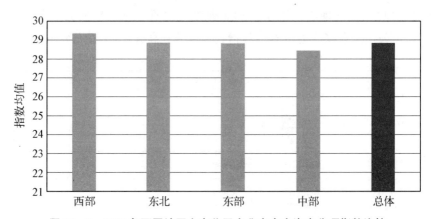

图 11‐3　2015 年不同地区上市公司企业家人力资本分项指数比较

11.2.3　分行业企业家人力资本分项指数比较

　　用各个行业内的上市公司企业家人力资本分项指数的平均值来代表各个行业的上市公司企业家人力资本分项指数,然后把各个行业的上市公司企业家人力资本分项指数按照由高到低的顺序进行排名,具体排名结果参见表 11‐4。

　　从表 11‐4 可以看出,有 13 个行业的企业家人力资本分项指数均值高于总体均值(28.4504),这 13 个行业的行业均值最大值与总体均值的绝对差距是 5.8353。其他 4 个行

表 11-4　2015 年不同行业上市公司企业家人力资本分项指数比较

排名	行　　业	公司数目	平均值	中位值	最大值	最小值	标准差
1	住宿和餐饮业(H)	11	34.2857	35.7143	45.7143	22.1429	10.0560
2	金融业(J)	49	33.0904	31.4286	52.8571	10.0000	9.6477
3	文化、体育和娱乐业(R)	36	31.8056	27.8572	81.4286	15.0000	14.7787
4	卫生和社会工作(Q)	5	31.4286	31.4286	42.8571	24.2857	7.0710
5	水利、环境和公共设施管理业(N)	30	30.9762	31.4286	57.1429	15.0000	8.6846
6	采矿业(B)	73	30.9198	28.5714	78.5714	19.2857	10.0025
7	交通运输、仓储和邮政业(G)	81	30.6526	31.4286	52.8571	5.0000	9.3876
8	科学研究和技术服务业(M)	18	29.5238	28.5714	57.1429	19.2857	9.8762
9	房地产业(K)	134	29.4456	27.8572	71.4286	10.0000	9.5746
10	批发和零售业(F)	147	29.2906	28.5714	64.2857	10.0000	8.2585
11	综合(S)	25	29.0571	28.5714	69.2857	14.2857	11.9304
12	电力、热力、燃气及水生产和供应业(D)	89	28.7560	28.5714	50.0000	14.2857	6.9849
13	建筑业(E)	71	28.5714	28.5714	60.0000	10.0000	9.1664
14	租赁和商务服务业(L)	26	28.3242	29.2858	60.0000	10.0000	12.6877
15	信息传输、软件和信息技术服务业(I)	145	27.9901	24.2857	62.1429	5.0000	9.4682
16	制造业(C)	1672	27.8084	26.4286	74.2857	0.0000	9.6126
17	农、林、牧、渔业(A)	42	27.2959	24.2857	48.5714	10.0000	8.5446
	总　　体	2655	28.4504	27.1429	81.4286	0.0000	9.6171

注：由于教育(P)只有 1 家上市公司,不具有代表性,故没有纳入比较。

业的上市公司企业家人力资本分项指数均值低于总体均值,总体均值与这 4 个行业的最小均值的绝对差距是 1.1545。企业家人力资本分项指数高分区行业的内部差距远大于低分区。上市公司企业家人力资本分项指数均值排名前三位的行业分别是住宿与餐饮业(H),金融业(J),文化、体育和娱乐业(R);排名最后三位的行业是农、林、牧、渔业(A),制造业(C),信息传输、软件和信息技术服务业(I)。企业家人力资本分项指数最大值出自文化、体育和娱乐业(R),最小值出自制造业(C)。

图 11-4 直观地反映了不同行业企业家人力资本分项指数均值的差异。不难发现,住宿与餐饮业(H)和金融业(J)两个行业明显地高于其他行业,而农、林、牧、渔业(A)企业家人力资本分项指数均值明显低于其他各个行业。

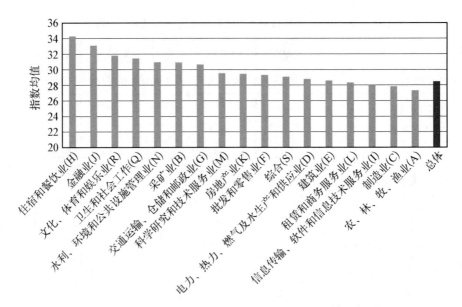

注：由于教育(P)只有1家上市公司,不具有代表性,故没有纳入比较。

图 11-4　2015 年不同行业上市公司企业家人力资本分项指数比较

11.2.4　分上市板块企业家人力资本分项指数比较

根据上市公司四个板块的划分,即深市主板(不含中小企业板)、沪市主板、深市中小企业板和深市创业板,对不同板块上市公司的企业家人力资本分项指数进行综合比较,结果如表 11-5 所示。

表 11-5　2015 年不同板块上市公司企业家人力资本分项指数比较

排名	上 市 板 块	公司数目	平均值	中位值	最大值	最小值	标准差
1	深市主板(不含中小企业板)	466	30.5303	28.5714	81.4286	10.0000	9.9537
2	深市创业板	428	28.9903	27.1429	78.5714	5.0000	10.7682
3	沪市主板	1017	28.3375	27.1429	74.2857	5.0000	8.6340
4	深市中小企业板	744	26.9912	24.2857	74.2857	0.0000	9.7343
	总　体	2655	28.4504	27.1429	81.4286	0.0000	9.6171

从表 11-5 可以看出,深市主板(不含中小企业板)上市公司企业家人力资本分项指数均值最高,为 30.5304;第二名深市创业板企业家人力资本分项指数均值为 28.9903;排在第三的沪市主板与深市创业板差距不大,其企业家人力资本分项指数均值为 28.3375;排在最后的是深市中小企业板,其企业家人力资本分项指数均值为 26.9912,与其他三个上市板块有一定差距。四个板块中,企业家人力资本分项指数最大值出自深市主板(不含中小企业板),最小值出自深市中小企业板。

图 11-5 可以直观地反映出四个板块上市公司企业家人力资本分项指数的差异。可以

看出,深市主板(不含中小企业板)企业家人力资本分项指数均值高于总体均值;而深市创业板、沪市主板上市公司企业家人力资本分项指数均值与总体均值相近;深市中小企业板上市公司企业家人力资本分项指数均值则低于总体均值。

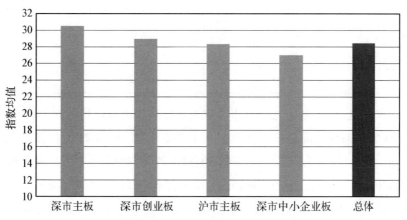

注:深市中小企业板是深市主板的一部分,但本图中的深市主板不含中小企业板。

图 11 - 5   2015 年不同板块上市公司企业家人力资本分项指数比较

11.3   企业家关系网络分项指数排名及比较

企业家关系网络能力分项指数主要从政府官员是否到企业访问,企业家是否陪同政府官员出国访问,是否担任党代表、人大代表、政协委员,是否曾在军队以及政府部门任职,是否在行业协会任职,任职期间是否获得相关荣誉称号等方面来对企业家能力进行考察。本节主要对企业家关系网络能力分项指数排名的各种情况进行比较说明和分析。

11.3.1   企业家关系网络分项指数总体比较

基于 2655 家上市公司企业家关系网络能力的各项指标,我们得出了每家上市公司企业家关系网络能力分项指数。以 10 分为间隔,可以将企业家关系网络能力分项指数划分为 8 个区间段(公司数目为 0 的相邻区间合并),每个分数区间段的公司数目和所占比重参见表 11 - 6。

表 11 - 6   2015 年上市公司企业家关系网络能力分项指数区间分布

指 数 区 间	公 司 数 目	占 比(%)	累计占比(%)
[0, 10)	1739	65.50	65.50
[10, 20)	662	24.93	90.43
[20, 30)	148	5.57	96.01
[30, 40)	76	2.86	98.87

续　表

指 数 区 间	公 司 数 目	占 比(%)	累计占比(%)
[40, 50)	22	0.83	99.70
[50, 60)	7	0.26	99.96
[60, 70)	1	0.04	100.00
[70, 100]	0	0.00	100.00
总　体	2655	100.00	——

　　由表 11 - 6 可见,2015 年上市公司企业家关系网络能力分项指数除了[70,100]区间外均有分布,企业家关系网络能力分项指数分布主要集中在[0,20)区间,有 2401 家公司,占样本总数的 90.43%,分布比较集中。特别需要指出的是,2015 年上市公司企业家关系网络能力分项指数中,有 1266 家上市公司得分为 0,占全体上市公司的 46.78%。

　　图 11 - 6 可以直观地看出上市公司企业家关系网络能力分项指数的分布区间。可以看到,2015 年上市公司企业家关系网络能力分项指数从低分到高分的公司数目呈明显下降趋势,大部分公司的指数得分很低,得分主要集中在低分区间。关系网络能力的低水平可能与近几年的强力反腐有一定关系。

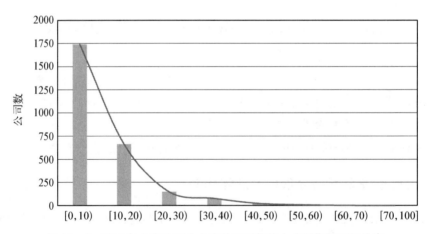

图 11 - 6　2015 年上市公司企业家关系网络能力分项指数区间分布

11.3.2　分地区企业家关系网络分项指数比较

　　按照四个地区的划分,我们进一步统计了四个地区上市公司企业家关系网络能力分项指数,参见表 11 - 7。

　　从表 11 - 7 可以看到,四个地区中,中部地区上市公司企业家关系网络能力分项指数均值最高,为 8.9871,西部地区上市公司企业家关系网络能力分项指数均值最低,为 6.1198,二者绝对差距为 2.8673;企业家关系网络能力分项指数最大值出自东部,各地区均出现了最小值 0 分。

表 11 - 7　2015 年不同地区上市公司企业家关系网络能力分项指数比较

排　名	地　区	公司数目	平 均 值	中 位 值	最 大 值	最 小 值	标 准 差
1	中部	379	8.9871	5.5556	55.5556	0.0000	10.8649
2	东北	142	7.0970	3.8889	52.2222	0.0000	10.2282
3	东部	1751	6.6235	3.8889	60.0000	0.0000	8.9776
4	西部	383	6.1198	3.8889	55.5556	0.0000	8.0068
总　体		2655	6.9136	3.8889	60.0000	0.0000	9.2469

图 11 - 7 直观地反映了四个地区上市公司企业家关系网络能力分项指数均值的差异。可以看到,不同地区上市公司企业家关系网络能力分项指数均值有一定差距,中部地区的企业家关系网络能力分项指数明显地高于总体均值,东北与东部地区的企业家关系网络能力分项指数与总体水平相近,而西部则低于总体均值,同时也与其他三个地区有着较明显差距。

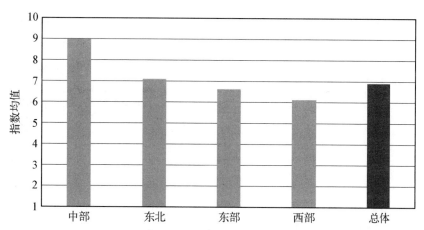

图 11 - 7　2015 年不同地区上市公司企业家关系网络能力分项指数比较

11.3.3　分行业企业家关系网络分项指数比较

用各个行业内的上市公司企业家关系网络能力分项指数的平均值来代表各个行业的上市公司企业家关系网络能力分项指数,然后把各个行业的上市公司企业家关系网络能力分项指数按照由高到低的顺序进行排名,具体排名结果参见表 11 - 8。

从表 11 - 8 可以看出,有 6 个行业的企业家关系网络能力分项指数均值高于总体均值,这 6 个行业的最大均值与总体均值的绝对差距是 4.5679;其他 11 个行业的上市公司企业家关系网络能力分项指数均值低于总体均值,总体均值与行业最小均值的绝对差距为 4.1136。11 个行业的最大均值与总体均值的绝对差距小于总体均值与行业最小均值的绝对差距,说明企业家关系网络能力分项指数高分区行业的内部差距较大。上市公司企业家关系网络能

表 11-8　2015 年不同行业上市公司企业家关系网络能力分项指数比较

排名	行　业	公司数目	平均值	中位值	最大值	最小值	标准差
1	科学研究和技术服务业(M)	18	11.4815	11.1111	33.3333	0.0000	9.4242
2	农、林、牧、渔业(A)	42	10.2249	5.5556	60.0000	0.0000	13.8294
3	文化、体育和娱乐业(R)	36	9.4290	7.7778	34.4444	0.0000	10.5128
4	建筑业(E)	71	8.1612	5.5556	33.3333	0.0000	8.5085
5	水利、环境和公共设施管理业(N)	30	7.8333	3.8889	41.1111	0.0000	10.9523
6	制造业(C)	1672	7.5701	5.5556	55.5556	0.0000	9.7439
7	住宿和餐饮业(H)	11	6.8182	0.0000	22.7778	0.0000	8.9928
8	租赁和商务服务业(L)	26	6.2179	3.8889	22.7778	0.0000	7.5409
9	电力、热力、燃气及水生产和供应业(D)	89	6.1486	5.5556	27.7778	0.0000	6.6116
10	信息传输、软件和信息技术服务业(I)	145	5.6475	0.0000	55.5556	0.0000	9.5593
11	交通运输、仓储和邮政业(G)	81	5.0480	3.8889	26.1111	0.0000	5.9123
12	批发和零售业(F)	147	5.0076	0.0000	41.1111	0.0000	7.6903
13	金融业(J)	49	4.4785	0.0000	22.7778	0.0000	6.4534
14	房地产业(K)	134	4.1915	0.0000	33.8889	0.0000	6.3867
15	采矿业(B)	73	3.9041	0.0000	22.2222	0.0000	5.4739
16	卫生和社会工作(Q)	5	3.7778	0.0000	18.8889	0.0000	8.4474
17	综合(S)	25	2.8000	0.0000	15.0000	0.0000	4.6907
	总　体	2655	6.9136	3.8889	60.0000	0.0000	9.2469

注：由于教育(P)只有 1 家上市公司,不具有代表性,故没有纳入比较。

力分项指数均值排名前三位的行业分别是科学研究和技术服务业(M),农、林、牧、渔业(A),文化、体育和娱乐业(R);排名最后三位的行业是综合(S),卫生和社会工作(Q),采矿业(B)。企业家关系网络能力分项指数最大值出自农、林、牧、渔业(A),各行业均有最小值 0。

图 11-8 直观地反映了不同行业企业家关系网络能力分项指数均值的差异。可以看到,各行业上市公司企业家关系网络能力分项指数相互之间有一定的差距,均值最高的科学研究和技术服务业(M)约是均值最低的综合(S)行业均值的 4 倍。

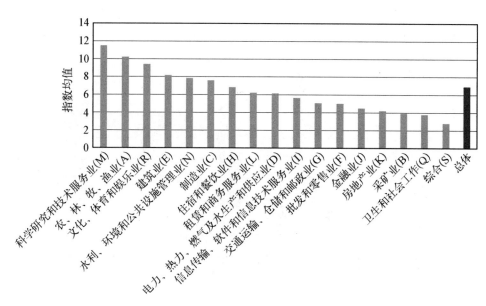

注：由于教育(P)只有 1 家上市公司,不具有代表性,故没有纳入比较。

图 11-8　2015 年不同行业上市公司企业家关系网络能力分项指数比较

11.3.4　分上市板块企业家关系网络分项指数比较

根据上市公司四个上市板块的划分,对不同板块上市公司企业家关系网络能力分项指数进行综合比较,结果如表 11-9 所示。

表 11-9　2015 年不同板块上市公司企业家关系网络能力分项指数比较

排名	上　市　板　块	公司数目	平 均 值	中 位 值	最 大 值	最 小 值	标 准 差
1	深市中小企业板	744	8.3124	5.5556	60.0000	0.0000	10.5908
2	深市创业板	428	8.0556	5.5556	52.2222	0.0000	10.1540
3	沪市主板	1017	6.1291	3.8889	55.5556	0.0000	8.0146
4	深市主板(不含中小企业板)	466	5.3433	0.0000	52.2222	0.0000	8.1010
	总　　体	2655	6.9136	3.8889	60.0000	0.0000	9.2469

从表 11-9 可以看出,深市中小企业板上市公司企业家关系网络能力分项指数均值最高,为 8.3124;第二名为深市创业板,均值为 8.0556,与第一名差距不大;第三、四名分别为沪市主板和深市主板(不含中小企业板),分别为 6.1291 与 5.3434。四个板块中,企业家关系网络能力分项指数最大值出自深市中小企业板,各板块均有最小值 0。

图 11-9 可以直观地反映出四个板块上市公司企业家关系网络能力分项指数的差异。可以看出,深市中小企业板和深市创业板的上市公司企业家关系网络能力分项指数均值高于总体均值;而沪市主板和深市主板(不含中小企业板)上市公司企业家关系网络能力分项指数均值则低于总体均值。

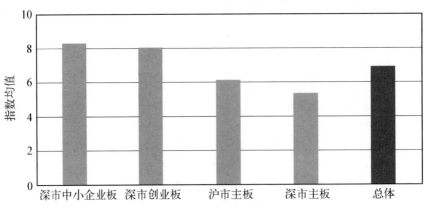

注：深市中小企业板是深市主板的一部分,但本图中的深市主板不含中小企业板。

图 11－9　2015 年不同板块上市公司企业家关系网络能力分项指数比较

11.4　企业家社会责任能力分项指数排名及比较

企业家社会责任能力分项指数主要从企业是否在 2015 年捐赠慈善事业,企业家是否在非营利组织兼职,是否被证监会谴责,是否有产品质量或安全等问题的重大投诉事件,是否有现金分红、贷款诉讼、股东诉讼,以及员工收入增长率是否不低于公司利润增长率等方面来对企业家社会责任能力进行考察。本节主要对企业家社会责任能力分项指数排名的各种情况进行比较和分析。

11.4.1　企业家社会责任能力分项指数总体比较

基于 2655 家上市公司企业家社会责任能力的各项指标,我们得出了每家上市公司企业家社会责任能力分项指数。以 10 分为间隔,可以将企业家社会责任能力分项指数划分为 10 个区间段,每个区间段的公司数目和所占比重参见表 11－10。

表 11－10　2015 年上市公司企业家社会责任能力分项指数区间分布

指 数 区 间	公 司 数 目	占 比(%)	累计占比(%)
［0，10)	1	0.04	0.04
［10，20)	6	0.23	0.26
［20，30)	26	0.98	1.24
［30，40)	91	3.43	4.67
［40，50)	13	0.49	5.16
［50，60)	446	16.80	21.96

指 数 区 间	公 司 数 目	占　比(%)	累计占比(%)
[60，70)	1084	40.83	62.79
[70，80)	935	35.22	98.00
[80，90)	53	2.00	100.00
[90，100]	0	0.00	100.00
总　体	2655	100.00	—

从表 11-10 可以发现,2015 年上市公司企业家社会责任能力分项指数区间分布与其他几个分项指数相比更加分散:从区间[0,10)到区间[80,90)均有分布。而其中大部分上市公司企业家社会责任能力分项指数均集中在区间[50,80),共有 2465 家公司,占总体的92.84%。与其他三个分项指数相比,得分明显高出许多。

图 11-10 可以直观地看出上市公司企业家社会责任能力分项指数的区间分布。可以看到,2015 年上市公司企业家社会责任能力分项指数的分布比较分散,但主要集中在[50,80)区间,尤其是[60,80)区间。

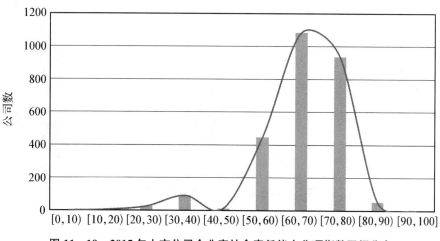

图 11-10　2015 年上市公司企业家社会责任能力分项指数区间分布

11.4.2　分地区企业家社会责任能力分项指数比较

按照四个地区的划分,我们进一步统计了不同地区上市公司企业家社会责任能力分项指数,参见表 11-11。

从表 11-11 可以看到,四个地区中,东部上市公司企业家社会责任能力分项指数均值最高,为 64.5353,排名第二的中部地区与其差别不大,均值为 64.3838;东北地区上市公司企业家社会责任能力分项指数均值最低,为 60.3843。最大值和最小值均出现在东部地区。

表 11-11　2015 年不同地区上市公司企业家社会责任能力分项指数比较

排 名	地 区	公司数目	平 均 值	中 位 值	最 大 值	最 小 值	标 准 差
1	东部	1751	64.5353	62.5684	88.2649	6.2500	11.5628
2	中部	379	64.3838	62.5575	87.6170	12.5000	10.7177
3	西部	383	62.2665	62.5571	87.6161	18.7500	12.5608
4	东北	142	60.3843	62.5000	87.5253	37.5000	11.2306
总　体		**2655**	**63.9644**	**62.5621**	**88.2649**	**6.2500**	**11.6306**

　　图 11-11 直观地反映了四个地区上市公司企业家社会责任能力分项指数均值的差异。可以看到,除东部和中部地区上市公司社会责任能力分项指数均值相近以外,其他两个地区上市公司企业家社会责任能力分项指数均值与东部和中部地区有较大差距,东部和中部地区的企业家社会责任能力分项指数高于总体均值,而西部和东北地区的企业家社会责任能力分项指数明显低于总体均值。

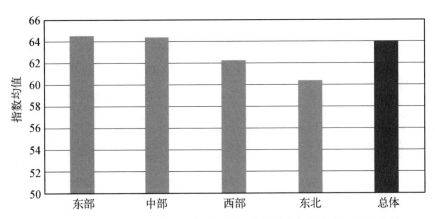

图 11-11　2015 年不同地区上市公司企业家社会责任能力分项指数比较

11.4.3　分行业企业家社会责任能力分项指数比较

　　用各个行业上市公司企业家社会责任能力分项指数的平均值来代表各个行业的上市公司企业家社会责任能力分项指数,然后把各个行业的上市公司企业家社会责任能力分项指数按照由高到低的顺序进行排名,具体排名结果参见表 11-12。

　　从表 11-12 可以看出,有 4 个行业的上市公司企业家社会责任能力分项指数均值高于总体均值,这 4 个行业的最大均值与总体均值之间的绝对差距是 1.2480;其他 13 个行业的上市公司企业家社会责任能力分项指数均值低于总体均值,总体均值与这 13 个行业的最小均值之间的绝对差距是 10.0916。总体均值与行业最小均值的绝对差距大于行业最大均值与总体均值的绝对差距,说明企业家社会责任能力分项指数低分区行业的内部差

表 11‑12　2015 年不同行业上市公司企业家社会责任能力分项指数比较

排名	行　业	公司数目	平均值	中位值	最大值	最小值	标准差
1	农、林、牧、渔业(A)	42	65.2124	62.5685	87.5353	25.0000	13.1137
2	制造业(C)	1672	65.0388	62.5771	88.2649	12.5000	11.2314
3	采矿业(B)	73	64.7800	62.5478	75.9901	12.5000	10.5620
4	科学研究和技术服务业(M)	18	64.6274	62.5460	75.0845	50.0484	7.7341
5	文化、体育和娱乐业(R)	36	63.9238	62.5597	87.5616	50.0000	10.2601
6	水利、环境和公共设施管理业(N)	30	63.5712	62.5308	75.0515	50.0000	8.6937
7	批发和零售业(F)	147	63.4982	62.5641	87.6170	12.5436	12.6226
8	信息传输、软件和信息技术服务业(I)	145	63.1519	62.5503	75.1884	37.5531	9.3271
9	卫生和社会工作(Q)	5	62.5447	62.5000	75.0970	50.0209	12.5120
10	房地产业(K)	134	62.2759	62.5522	75.1033	18.7500	12.4789
11	交通运输、仓储和邮政业(G)	81	62.2506	62.5613	87.5000	25.0236	11.3067
12	电力、热力、燃气及水生产和供应业(D)	89	61.7130	62.5469	75.1571	37.5359	10.5731
13	租赁和商务服务业(L)	26	60.8688	62.5667	75.1318	25.0186	15.7759
14	建筑业(E)	71	59.7193	62.5232	87.5544	25.0000	14.1637
15	住宿和餐饮业(H)	11	56.2893	62.5673	75.0681	6.2500	19.5792
16	综合(S)	25	56.0269	62.5000	75.0000	37.5000	12.0224
17	金融业(J)	49	53.8728	56.3123	75.0473	12.5425	13.9628
	总　体	2655	63.9644	62.5621	88.2649	6.2500	11.6306

注：由于教育(P)只有1家上市公司，不具有代表性，故没有纳入比较。

距较大。上市公司企业家社会责任能力分项指数均值排名前三位的行业分别是农、林、牧、渔业(A)，制造业(C)，采矿业(B)；排名最后三位的行业是金融业(J)、综合(S)、住宿和餐饮业(H)。

图 11‑12 直观地反映了不同行业上市公司企业家社会责任能力分项指数均值的差异。可以看到，各行业企业家社会责任能力分项指数均值除倒数三个行业落后较多以外，其余部分相差不大。

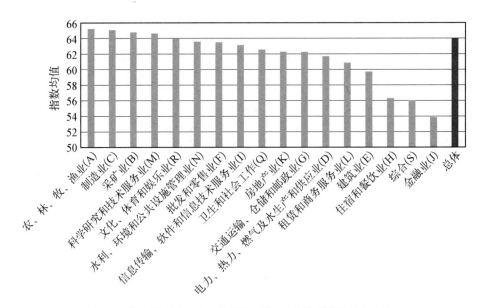

注：由于教育(P)只有1家上市公司,不具有代表性,故没有纳入比较。

图 11 - 12   2015 年不同行业上市公司企业家社会责任能力分项指数比较

11.4.4   分上市板块企业家社会责任能力分项指数比较

按照四个上市板块的划分,对不同板块上市公司企业家社会责任能力分项指数进行综合比较,结果如表 11 - 13 所示。

表 11 - 13   2015 年不同板块上市公司企业家社会责任能力分项指数比较

排名	上 市 板 块	公司数目	平 均 值	中 位 值	最 大 值	最 小 值	标 准 差
1	深市中小企业板	744	66.5427	62.6317	88.2649	12.5590	10.8432
2	深市创业板	428	64.1468	62.5542	87.6442	12.5000	10.0559
3	沪市主板	1017	63.0811	62.5578	87.6397	12.5000	11.9450
4	深市主板(不含中小企业板)	466	61.6081	62.5308	87.5459	6.2500	12.7140
	总 体	2655	63.9644	62.5621	88.2649	6.2500	11.6306

从表 11-13 可以看出,深市中小企业板上市公司企业家社会责任能力分项指数均值最高,为 66.5427,第二名为深市创业板,均值为 64.1468;第三、四名分别为沪市主板和深市主板(不含中小企业板),其企业家社会责任能力分项指标均值分别为 63.0811 和 61.6081。

图 11-13 可以直观地反映出四个板块上市公司企业家社会责任能力分项指数的差异。可以看出,四个板块上市公司社会责任分项指数由高到低差距相似,深市中小企业板和深市创业板的上市公司企业家社会责任能力分项指数均值高于总体均值;而沪市主板和深市主板(不含中小企业板)上市公司企业家社会责任能力分项指数均值则低于总体均值。

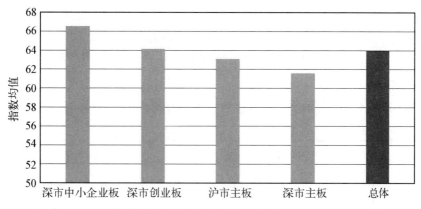

注：深市中小企业板是深市主板的一部分,但本图中的深市主板不含中小企业板。

图 11‑13　2015 年不同板块上市公司企业家社会责任能力分项指数比较

11.5　企业家战略领导能力分项指数排名及比较

企业家战略领导能力分项指数主要从企业家(高管)贡献、企业国际化程度、企业员工数量、企业总资产、企业在行业中的地位、企业有无 ERP 系统,以及企业有无制定战略目标和计划等 7 个方面来对企业家能力进行考察。本节主要对企业家战略领导能力分项指数排名的各种情况进行比较和分析。

11.5.1　企业家战略领导能力分项指数总体比较

基于 2655 家上市公司企业家战略领导能力的各项指标,我们得出了每家上市公司企业家战略领导能力分项指数。以 10 分为间隔,可以将企业家战略领导能力分项指数划分为 8 个区间段(公司数目为 0 的相邻区间合并),每个区间段的公司数目和所占比重参见表 11‑14。

表 11‑14　2015 年上市公司企业家战略领导能力分项指数区间分布

指 数 区 间	公 司 数 目	占　比(%)	累计占比(%)
[0, 10)	5	0.19	0.19
[10, 20)	73	2.75	2.94
[20, 30)	1370	51.60	54.54
[30, 40)	871	32.81	87.34
[40, 50)	315	11.86	99.21
[50, 60)	19	0.72	99.92
[60, 70)	2	0.08	100.00
[70, 100]	0	0.00	100.00
总　体	2655	100.00	—

由表 11-14 可见,2015 年上市公司企业家战略领导能力分项指数分布在[0,70)的各个区间,主要集中分布在[20,50)区间,共有 2556 家公司,占比为 96.27%。

图 11-14 直观地显示了上市公司企业家战略领导能力分项指数的分布区间。可以看出,企业家战略领导能力分项指数分布较为集中。此外,在 60 分"及格"线以上的公司只有 2 家,也说明 2015 年各上市公司企业家战略领导能力表现不佳,这可能与经济普遍下行有关。

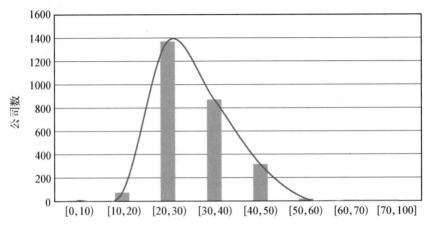

图 11-14　2015 年上市公司企业家战略领导能力分项指数区间分布

11.5.2　分地区企业家战略领导能力分项指数比较

按照四个地区的划分,我们进一步统计了不同地区上市公司的企业家战略领导能力分项指数,参见表 11-15。

表 11-15　2015 年不同地区上市公司企业家战略领导能力分项指数比较

排　名	地　　区	公司数目	平均值	中位值	最大值	最小值	标准差
1	东部	1751	31.4443	29.8822	60.3243	4.0772	8.5135
2	中部	379	29.8810	25.7709	63.6177	4.4235	8.1371
3	东北	142	28.0703	24.0679	48.8581	14.9590	7.3755
4	西部	383	27.7916	23.9119	47.6711	9.8903	7.5310
总　体		2655	30.5138	26.9822	63.6177	4.0772	8.3841

从表 11-15 可以看到,四个地区上市公司企业家战略领导能力相互之间有一定差距,东部上市公司企业家战略领导能力分项指数均值最高,为 31.4443;其次是中部,得分为 29.8810;东北与西部排在最后两位,其得分分别是 28.0703 和 27.7916。

图 11-15 直观地反映了四个地区上市公司企业家战略领导能力分项指数均值的差异。可以看到,不同地区上市公司企业家战略领导能力分项指数均值有一定差距。只有东部地区上市公司的企业家战略领导能力分项指数均值略高于总体均值。

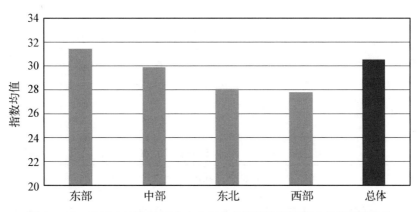

图 11‑15　2015 年不同地区上市公司企业家战略领导能力分项指数比较

11.5.3　分行业企业家战略领导能力分项指数比较

用各个行业的上市公司企业家战略领导能力分项指数的平均值来代表各个行业的上市公司企业家战略领导能力分项指数,然后把各个行业的上市公司企业家战略领导能力分项指数按照由高到低的顺序进行排名,具体排名结果参见表 11‑16。

表 11‑16　2015 年不同行业上市公司企业家战略领导能力分项指数比较

排名	行　　业	公司数目	平均值	中位值	最大值	最小值	标准差
1	制造业(C)	1672	32.2409	33.8138	63.6177	7.4987	8.2083
2	批发和零售业(F)	147	31.9244	28.8566	56.6102	4.4235	8.7836
3	建筑业(E)	71	29.6930	25.0914	51.9233	19.0201	8.1029
4	科学研究和技术服务业(M)	18	29.3629	26.6689	43.7354	20.3176	7.2789
5	信息传输、软件和信息技术服务业(I)	145	29.0493	24.1971	46.9915	9.8903	7.4731
6	租赁和商务服务业(L)	26	28.6190	24.9123	43.8987	20.2283	7.7743
7	采矿业(B)	73	27.2870	23.8531	52.9974	18.4888	7.8816
8	金融业(J)	49	27.1982	21.3933	60.3243	18.5381	10.4087
9	文化、体育和娱乐业(R)	36	26.1486	23.1740	39.3088	19.7510	6.4518
10	水利、环境和公共设施管理业(N)	30	25.7750	22.8956	37.4602	14.9590	6.3118
11	农、林、牧、渔业(A)	42	25.6870	23.2156	47.9921	20.3462	6.1006
12	综合(S)	25	25.6269	22.6208	42.9397	15.7578	7.5678
13	住宿和餐饮业(H)	11	25.4861	22.4602	38.6918	20.3934	6.3521
14	交通运输、仓储和邮政业(G)	81	25.4735	23.1072	44.1067	18.2504	6.3515

续　表

排名	行　业	公司数目	平均值	中位值	最大值	最小值	标准差
15	卫生和社会工作(Q)	5	25.3521	23.9576	31.5797	23.2425	3.5217
16	房地产业(K)	134	25.1266	21.9569	43.2522	4.0772	7.1803
17	电力、热力、燃气及水生产和供应业(D)	89	24.5782	22.8475	38.8541	19.1890	5.2193
总　体		**2655**	**30.5138**	**26.9822**	**63.6177**	**4.0772**	**8.3841**

注：由于教育(P)只有1家上市公司，不具有代表性，故没有纳入比较。

从表11-16可以看出，只有2个行业的上市公司企业家战略领导能力分项指数均值高于总体均值，这2个行业的最大均值与总体均值的绝对差距是1.7271；其他15个行业的上市公司企业家战略领导能力分项指数均值低于总体均值，总体均值与这15个行业的最小均值的绝对差距是5.9356，总体均值与行业最小均值的绝对差距大于行业最大均值与总体均值的绝对差距，说明企业家战略领导能力分项指数低分区行业的内部差距较大。上市公司企业家战略领导能力分项指数均值排名前三位的行业分别是制造业(C)、批发和零售业(F)、建筑业(E)；排名最后三位的行业是电力、热力、燃气及水生产和供应业(D)，房地产业(K)，以及卫生和社会工作(Q)。

图11-16直观地反映了不同行业上市公司企业家战略领导能力分项指数均值的差异。可以看到，各行业上市公司企业家战略领导能力分项指数均值有一定差距，制造业(C)和批发和零售业(F)明显地领先于其他各个行业，而排在后面的行业则相互之间差距不大。

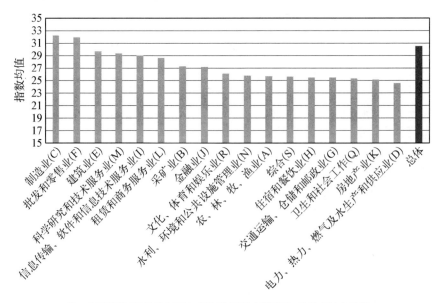

注：由于教育(P)只有1家上市公司，不具有代表性，故没有纳入比较。

图11-16　2015年不同行业上市公司企业家战略领导能力分项指数比较

11.5.4 分上市板块企业家战略领导能力分项指数比较

按照四个上市板块的划分,对不同板块上市公司企业家战略领导能力分项指数进行综合比较,结果如表 11-17 所示。

表 11-17 2015 年不同板块上市公司企业家战略领导能力分项指数比较

排名	上 市 板 块	公司数目	平均值	中位值	最大值	最小值	标准差
1	深市中小企业板	744	32.1059	33.3501	56.4156	7.4987	8.2984
2	深市创业板	428	31.4313	31.9982	53.7293	19.3824	7.9673
3	沪市主板	1017	29.8088	25.8891	63.6177	4.0772	8.5227
4	深市主板(不含中小企业板)	466	28.6676	24.6408	51.9233	9.8903	8.0520
	总 体	2655	30.5138	26.9822	63.6177	4.0772	8.3841

从表 11-17 可以看出,深市中小企业板上市公司企业家战略领导能力分项指数均值最高,为 32.1059,第二名为深市创业板,为 31.4313,两者差别在 1 分以内;第三、四名分别为沪市主板和深市主板(不含中小企业板),其企业家战略领导能力分项指数均值分别为 29.8088 和 28.6676。

图 11-7 直观地反映出四个板块上市公司企业家战略领导能力分项指数的差异。可以看出,深市中小企业板和深市创业板的上市公司企业家战略领导能力分项指数均值高于总体均值;而沪市主板和深市主板的上市公司企业家战略领导能力分项指数均值则低于总体均值。

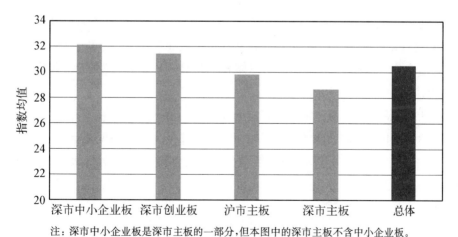

注:深市中小企业板是深市主板的一部分,但本图中的深市主板不含中小企业板。

图 11-17 2015 年不同板块上市公司企业家战略领导能力分项指数比较

11.6　本 章 小 结

　　本章从总体、地区、行业、上市板块等四个方面,对企业家能力的四个维度,即人力资本、关系网络能力、社会责任能力、战略领导能力进行了全面分析,通过分析我们发现:

　　(1) 从企业家能力四个分项指数比较看,社会责任能力分项指数最高,关系网络能力分项指数最低,四个分项指数均值的差异较大。从指数分布区间看,人力资本分项指数主要分布在[10,40)区间,有 2380 家公司,占样本总体的 89.64%;关系网络能力分项指数主要分布在[0,20)区间,有 2401 家公司,占样本总数的 90.43%;社会责任能力分项指数主要分布在[50,80)区间,共有 2465 家公司,占总体的 92.84%;战略领导能力分项指数主要分布在[20,50)区间,共有 2556 家公司,占比为 96.27%。需要注意的是,由于各分项指标体系的设计不同,不同指标之间的可比性有限。如企业家社会责任能力分项指数较高,一个重要原因是企业家对社会公益的贡献,不以绝对额来评价,而是以公益行为来评价。

　　(2) 从地区来看,企业家人力资本分项指数均值从高到低依次是西部、东北、东部、中部;企业家关系网络能力分项指数均值从高到低依次是中部、东北、东部和西部;企业家社会责任能力分项指数均值从高到低依次是东部、中部、西部和东北;企业家战略领导能力分项指数均值从高到低依次是东部、中部、东北与西部。总体看,在四个分项指数中,东部相对较好,西部相对较差。

　　(3) 从行业来看,企业家人力资本分项指数均值最高的前三名是住宿和餐饮业(H),金融业(J),以及文化、体育和娱乐业(R);企业家关系网络能力分项指数均值最高的前三名是科学研究和技术服务业(M),农、林、牧、渔业(A),以及文化、体育和娱乐业(R);企业家社会责任能力分项指数均值最高的前三名是农、林、牧、渔业(A),制造业(C),以及采矿业(B);企业家战略领导能力分项指数均值最高的前三名是制造业(C),批发和零售业(F),以及建筑业(E)。在四个分项指数中,除了制造业总体表现相对较好外,其他各行业排名并没有表现出特别的规律性。

　　(4) 从上市板块来看,企业家人力资本分项指数均值从高到低依次是深市主板(不含中小企业板)、深市创业板、沪市主板和深市中小企业板;企业家关系网络能力、社会责任能力和战略领导能力三个分项指数均值从高到低依次都是深市中小企业板、深市创业板、沪市主板和深市主板(不含中小企业板)。总体看来,深市中小企业板表现最好,深市主板(不含中小企业板)表现稍差。

第 12 章

企业家能力指数的所有制比较

　　根据第 1 章的控股或所有制类型划分,本章对 2015 年 2655 家样本上市公司的企业家能力指数及四个分项指数进行比较分析,以了解国有控股公司和非国有控股公司在企业家能力方面存在的异同。

12.1　企业家能力指数总体的所有制比较

12.1.1　企业家能力总体指数比较

　　不同的所有制会对上市公司企业家能力产生影响,表 12-1 比较了不同所有制上市公司的企业家能力指数,并按照均值从高到低的顺序进行了排序。

表 12-1　2015 年不同所有制上市公司企业家能力指数比较

排序	所有制类型	公司数目	平均值	中位值	最大值	最小值	标准差
1	国有参股公司	603	35.3697	35.0950	54.7000	13.5564	5.5464
2	无国有股份公司	1029	35.1824	35.1375	57.2811	13.7153	5.4659
3	国有绝对控股公司	295	34.3933	34.5259	47.9853	19.9691	5.0179
4	国有强相对控股公司	444	34.0364	34.0942	52.6241	16.5411	4.9580
5	国有弱相对控股公司	284	33.9694	33.5901	51.8819	18.5378	5.3298
总　体		**2655**	**34.8158**	**34.7858**	**57.2811**	**13.5564**	**5.3657**

　　从表 12-1 可以看出,国有参股公司的企业家能力指数均值最高,为 35.3697,其后分别是无国有股份公司(35.1824)、国有绝对控股公司(34.3933)和国有强相对控股公司(34.0364),国有弱相对控股公司的企业家能力指数均值最低,为 33.9694。最大均值与最小均值的绝对差距为 1.4003,差距不大。从标准差看,国有参股公司的标准差最大,国有强相

对控股公司的标准差最小。

图 12-1 更直观地反映了不同所有制上市公司企业家能力指数的差异。可以看出,不同所有制上市公司的企业家能力指数均值相差不大。国有参股公司和无国有股份公司的企业家能力指数均值高于总体均值,国有绝对控股公司、国有强相对控股公司以及国有弱相对控股公司的企业家能力指数均值低于总体均值。

如果按照第一大股东中的国有股份比例从大到小排列,可以看出,随着第一大股东中的国有持股比例的降低,企业家能力指数均值先下降后上升,再下降,呈现"S"形。

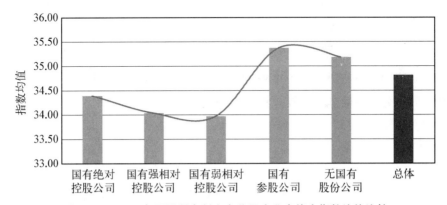

图 12-1   2015 年不同所有制上市公司企业家能力指数均值比较

我们进一步将国有绝对控股公司、国有强相对控股公司和国有弱相对控股公司归类为国有控股公司,将国有参股公司和无国有股份公司归类为非国有控股公司,表 12-2 比较了国有控股公司和非国有控股公司的企业家能力指数。

表 12-2   2015 年国有控股与非国有控股上市公司企业家能力指数比较

排序	所有制类型	公司数目	平均值	中位值	最大值	最小值	标准差
1	非国有控股公司	1632	35.2516	35.1349	57.2811	13.5564	5.4948
2	国有控股公司	1023	34.1207	34.1352	52.6241	16.5411	5.0790
总 体		2655	34.8158	34.7858	57.2811	13.5564	5.3657

从表 4-2 可以看出,2015 年上市公司中,国有控股上市公司 1023 家,企业家能力指数最大值为 52.6241,最小值 16.5411,均值 34.1207,中位值 34.1352,标准差 5.0790。非国有控股上市公司 1632 家,最大值 57.2811,最小值 13.5564,均值 35.2516,中位值 35.1349,标准差 5.4948。从 2015 年上市公司企业家能力指数的平均值和中位值来看,非国有控股公司均高于国有控股公司,其中国有控股公司企业家能力指数均值与非国有控股公司相差 1.1309,总体差距不大。就标准差反映的离散程度看,非国有控股公司的离散程度更高。

根据实际控制人的性质,我们还可以将国有控股上市公司进一步区分为最终控制人为中央国有企业的国有控股上市公司(中央企业控股公司)和最终控制人为地方国有企业的国

有控股上市公司(地方国企控股公司)。表 12 - 3 比较了两类国有控股公司与最终控制人为
民资股东的非国有控股公司的企业家能力指数。可以看出,中央企业控股公司企业家能力
指数的均值和中位值高于地方国企控股公司,但二者都低于非国有控股公司企业家能力指
数的均值和中位值。不过,它们之间的差距并不大。

表 12 - 3　2015 年不同最终控制人上市公司企业家能力指数比较

排序	最终控制人	公司数目	平 均 值	中 位 值	最 大 值	最 小 值	标 准 差
1	民资股东	1632	35.2516	35.1349	57.2811	13.5564	5.4948
2	中央国有企业	355	34.2023	34.1769	47.9853	18.5378	5.1827
3	地方国有企业	668	34.0774	34.0365	52.6241	16.5411	5.0264
	总　体	2655	34.8158	34.7858	57.2811	13.5564	5.3657

12.1.2　企业家能力分项指数总体比较

企业家能力指数包括人力资本、关系网络能力、社会责任能力和战略领导能力四个分项
指数,表 12 - 4 对五类所有制上市公司的四个企业家能力分项指数进行了比较。

表 12 - 4　2015 年不同所有制上市公司企业家能力分项指数均值比较

所有制类型	人力资本	关系网络能力	社会责任能力	战略领导能力
国有绝对控股公司	29.4649	5.9379	63.3955	29.5511
国有强相对控股公司	28.6551	5.8896	63.2658	29.1427
国有弱相对控股公司	28.6846	6.9366	62.5119	28.9628
国有参股公司	29.1045	7.3125	64.4900	31.1083
无国有股份公司	27.6232	7.3950	64.5218	31.4610
总　体	28.4504	6.9136	63.9644	30.5138

从表 12 - 4 可以看出,五类所有制上市公司的四个企业家能力分项指数存在一定差异。
人力资本分项指数从高到低依次为国有绝对控股公司、国有参股公司、国有弱相对控股公
司、国有强相对控股公司和无国有股份公司;关系网络能力分项指数从高到低依次为无国有
股份公司、国有参股公司、国有弱相对控股公司、国有绝对控股公司和国有强相对控股公司;
社会责任能力分项指数从高到低依次为无国有股份公司、国有参股公司、国有绝对控股公司、
国有强相对控股公司和国有弱相对控股公司;战略领导能力分项指数从高到低依次为无
国有股份公司、国有参股公司、国有绝对控股公司、国有强相对控股公司和国有弱相对控股
公司。

图 12 - 2 更直观地反映了不同所有制上市公司企业家能力四个分项指数的差异。可以
看出,五类所有制上市公司中,四个分项指数中最高的都是社会责任能力分项指数,关系网

络能力分项指数则普遍很低。随着第一大股东中的国有股比例的降低,人力资本分项指数总体呈现下降态势,这表明,国有控股公司尤其是国有绝对控股公司有较好的人力资本优势;关系网络能力总体呈现上升态势,这表明,非国有控股公司有较强的意愿建立关系网络;社会责任能力和战略领导能力这两个分项指数基本上呈先下降后上升、两边较高、中间较低的"U"字形,说明对两个分项指数而言,国有弱相对控股公司的表现是比较差的。

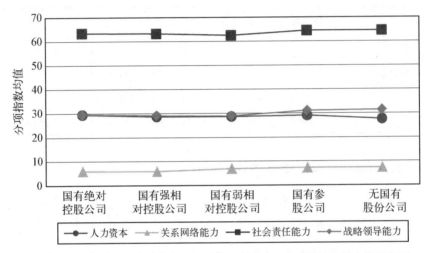

图 12‑2　2015 年不同所有制上市公司企业家能力分项指数均值比较趋势图

我们进一步将国有绝对控股公司、国有强相对控股公司和国有弱相对控股公司归类为国有控股公司,将国有参股公司和无国有股份公司归类为非国有控股公司,两者的比较见表 12‑5。可以看出,除人力资本分项指数国有控股公司高于非国有控股公司外,其他三个分项指数均是国有控股公司低于非国有控股公司。

表 12‑5　2015 年国有控股与非国有控股上市公司企业家能力分项指数均值比较

所有制类型	人 力 资 本	关系网络能力	社会责任能力	战略领导能力
国有控股公司	28.8968	6.1942	63.0939	29.2106
非国有控股公司	28.1705	7.3645	64.5100	31.3307
总　体	**28.4504**	**6.9136**	**63.9644**	**30.5138**

图 12‑3 更直观地反映了国有控股公司与非国有控股公司企业家能力四个分项指数的差异。可以发现,两大类公司之间差距不大,但总体上非国有控股公司表现略好一些。

根据实际控制人的类型,我们将国有控股上市公司进一步划分为最终控制人为中央企业的国有控股上市公司(中央企业控股公司)和最终控制人为地方国企的国有控股上市公司(地方国企控股公司),两类国有控股公司与最终控制人是民资股东的非国有控股上市公司企业家能力的四个分项指数均值的比较参见表 12‑6。可以看出,中央企业控股公司在人力资本分项指数上高于地方国企控股公司,并且两者都高于非国有控股公司;在关系网络能力

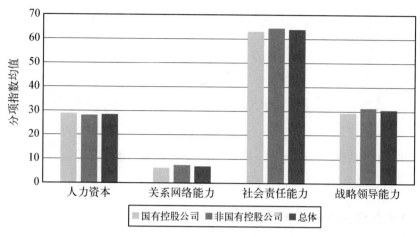

图 12‐3　2015 年国有控股与非国有控股上市公司企业家能力分项指数均值比较

和社会责任能力这两个分项指数上则是中央企业控股公司低于地方国企控股公司,但两者都低于非国有控股公司;在战略领导能力分项指数上,中央企业控股公司高于地方国企控股公司,但两者均低于非国有控股公司。

表 12‐6　2015 年不同最终控制人上市公司企业家能力分项指数均值比较

最终控制人	人力资本	关系网络	社会责任	战略领导
中央国有企业	29.7062	5.6197	62.0668	30.0709
地方国有企业	28.4666	6.4995	63.6398	28.7533
民资股东	28.1705	7.3645	64.5100	31.3307
总　体	**28.4504**	**6.9136**	**63.9644**	**30.5138**

图 12‐4 更直观地反映了中央企业控股公司和地方国企控股公司企业家能力四个分项指数的差异。可以发现,在企业家能力四个分项指数上,除了人力资本分项指数以外,非国

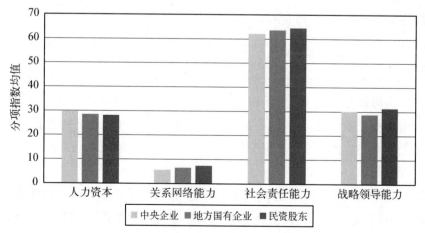

图 12‐4　2015 年不同最终控制人上市公司企业家能力分项指数均值比较

有控股公司在其他三个分项指数上都高于两类国有企业。中央企业控股公司和地方国企控股公司的表现各有千秋。

12.2 分地区企业家能力指数的所有制比较

根据四个地区的划分,我们对各个地区不同所有制形式的上市公司企业家能力指数及其分项指数进行比较分析。

12.2.1 分地区企业家能力总体指数比较

根据四个地区的划分,我们对四个地区上市公司企业家能力总体指数进行了统计,参见表 12-7。

表 12-7 2015 年不同地区国有与非国有控股上市公司企业家能力指数比较

地区	所有制类型	公司数目	平均值	中位值	最大值	最小值	标准差
东部	国有控股公司	572	34.5431	34.8158	52.6241	19.9620	5.1319
	非国有控股公司	1179	35.5460	35.3694	54.7000	13.5564	5.3641
	总体	1751	35.2184	35.1680	54.7000	13.5564	5.3088
中部	国有控股公司	189	34.0909	34.1084	51.4196	23.5515	4.8576
	非国有控股公司	190	35.9180	35.9291	50.1083	18.2309	5.5413
	总体	379	35.0068	35.0200	51.4196	18.2309	5.2844
西部	国有控股公司	193	33.1770	32.9948	47.4189	16.5411	5.0733
	非国有控股公司	190	33.6851	33.4166	57.2811	16.1296	5.7999
	总体	383	33.4291	33.1804	57.2811	16.1296	5.4447
东北	国有控股公司	69	33.3403	33.0676	48.6252	22.5578	4.8976
	非国有控股公司	73	32.8391	33.0050	45.7874	22.4534	5.4135
	总体	142	33.0826	33.0363	48.6252	22.4534	5.1571

从表 12-7 可以看出,东部、中部和西部国有控股上市公司的企业家能力指数均值和中位值都低于非国有控股公司,而且差距都在 1 分左右。只有东北地区国有控股公司的企业家能力指数均值和中位值略高于非国有控股公司,但是东北地区企业家能力指数总体却落后于其他三个地区。

图 12-5 直观地反映了四个地区不同所有制上市公司企业家能力指数均值的差异。可以看出,中部地区非国有控股公司企业家能力最高,东北地区非国有控股公司企业家能力最低;整体看,国有控股公司的表现略差于非国有控股公司。

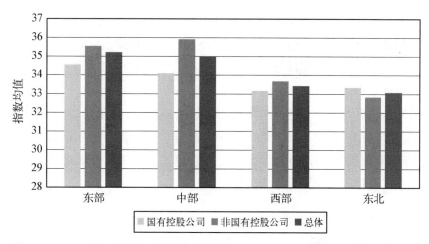

图 12 - 5　2015 年不同地区国有与非国有控股上市公司企业家能力指数均值比较

12.2.2　分地区企业家能力分项指数比较

接下来,我们对四个地区国有控股与非国有控股上市公司的企业家能力分项指数均值进行比较分析,参见表 12 - 8。

表 12 - 8　2015 年不同地区国有与非国有控股上市公司企业家能力分项指数均值比较

地　区	所有制类型	人力资本	关系网络能力	社会责任能力	战略领导能力
东部	国有控股公司	29.2308	5.6381	63.4746	30.2622
	非国有控股公司	28.0347	7.1016	65.0499	32.0178
	总体	28.4254	6.6235	64.5353	31.4443
中部	国有控股公司	27.9667	7.9159	63.4626	28.4985
	非国有控股公司	28.1391	10.0526	65.3002	31.2562
	总体	28.0531	8.9871	64.3838	29.8810
西部	国有控股公司	28.5640	5.7858	62.5119	27.2685
	非国有控股公司	29.3459	6.4591	62.0173	28.3230
	总体	28.9519	6.1198	62.2665	27.7916
东北	国有控股公司	29.6066	7.2303	60.5560	27.8747
	非国有控股公司	27.3875	6.9711	60.2220	28.2552
	总体	28.4658	7.0970	60.3843	28.0703

为了便于比较,我们计算出四个地区国有控股公司企业家能力四个分项指数均值与对应的非国有控股公司企业家能力四个分项指数均值的差值,由此可以反映四个地区两类所有制上市公司企业家能力四个分项指数的差异,如图 12 - 6 所示。可以看出,在人力资本分项指数上,中部和西部国有控股公司低于非国有控股公司,而东部和东北部国有控股公司优

于非国有控股公司,而且东北地区国有控股公司有较大的领先优势;在关系网络分项指数上,除了东北地区国有控股公司略好于非国有控股公司外,其他三个地区都是非国有控股公司好于国有控股公司;在社会责任分项指数上,东部和中部地区都是非国有控股公司优于国有控股公司,而西部和东北地区则是国有控股公司略优于非国有控股公司;在战略领导能力分项指数上,四个地区均是国有控股公司优于非国有控股公司,尤其是中部,非国有控股公司优势比较明显。此外,需要指出的是,中部地区上市公司的四个分项指数均值都是国有控股公司低于非国有控股公司,东北地区上市公司在除了战略领导分项指数外的其他三个分项指数上,都是国有控股公司要好于非国有控股公司。

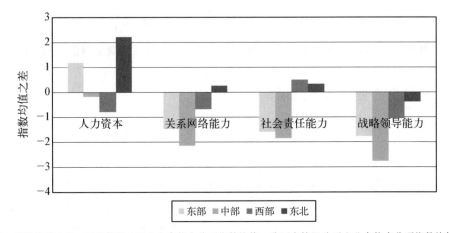

注:指数均值之差=国有控股公司企业家能力分项指数均值-非国有控股公司企业家能力分项指数均值。

图 12‑6　2015 年不同地区国有与非国有控股上市公司企业家能力分项指数均值之差值比较

12.3　分行业企业家能力指数的所有制比较

我们选择上市公司较多且具有代表性的六个行业,即制造业(C),电力、热力、燃气及水生产和供应业(D),交通运输、仓储和邮政业(G),信息传输、软件和信息技术服务业(I),金融业(J)和房地产业(K),从所有制角度对这六个行业上市公司的企业家能力指数以及分项指数进行比较分析。

12.3.1　分行业企业家能力总体指数比较

六个代表性行业不同所有制上市公司的企业家能力指数比较参见表 12‑9。

从表 12‑9 可以看出,在六个代表性行业中只有电力、热力、燃气及水生产和供应业(D)和房地产业(K)两个行业国有控股公司企业家能力指数均值高于非国有控股公司,而其他四个行业则相反,这一结果与前面国有控股公司企业家能力指数低于非国有控股公司相吻合。

表 12-9　2015 年不同行业国有与非国有控股上市公司企业家能力指数比较

行　业	所有制类型	公司数目	平均值	中位值	最大值	最小值	标准差
制造业(C)	国有控股公司	509	34.9551	34.9558	52.6241	18.5378	5.0789
	非国有控股公司	1163	35.9557	35.7771	57.2811	16.1296	5.3987
	总体	1672	35.6511	35.4870	57.2811	16.1296	5.3218
电力、热力、燃气及水生产和供应业(D)	国有控股公司	76	32.3567	31.5577	43.1246	22.5578	4.4258
	非国有控股公司	13	31.1699	31.5249	39.2216	24.3549	4.4842
	总体	89	32.1834	31.5320	43.1246	22.5578	4.4287
交通运输、仓储和邮政业(G)	国有控股公司	68	32.8075	33.0475	41.4616	21.3420	4.0402
	非国有控股公司	13	33.0299	35.6688	39.5924	17.6075	6.0618
	总体	81	32.8432	33.4563	41.4616	17.6075	4.3806
信息传输、软件和信息技术服务业(I)	国有控股公司	28	33.7736	32.8899	44.2598	27.6947	4.0905
	非国有控股公司	117	33.7871	34.0114	47.1221	22.1360	4.8099
	总体	145	33.7845	33.8616	47.1221	22.1360	4.6663
金融业(J)	国有控股公司	39	31.4503	32.1027	44.7900	19.9620	5.5991
	非国有控股公司	10	32.1290	32.2343	38.6685	25.3213	3.8776
	总体	49	31.5888	32.1027	44.7900	19.9620	5.2644
房地产业(K)	国有控股公司	63	32.8493	33.7357	41.8367	16.5411	4.8236
	非国有控股公司	71	31.8407	31.6519	42.9853	20.5621	5.0737
	总体	134	32.3149	32.6597	42.9853	16.5411	4.9649

图 12-7 更直观地反映了六个行业国有控股公司与非国有控股公司企业家能力指数均

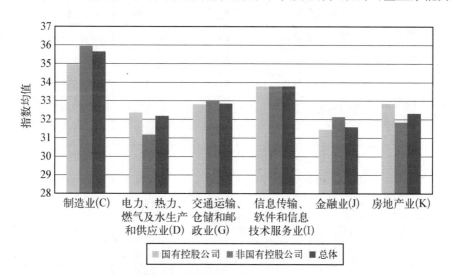

图 12-7　2015 年不同行业国有与非国有控股上市公司企业家能力指数均值比较

值的差异。可以看出,六个行业中,国有控股公司企业家能力指数均值最高的是制造业(C),最低的是金融业(J);非国有控股公司企业家能力指数均值最高的也是制造业(C),最低的是电力、热力、燃气及水生产和供应业(D)。

12.3.2 分行业企业家能力分项指数比较

六个行业国有控股与非国有控股上市公司的企业家能力分项指数比较结果参见表12-10。可以看出,在人力资本分项指数上,制造业(C),电力、热力、燃气及水生产和供应业(D),金融业(J)三个行业的国有控股公司高于非国有控股公司,其他三个行业则相反。在关系网络分项指数上,除了制造业(C)外,其他五个行业都是国有控股公司高于非国有控股公司。这里值得指出的是,金融业(J)非国有控股公司的企业家关系网络分项指数均值为0。在社会责任分项指数上,电力、热力、燃气及水生产和供应业(D),交通运输、仓储和邮政业(G),房地产业(K)三个行业的国有控股公司高于非国有控股公司,其他三个行业则相反。在战略领导能力分项指数上,制造业(C),交通运输、仓储和邮政业(G),信息传输、软件和信

表 12-10 2015 年不同行业国有与非国有控股上市公司企业家能力分项指数均值比较

行　业	所有制类型	人力资本	关系网络	社会责任	战略领导
制造业(C)	国有控股公司	27.9905	6.5270	64.1962	31.2666
	非国有控股公司	27.7288	8.0267	65.4076	32.6673
	总体	27.8084	7.5701	65.0388	32.2409
电力、热力、燃气及水生产和供应业(D)	国有控股公司	29.0414	6.2865	61.9818	24.6178
	非国有控股公司	27.0879	5.3419	60.1414	24.3468
	总体	28.7560	6.1486	61.7130	24.5782
交通运输、仓储和邮政业(G)	国有控股公司	30.4727	5.3595	62.3813	25.2082
	非国有控股公司	31.5934	3.4188	61.5674	26.8612
	总体	30.6526	5.0480	62.2506	25.4735
信息传输、软件和信息技术服务业(I)	国有控股公司	26.7347	9.3254	62.5564	28.3301
	非国有控股公司	28.2906	4.7673	63.2945	29.2214
	总体	27.9901	5.6475	63.1519	29.0493
金融业(J)	国有控股公司	33.1136	5.6268	52.2904	27.4280
	非国有控股公司	33.0000	0.0000	60.0440	26.3023
	总体	33.0904	4.4785	53.8728	27.1982
房地产业(K)	国有控股公司	29.1610	4.6649	64.0289	25.2462
	非国有控股公司	29.6982	3.7715	60.7204	25.0204
	总体	29.4456	4.1915	62.2759	25.1266

息技术服务业(I)三个行业的非国有控股公司好于国有控股公司,其他三个行业则是国有控股公司好于非国有控股公司。

　　为了便于比较,我们计算出六个行业国有控股公司企业家能力四个分项指数均值与对应的非国有控股公司企业家能力四个分项指数均值的差值,由此可以反映六个行业两类所有制上市公司企业家能力四个分项指数的差异,参见图 12－8。可以看出,在人力资本分项指数上,电力、热力、燃气及水生产和供应业(D)国有控股公司的表现相对较好,而信息传输、软件和信息技术服务业(I)非国有控股公司的表现则相对较好;在关系网络能力分项指数上,国有控股公司表现较好的是金融业(J),信息传输、软件和信息技术服务业(I);在社会责任能力分项指数上,房地产业(K)国有控股公司的表现较好,而金融业(J)非国有控股公司的表现较好;在战略领导能力分项指数上,六个行业的国有控股公司和非国有控股公司都没有明显的优势,国有控股公司和非国有控股公司的均值差距都很小,都在 2 分以内。

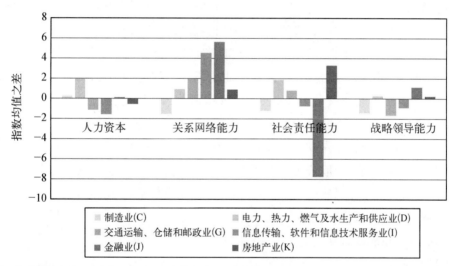

注:指数均值之差＝国有控股公司企业家能力分项指数均值－非国有控股公司企业家能力分项指数均值。

图 12－8　2015 年不同行业国有与非国有控股上市公司企业家能力分项指数均值之差值比较

12.4　本　章　小　结

　　本章从所有制角度对 2015 年沪深两市 2566 家上市公司企业家能力指数及 4 个分项指数进行了统计和分析,结论如下:

　　关于企业家能力总体指数:(1)如果按照第一大股东中的国有股份比例从大到小排列,可以看出,随着第一大股东中的国有持股比例的降低,企业家能力指数均值先下降后上升,再下降,呈现"S"形。(2)总体上,国有控股公司企业家能力指数均值低于非国有控股公司。(3)中央企业控股公司企业家能力指数均值高于地方国企控股公司,但二者都低于非国有控股公司。不过,它们之间的差距并不大。(4)从地区看,东部、中部和西部国有控股公司的企业家能力指数均值低于非国有控股公司,只有东北地区国有控股公司企业家能力指数均值略高于非国有控股公司。(5)从行业看,六个代表性行业中,只有电力、热力、燃气及水生产和供应业(D)和房地产业(K)两个行业国有控股公司企业家能力指数均值高于非国有控股公司,而其他四个行业则相反。

关于企业家能力分项指数:(1)随着第一大股东中的国有股比例的降低,人力资本分项指数总体呈现下降态势,表明国有控股公司有较高的人力资本优势;关系网络能力总体呈现上升态势,表明非国有控股公司有较高的关系网络需求;社会责任能力和战略领导能力两个分项指数基本上呈先下降后上升、两边较高中间较低的"U"字形,表明国有弱相对控股公司这两个方面的能力相对较弱。(2)除企业家人力资本分项指数国有控股公司高于非国有控股公司外,其他三个分项指数均是国有控股公司低于非国有控股公司。(3)在企业家能力四个分项指数上,除了人力资本分项指数以外,非国有控股公司在其他三个分项指数上都高于中央企业控股公司和地方国企控股公司,而两类国有控股公司的表现各有千秋。(4)从地区看,在人力资本分项指数上,东部和东北部国有控股公司优于非国有控股公司,其他两个地区相反;在关系网络分项指数上,除了东北地区外,其他三个地区都是非国有控股公司好于国有控股公司;在社会责任分项指数上,东部和中部非国有控股公司优于国有控股公司,其他两个地区相反;在战略领导能力分项指数上,四个地区均是国有控股公司优于非国有控股公司。(5)从行业看,在六个代表性行业中,在人力资本分项指数上,电力、热力、燃气及水生产和供应业国有控股公司的表现相对较好,而信息传输、软件和信息技术服务业非国有控股公司的表现则相对较好;在关系网络能力分项指数上,金融业国有控股公司表现较好;在社会责任能力分项指数上,房地产业国有控股公司的表现较好,而金融业非国有控股公司的表现较好;在战略领导能力分项指数上,六个行业的国有控股公司和非国有控股公司都没有明显的优势。

第 13 章

企业家能力指数的年度比较(2011～2015)

　　2012 年和 2014 年,我们对 2011 年和 2013 年两个年度的中国上市公司企业家能力水平进行了两次测度,2016 年是第三次测度。本章将从总体、地区、行业、所有制和上市板块等多个角度,比较分析三个年度中国上市公司企业家能力水平,以便了解企业家能力水平是否有所提高以及提高程度,以期对企业家能力的完善有所启示。需要说明的是,由于评价对象是 CEO,而很多公司的 CEO 可能有变化,所以这种比较不是对同一 CEO 的纵向比较,而是一定程度上反映公司选择 CEO 方式的变化。

13.1　企业家能力指数总体的年度比较

　　三次评估的样本公司不断增加,2011 年度有 1939 家,2013 年度有 2293 家,2015 年度有 2655 家,基本上是对全部上市公司 CEO 的评价。比较三年样本上市公司的企业家能力指数,以及人力资本、关系网络能力、社会责任能力和战略领导能力四个分项指数,结果见表 13 - 1。这里需要提出的是,因为 2011 年、2013 年我们在计算企业家能力指数时使用的是均值法,而我们在计算 2015 年企业家能力指数时则使用 AHP 方法,所以本章涉及的所有 2011 和 2013 年企业家能力指数都是利用第 1 章里提到的 AHP 方法重新计算的。

表 13 - 1　2011～2015 年三个年度上市公司企业家能力指数均值比较

年　份	样 本 量	总体指数	分　项　指　数			
			人力资本	关系网络能力	社会责任能力	战略领导能力
2011	1939	36.1305	31.1754	12.7898	66.5660	27.3325
2013	2293	35.4806	29.2561	8.4286	69.7900	26.3960
2015	2655	34.8159	28.4504	6.9136	63.9644	30.5138

　　由表 13 - 1 可知,2015 年,上市公司企业家能力指数均值为 34.8159,与 2013 年和 2011

年相比分别下降了 0.6647 分和 1.3146 分。其中,人力资本和关系网络能力两个分项指数连续下降;社会责任能力分项指数在 2013 年上升,但 2015 年却又下降;战略领导能力分项指数在 2013 年下降,但 2015 年又上升,2015 年比 2013 年和 2011 年分别上升 4.1178 分和3.1813 分。变化幅度最大的是社会责任能力分项指数,下降 5.8256 分。

　　图 13-1 更加直观地描绘了三个年度的企业家能力指数变化情况。可以看出,在三个年度中,企业家社会责任能力都是最高的,人力资本和战略领导能力两个分项指数比较接近,而关系网络能力则都是最低的,2015 年下降到只有 6.9136 分,这可能与政府的强力反腐有很大关系。

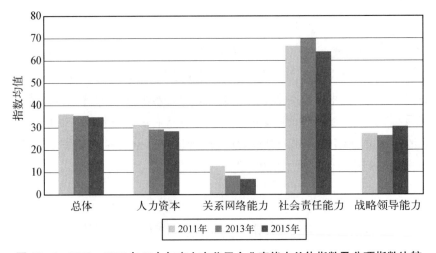

图 13-1　2011～2015 年三个年度上市公司企业家能力总体指数及分项指数比较

　　为了弄清楚导致企业家能力分项指数波动的来源,表 13-2 比较了 2011 年、2013 年和2015 年中国上市公司企业家能力指数的具体指标。由于从 2011 年到 2015 年我们的上市公司企业家能力指数具体指标有一定调整,为了便于比较,在表 13-2 中我们只比较了三年指数中共有的、有可比性的 28 个指标。

　　由表 13-2 可知,三个年度中,在人力资本分项指数的 7 个二级指标中,只有 1 个指标连续上升,3 个指标连续下降,2 个指标先降后升,1 个指标先升后降。其中 2015 年下降幅度最大的指标是"7. CEO 的选聘路径"。在关系网络能力分项指数的 9 个二级指标中,所有的9 个指标都连续地下降。虽然关系网络能力在最终的企业家能力指数中所占比重最低,但是这无疑是总体指数下降的重要因素,其中 2015 年下降幅度最大的指标是"8. 政府官员是否到企业访问"。在社会责任能力分项指数的 7 个二级指标中,有 1 个指标连续上升,2 个指标连续下降,1 个指标先降后升,3 个指标先升后降,其中 2015 年下降幅度最大的指标是"22. 现金分红",从 2013 年的 0.7745 下降至 0.0047。在战略领导能力分项指数的 5 个二级指标中,有 2 个指标连续下降,2 个指标先降后升,1 个指标先升后降,其中 2015 年下降幅度最大的指标是"24. 高管贡献"。总体看,是下降幅度高于上升幅度。

表 13‐2　2011～2015 年三个年度上市公司企业家能力指数具体指标比较

一级指标	二级指标	2011 年	2013 年	2015 年
人力资本 (1～7)	1. 企业家(CEO)的最高学历	0.8105	0.7897	0.7958
	2. 企业家工作年限	0.4749	0.7086	0.7390
	3. 企业家工作经历的变更	0.4564	0.2933	0.2989
	4. 是否担任其他公司的独立董事	0.0454	0.0231	0.0064
	5. 是否有海外留学经历(半年以上)	0.0526	0.0567	0.0411
	6. 是否有海外工作经历(半年以上)	0.0387	0.0297	0.0222
	7. CEO 的选聘路径	0.3038	0.1217	0.0881
关系网 络能力 (8～16)	8. 政府官员是否到企业访问	0.5786	0.3184	0.2893
	9. CEO 是否陪同政府官员出国访问	0.0201	0.0126	0.0058
	10. 是否担任党代表	0.0215	0.0116	0.0042
	11. 是否担任人大代表	0.0696	0.0543	0.0444
	12. 是否担任政协委员	0.0392	0.0329	0.0275
	13. 是否在军队任过职	0.0227	0.0131	0.0072
	14. CEO 任职期间是否获得相关荣誉称号	0.1797	0.1326	0.1052
	15. 是否在行业协会任职	0.1606	0.1271	0.1088
	16. 是否曾经在政府部门任职	0.0589	0.0543	0.0300
社会责 任能力 (17～23)	17. 企业是否在该年捐赠慈善事业	0.5967	0.6886	0.6753
	18. 是否在非营利组织兼职(如理事等)	0.0980	0.1151	0.0444
	19. 该年度 CEO 个人是否被证监会谴责	−0.0062	−0.0083	−0.0136
	20. 有没有产品质量或安全等问题的重大投诉事件	−0.0309	−0.1025	−0.0603
	21. 员工收入增长率是否不低于公司利润增长率	0.4368	0.5076	0.6275
	22. 现金分红情况	0.6524	0.7745	0.0047
	23. 是否有贷款诉讼	−0.0872	−0.0911	−0.1164
战略领 导能力 (24～28)	24. 高管贡献	0.6222	0.9353	0.5975
	25. 国际化程度	0.3455	0.1094	0.1054
	26. 企业员工数	0.0117	0.0028	0.0116
	27. 企业总资产	0.0033	0.0027	0.0029
	28. 企业有无完整的 ERP 系统	0.5838	0.5063	0.4139

　　注：企业家能力指数共有 31 个指标，由于评分标准略有调整，本表列出的 28 个有数字的指标是三个年度共有的、有可比性的指标。

13.2　分地区企业家能力指数的年度比较

为体现不同地区上市公司企业家能力情况,我们统计了各地区上市公司企业家能力指数,以及人力资本、关系网络能力、社会责任能力和战略领导能力四个分项指数的平均值,用来分别比较不同地区 2011 年、2013 年与 2015 年企业家能力的差异,结果见表 13-3。

表 13-3　2011～2015 年三个年度不同地区上市公司企业家能力指数均值比较

地　区	年　份	总体指数	分　项　指　数				总体指数排名
			人力资本	关系网络能力	社会责任能力	战略领导能力	
东部	2011	37.4352	31.8740	13.3074	68.3306	29.0979	1
	2013	35.8666	29.4781	8.2526	70.5810	26.8683	1
	2015	35.2184	28.4254	6.6235	64.5353	31.4443	1
中部	2011	34.3727	29.2953	12.7987	64.1879	25.1964	2
	2013	35.1918	28.0449	10.0252	70.0043	25.2811	2
	2015	35.0068	28.0531	8.9871	64.3838	29.8810	2
西部	2011	33.5781	29.9420	11.2642	63.3242	23.8978	4
	2013	34.2134	29.1603	6.8552	67.2194	25.5780	4
	2015	33.4291	28.9519	6.1198	62.2665	27.7916	3
东北	2011	33.6117	31.8843	11.3815	62.5790	23.2441	3
	2013	35.0238	30.0510	10.5247	66.6667	25.8840	3
	2015	33.0826	28.4658	7.0970	60.3843	28.0703	4

由表 13-3 可以看出,第一,从企业家能力总体指数看,三个年度中只有东部是连续下降,中部、西部和东北三个地区是先升后降,2015 年处于最低水平。第二,从人力资本分项指数看,东部、西部和东北三年连续下降,中部地区则是先降后小幅上升,总体呈下降态势。第三,从关系网络能力分项指数看,四个地区都是连续下降。2013 年下降幅度最大的地区是东部,从 2011 年的 13.3074 分降至 8.2526 分,降幅达 5.0548 分;2015 年下降幅度最大的地区是东北,从 2013 年的 10.5247 分降至 7.0970 分,降幅达 3.4277 分。第四,从社会责任能力分项指数看,四个地区都是先升后降。东北地区 2015 年下降幅度最大,从 2013 年的 66.6667 分降至 2015 年的 60.3843 分,降幅为 6.2824 分。第五,从战略领导能力分项指数看,三个年度中除了东部是先降后升以外,其他三个地区都是连续上升,中部地区上升幅度最大,从 2013 年的 25.2811 分上升至 29.8810 分,上升了 4.5999 分。

图 13-2 显示了四个地区企业家能力总体指数的变化。从总体指数排名看,2015 年和

2011 年的排名是相同的,自高到低依次是东部、中部、西部和东北;2015 年与 2013 年相比,东部与中部地区排名没有变化,仍列第一和第二,西部与东北部地区的排名对调。

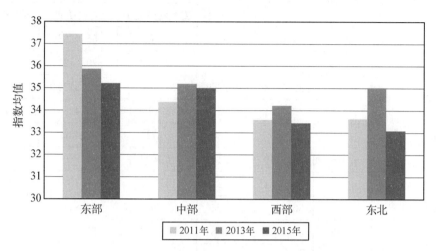

图 13 - 2　2011～2015 年三个年度不同地区上市公司企业家能力总体指数的变化

13.3　分行业企业家能力指数的年度比较

　　用各行业上市公司企业家能力总体指数,以及人力资本、关系网络能力、社会责任能力和战略领导能力四个分项指数的平均值来代表各行业上市公司企业家能力情况,分别比较不同行业 2011 年、2013 年和 2015 年企业家能力水平的差异,结果参见表 13 - 4。需要说明的是,由于《中国上市公司企业家能力指数报告 2012》使用的是《上市公司行业分类(2001年)》,《中国上市公司企业家能力指数报告 2014》和本报告使用的是《上市公司行业分类(2012 年)》,两个行业分类标准存在差异。为统一比较口径,仅将行业划分未发生变化的 10个行业的企业家能力指数进行比较,这 10 个行业分别为：A. 农、林、牧、渔业,B. 采矿业,C. 制造业,D. 电力、热力、燃气及水生产和供应业,E. 建筑业,F. 批发和零售业,G. 交通运输、仓储和邮政业,I. 信息传输、软件和信息技术服务业,J. 金融业,K. 房地产业。

　　从表 13 - 4 可以看出：

　　第一,从企业家能力总体指数看,三个年度中有 7 个行业连续下降,其他 3 个行业先升后降。2015 年比 2013 年下降幅度较大的行业有金融业(J)和农、林、牧、渔业(A),分别下降6.8412 分和 2.3960 分。

　　第二,从人力资本分项指数看,三个年度中除了采矿业(B)和建筑业(E)是先降后升外,其他 8 个行业都是连续下降。2015 年比 2013 年下降幅度大都在 2 分左右,其中下降幅度最大的行业是金融业(J),从 2013 年的 37.7992 分下降至 2015 年的 33.0904 分,下降分值为4.7088 分。

表 13‒4　2011～2015 年三个年度不同行业上市公司企业家能力指数均值比较

行　业	年　份	总体指数	分　项　指　数			
			人力资本	关系网络能力	社会责任能力	战略领导能力
农、林、牧、渔业(A)	2011	34.8237	32.9454	15.4655	66.0232	21.1579
	2013	36.3008	30.8776	12.7302	70.6123	24.7712
	2015	33.9048	27.2959	10.2249	65.2124	25.6870
采矿业(B)	2011	36.1409	33.0370	12.4333	65.4286	27.2425
	2013	34.6497	30.5300	6.3710	68.4332	25.2571
	2015	33.9749	30.9198	3.9041	64.7800	27.2871
制造业(C)	2011	36.3881	29.4597	13.1841	66.7542	28.8938
	2013	35.7943	28.3266	8.8984	70.8411	26.8539
	2015	35.6511	27.8084	7.5701	65.0388	32.2409
电力、热力、燃气及水生产和供应业(D)	2011	32.7601	33.9030	10.5471	61.9048	20.3146
	2013	33.8642	30.9524	6.8357	68.3230	22.4249
	2015	32.1834	28.7560	6.1486	61.7130	24.5782
建筑业(E)	2011	39.2315	30.1844	16.4565	71.0425	31.7397
	2013	33.9688	27.5370	9.7031	65.7636	25.5546
	2015	33.6532	28.5714	8.1612	59.7193	29.6930
批发和零售业(F)	2011	35.7978	31.1320	12.4247	65.8211	27.1608
	2013	35.0856	30.8424	7.2682	66.6995	27.2980
	2015	34.9964	29.2906	5.0076	63.4982	31.9244
交通运输、仓储和邮政业(G)	2011	35.3419	31.2757	10.1270	68.5714	24.6887
	2013	33.8961	31.1317	5.0072	66.9759	24.5052
	2015	32.8432	30.6526	5.0480	62.2506	25.4735
信息传输、软件和信息技术服务业(I)	2011	37.1799	35.3461	11.3014	67.4168	27.8429
	2013	35.5141	30.3480	9.0313	69.2308	25.8937
	2015	33.7845	27.9902	5.6475	63.1520	29.0493
金融业(J)	2011	42.8533	39.9184	17.9429	72.2008	34.4513
	2013	38.4309	37.7992	8.4384	68.7259	30.4940
	2015	31.5888	33.0904	4.4785	53.8728	27.1982
房地产业(K)	2011	32.5545	31.4826	9.8164	64.9689	19.2054
	2013	33.3241	29.8229	5.5005	66.4699	23.7895
	2015	32.3149	29.4456	4.1915	62.2759	25.1266

　　第三,从关系网络能力分项指数看,与人力资本分项指数相似,三个年度中除了交通运输、仓储和邮政业(G)先较大幅度下降后小幅上升外,其他 9 个行业都是连续下降。与 2013 年度相比,2015 年下降幅度较大的行业是金融业(J)和信息传输、软件和信息技术服务业(I),分别下降了 3.9599 分和 3.3838 分。

　　第四,从社会责任能力分项指数看,三个年度中有 3 个行业连续下降,7 个行业先上升后下降,这意味着 2015 年比 2013 年 10 个行业都是下降的。值得注意的是,整体看来,2015 年 10 个行业社会责任能力分项指数下降的幅度要高于人力资本和关系网络能力 2 个分项指数,普遍降幅在 5 分以上。金融业(J)社会责任能力分项指数 2015 年的降幅更是达到了 14.8531 分;如果与 2011 年的结果相比,金融业(J)社会责任能力分项指数 2015 年下降了 18.3280 分。

　　第五,从战略领导能力分项指数看,这是唯一整体上升的分项指数,三个年度中有 4 个行业连续上升,有 5 个行业先降后升,只有金融业(J)一个行业连续下降。上升幅度最大的行业是制造业(C),上升幅度为 5.3870 分。

　　图 13-3 显示了 10 个行业企业家能力总体指数的变化。从总体指数排名看,2013 年和 2011 年都是金融业(J)排名第一,2015 年制造业(C)排名第一,房地产业(K)是 2013 和 2011 年的最后一名,而金融业(J)在 2015 年排在了垫底的位置。这里我们要专门分析一下金融业(J),在 10 个行业中金融业是 2015 年唯一一个四个分项指数都下降的行业,并且每一个分项指数的降幅都是 10 个行业中最多的,这也使得 2011 和 2013 年排名第一的金融业(J)在 2015 年排在了 10 个行业的末位。除此之外,金融行业也是唯一一个三个年度四个分项指数连续下降的行业,其 2013 年企业家能力总体指数就下降了 4.4224 分,这说明金融行业企业家能力指数的整体倒退从 2013 年就已经开始了。

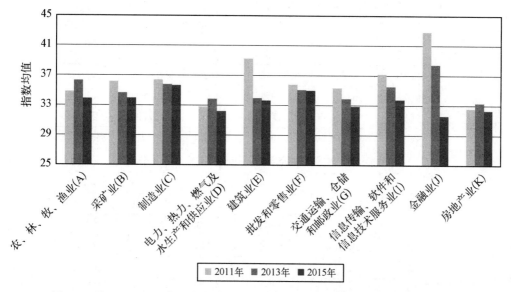

图 13-3　2011~2015 年三个年度不同行业上市公司企业家能力总体指数的变化

13.4 分所有制企业家能力指数的年度比较

按照五类所有制或控股类型的划分,用各所有制上市公司企业家能力总体指数,以及人力资本、关系网络能力、社会责任能力和战略领导能力四个分项指数的平均值来代表各所有制上市公司企业家能力情况,分别比较 2011 年、2013 年与 2015 年不同所有制上市公司的企业家能力水平的差异,结果参见表 13-5 Panel A。另外,进一步将样本按照国有控股公司和非国有控股公司分类,统计信息见表 13-5 Panel B。

表 13-5　2011～2015 年三个年度不同所有制上市公司企业家能力指数均值比较

所有制类型	年　份	总体指数	分　项　指　数				总体指数排名
			人力资本	关系网络能力	社会责任能力	战略领导能力	
Panel A　按照五类所有制公司分类							
国有绝对控股公司	2011	36.9312	30.8870	11.9411	67.7567	29.4469	2
	2013	35.8390	31.2872	7.7368	68.3605	27.6717	1
	2015	34.3933	29.4649	5.9379	63.3955	29.5511	3
国有强相对控股公司	2011	34.9982	29.8701	12.2300	63.6073	27.4967	4
	2013	35.1606	30.4860	7.4047	67.1554	27.3169	3
	2015	34.0364	28.6551	5.8896	63.2658	29.1427	4
国有弱相对控股公司	2011	34.2235	30.0183	13.4119	62.2918	25.4746	5
	2013	34.6604	29.2490	7.5758	67.3631	26.3634	5
	2015	33.9694	28.6846	6.9366	62.5119	28.9628	5
国有参股公司	2011	36.5525	32.0099	14.5207	67.0268	26.7294	3
	2013	35.0051	28.8689	8.4327	69.2920	25.6172	4
	2015	35.3697	29.1045	7.3125	64.4900	31.1083	1
无国有股份公司	2011	36.9905	31.9971	12.2375	69.1784	27.5576	1
	2013	35.8315	28.4158	9.1546	71.7790	25.9994	2
	2015	35.1824	27.6232	7.3950	64.5218	31.4610	2
Panel B　按照国有控股公司和非国有控股公司分类							
国有控股公司	2011	35.3134	30.1798	12.5643	64.4054	27.4101	2
	2013	35.2454	30.4028	7.5642	67.6169	27.1650	2
	2015	34.1207	28.8968	6.1942	63.0939	29.2106	2
非国有控股公司	2011	36.8468	32.0226	12.9974	68.4398	27.2925	1
	2013	35.6304	28.5261	8.9789	71.1737	25.9064	1
	2015	35.2516	28.1705	7.3645	64.5100	31.3307	1

从表 13-5 Panel A 可以看出：

第一,从企业家能力总体指数看,三个年度中国有绝对控股和无国有股份公司连续下降,国有强相对控股公司和国有弱相对控股公司先上升后下降,国有参股公司先下降后上升。2015 年下降幅度最大的是国有绝对控股公司,下降了 1.4457。

第二,从人力资本分项指数看,三个年度中国有绝对控股公司和国有强相对控股公司先上升后下降,国有弱相对控股公司和无国有股份公司连续下降,国有参股公司先降后升。与总体指数相似,除了国有参股公司以外,其他四类公司 2015 年比 2013 年都是下降的,但是各所有制上市公司下降幅度不大,下降幅度最大的是国有强相对控股公司,达 1.8309 分。

第三,从关系网络能力分项指数看,三个年度中五类所有制上市公司都是连续下降,但是下降幅度也不大,都在 2 分以内。下降幅度最大的是国有绝对控股公司,下降幅度为 1.7989 分。

第四,从社会责任能力分项指数看,三个年度中五类公司都是先升后降,并且,相对于 2013 年,2015 年下降幅度超过了总体指数与其他三类分项指数的下降幅度,下降幅度最大的是无国有股份公司,下降幅度为 7.2572 分。

第五,从战略领导能力分项指数看,三个年度中五类公司除了国有弱相对控股公司连续上升以外,其余四类均是先下降后上升。2015 年与 2013 年相比各类所有制公司都是上升的,上升幅度最大的是国有参股公司,达 5.4911。

图 13-4 显示了五类所有制公司企业家能力总体指数的变化。从总体指数排名看,除了国有弱相对控股公司一直排在最后以外,其他四类所有制上市公司排名都有变化。国有绝对控股公司从 2013 年的第一降到了 2015 年的第三;国有强相对控股公司在 2013 年从 2011 年的第四上升到第三之后,在 2015 年又回到第四;国有参股公司从 2011 年的第三降到 2013 年的第四,又在 2015 年跃居第一;无国有股份公司曾在 2011 年位居第一,2013 年和 2015 年都位居第二。

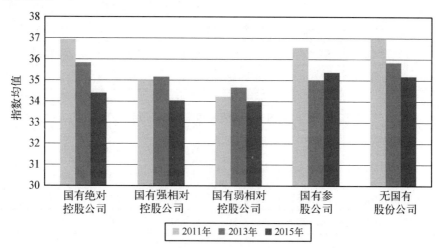

图 13-4　2011～2015 年三个年度不同所有制上市公司企业家能力总体指数的变化

　　从表 13-5 Panel B 可以看出,国有控股公司和非国有控股公司三个年度企业家能力总体指数都是连续下降。相对于 2013 年,2015 年国有控股公司下降幅度比非国有控股公司略大一些。国有控股公司在人力资本和社会责任能力两个分项指数上是先上升后下降,在关系网络能力分项指数上是连续下降,这三个分项指数与 2013 年相比虽然都是下降,但降幅都不大,社会责任能力分项指数降幅最大,为 4.5230 分。国有控股公司在战略领导能力分项指数上是先下降后上升,2015 年比 2011 年和 2013 年分别上升 1.8005 分和 2.0456 分。非国有控股公司在人力资本和关系网络能力两个分项指数上是连续下降,在社会责任能力分项指数上是先升后降,这三个分项指数与 2013 年相比都是下降了,这点与国有控股公司的表现相同,而且降幅最大的也是社会责任能力分项指数,为 6.6637。非国有控股公司在战略领导能力分项指数上是先下降后上升,2015 年比 2011 年和 2013 年分别上升 4.0382 分和 5.4243 分。

13.5　分上市板块企业家能力指数的年度比较

　　用各板块上市公司企业家能力指数,以及人力资本、关系网络能力、社会责任能力和战略领导能力四个分项指数的平均值来代表各板块上市公司企业家能力情况,分别比较不同板块 2011 年、2013 年与 2015 年企业家能力的差异,结果见表 13-6。

表 13-6　2011～2015 年三个年度不同板块上市公司企业家能力指数均值比较

上市板块	年　份	总体指数	分　项　指　数				总体指数排名
			人力资本	关系网络能力	社会责任能力	战略领导能力	
深市主板(不含中小板)	2011	33.1442	29.6929	13.0458	61.2020	23.5082	4
	2013	34.8459	31.2929	7.0513	65.5563	27.3226	4
	2015	33.7485	30.5303	5.3433	61.6081	28.6676	4
深市中小企业板	2011	38.9640	30.2065	15.5903	72.4045	30.2729	1
	2013	35.9901	26.4512	9.0651	74.4713	25.6435	1
	2015	35.9655	26.9912	8.3124	66.5427	32.1059	1
深市创业板	2011	37.5980	36.3633	10.0835	74.0430	23.6763	2
	2013	35.8374	27.8615	11.2732	72.0365	25.0179	2
	2015	35.4924	28.9903	8.0556	64.1468	31.4313	2
沪市主板	2011	35.6809	31.6598	11.3264	64.3478	28.2592	3
	2013	35.2654	30.9134	7.5433	67.4460	27.0349	3
	2015	34.1792	28.3376	6.1291	63.0811	29.8088	3

　　从表 13-6 可以看出:

第一,从企业家能力总体指数看,三个年度中,除了深市主板(不含中小企业板)先升后降外,其他三个板块都是连续下降,2015年比2013年都是下降的。2015年比2013年下降幅度从高到低依次是深市主板(不含中小企业板)、沪市主板、深市创业板和深市中小企业板。深市主板(不含中小企业板)2015年比2013年下降幅度最大,下降1.0974分。

第二,从人力资本分项指数看,三个年度中,深市主板(不含中小企业板)先升后降,深市中小企业板和深市创业板都是先降后升,沪市主板则是连续下降,但总体来说各个板块上市公司的人力资本分项指数波动不大。2015年比2013年下降幅度最大的是沪市主板,降幅为2.5758分,上升幅度最大的是深市创业板,升幅为1.1288分。

第三,从关系网络能力分项指数看,三个年度中,深市主板(不含中小企业板)、深市中小企业板、沪市主板都是连续下降,而深市创业板则是先升后降,2015年比2013年都是下降的,但下降幅度不是很大。2015年比2013年下降幅度从高到低依次是深市创业板、深市主板(不含中小企业板)、沪市主板和深市中小企业板。深市创业板2015年比2013年下降幅度最大,下降3.2176分。

第四,从社会责任能力分项指数看,三个年度中,除深市创业板是连续下降外,其他三个板块都是先升后降,2015年比2013年都是下降的,而且下降的幅度要大于总体指数和其他三个分项指数的波动幅度。2015年比2013年下降幅度从高到低依次是深市中小企业板、深市创业板、沪市主板和深市主板(不含中小企业板)。深市中小企业板2015年比2013年下降幅度最大,下降7.9286分。

第五,从战略领导能力分项指数看,三个年度中,除了深市主板(不含中小企业板)是连续上升外,其他三个板块都是先降后升,2015年比2013年都是上升的。深市中小企业板与深市创业板2015年比2013年分别上升6.4624分和6.4134分,其上升的幅度要远大于沪市主板和深市主板(不含中小企业板),后两者2015年上升的幅度分别为2.7739分和1.3450分。

图13-5显示了四个板块三个年度中的企业家能力总体指数变化情况。从排名中看

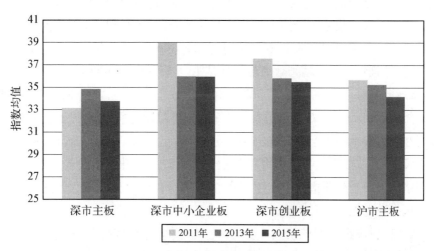

注:深市中小企业板是深市主板的一部分,但本图中的深市主板不含中小企业板。

图13-5 2011~2015年三个年度不同板块上市公司企业家能力总体指数的变化

到,在三个年度中,不同上市板块的企业家能力指数排名没有变化,由大到小依次保持为深市中小企业板、深市创业板、沪市主板和深市主板(不含中小企业板)。

13.6　本　章　小　结

本章从总体、地区、所有制、行业和上市板块等角度分别比较了 2011 年、2013 年和 2015 年中国上市公司的企业家能力水平,主要结论如下:

第一,从总体看,2011 年、2013 年和 2015 年,企业家能力总体指数连续小幅度下降。其中,人力资本和关系网络能力两个分项指数连续下降,社会责任能力分项指数先升后降,战略领导能力分项指数先降后升。变化幅度最大的是社会责任能力分项指数,下降5.8256 分。

第二,从地区看,企业家能力总体指数三个年度中只有东部连续下降,中部、西部和东北三个地区是先升后降,2015 年处于最低水平。从人力资本分项指数看,东部、西部和东北三年连续下降,中部地区则是先降后小幅上升,总体呈下降态势。从关系网络能力分项指数看,四个地区都是连续下降;2015 年比 2013 年下降幅度最大的地区是东北。从社会责任能力分项指数看,四个地区都是先升后降;相比 2013 年,东北地区 2015 年下降幅度最大。从战略领导能力分项指数看,三个年度中东部先降后升,其他三个地区都是连续上升,中部地区上升幅度最大。

第三,从行业看,10 个行业三个年度中,企业家能力总体指数有 7 个行业连续下降,3 个行业先升后降,2015 年比 2013 年下降幅度最大的行业是金融业。从人力资本分项指数看,2个行业先降后升,8 个行业连续下降。从关系网络能力分项指数看,1 个行业先较大幅度下降后小幅上升,9 个行业都是连续下降;从社会责任能力分项指数看,3 个行业连续下降,7个行业先上升后下降。战略领导能力是唯一整体上升的分项指数,4 个行业连续上升,5 个行业先降后升,1 个行业连续下降。10 个行业中,金融业是 2015 年唯一一个四个分项指数都下降的行业,并且每一个分项指数的降幅都是 10 个行业中最多的。

第四,从所有制看,国有控股公司和非国有控股公司三个年度企业家能力总体指数都是连续下降。相对于 2013 年,2015 年国有控股公司下降幅度比非国有控股公司略大一些。国有控股公司在人力资本和社会责任能力两个分项指数上先上升后下降,在关系网络能力分项指数上连续下降,在战略领导能力分项指数上先下降后上升。非国有控股公司在人力资本和关系网络能力两个分项指数上连续下降,在社会责任能力分项指数上先升后降,在战略领导能力分项指数上先下降后上升。

第五,从上市板块看,三个年度中,企业家能力总体指数除深市主板(不含中小企业板)先升后降外,其他三个板块都是连续下降。从人力资本分项指数看,深市主板(不含中小企业板)先升后降,深市中小企业板和深市创业板都是先降后升,沪市主板则是连续下降;从关系网络能力分项指数看,深市主板(不含中小企业板)、深市中小企业板、沪市主板都是连续下降,而深市创业板则是先升后降。从社会责任能力分项指数看,除深市创业板连续下降外,其他三个板块都是先升后降。从战略领导能力分项指数看,除深市主板(不含中小企业板)连续上升外,其他三个板块都是先降后升。三个年度中,不同上市板块的企业家能力指数排名没有变化,由大到小依次保持为深市中小企业板、深市创业板、沪市主板和深市主板(不含中小企业板)。

中国公司治理分类
指数报告No.15
（2016）

Report on China
Classified Corporate
Governance Index
No.15（2016）

第五编
财务治理指数

第 14 章

财务治理总体指数排名及比较

根据第 1 章确定的财务治理指数评价方法,以及我们评估获得的 2015 年度 2655 家样本上市公司指数数据,本章将对这些公司的财务治理指数进行排名分析,然后分别从地区、行业及上市板块三个角度进行比较分析。

14.1 财务治理指数总体分布及排名

基于上市公司 2015 年的公开数据,根据第 1 章构建的财务治理指标体系和指数计算方法,我们对 2655 家上市公司的财务治理指数进行了计算,得到 2015 年中国上市公司财务治理指数的总体排名情况(详见附带光盘附表Ⅳ-1 和Ⅳ-2)。

14.1.1 财务治理指数总体分布

在 2655 家上市公司中,财务治理指数最大值为 79.3025,最小值为 29.4595,平均值为 53.4853,中位值为 53.5463,标准差为 6.6480。整体而言,全部样本的绝对差距较大,最大值高出最小值 49.8430。经检验,财务治理指数整体分布基本满足正态分布。从整体分布偏离正态分布的程度来看,偏度系数为 -0.1264,峰度系数为 -0.0450,财务治理指数分布为负偏态,呈扁平分布。详见表 14-1。

表 14-1 2015 年上市公司财务治理指数总体情况

项　目	平均值	中位值	最大值	最小值	标准差	偏度系数	峰度系数
数　值	53.4853	53.5463	79.3025	29.4595	6.6480	-0.1264	-0.0450

为进一步了解财务治理指数在各个得分区间的分布情况,我们将财务治理指数在有分布的区域按 5 分一个区间划分为[0, 25)、[25, 30)、[30, 35)、[35, 40)、[40, 45)、[45, 50)、[50, 55)、[55, 60)、[60, 65)、[65, 70)、[70, 75)、[75, 80)以及[80, 100]13 个区间(公司数目为 0 的相邻区间合并),每个得分区间的企业数目和所占比重参见表 14-2 和图 14-1。

表 14-2　2015 年上市公司财务治理指数区间分布

指 数 区 间	公 司 数 目	占　比(%)	累积占比(%)
[0，25)	0	0.00	0.00
[25，30)	1	0.04	0.04
[30，35)	11	0.41	0.45
[35，40)	51	1.92	2.37
[40，45)	205	7.72	10.09
[45，50)	531	20.00	30.09
[50，55)	763	28.74	58.83
[55，60)	649	24.44	83.28
[60，65)	350	13.18	96.46
[65，70)	85	3.20	99.66
[70，75)	8	0.30	99.96
[75，80)	1	0.04	100.00
[80，100]	0	0.00	100.00
总　体	2655	100.00	—

　　由表 14-2 可见,财务治理指数分值大部分分布在[45,60)区间,共有公司 1943 家,占全部样本的 73.18%。值得关注的是,只有 444 家上市公司的财务治理指数分值高于 60 分,占比为 16.72%。相比 2014 年,2015 年上市公司财务治理指数的及格率下降 5.24 个百分点,但均值却从 53.1439 上升为 53.4853,略有进步。

　　图 14-1 直观地反映了 2015 年上市公司财务治理指数的分布。可以看出,2015 年上市公司财务治理指数的区间分布相对比较集中,整体财务治理水平不高。

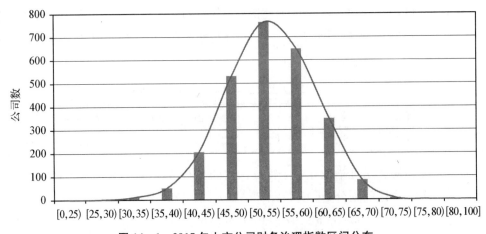

图 14-1　2015 年上市公司财务治理指数区间分布

14.1.2 财务治理指数前后 100 名

表 14-3 给出了 2655 家上市公司中排名前 100 家和最后 100 家公司的财务治理指数的基本统计数据。可以看出,前 100 名公司的财务治理指数均值为 67.0828;而后 100 名公司的财务治理均值为 38.6576,得分相当不理想。从标准差来看,在上述两类样本中,前 100 名公司得分的差异较后 100 名要小。

表 14-3 2015 年上市公司财务治理指数前后 100 名情况

	平 均 值	中 位 值	最 大 值	最 小 值	标 准 差
前 100 名	67.0828	66.4966	79.3025	64.8458	2.1425
后 100 名	38.6576	39.4187	41.6591	29.4595	2.7691
总 体	53.4853	53.5463	79.3025	29.4595	6.6480

我们对 2655 家上市公司的财务治理指数从大到小降序排列,财务治理指数越高,说明上市公司财务治理水平越高。表 14-4 是财务治理指数排名前 100 名的上市公司情况。

表 14-4 2015 年上市公司财务治理指数排名(前 100 名)

排 名	代 码	公司简称	指 数 值	排 名	代 码	公司简称	指 数 值
1	601390	中国中铁	79.3025	18	000006	深振业 A	68.8590
2	600017	日照港	71.5939	19	002339	积成电子	68.6718
3	600058	五矿发展	71.5723	20	000019	深深宝	68.6324
4	000777	中核科技	70.8633	21	600871	石化油服	68.5789
5	600860	京城股份	70.7165	22	600815	厦工股份	68.5682
6	600029	南方航空	70.4347	23	600188	兖州煤业	68.4873
7	600332	白云山	70.3059	24	600795	国电电力	68.3660
8	600600	青岛啤酒	70.0797	25	600377	宁沪高速	68.2574
9	000539	粤电力	70.0039	26	000636	风华高科	68.1993
10	600592	龙溪股份	69.8475	27	002581	未名医药	68.1664
11	001896	豫能控股	69.8404	28	000875	吉电股份	68.1261
12	600889	南京化纤	69.8018	29	000701	厦门信达	68.0480
13	000538	云南白药	69.6003	30	002156	通富微电	67.8795
14	600688	上海石化	69.5818	31	601098	中南传媒	67.8730
15	002657	中科金财	68.9528	32	600141	兴发集团	67.8433
16	000099	中信海直	68.8907	33	002272	川润股份	67.7198
17	300078	中瑞思创	68.8696	34	002258	利尔化学	67.6456

续 表

排 名	代 码	公司简称	指 数 值	排 名	代 码	公司简称	指 数 值
35	600000	浦发银行	67.5019	68	601038	一拖股份	65.7667
36	600004	白云机场	67.4009	69	000883	湖北能源	65.7404
37	600548	深高速	67.3359	70	601002	晋亿实业	65.7153
38	600841	上柴股份	67.2795	71	002729	好利来	65.6991
39	002473	圣莱达	67.2490	72	002259	升达林业	65.6886
40	600115	东方航空	67.0027	73	600068	葛洲坝	65.6422
41	002110	三钢闽光	66.8105	74	601718	际华集团	65.6232
42	600268	国电南自	66.6887	75	000571	新大洲A	65.5431
43	300018	中元华电	66.6814	76	600026	中海发展	65.5324
44	000780	平庄能源	66.6626	77	000528	柳工	65.4824
45	600736	苏州高新	66.6385	78	000681	视觉中国	65.4788
46	601088	中国神华	66.6337	79	601857	中国石油	65.4383
47	601058	赛轮金宇	66.6332	80	600036	招商银行	65.4260
48	300358	楚天科技	66.5635	81	600693	东百集团	65.4077
49	002576	通达动力	66.5397	82	600489	中金黄金	65.3453
50	002587	奥拓电子	66.5157	83	300162	雷曼光电	65.3239
51	600998	九州通	66.4774	84	300292	吴通通讯	65.3188
52	000905	厦门港务	66.3295	85	002517	泰亚股份	65.2749
53	002304	洋河股份	66.2474	86	002748	世龙实业	65.2585
54	000880	潍柴重机	66.2360	87	000045	深纺织A	65.2545
55	000536	华映科技	66.1688	88	000023	深天地A	65.2294
56	002563	森马服饰	66.0932	89	002254	泰和新材	65.1024
57	000061	农产品	66.0917	90	002660	茂硕电源	65.0633
58	002721	金一文化	66.0784	91	002140	东华科技	65.0573
59	000823	超声电子	66.0661	92	002020	京新药业	65.0191
60	002302	西部建设	66.0497	93	002181	粤传媒	65.0061
61	600684	珠江实业	65.9963	94	300232	洲明科技	65.0030
62	002203	海亮股份	65.9375	95	002251	步步高	64.9771
63	002238	天威视讯	65.9364	96	000581	威孚高科	64.9626
64	002440	闰土股份	65.8805	97	002294	信立泰	64.9054
65	002233	塔牌集团	65.8294	98	000516	国际医学	64.8897
66	002725	跃岭股份	65.8239	99	002427	尤夫股份	64.8835
67	300340	科恒股份	65.8152	100	002705	新宝股份	64.8458

从表 14‑4 可以看出,最高分是中国中铁,为 79.3025,日照港和五矿发展分列第二和第三。相比 2014 年,前 100 名的平均值下降 3.3802 分。只有 8 家公司连续两年在前 100 名中,它们是中国中铁、日照港、上海石化、中国神华、中国石油、深天地 A、东华科技和国际医学。

从地区分布来看,前 100 名中,东部、中部、西部和东北各有 78 家、12 家、8 家和 2 家,分别占各地区上市公司总数的 4.45%、3.17%、2.09%和 1.41%。其中前 10 名全部来自东部地区。从行业来看,制造业 58 家,采矿业 7 家,批发和零售业 6 家,电力、热力、燃气及水生产和供应业 5 家,分别占所在行业上市公司总数的 3.47%、9.59%、4.08%和 5.62%。从控股类型看,国有控股公司有 60 家,非国有控股公司有 40 家,分别占两类上市公司总数的 5.87%和 2.45%。在 60 家国有控股公司中,最终控制人为中央企业的有 23 家,占全部中央企业控股上市公司总数的 6.48%;最终控制人为地方国企的有 37 家,占全部地方国企控股上市公司总数的 5.54%。从以上比例可以看到,财务治理指数得分最高的前 100 名在地区、行业和控股类型中的分布,并不能完全说明某个地区、行业和控股类型表现更好,因为各地区、行业和控股类型的上市公司数量不同。比如,制造业进入前 100 名的公司数多于采矿业,但采矿业进入前 100 名的占比更高,无疑采矿业表现更好。再如,中央企业控股的上市公司中进入前 100 名的公司数少于地方国企控股的公司数,但前者比例更高,显然中央企业控股的上市公司在财务治理上的表现相对好于地方国企控股的上市公司。

图 14‑2 为前 100 名上市公司财务治理指数分布情况。从图 14‑2 可以看出,第一名远高于其他公司,从第二名开始呈现较平缓下降,最高分 79.3025,最低分 64.8458,绝对差距 14.4567 分。

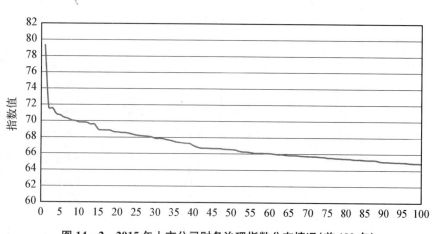

图 14‑2　2015 年上市公司财务治理指数分布情况(前 100 名)

表 14‑5 给出了财务治理指数排名后 100 名公司的得分情况。

从表 14‑5 可以看出,最后 100 名公司中,有 10 家公司为 ST 公司,占到全部 ST 公司的 23.81%。这类公司的财务治理水平总体上非常低下。财务指数得分最低的三名分别是沪市主板的 ST 明科(600091)、禾嘉股份(600093)和深市中小企业板的顾地科技(002694)。

表 14 - 5　2015 年上市公司财务治理指数排名(后 100 名)

排　名	代　码	公司简称	指 数 值	排　名	代　码	公司简称	指 数 值
2556	300403	地尔汉宇	41.6591	2587	600733	S 前锋	40.3294
2557	002010	传化股份	41.5513	2588	600193	创兴资源	40.3225
2558	600300	维维股份	41.5335	2589	002617	露笑科技	40.2875
2559	601958	金钼股份	41.5055	2590	600303	曙光股份	40.2293
2560	002232	启明信息	41.4816	2591	600126	杭钢股份	40.0860
2561	600648	外高桥	41.4453	2592	000007	零七股份	40.0587
2562	600531	豫光金铅	41.3925	2593	600521	华海药业	39.9723
2563	601558	* ST 锐电	41.3856	2594	600696	多伦股份	39.9547
2564	300113	顺网科技	41.3294	2595	300120	经纬电材	39.9481
2565	000333	美的集团	41.1801	2596	600368	五洲交通	39.8368
2566	000505	珠江控股	41.1784	2597	000751	锌业股份	39.7948
2567	000722	湖南发展	41.1203	2598	000752	西藏发展	39.6574
2568	603008	喜临门	41.1152	2599	600281	太化股份	39.6465
2569	601677	明泰铝业	41.0883	2600	000968	煤气化	39.6113
2570	300087	荃银高科	41.0874	2601	601198	东兴证券	39.5867
2571	000829	天音控股	41.0849	2602	600169	太原重工	39.5672
2572	002032	苏泊尔	41.0331	2603	600982	宁波热电	39.4546
2573	002042	华孚色纺	40.9769	2604	000018	中冠纺织	39.4479
2574	603167	渤海轮渡	40.9439	2605	600800	天津磁卡	39.4245
2575	000659	* ST 中富	40.9296	2606	000010	深华新	39.4128
2576	002211	宏达新材	40.9265	2607	300344	太空板业	39.3508
2577	300071	华谊嘉信	40.9039	2608	600821	津劝业	39.2822
2578	601689	拓普集团	40.8809	2609	600375	华菱星马	39.2421
2579	000020	深华发	40.8259	2610	600265	* ST 景谷	39.2349
2580	600768	宁波富邦	40.7440	2611	000638	万方发展	39.2305
2581	300314	戴维医疗	40.7045	2612	600856	长百集团	39.2160
2582	600467	好当家	40.6363	2613	600301	* ST 南化	39.1962
2583	600390	金瑞科技	40.6136	2614	000673	当代东方	39.1075
2584	600898	三联商社	40.5849	2615	600476	湘邮科技	39.0521
2585	600606	金丰投资	40.5346	2616	000558	莱茵置业	38.9779
2586	600511	国药股份	40.4828	2617	000403	ST 生化	38.9351

排 名	代 码	公司简称	指 数 值	排 名	代 码	公司简称	指 数 值
2618	600275	武昌鱼	38.9096	2637	603788	宁波高发	36.8291
2619	600338	西藏珠峰	38.8598	2638	600381	贤成矿业	36.7596
2620	600099	林海股份	38.8557	2639	603158	腾龙股份	36.5788
2621	000815	美利纸业	38.8382	2640	600315	上海家化	36.4092
2622	600789	鲁抗医药	38.6995	2641	600732	上海新梅	36.0617
2623	600127	金健米业	38.6034	2642	002306	中科云网	35.9221
2624	600817	ST 宏盛	38.4066	2643	600462	石岘纸业	35.1566
2625	002281	光迅科技	38.1546	2644	300067	安诺其	34.2046
2626	000038	深大通	38.1396	2645	600671	天目药业	33.7980
2627	300104	乐视网	38.0760	2646	600179	黑化股份	33.7849
2628	300029	天龙光电	37.9962	2647	600793	ST 宜纸	33.3017
2629	600212	江泉实业	37.8333	2648	000892	星美联合	32.8883
2630	600515	海岛建设	37.6622	2649	600145	*ST 国创	32.7437
2631	600291	西水股份	37.4269	2650	000611	内蒙发展	32.6038
2632	600769	祥龙电业	37.4249	2651	600753	东方银星	32.1454
2633	600247	*ST 成城	37.2602	2652	600082	海泰发展	32.0180
2634	002608	舜天船舶	37.2542	2653	002694	顾地科技	31.4046
2635	600712	南宁百货	37.1902	2654	600093	禾嘉股份	30.7762
2636	600167	联美控股	37.0042	2655	600091	ST 明科	29.4595

从地区分布看,财务治理指数最后 100 名上市公司中,东部、中部、西部和东北部各有 53 家、20 家、18 家和 9 家,分别占所在地区全部上市公司总数的 3.03%、5.28%、4.70% 和 6.34%,从相对值(比例)角度,东北部和中部表现较差。从行业分布看,制造业(C)有 56 家,批发和零售业(F)10 家,房地产业(K)8 家,信息传输、软件和信息技术服务业(I)6 家,分别占所在行业全部上市公司数的 3.35%、6.80%、5.97% 和 4.14%,从相对值(比例)看,批发和零售业和房地产业表现较差。从控股类型看,国有控股公司有 36 家,非国有控股公司有 64 家,分别占两类上市公司总数的 3.52% 和 3.92%,从相对值(比例)角度,两种类型公司表现相当。在国有控股公司中,最终控制人为中央企业的有 10 家,占全部中央企业控股的上市公司的 2.82%;最终控制人为地方国企的有 26 家,占全部地方国企控股的上市公司总数的 3.89%,从相对值(比例)角度,地方国企控股的上市公司表现较差。

图 14-3 为最后 100 名上市公司财务治理指数分布情况(按倒数排列,即指数最后一位作为倒数第一位)。可以看出,最后 100 名上市公司财务治理指数分布在 29~42 分,最高分 41.6591,最低分 29.4595,绝对差距 12.1996 分,存在一定的差异。最后 8 个公司的财务治理指数下降较快(左端),此后的变化比较平缓。

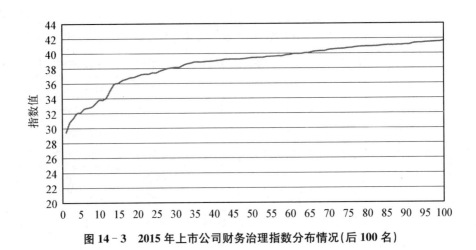

图 14 - 3　2015 年上市公司财务治理指数分布情况(后 100 名)

14.2　分地区财务治理指数排名及比较

根据东部、中部、西部和东北四大地区的划分,来比较四个地区上市公司财务治理指数均值情况,结果参见表 14 - 6。

表 14 - 6　2015 年不同地区上市公司财务治理指数比较

排　名	地　区	公司数目	平均值	中位值	最大值	最小值	标准差
1	东部	1751	53.9182	53.9810	79.3025	32.0180	6.5826
2	中部	379	52.9387	53.0662	69.8404	31.4046	6.7905
3	西部	383	52.7652	53.1733	69.6003	29.4595	6.6097
4	东北	142	51.5491	51.6264	68.3660	33.7849	6.6170
总　体		**2655**	**53.4853**	**53.5463**	**79.3025**	**29.4595**	**6.6480**

总体来看,各地区上市公司财务治理指数均值由大到小分别为东部(53.9182)、中部(52.9387)、西部(52.7652)和东北(51.5491)。各地区之间财务治理指数差异较为明显。东部地区上市公司所占比重最高,为 65.95%,财务治理水平高于总体均值;其他三个地区均低于总体均值,其中东北地区与其他三个地区相比,存在较明显差距。

图 14 - 4 对四个地区之间的差异体现得更加直观。可以明显看到,只有东部地区的财务治理水平高于均值;无疑,东部地区上市公司对整体市场财务治理水平的提高起到了支撑作用。就标准差来看,各地区之间的财务治理水平变异程度差异较小。其中,中部地区上市公司财务治理指数标准差稍高,为 6.7905,表明这一地区各上市公司之间的财务治理水平差别相对较大。

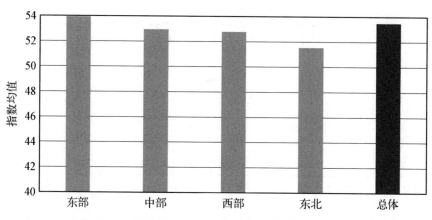

图 14 - 4　2015 年不同地区上市公司财务治理指数比较

14.3　分行业财务治理指数排名及比较

以各行业上市公司财务治理指数的平均值来代表各个行业的上市公司财务治理指数,然后将各行业的上市公司财务治理指数按照从高到低的顺序进行排名,排名结果见表 14 - 7。

表 14 - 7　2015 年不同行业上市公司财务治理指数比较

排名	行　　业	公司数目	平均值	中位值	最大值	最小值	标准差
1	交通运输、仓储和邮政业(G)	81	56.2130	56.2445	71.5939	39.8368	6.8974
2	电力、热力、燃气及水生产和供应业(D)	89	55.2275	56.0173	70.0039	37.0042	7.3399
3	采矿业(B)	73	54.9104	55.5402	68.5789	39.6113	6.8788
4	科学研究和技术服务业(M)	18	54.4614	54.1135	64.1860	42.5507	5.9915
5	建筑业(E)	71	54.2133	54.4563	79.3025	39.4128	6.5385
6	金融业(J)	49	54.0191	54.3116	67.5019	39.5867	6.1337
7	租赁和商务服务业(L)	26	53.9324	52.1195	66.0917	40.9039	6.1535
8	批发和零售业(F)	147	53.5914	53.8035	71.5723	32.1454	6.7693
9	水利、环境和公共设施管理业(N)	30	53.4050	53.5509	64.3221	41.9362	6.9933
10	制造业(C)	1672	53.3758	53.3599	70.8633	29.4595	6.5352
11	信息传输、软件和信息技术服务业(I)	145	53.1682	53.2111	68.9528	32.8883	6.5450
12	文化、体育和娱乐业(R)	36	53.0487	52.4399	67.8730	39.1075	6.8987
13	房地产业(K)	134	52.3990	52.7040	68.8590	36.0617	6.9194

续 表

排名	行 业	公司数目	平均值	中位值	最大值	最小值	标准差
14	卫生和社会工作(Q)	5	51.9037	51.2786	55.8703	48.7814	2.8294
15	综合(S)	25	51.8474	55.4088	61.4619	32.0180	8.2467
16	农、林、牧、渔业(A)	42	51.0582	51.2967	59.9913	39.2349	5.4287
17	住宿和餐饮业(H)	11	47.8173	47.6002	57.3606	35.9221	6.6994
	总 体	2655	53.4853	53.5463	79.3025	29.4595	6.6480

注：由于教育(P)只有1家上市公司,不具有代表性,故没有纳入比较。

从表14-7可以看出,上市公司财务治理水平最好的三个行业是交通运输、仓储和邮政业(G)(56.2130),电力、热力、燃气及水生产和供应业(D)(55.2275),采矿业(B)(54.9104)。财务治理水平最差的三个行业是住宿和餐饮业(H)(47.8173),农、林、牧、渔业(A)(51.0582),综合(S)(51.8474)。在17个行业中,有8个行业的上市公司财务治理指数均值高于总体均值,这8个行业的最大均值与总体均值的绝对差距是2.7277;另外9个行业的上市公司财务治理指数均值低于总体均值,总体均值与这9个行业的最小均值的绝对差距是5.6680。显然,财务治理指数的高分区行业的内部差距小于低分区行业。

图14-5进一步显示了行业间上市公司财务治理水平的差别。可以看出,各行业上市公司财务治理指数主要集中在[51,55]这一范围内,各行业财务治理水平整体而言波动不大。

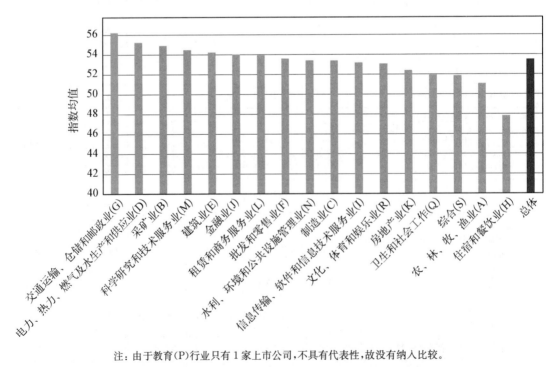

注：由于教育(P)行业只有1家上市公司,不具有代表性,故没有纳入比较。

图14-5 2015年不同行业上市公司财务治理指数比较

14.4　分上市板块财务治理指数排名及比较

根据沪市主板、深市主板(不含中小企业板)、深市中小企业板、深市创业板四个上市板块的划分,来比较不同上市板块的上市公司财务治理指数,结果参见表 14-8。

表 14-8　2015 年不同板块上市公司财务治理指数比较

排名	上市板块	公司数目	平均值	中位值	最大值	最小值	标准差
1	深市中小企业板	744	54.2737	54.2401	68.9528	31.4046	5.8922
2	深市主板(不含中小企业板)	466	53.8529	53.8679	70.8633	32.6038	6.9994
3	深市创业板	428	53.6394	53.3072	68.8696	34.2046	5.8752
4	沪市主板	1017	52.6753	52.8217	79.3025	29.4595	7.2073
总体		**2655**	**53.4853**	**53.5463**	**79.3025**	**29.4595**	**6.6480**

由表 14-8 可知,深市中小企业板和深市主板(不含中小企业板)上市公司的财务治理水平要好于深市创业板和沪市主板上市公司。而沪市主板上市公司的财务治理水平在所有板块中最差,且明显低于其他板块。

图 14-6 更直观地反映了不同板块上市公司财务治理指数的差异。可以看到,深市中小企业板、深市主板(不含中小企业板)和深市创业板上市公司财务治理指数均值都高于总体均值,而只有沪市主板上市公司财务治理指数均值低于总体均值,这说明沪市上市公司财务治理水平与深市上市公司相比有一定差距。

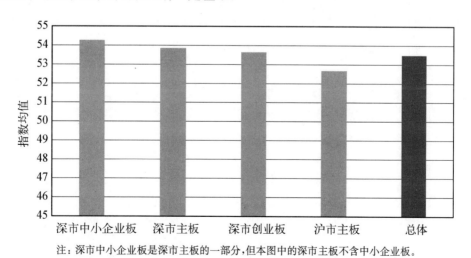

注:深市中小企业板是深市主板的一部分,但本图中的深市主板不含中小企业板。

图 14-6　2015 年不同板块上市公司财务治理指数比较

14.5　本 章 小 结

本章从总体、地区分布、行业属性以及上市板块等多角度全面评价了 2015 年中国上市公司财务治理水平。主要结论如下：

(1) 总体看，2655 家上市公司样本中，财务治理指数最大值为 79.3025，最小值为 29.4595，平均值为 53.4853，标准差为 6.6480。大部分公司的指数得分分布在[45，60)区间，占全部样本的 73.18%。其中只有 444 家上市公司的财务治理指数分值高于 60 分，占比为 16.72%，相比于 2014 年，及格率下降，但均值与 2014 年相比略有上升。

(2) 从地区看，东部地区上市公司财务治理指数均值最高，为 53.9182；最低的是东北地区，财务治理指数均值为 51.5491。四个地区上市公司财务治理水平整体上差距不大。

(3) 从行业看，在 17 个行业中(因教育行业只有 1 家上市公司，不具有代表性，予以剔除)，财务治理指数均值最高的三个行业是交通运输、仓储和邮政业(G)(56.2130)，电力、热力、燃气及水生产和供应业(D)(55.2275)，采矿业(B)(54.9104)；财务治理指数均值最低的三个行业是住宿和餐饮业(H)(47.8173)，农、林、牧、渔业(A)(51.0582)，以及综合(S)(51.8474)。各行业间差距总体上不大。

(4) 从上市板块来看，财务治理指数均值从大到小依次是：深市中小企业板(54.2737)、深市主板(不含中小企业板)(53.8529)、深市创业板(53.6394)和沪市主板(52.6753)。深市上市公司财务治理水平总体上好于沪市上市公司。

第 15 章

财务治理分项指数排名及比较

第 14 章从总体上对中国上市公司财务治理指数作了排名,并从地区、行业以及上市板块等三个角度进行了比较分析。本章按照对财务治理指数四个维度的划分,即把财务治理指数分解为财权配置、财务控制、财务监督和财务激励四个分项指数,对这四个分项指数进行排名和比较分析。

15.1 财务治理分项指数总体情况

本报告选取 2015 年沪深两市 2655 家上市公司作为评价对象。财务治理分项指数按照财务治理指标体系中的四个一级指标来划分。2015 年中国上市公司财务治理四个分项指数的描述性统计结果参见表 15 - 1。

表 15 - 1　2015 年上市公司财务治理分项指数描述性统计结果

分项指数	公司数目	平均值	中位值	最大值	最小值	标准差
财务监督	2655	77.1304	75.0000	100.0000	31.2500	13.5240
财务控制	2655	66.4491	67.5775	92.7504	29.2849	10.8409
财权配置	2655	41.1131	38.9658	81.6667	3.8889	11.9976
财务激励	2655	29.2487	25.0975	71.3079	0.0000	13.2237

从表 15 - 1 可以看出,财务治理四个分项指数中,财务监督分项指数均值最大,财务激励分项指数均值最小,财务控制分项指数和财权配置分项指数居中。财务监督和财务控制分项指数得分均达到 60 分以上,财务监督分项指数是唯一一个均值超过 70 分的分项指数,这说明,中国上市公司财务监督水平相对于其他财务治理分项指数表现更好。而财权配置和财务激励水平则整体较低且在不同上市公司中存在较大的差异。

图 15 - 1 更直观地反映了财务治理四个分项指数的差异。可以看到,四个分项指数的

平均值和中位值的得分排序近似,财务监督分项指数的均值和中位值最高,财务激励的分项指数均值和中位值最低。

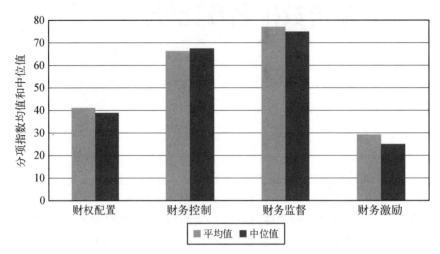

图 15-1 2015 年上市公司财务治理四个分项指数比较

15.2 财权配置分项指数排名及比较

财权配置分项指数主要考察企业的各利益相关者是否能够行使好自己的财务决策权。本报告的财权配置分项指数包括 9 个二级指标,分别从股东、董事会、执行层三个角度评价财务决策权的配置情况。本节主要是对财权配置分项指数排名的各种情况进行比较分析。

15.2.1 财权配置分项指数总体比较

基于 2655 家上市公司财权配置的各项指标,我们得到了每家上市公司的财权配置分项指数。以 10 分为间隔,可以将财权配置分项指数划分为 10 个得分区间,各得分区间的分布情况参见表 15-2。

表 15-2 2015 年上市公司财权配置分项指数区间分布

指 数 区 间	公 司 数 目	占 比(%)	累计占比(%)
[0, 10)	8	0.30	0.30
[10, 20)	109	4.11	4.41
[20, 30)	388	14.61	19.02
[30, 40)	892	33.60	52.62
[40, 50)	782	29.45	82.07

续　表

指 数 区 间	公 司 数 目	占　比(%)	累计占比(%)
[50，60)	359	13.52	95.59
[60，70)	84	3.16	98.76
[70，80)	32	1.21	99.96
[80，90)	1	0.04	100.00
[90，100]	0	0.00	100.00
总　体	2655	100.00	—

图 15－2 更直观地显示了财权配置分项指数的区间分布情况。

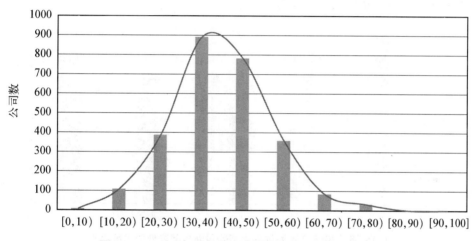

图 15－2　2015 年上市公司财权配置分项指数区间分布

表 15－2 和图 15－2 显示,2015 年上市公司财权配置分项指数在除了[90，100]以外的各个区间均有分布。70 分以上的上市公司共 33 家,占比 1.24%;30 分以下(不含 30 分)的上市公司共 505 家,占比 19.02%;大多数上市公司都集中在[20，60)区间,共有 2421 家公司,占比 91.19%。[30，40)得分区间的公司数目最多,有 892 家,占比 33.60%,其次为区间[40，50),有 782 家,占比 29.45%。60 分以上的上市公司仅有 117 家,及格率仅为 4.41%。

15.2.2　分地区财权配置分项指数比较

按照东部、中部、西部和东北部四个地区的划分标准,我们统计了四个地区上市公司的财权配置分项指数,并按照均值从高到低降序排列,结果参见表 15－3。

从表 15－3 可以看出,四个地区财权配置分项指数从高到低依次为西部、中部、东北和东部,均值最大值和最小值之间的绝对差距为 2.4329 分,差距并不大。

表 15-3 2015 年不同地区上市公司财权配置分项指数比较

排 名	地 区	公司数目	平均值	中位值	最大值	最小值	标准差
1	西部	383	42.9271	42.7785	72.6424	11.6675	11.8638
2	中部	379	42.1399	41.1111	74.4444	11.1111	12.2876
3	东北	142	41.1104	39.6627	70.5556	9.4444	12.9515
4	东部	1751	40.4942	38.4319	81.6667	3.8889	11.8371
总 体		2655	41.1131	38.9658	81.6667	3.8889	11.9976

图 15-3 更直观地反映了四个地区上市公司财权配置分项指数的差异。可以看到,西部和中部两个地区的上市公司财权配置分项指数高于总体均值,而东北和东部两个地区的上市公司财权配置分项指数低于总体均值。

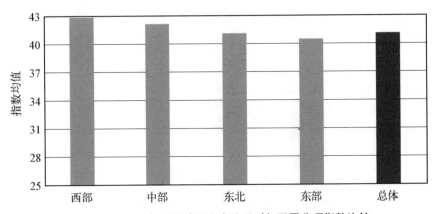

图 15-3 2015 年不同地区上市公司财权配置分项指数比较

15.2.3 分行业财权配置分项指数比较

根据中国证监会 2012 年修订的《上市公司行业分类指引》,我们对 17 个行业(剔除了教育行业)的上市公司财权配置分项指数进行了比较,并按均值大小从高到低降序排列,结果参见表 15-4。

表 15-4 2015 年不同行业上市公司财权配置分项指数比较

排名	行 业	公司数目	平均值	中位值	最大值	最小值	标准差
1	采矿业(B)	73	47.5247	48.333	74.4444	26.1111	10.9754
2	交通运输、仓储和邮政业(G)	81	45.3165	48.3333	70.5556	15.0000	11.7123
3	建筑业(E)	71	43.7992	43.2184	74.4444	17.5466	12.8810
4	房地产业(K)	134	43.4657	43.3030	70.5556	15.0000	10.0945

排名	行　业	公司数目	平　均　值	中　位　值	最　大　值	最　小　值	标　准　差
5	水利、环境和公共设施管理业（N）	30	42.9241	41.9445	70.5556	15.0000	12.9571
6	金融业（J）	49	42.8806	38.8407	70.7513	23.2023	9.84484
7	电力、热力、燃气及水生产和供应业（D）	89	42.2115	39.1847	70.5556	15.0000	11.4108
8	批发和零售业（F）	147	42.1279	39.3658	81.6667	15.0000	12.3516
9	综合（S）	25	41.1287	37.8814	70.5556	15.0000	14.7056
10	制造业（C）	1672	40.7726	38.8186	74.4444	3.8889	11.9829
11	科学研究和技术服务业（M）	18	40.4106	37.2222	60.0221	26.1111	10.4562
12	卫生和社会工作（Q）	5	38.9519	37.2222	54.8222	27.4473	9.88721
13	文化、体育和娱乐业（R）	36	38.3229	37.2222	66.6667	9.4444	11.9913
14	农、林、牧、渔业（A）	42	37.7224	37.3577	59.4444	15.0000	11.8067
15	租赁和商务服务业（L）	26	37.3458	37.6249	59.6427	15.5340	12.8126
16	信息传输、软件和信息技术服务业（I）	145	36.2358	37.2222	67.2036	11.1111	11.6923
17	住宿和餐饮业（H）	11	34.8243	37.2222	48.3333	26.1111	7.4106
总　体		**2655**	**41.1131**	**38.9658**	**81.6667**	**3.8889**	**11.9976**

注：由于教育（P）只有 1 家上市公司，不具有代表性，故没有纳入比较。

从表 15-4 可以看出，17 个行业中，上市公司财权配置分项指数均值高于总体均值的有 9 个行业，这 9 个行业的最大均值与总体均值之间的绝对差距为 6.4116；低于总体均值的有 8 个行业，总体均值与这 8 个行业的最小均值的绝对差距为 6.2888。显然前 9 个行业内部的差距略大于后 8 个行业。上市公司财权配置分项指数均值排名前三位的行业分别是采矿业（B），交通运输、仓储和邮政业（G），建筑业（E），排名最后三位的行业分别是住宿和餐饮业（H），信息传输、软件和信息技术服务业（I），租赁和商务服务业（L）。17 个行业财权配置分项指数均值的最大值和最小值之间的绝对差距是 12.7004 分。

图 15-4 更直观地反映了不同行业上市公司财权配置分项指数的差异。可以看到，不同行业上市公司财权配置分项指数存在一定的差异，各个行业上市公司财权配置分项指数均值按从大到小的顺序整体上呈阶梯状分布。采矿业（B），交通运输、仓储和邮政业（G）两个行业的上市公司财权配置分项指数均值明显高于其他行业，住宿和餐饮业（H）的上市公司财权配置分项指数均值明显低于其他行业。

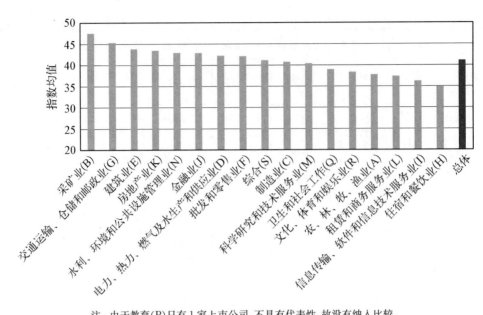

注：由于教育(P)只有 1 家上市公司，不具有代表性，故没有纳入比较。

图 15－4　2015 年不同行业上市公司财权配置分项指数比较

15.2.4　分上市板块财权配置分项指数比较

上市板块划分为深市主板(不含中小企业板)、沪市主板、深市中小企业板和深市创业板。不同板块上市公司财权配置分项指数的比较参见表 15－5，表中按均值大小进行了排序。

表 15－5　2015 年不同板块上市公司财权配置分项指数比较

排名	上 市 板 块	公司数目	平均值	中位值	最大值	最小值	标准差
1	沪市主板	1017	43.8618	44.4444	74.4444	3.8889	11.7935
2	深市主板(不含中小企业板)	466	40.7794	39.1685	70.9462	11.1111	11.2081
3	深市中小企业板	744	39.4652	37.3628	81.6667	3.8889	12.1107
4	深市创业板	428	37.8095	37.2222	72.6424	3.8889	11.7445
	总　体	2655	41.1131	38.9658	81.6667	3.8889	11.9976

从表 15－5 可以看出，财权配置分项指数均值从高到低依次为沪市主板、深市主板(不含中小企业板)、深市中小企业板和深市创业板，沪市主板和深市创业板上市公司财权配置分项指数均值相差 6.0523 分。

图 15－5 更直观地反映了不同板块上市公司财权配置分项指数的差异。可以看到，只有沪市主板上市公司财权配置分项指数均值高于总体均值，深市三个板块的上市公司财权配置分项指数均都低于总体均值。

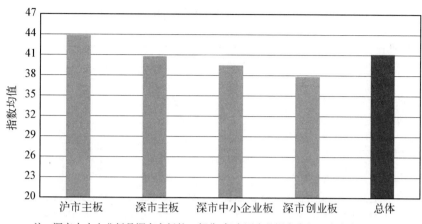

注：深市中小企业板是深市主板的一部分，但本图中的深市主板不含中小企业板。

图 15‑5　2015 年不同板块上市公司财权配置分项指数比较

15.3　财务控制分项指数排名及比较

财务控制分项指数包含三方面的内容：一是对上市公司内部控制体系和风险控制体系建设的评估；二是对董事会风险委员会设立的评估；三是对上市公司财务风险状况的评估。财务控制分项指数由 8 个二级指标构成。本节主要对财务控制分项指数排名的各种情况进行比较分析。

15.3.1　财务控制分项指数总体比较

基于 2655 家上市公司财务控制的各项指标，我们得到了每家上市公司的财务控制分项指数。以 10 分为间隔，可以将财务控制分项指数划分为 9 个得分区间（公司数目为 0 的相邻区间合并），各得分区间的分布情况参见表 15‑6。

表 15‑6　2015 年上市公司财务控制分项指数区间分布

指 数 区 间	公 司 数 目	占　比（%）	累计占比（%）
[0，20)	0	0.00	0.00
[20，30)	2	0.08	0.08
[30，40)	10	0.38	0.45
[40，50)	203	7.65	8.10
[50，60)	488	18.38	26.48
[60，70)	1118	42.11	68.59
[70，80)	317	11.94	80.53
[80，90)	514	19.36	99.89
[90，100]	3	0.11	100.00
总　体	2655	100.00	—

图 15-6 更直观地显示了财务控制分项指数的区间分布情况。

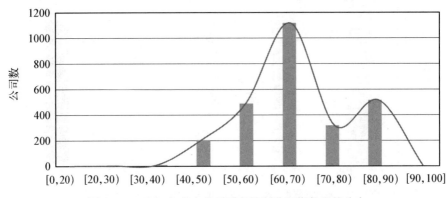

图 15-6　2015 年上市公司财务控制分项指数区间分布

表 15-6 和图 15-6 显示,2015 年上市公司财务控制分项指数共有 9 个得分区间。财务控制分项指数主要分布在[50,90)区间,总计有 2437 家公司,占比高达 91.79%。财务控制分项指数在 60 分以上的上市公司共 1952 家,及格率 73.52%。

15.3.2　分地区财务控制分项指数比较

首先比较四个地区上市公司财务控制分项指数,并按均值大小进行排序,参见表 15-7。

表 15-7　2015 年不同地区上市公司财务控制分项指数比较

排　名	地　区	公司数目	平均值	中位值	最大值	最小值	标准差
1	东部	1751	67.1880	67.6684	92.7315	30.5711	10.7063
2	中部	379	65.3514	67.3174	87.8085	41.5184	10.6096
3	西部	383	65.0954	67.3587	87.8260	29.2849	11.2736
4	东北	142	63.9192	61.8863	92.7504	36.8061	11.0443
总　体		2655	66.4491	67.5775	92.7504	29.2849	10.8409

从表 15-7 可以看出,四个地区上市公司财务控制分项指数均值从高到低依次为东部、中部、西部、东北。最大值和最小值之间的绝对差距为 3.2688 分。

图 15-7 更直观地反映了四个地区上市公司财务控制分项指数均值的差异。可以看到,只有东部地区上市公司财务控制分项指数均值超过总体均值,其他三个地区的财务控制分项指数均值都低于总体均值。

15.3.3　分行业财务控制分项指数比较

2015 年 17 个行业(剔除了教育行业)上市公司财务控制分项指数比较参见表 15-8,表中按均值大小进行了排序。

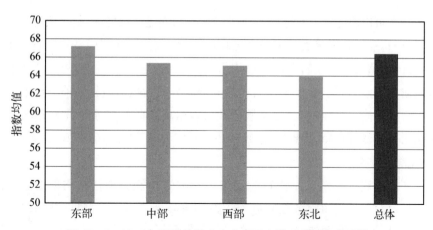

图 15 - 7 2015 年不同地区上市公司财务控制分项指数比较

表 15 - 8 2015 年不同行业上市公司财务控制分项指数比较

排名	行 业	公司数目	平均值	中位值	最大值	最小值	标 准 差
1	金融业(J)	49	74.4261	79.3474	92.6396	42.9634	12.4084
2	信息传输、软件和信息技术服务业(I)	145	69.5188	68.1649	89.3844	41.6472	11.1561
3	租赁和商务服务业(L)	26	68.6568	68.3295	85.8690	54.8410	9.5469
4	科学研究和技术服务业(M)	18	68.3486	67.7188	80.5150	48.8935	8.6958
5	卫生和社会工作(Q)	5	68.1866	67.9508	81.0296	61.5908	7.8590
6	水利、环境和公共设施管理业(N)	30	67.5955	67.5784	87.8085	43.2682	11.6019
7	制造业(C)	1672	66.9429	67.6571	92.7504	29.2849	10.6452
8	农、林、牧、渔业(A)	42	66.5150	67.5754	86.7118	48.6393	9.5172
9	建筑业(E)	71	66.2569	67.3228	92.7315	41.8497	11.6863
10	文化、体育和娱乐业(R)	36	64.9135	67.3057	80.8613	42.8408	9.6716
11	采矿业(B)	73	64.4930	61.9914	81.1984	42.3970	9.9445
12	批发和零售业(F)	147	64.2111	61.7068	80.6396	42.5763	9.8645
13	电力、热力、燃气及水生产和供应业(D)	89	64.1958	61.8572	81.4947	42.7045	10.7329
14	交通运输、仓储和邮政业(G)	81	63.8424	62.0491	87.0385	42.6878	10.9151
15	综合(S)	25	63.2573	61.2988	80.2884	42.2387	10.0906
16	房地产业(K)	134	61.2888	60.5734	86.0426	36.0185	11.2565
17	住宿和餐饮业(H)	11	59.4226	55.3920	80.0859	40.0961	10.3678
	总 体	2655	66.4491	67.5775	92.7504	29.2849	10.8409

注：由于教育(P)只有 1 家上市公司,不具有代表性,故没有纳入比较。

从表 15 - 8 可以看出,17 个行业中,有 8 个行业上市公司财务控制分项指数均值高于总体均值,这 8 个行业的行业最大均值与总体均值之间的绝对差距为 7.9770;有 9 个行业低于总体均值,总体均值与这 9 个行业的最小均值之间的绝对差距为 7.0265。显然前 8 个行业内部的差距略大于后 9 个行业。上市公司财务控制分项指数均值排名前三位的行业分别为金融业(J),信息传输、软件和信息技术服务业(I),租赁和商务服务业(L),排名后三位的行业分别为住宿和餐饮业(H)、房地产业(K)和综合(S)。最大值和最小值之间的绝对差距为15.0035 分,差距较大。

图 15 - 8 更直观地反映了不同行业上市公司财务控制分项指数均值的差异。可以看到,只有金融业(J)上市公司财务控制分项指数均值高于 70 分,而且远高于其他行业,比排名第二的信息传输、软件和信息技术服务业(I)高出 4.9073 分。除了排名第一的金融业(J),其他行业上市公司财务控制分项指数均值呈阶梯状分布。只有住宿和餐饮业(H)上市公司财务控制分项指数均值低于 60 分。

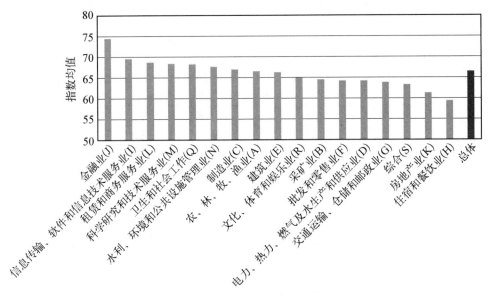

注: 由于教育(P)只有 1 家上市公司,不具有代表性,故没有纳入比较。

图 15 - 8　2015 年不同行业上市公司财务控制分项指数比较

15.3.4　分上市板块财务控制分项指数比较

2015 年不同板块上司公司财务控制分项指数的比较参见表 15 - 9,表中按均值大小进行了排序。

从表 15 - 9 可以看出,上市公司财务控制分项指数均值从高到低依次为深市创业板、深市中小企业板、深市主板(不含中小企业板)和沪市主板。沪市主板上市公司的财务控制水平最差,均值为 60.5088 分,大大低于排名最高的深市创业板,比深市创业板低11.0877 分。

表 15 - 9　2015 年不同板块上市公司财务控制分项指数比较

排名	上市板块	公司数目	平均值	中位值	最大值	最小值	标准差
1	深市创业板	428	71.5965	68.1354	86.1584	42.7709	9.0206
2	深市中小企业板	744	71.2125	68.1673	89.3844	41.9418	9.0359
3	深市主板(不含中小企业板)	466	67.0806	67.6384	92.7504	29.9984	10.8304
4	沪市主板	1017	60.5088	61.0992	92.7315	29.2849	9.8045
	总体	2655	66.4491	67.5775	92.7504	29.2849	10.8409

图 15-9 更直观地反映了不同板块上市公司财务控制分项指数均值的差异。可以看到,沪市主板上市公司的财务控制分项指数均值大大低于总体均值,其余三个板块的上市公司财务控制分项指数均值均高于总体均值。

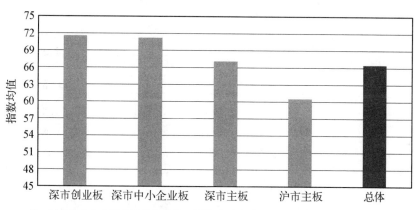

注:深市中小企业板是深市主板的一部分,但本图中的深市主板不含中小企业板。

图 15 - 9　2015 年不同板块上市公司财务控制分项指数比较

15.4　财务监督分项指数排名及比较

财务监督分项指数主要考察企业各个职能部门及其他利益相关者对财务权力执行过程的监督,包括企业的内部监督机制(审计委员会)以及外部监督机制(外部审计师)。本报告中财务监督分项指数包括 8 个二级指标,分别对上市公司内部监督机制、外部监督机制以及财务信息披露质量的运行状况进行评价。本节主要对财务监督分项指数排名的各种情况进行比较分析。

15.4.1　财务监督分项指数总体比较

基于 2655 家上市公司财务监督的各项指标,我们得到了每家上市公司的财务监督分项指数。以 10 分为间隔,可以将财务监督分项指数划分为 8 个得分区间(公司数目为 0 的指数区间合并),各得分区间的分布情况参见表 15-10。

表 15-10 2015 年上市公司财务监督分项指数区间分布

指 数 区 间	公 司 数 目	占 比(%)	累计占比(%)
[0, 30)	0	0.00	0.00
[30, 40)	10	0.38	0.38
[40, 50)	30	1.13	1.51
[50, 60)	219	8.25	9.76
[60, 70)	1020	38.42	48.17
[70, 80)	73	2.75	50.92
[80, 90)	535	20.15	71.07
[90, 100]	768	28.93	100.00
总 体	**2655**	**100.00**	—

图 15-10 更直观地显示了财务监督分项指数的区间分布情况。

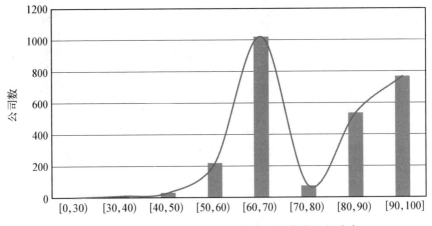

图 15-10 2015 年上市公司财务监督分项指数区间分布

表 15-10 和图 15-10 显示,2015 年上市公司财务监督分项指数共有 8 个得分区间。财务监督分项指数主要集中在[60,70)和[80,100]区间,共有 2323 家公司,占比为 87.50%。分布最多的[60,70)区间,共 1020 家公司,占比 38.42%。财务监督分项指数在 60 分以上的上市公司共 2396 家,及格率 90.24%。由此可见,上市公司财务监督分项指数得分普遍较高。

15.4.2 分地区财务监督分项指数比较

从东部、中部、西部和东北四个地区的划分来看,上市公司财务监督分项指数均值从高到低依次为东部、中部、西部和东北。最高的东部与最低的东北之间的绝对差距为 5.7677 分,具体比较结果参见表 15 - 11。

表 15 - 11　2015 年不同地区上市公司财务监督分项指数比较

排　名	地　区	公司数目	平 均 值	中 位 值	最 大 值	最 小 值	标 准 差
1	东部	1751	78.5230	81.2500	100.0000	31.2500	13.2580
2	中部	379	75.4782	68.7500	100.0000	31.2500	13.9561
3	西部	383	74.0209	68.7500	100.0000	37.5000	13.1561
4	东北	142	72.7553	68.7500	100.0000	31.2500	13.8928
总　体		2655	77.1304	75.0000	100.0000	31.2500	13.5240

图 15 - 11 更直观地反映了四个地区上市公司财务监督分项指数均值的差异。可以看出,只有东部地区上市公司的财务监督分项指数均值高于总体均值,其他三个地区都低于总体均值。

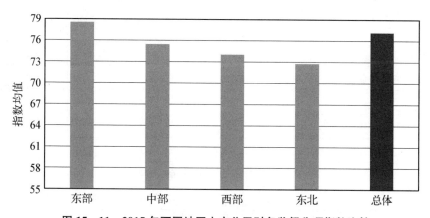

图 15 - 11　2015 年不同地区上市公司财务监督分项指数比较

15.4.3　分行业财务监督分项指数比较

2015 年 17 个行业门类(剔除教育行业)上市公司财务监督分项指数的比较参见表 15 - 12,表中按均值大小进行了排序。

由表 15 - 12 可知,2015 年 17 个行业中有 11 个行业上市公司财务监督分项指数均值高于总体均值,这 11 个行业的行业最大均值与总体均值之间的绝对差距为 5.2770;另外 6 个行业低于总体均值,总体均值与这 6 个行业的最小均值之间的绝对差距为 11.2213。显然前 11 个行业的内部差距远小于后 6 个行业。上市公司财务监督分项指数均值排名中,交通运输、仓储和邮政业(G)以 82.4074 分排名第一,信息传输、软件和信息技术服务业(I),金融业 (J)排名第二、第三位。排在后三位的分别是住宿和餐饮业(H)、综合(S)、卫生和社会工作 (Q)。排名第一的交通运输、仓储和邮政业(G)和最后一名住宿和餐饮业(H)的绝对差距为

16.4983分,行业间差距很大。

表 15 - 12   2015 年不同行业上市公司财务监督分项指数比较

排名	行　业	公司数目	平均值	中位值	最大值	最小值	标准差
1	交通运输、仓储和邮政业(G)	81	82.4074	87.5000	100.0000	50.0000	13.2623
2	信息传输、软件和信息技术服务业(I)	145	80.1293	81.2500	100.0000	43.7500	12.8144
3	金融业(J)	49	79.9745	81.2500	100.0000	31.2500	15.6239
4	电力、热力、燃气及水生产和供应业(D)	89	79.7051	81.2500	93.7500	43.7500	12.4744
5	建筑业(E)	71	79.0493	81.2500	100.0000	56.2500	13.1991
6	文化、体育和娱乐业(R)	36	78.8194	78.1250	100.0000	43.7500	13.3026
7	科学研究和技术服务业(M)	18	78.4722	81.2500	93.7500	68.7500	8.8964
8	批发和零售业(F)	147	77.8061	81.2500	100.0000	37.5000	14.5602
9	水利、环境和公共设施管理业(N)	30	77.2917	75.0000	93.7500	56.2500	12.8699
10	房地产业(K)	134	77.2854	78.1250	93.7500	37.5000	14.8524
11	租赁和商务服务业(L)	26	77.1635	71.8750	93.7500	56.2500	12.4928
12	采矿业(B)	73	76.7123	68.7500	100.0000	37.5000	14.2545
13	制造业(C)	1672	76.4167	68.7500	100.0000	31.2500	13.3160
14	农、林、牧、渔业(A)	42	74.5536	68.7500	93.7500	56.2500	11.4990
15	卫生和社会工作(Q)	5	73.7500	68.7500	87.5000	62.5000	10.2698
16	综合(S)	25	73.2500	68.7500	93.7500	43.7500	16.1898
17	住宿和餐饮业(H)	11	65.9091	62.5000	93.7500	43.7500	15.6534
	总　体	**2655**	**77.1304**	**75.0000**	**100.0000**	**31.2500**	**13.5240**

注:由于教育(P)只有1家上市公司,不具有代表性,故没有纳入比较。

图 15 - 12 更直观地反映了不同行业上市公司财务监督分项指数均值的差异。可以看到,不同行业的上市公司财务监督分项指数均值按从大到小的顺序整体上呈阶梯状分布,只有交通运输、仓储和邮政业(G)、信息传输、软件和信息技术服务业(I)两类行业的上市公司财务监督分项指数高于80分,住宿和餐饮业(H)上市公司财务监督分项指数均值明显低于其他行业。

15.4.4　分上市板块财务监督分项指数比较

2015 年不同板块上市公司财务监督分项指数的比较参见表 15 - 13,表中按均值大小进行了排序。

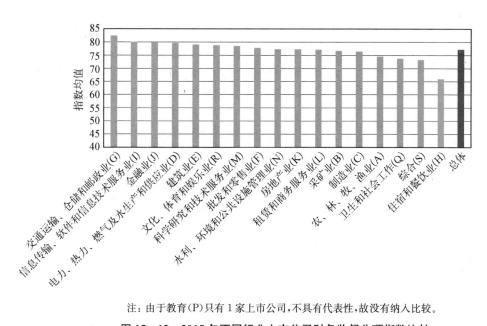

注：由于教育(P)只有1家上市公司，不具有代表性，故没有纳入比较。

图 15-12 2015 年不同行业上市公司财务监督分项指数比较

表 15-13 2015 年不同板块上市公司财务监督分项指数比较

排名	上 市 板 块	公司数目	平均值	中位值	最大值	最小值	标准差
1	深市创业板	428	79.0596	81.2500	93.7500	43.7500	12.4098
2	深市中小企业板	744	77.4530	78.1250	93.7500	31.2500	12.5951
3	沪市主板	1017	76.6286	75.0000	100.0000	31.2500	14.4860
4	深市主板(不含中小企业板)	466	75.9388	68.7500	100.0000	37.5000	13.5991
	总 体	2655	77.1304	75.0000	100.0000	31.2500	13.5240

从表 15-13 可以看出，上市公司财务监督分项指数均值从高到低依次为深市创业板、深市中小企业板、沪市主板以及深市主板(不含中小企业板)。

图 15-13 更直观地反映了不同板块上市公司财务监督分项指数均值的差异。可以看

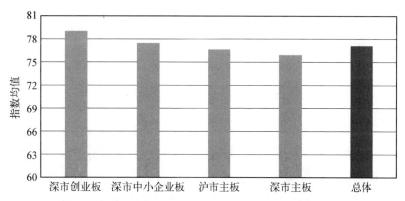

注：深市中小企业板是深市主板的一部分，但本图中的深市主板不含中小企业板。

图 15-13 2015 年不同板块上市公司财务监督分项指数比较

到,深市创业板和深市中小企业板的上市公司财务监督分项指数均值高于总体均值,沪市主板和深市主板(不含中小企业板)则低于总体均值。深市创业板在财务监督方面表现最好,深市中小企业板次之,深市主板(不含中小企业板)则表现最差。

15.5　财务激励分项指数排名及比较

财务激励分项指数主要考察企业是否具有足够有效的财务激励机制。本报告中财务激励分项指数包括6个二级指标,分别评价上市公司对股东、高管以及员工的激励情况。本节就财务激励分项指数从不同角度进行比较和分析。

15.5.1　财务激励分项指数总体比较

基于2655家上市公司财务监督的各项指标,我们得到了每家上市公司的财务激励分项指数。以10分为间隔,可以将财务监督分项指数划分为9个得分区间(公司数目为0的指数区间合并),各得分区间的分布情况参见表15-14。

表 15-14　2015 年上市公司财务激励分项指数区间分布

指 数 区 间	公 司 数 目	占　比(%)	累计占比(%)
[0, 10)	398	14.99	14.99
[10, 20)	160	6.03	21.02
[20, 30)	977	36.80	57.82
[30, 40)	220	8.29	66.10
[40, 50)	699	26.33	92.43
[50, 60)	189	7.12	99.55
[60, 70)	10	0.38	99.92
[70, 80)	2	0.08	100.00
[80, 100]	0	0.00	100.00
总　体	2655	100.00	—

图 15-14 更直观地显示了财务激励分项指数的区间分布情况。

从表 15-14 和图 15-14 可以看出,财务激励分项指数主要分布在[0,10)、[20,30)和[40,50)三个区间,共有 2074 家公司,占比 78.12%。在[20,30)区间的公司最多,共 977家,占比 36.80%。财务激励分项指数在 60 分以上的上市公司共 12 家,及格率 0.45%。需要特别指出的是,有 8 家上市公司财务激励分项指数为 0 分。

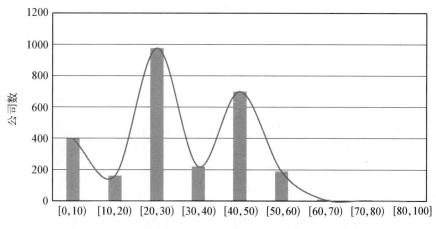

图 15‑14　2015 年上市公司财务激励分项指数区间分布

15.5.2　分地区财务激励分项指数比较

将上市公司按照东部、中部、西部和东北四个地区划分,不同地区上市公司财务激励分项指数的比较参见表 15‑15,表中按均值大小进行了排序。

表 15‑15　2015 年不同地区上市公司财务激励分项指数比较

排　名	地　区	公司数目	平均值	中位值	最大值	最小值	标准差
1	东部	1751	29.4675	25.1076	71.2366	0.0000	13.2295
2	西部	383	29.0176	25.0781	71.3079	0.0000	13.1357
3	中部	379	28.7853	25.0847	66.8133	0.0000	13.1117
4	东北	142	28.4115	25.0574	58.6052	0.0000	13.7419
总　体		2655	29.2487	25.0975	71.3079	0.0000	13.2237

由表 15‑15 可知,财务激励分项指数均值从高到低依次为东部、西部、中部和东北。东部上市公司财务激励分项指数均值最高,为 29.4675 分;其次是西部地区,为 29.0176 分;中部地区排名第三,为 28.7854 分;东北地区财务激励分项指数均值最低,为 28.4115 分。最高与最低地区的绝对差距为 1.0560,差距不大,但整体偏低。

图 15‑15 更直观地反映了不同地区上市公司财务激励分项指数均值的差异。可以看出,不同地区上市公司财务激励分项指数均值的差别不大,只有东部上市公司的财务激励分项指数均值高于总体均值,其他三个地区的财务激励分项指数均值都低于总体均值。

15.5.3　分行业财务激励分项指数比较

2015 年 17 个行业(剔除了教育行业)上市公司财务激励分项指数的比较参见表15‑16,表中按均值大小进行了排序。

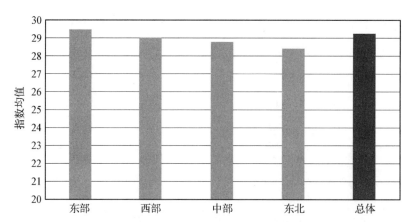

图 15-15　2015 年不同地区上市公司财务激励分项指数比较

表 15-16　2015 年不同行业上市公司财务激励分项指数比较

排名	行　业	公司数目	平均值	中位值	最大值	最小值	标准差
1	电力、热力、燃气及水生产和供应业(D)	89	34.7977	41.6667	71.3079	8.3333	14.0799
2	交通运输、仓储和邮政业(G)	81	33.2857	33.3333	66.8133	8.3333	12.0604
3	租赁和商务服务业(L)	26	32.5638	25.0728	66.8424	25.0000	11.3964
4	住宿和餐饮业(H)	11	31.1130	25.0967	41.8357	16.6667	9.2187
5	采矿业(B)	73	30.9114	25.3300	66.6667	0.0000	15.6428
6	科学研究和技术服务业(M)	18	30.6143	29.2230	50.0855	8.3926	14.0014
7	批发和零售业(F)	147	30.2206	25.0867	58.5951	0.0270	14.0977
8	文化、体育和娱乐业(R)	36	30.1391	25.0648	50.0840	8.3567	10.4128
9	综合(S)	25	29.7538	28.2314	41.7816	8.3333	12.4848
10	制造业(C)	1672	29.3711	25.1143	71.2366	0.0000	13.0541
11	建筑业(E)	71	27.7478	25.0518	50.0341	8.3519	11.3975
12	房地产业(K)	134	27.5561	25.0624	58.4711	8.3333	13.8659
13	信息传输、软件和信息技术服务业(I)	145	26.7888	25.0626	58.4162	8.3333	12.9758
14	卫生和社会工作(Q)	5	26.7263	25.0515	50.0278	8.4229	14.8855
15	水利、环境和公共设施管理业(N)	30	25.8086	25.0221	66.7339	8.3598	13.6966
16	农、林、牧、渔业(A)	42	25.4420	25.0143	50.0000	0.0000	12.3410
17	金融业(J)	49	18.7953	16.7540	50.0630	8.3521	9.6098
	总　体	2655	29.2488	25.0975	71.3079	0.0000	13.2237

注：由于教育(P)只有 1 家上市公司,不具有代表性,故没有纳入比较。

从表 15-16 中可以看出,17 个行业中有 10 个行业的上市公司财务激励分项指数均值高于总体均值,这 10 个行业的行业最大均值与总体均值之间的绝对差距为 5.5489;7 个行业低于总体均值,总体均值与这 7 个行业的最小均值之间的绝对差距为 10.4535。显然后 7 个行业内部的差距远大于前 10 个行业。电力、热力、燃气及水生产和供应业(D)以 34.7977 分排名第一,交通运输、仓储和邮政业(G),租赁和商务服务业(L)分列第二、第三位。排名后三位的行业分别是金融业(J),农、林、牧、渔业(A),水利、环境和公共设施管理业(N)。

图 15-16 更直观地反映了不同行业上市公司财务激励分项指数均值的差异。可以看出,财务激励分项指数均值按从大到小的顺序整体上呈平缓的梯形分布,金融业(J)上市公司财务激励分项指数均值得分最低,且与其他行业差距很大,与得分最高的电力、热力、燃气及水生产和供应业(D)的差距达到 16.0024 分。

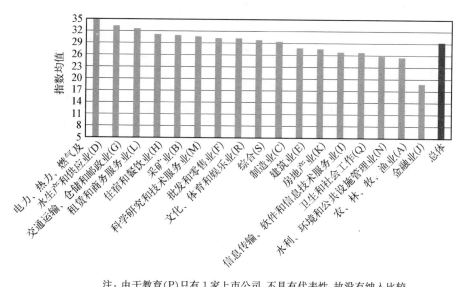

注：由于教育(P)只有 1 家上市公司,不具有代表性,故没有纳入比较。

图 15-16　2015 年不同行业上市公司财务激励分项指数比较

15.5.4　分上市板块财务激励分项指数比较

2015 年不同板块上市公司财务激励分项指数的比较参见表 15-17,表中按均值大小进行了排序。

表 15-17　2015 年不同板块上市公司财务激励分项指数比较

排名	上市板块	公司数目	平均值	中位值	最大值	最小值	标准差
1	深市主板(不含中小企业板)	466	31.6127	28.5811	66.8582	0.0000	14.5019
2	沪市主板	1017	29.7022	25.1002	71.3079	0.00	13.3925
3	深市中小企业板	744	28.9643	25.1279	52.9160	0.0886	12.2701
4	深市创业板	428	26.0919	25.0586	54.5459	8.3333	12.3447
	总　体	2655	29.2488	25.0975	71.3079	0.0000	13.2237

从表 15-17 可知,财务激励分项指数均值从高到低依次为深市主板(不含中小企业板)、沪市主板、深市中小企业板和深市创业板。最大值和最小值之间的绝对差距为 5.5208 分。

图 15-17 更直观地反映了不同板块上市公司财务激励分项指数均值的差异。可以看出,深市主板(不含中小企业板)和沪市主板的上市公司财务激励分项指数均值高于总体均值,深市中小企业板和深市创业板则低于总体均值。

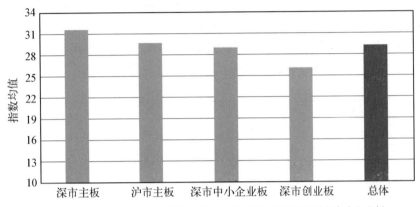

注:深市中小企业板是深市主板的一部分,但本图中的深市主板不含中小企业板。

图 15-17　2015 年不同板块上市公司财务激励分项指数比较

15.6　本 章 小 结

本章从指数分布以及地区、行业、上市板块等四个角度,对财务治理指数的四个维度,即财权配置、财务控制、财务监督和财务激励进行了全面分析。主要结论如下:

(1) 财务治理四个分项指数中,财务监督分项指数均值最大,财务激励分项指数均值最小,财务控制分项指数和财务配置分项指数居中。财务监督和财务控制分项指数得分均达到 60 分以上,财务监督分项指数是唯一一个均值超过 70 分的分项指数,这说明,中国上市公司财务监督水平相对于其他财务治理分项指数表现更好。而财权配置和财务激励水平则整体较低且在不同上市公司中存在较大的差异。财权配置分项指数主要集中在[20,60)区间,共有 2421 家公司,占比 91.19%;财务控制分项指数主要分布在[50,90)区间,总计有 2437 家公司,占比 91.79%;财务监督分项指数主要分布在[60,70)和[80,100]区间,共有 2323 家公司,占比为 87.50%;财务激励分项指数主要分布在[0,10)、[20,30)和[40,50)三个区间,共有 2074 家公司,占比 78.12%;从及格率来看,财务监督分项指数及格率最高,为 90.24%;其次为财务控制分项指数,为 73.52%;而财权配置和财务激励分项指数及格率非常低,依次为 4.41% 和 0.45%。

(2) 从地区来看,财权配置分项指数均值从高到低依次为西部、中部、东北和东部;财务控制和财务监督两个分项指数均值从高到低依次都是东部、中部、西部、东北;财务激励分项指数均值从高到低依次为东部、西部、中部和东北。总体来看,东部地区的上市公司在四个分项上都表现相对较好,而东北则在四个分项上都表现相对较差。四个地区在财务控制和财务监督方面表现较好。四个地区在四个分项指数上的差别都不是很大。需要指出的是,四个地区在财务激励分项指数上的得分都非常低。

(3) 从行业来看,上市公司财权配置分项指数均值排名前三位的行业分别是采矿业(B),交通运输、仓储和邮政业(G),建筑业(E);财务控制分项指数均值排名前三位的行业分别为金融业(J),信息传输、软件和信息技术服务业(I),租赁和商务服务业(L);财务监督分项指数均值排名前三位的行业分别是交通运输、仓储和邮政业(G),信息传输、软件和信息技术服务业(I),金融业(J);财务激励分项指数均值排名前三位的行业为电力、热力、燃气及水生产和供应业(D),交通运输、仓储和邮政业(G),租赁和商务服务业(L)。四个分项指数中,各个行业之间的差距都很大,除了财权配置外,其他三个分项指数,行业最大均值与最小均值的差距超过了 15 分。

(4) 从上市板块来看,财权配置分项指数均值从高到低依次为沪市主板、深市主板(不含中小企业板)、深市中小企业板和深市创业板;财务控制分项指数均值从高到低依次为深市创业板、深市中小企业板、深市主板(不含中小企业板)和沪市主板;财务监督分项指数均值从高到低依次为深市创业板、深市中小企业板、沪市主板以及深市主板(不含中小企业板);财务激励分项指数均值从高到低依次为深市主板(不含中小企业板)、沪市主板、深市中小企业板和深市创业板。总体来看,深市主板(不含中小企业板)上市公司在财权配置和财务激励方面的表现相对要好;深市创业板在财务控制和财务监督方面的表现较好;四个上市板块在财务激励方面均表现不佳;深市创业板上市公司在财权配置和财务激励两个分项指数的均值都低于沪深主板(含中小企业板)上市公司,而在财务控制和财务监督两个分项指数的均值则都高于沪深主板(含中小企业板)上市公司。

第 16 章

财务治理指数的所有制比较

根据第 1 章的控股或所有制类型划分,本章对 2015 年 2655 家样本上市公司的财务治理指数及四个分项指数从所有制角度进行比较分析,以了解国有控股公司和非国有控股公司在财务治理方面存在的异同。

16.1 财务治理指数总体的所有制比较

16.1.1 财务治理总体指数比较

不同的所有制会对上市公司财务治理产生影响,表 16 - 1 比较了不同所有制上市公司的财务治理指数,并按照均值从高到低的顺序进行了排序。

表 16 - 1 2015 年不同所有制上市公司财务治理指数比较

排序	所有制类型	公司数目	平均值	中位值	最大值	最小值	标准差
1	国有绝对控股公司	295	55.9096	56.4805	79.3025	39.5867	6.6027
2	国有强相对控股公司	444	54.6435	54.7401	71.5939	33.3017	6.9401
3	国有参股公司	603	53.2503	53.3014	67.8795	29.4595	6.5705
4	国有弱相对控股公司	284	52.8742	53.0274	70.8633	32.0180	6.8892
5	无国有股份公司	1029	52.5970	52.6831	68.9528	32.1454	6.2720
总 体		2655	53.4853	53.5463	79.3025	29.4595	6.6480

从表 16 - 1 可以看出,国有绝对控股公司的财务治理指数均值最高,为 55.9096,其后分别是国有强相对控股公司(54.6435)、国有参股公司(53.2503)和国有弱相对控股公司(52.8742),无国有股份公司的财务治理指数均值最低,为 52.5970。最大值与最小值的绝对差距为 3.3126,差距不太大。财务治理指数中位值从高到低的排序与均值排序结果一致,从

标准差看,国有强相对控股公司的标准差最大,无国有股份公司的标准差最小。

图 16 - 1 更直观地反映了不同所有制上市公司财务治理指数的差异。可以看出,国有绝对控股公司和国有强相对控股公司的财务治理指数均值高于总体均值,国有参股公司、国有弱相对控股公司和无国有股份公司的财务治理指数均值低于总体均值。

如果按照第一大股东中的国有股份比例从大到小排列,可以看出,随着第一大股东中的国有持股比例的降低,财务治理指数总体上呈下滑态势,说明国有控股上市公司的财务治理好于非国有控股上市公司。

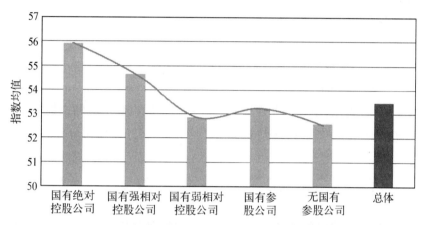

图 16 - 1　2015 年不同所有制上市公司财务治理指数均值比较

我们进一步将国有绝对控股公司、国有强相对控股公司和国有弱相对控股公司归类为国有控股公司,将国有参股公司和无国有股份公司归类为非国有控股公司,表 16 - 2 比较了国有控股公司和非国有控股公司的财务治理指数,并按照均值大小进行了排序。

表 16 - 2　2015 年国有控股与非国有控股上市公司财务治理指数比较

排序	所有制类型	公司数目	平 均 值	中 位 值	最 大 值	最 小 值	标 准 差
1	国有控股公司	1023	54.5174	54.6624	79.3025	32.0180	6.9194
2	非国有控股公司	1632	52.8384	52.8530	68.9528	29.4595	6.3897
总　体		**2655**	**53.4853**	**53.5463**	**79.3025**	**29.4595**	**6.6480**

从表 16 - 2 可以看出,2015 年上市公司中,国有控股上市公司 1023 家,财务治理指数最大值为 79.3025,最小值 32.0180,均值 54.5174,中位值 54.6624,标准差 6.9194。非国有控股上市公司 1632 家,最大值 68.9528,最小值 29.4595,均值 52.8384,中位值 52.8530,标准差 6.3897。从 2015 年上市公司财务治理指数的平均值和中位值来看,国有控股公司均高于非国有控股公司,其中国有控股公司财务治理指数均值与非国有控股公司财务治理指数均值相差 1.6790,总体差距不大。就标准差反映的离散程度看,国有控股公司的离散程度稍高。

根据实际控制人的性质,我们还可以将国有控股上市公司进一步区分为最终控制人为中央企业的国有控股公司(或称"中央企业控股公司")和最终控制人为地方国有企业的国有控股公司(或称"地方国企控股公司")。表16-3比较了两类国有企业与民资股东控股公司(即非国有控股公司)的财务治理指数。

表16-3　2015年不同最终控制人上市公司财务治理指数比较

排序	最终控制人	公司数目	平均值	中位值	最大值	最小值	标准差
1	中央国有企业	355	54.9347	55.3283	79.3025	33.7849	6.9166
2	地方国有企业	668	54.2957	54.3312	71.5939	32.0180	6.9158
3	民资股东	1632	52.8384	52.8530	68.9528	29.4595	6.3897
总 体		2655	53.4853	53.5463	79.3025	29.4595	6.6480

从表16-3可以看出,中央企业控股公司的财务治理指数均值和中位值都高于地方国企的财务治理指数均值和中位值,同时也高于非国有控股公司的平均值和中位值,但差距不是很大。

16.1.2　财务治理分项指数总体比较

财务治理指数包括财权配置、财务控制、财务监督和财务激励四个分项指数,表16-4对五类所有制上市公司的四个财务治理分项指数进行了比较。

表16-4　2015年不同所有制上市公司财务治理分项指数均值比较

所有制类型	财权配置	财务控制	财务监督	财务激励
国有绝对控股公司	45.3314	65.4370	80.4025	32.4673
国有强相对控股公司	44.0420	64.1694	77.9139	32.4487
国有弱相对控股公司	41.7287	64.5808	74.6259	30.5617
国有参股公司	40.3522	66.9229	77.4979	28.2280
无国有股份公司	38.9159	67.9609	76.3302	27.1811
总 体	41.1131	66.4491	77.1304	29.2487

从表16-4可以看出,五类所有制上市公司的四个财务治理分项指数存在一定差异。财权配置和财务激励两个分项指数从高到低依次都是国有绝对控股公司、国有强相对控股公司、国有弱相对控股公司、国有参股公司和无国有股份公司;财务控制分项指数从高到低依次为无国有股份公司、国有参股公司、国有绝对控股公司、国有弱相对控股公司和国有强相对控股公司;财务监督分项指数从高到低依次为国有绝对控股公司、国有强相对控股公司、国有参股公司、无国有股份公司和国有弱相对控股公司。

图16-2更直观地反映了不同所有制上市公司财务治理四个分项指数的差异。

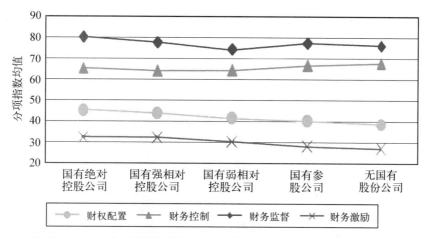

图 16 - 2　2015 年不同所有制上市公司财务治理分项指数均值比较趋势图

由图 16 - 2 可以看出,五类所有制上市公司中,四个分项指数中最高的都是财务监督分项指数,财务激励分项指数普遍偏低。随着第一大股东中的国有股持股比例的降低,财权配置和财务激励两个分项指数基本上呈逐渐降低趋势,说明就这两个分项指数而言,较高的国有持股比例对于提高公司财权配置和财务激励的水平是比较有效的。相反,随着第一大股东中的国有股持股比例的降低,财务控制分项指数却基本上呈上升趋势,说明较高的国有股权比例并不利于财务控制水平的提高。在财务监督分项指数上,国有绝对控股公司最高,其次是国有强相对控股公司,国有参股公司、无国有股份公司和国有弱相对控股公司低于前两者,基本上也可以说明,国有股权比例越高,财务监督力度越大。总体看,财权配置、财务监督和财务激励三个分项指数,三类国有控股上市公司好于两类非国有控股上市公司;而财务控制分项指数,则是两类非国有控股上市公司好于三类国有控股上市公司。

我们进一步将国有绝对控股公司、国有强相对控股公司和国有弱相对控股公司合并,视为国有控股公司,将国有参股公司和无国有股份公司合并,视为非国有控股公司,两者的比较见表 16 - 5。可以看出,除财务控制分项指数国有控股公司低于非国有控股公司外,另外三个分项指数均是国有控股公司高于非国有控股公司。

表 16 - 5　2015 年国有控股与非国有控股上市公司财务治理分项指数均值比较

所有制类型	财权配置	财务控制	财务监督	财务激励
国有控股公司	43.7716	64.6491	77.7187	31.9302
非国有控股公司	39.4466	67.5774	76.7616	27.5679
总　体	**41.1131**	**66.4491**	**77.1304**	**29.2487**

图 16 - 3 更直观地反映了国有控股公司与非国有控股公司财务治理四个分项指数的差异。可以发现,国有控股公司的财权配置和财务激励两个分项指数明显好于非国有控股公

司;非国有控股公司的财务控制分项指数较明显好于国有控股公司;两类公司的财务监督分项指数则比较接近。

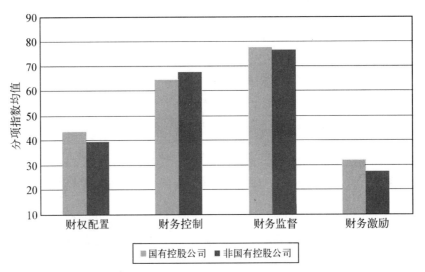

图 16-3 2015 年国有控股与非国有控股上市公司财务治理分项指数均值比较

根据实际控制人的类型,我们将国有控股上市公司进一步划分为中央企业控股公司和地方国企控股公司,两类国有控股公司与非国有控股公司在财务治理四个分项指数均值上的比较参见表 16-6。可以看出,中央企业控股公司在财务控制、财务监督和财务激励三个分项指数上都高于地方国企控股公司;在财务控制分项指数上,两类国有控股公司都低于非国有控股公司;在财务监督和财务激励两个分项指数上,两类国有控股公司都好于非国有控股公司;在财权配置分项指数中,地方国企控股公司高于中央企业控股公司,但都高于非国有控股公司。

表 16-6 2015 年不同最终控制人上市公司财务治理分项指数均值比较

最终控制人	财权配置	财务控制	财务监督	财务激励
中央国有企业	43.7190	64.9171	78.4859	32.6167
地方国有企业	43.7996	64.5067	77.3110	31.5654
民资股东	39.4466	67.5774	76.7616	27.5679
总　体	41.1131	66.4491	77.1304	29.2487

图 16-4 更直观地反映了中央企业控股公司和地方国企控股公司在财务治理四个分项指数上的差异。可以发现,在财务治理四个分项指数上,除了财权配置分项指数外,中央企业控股公司在其他三个分项指数上都高于地方国企控股公司,但二者之间的差距在四个分项指数上都不明显。

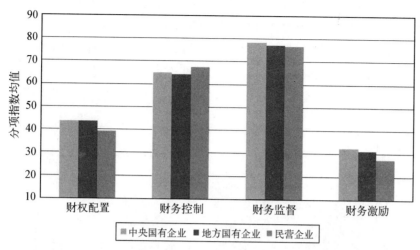

图 16‑4　2015 年不同最终控制人上市公司财务治理分项指数均值比较

16.2　分地区财务治理指数的所有制比较

16.2.1　分地区财务治理总体指数比较

按照国家统计局四个地区的划分,我们统计了四个地区国有与非国有控股上市公司的财务治理指数,参见表 16‑7。

表 16‑7　2015 年不同地区国有与非国有控股上市公司财务治理指数比较

地　区	所有制类型	公司数目	平 均 值	中 位 值	最 大 值	最 小 值	标 准 差
东部	国有控股公司	572	55.3527	55.5752	79.3025	32.0180	6.9337
	非国有控股公司	1179	53.2222	53.2343	68.9528	33.7980	6.2916
	总体	1751	53.9182	53.9810	79.3025	32.0180	6.5826
中部	国有控股公司	189	53.5783	53.9045	69.8404	37.4249	6.9628
	非国有控股公司	190	52.3026	52.3456	66.6814	31.4046	6.5714
	总体	379	52.9387	53.0662	69.8404	31.4046	6.7905
西部	国有控股公司	193	53.4534	53.6330	69.6003	33.3017	6.4683
	非国有控股公司	190	52.0663	52.5732	67.7198	29.4595	6.6949
	总体	383	52.7652	53.1733	69.6003	29.4595	6.6097
东北	国有控股公司	69	53.1422	53.0600	68.3660	33.7849	7.0895
	非国有控股公司	73	50.0432	50.7559	63.8428	35.1566	5.7918
	总体	142	51.5491	51.6264	68.3660	33.7849	6.6170

　　从表 16 - 7 可以看出,四个地区国有控股上市公司的财务治理指数均值和中位值都高于非国有控股公司,说明国有控股公司的财务治理水平要高于非国有控股公司。

　　图 16 - 5 直观地反映了四个地区不同所有制上市公司财务治理指数均值的差异。可以看出,四个地区中国有控股公司财务治理指数均值均高于非国有控股公司,也高于总体。不论是国有控股公司还是非国有控股公司,财务治理指数均值从高到低都是东部、中部、西部和东北部。

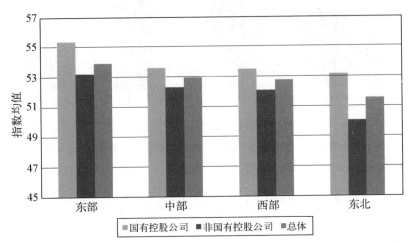

图 16 - 5　2015 年不同地区国有与非国有控股上市公司财务治理指数均值比较

16.2.2　分地区财务治理分项指数比较

　　接下来,我们对四个地区国有控股与非国有控股上市公司的财务治理分项指数均值进行比较分析,参见表 16 - 8。

表 16 - 8　2015 年不同地区国有与非国有控股上市公司财务治理分项指数均值比较

地区	所有制类型	财权配置	财务控制	财务监督	财务激励
东部	国有控股公司	43.5921	65.1921	80.0590	32.5674
	非国有控股公司	38.9913	68.1563	77.7778	27.9636
	总体	40.4942	67.1880	78.5230	29.4675
中部	国有控股公司	43.1680	63.5827	76.5542	31.0081
	非国有控股公司	41.1173	67.1108	74.4079	26.5743
	总体	42.1399	65.3514	75.4782	28.7853
西部	国有控股公司	44.8327	64.5334	73.8018	30.6456
	非国有控股公司	40.9915	65.6663	74.2434	27.3638
	总体	42.9271	65.0954	74.0209	29.0176
东北	国有控股公司	43.9453	63.3932	72.4638	32.7667
	非国有控股公司	38.4308	64.4163	73.0308	24.2949
	总体	41.1104	63.9192	72.7553	28.4115

　　由表 16-8 可以看出,财权配置和财务激励两个分项指数均为国有控股公司高于非国有控股公司。在财务监督分项指数上,西部地区和东北地区的非国有控股公司高于国有控股公司,而东部和中部地区是国有控股公司高于非国有控股公司。在财务控制分项指数上,四个地区均为国有控股公司低于非国有控股公司。

　　为了便于比较,我们计算出四个地区国有控股公司财务治理四个分项指数均值与对应的非国有控股公司财务治理四个分项指数均值的差值,由此可以反映四个地区两类所有制上市公司财务治理四个分项指数的差异,如图 16-6 所示。

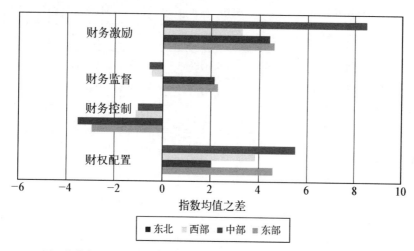

注:指数均值之差=国有控股公司财务治理分项指数均值-非国有控股公司
财务治理分项指数均值。

图 16-6　2015 年不同地区国有与非国有控股上市公司财务治理分项指数均值之差值比较

　　由图 16-6 可以看出,在财权配置和财务激励两个分项指数上,四个地区均是国有控股公司较大程度地优于非国有控股公司;在财务监督分项指数上,东部和中部地区是国有控股公司高于非国有控股公司,但西部和东北地区则是非国有控股公司高于国有控股公司,不过两类公司的差距较小;在财务控制分项指数上,四个地区均为国有控股公司低于非国有控股公司。

16.3　分行业财务治理指数的所有制比较

16.3.1　分行业财务治理总体指数比较

　　这里,我们选择上市公司较多且具有代表性的六个行业,分别是制造业(C),电力、热力、燃气及水生产和供应业(D),交通运输、仓储和邮政业(G),信息传输、软件和信息技术服务业(I),金融业(J)和房地产业(K),上述六个行业财务治理指数比较见表 16-9。

表16-9 2015年不同行业国有与非国有控股上市公司财务治理指数比较

行 业	所有制类型	公司数目	平均值	中位值	最大值	最小值	标准差
制造业(C)	国有控股公司	509	53.9510	54.0535	70.8633	33.3017	6.9330
	非国有控股公司	1163	53.1241	53.0710	68.8696	29.4595	6.3399
	总体	1672	53.3758	53.3599	70.8633	29.4595	6.5352
电力、热力、燃气及水生产和供应业(D)	国有控股公司	76	55.6532	56.3080	70.0039	39.4546	7.2080
	非国有控股公司	13	52.7390	53.3967	64.0527	37.0042	7.9058
	总体	89	55.2275	56.0173	70.0039	37.0042	7.3399
交通运输、仓储和邮政业(G)	国有控股公司	68	56.6526	57.4785	71.5939	39.8368	7.1610
	非国有控股公司	13	53.9137	52.9274	63.4645	48.0664	4.9013
	总体	81	56.2130	56.2445	71.5939	39.8368	6.8974
信息传输、软件和信息技术服务业(I)	国有控股公司	28	53.2261	52.9378	65.9364	39.0521	7.3768
	非国有控股公司	117	53.1543	53.2111	68.9528	32.8883	6.3647
	总体	145	53.1682	53.2111	68.9528	32.8883	6.5450
金融业(J)	国有控股公司	39	54.7777	56.2852	67.5019	39.5867	5.9697
	非国有控股公司	10	51.0606	49.9307	61.0797	42.0373	6.1616
	总体	49	54.0191	54.3116	67.5019	39.5867	6.1337
房地产业(K)	国有控股公司	63	54.4812	54.1782	68.8590	40.3294	6.9174
	非国有控股公司	71	50.5514	50.3263	64.4061	36.0617	6.4204
	总体	134	52.3990	52.7040	68.8590	36.0617	6.9194

从表16-9可以看出,六个代表性行业的国有控股公司财务治理指数均值都高于非国有控股公司,说明各行业普遍存在国有控股公司财务治理水平较好的现象。

图16-7更直观地反映了六个行业国有控股公司与非国有控股公司财务治理指数的差异。可以看出,六个行业国有控股公司财务治理指数均值都高于非国有控股公司,且高于总体。六个行业中,国有控股公司财务治理指数均值最高的是交通运输、仓储和邮政业(G),最低的是信息传输、软件和信息技术服务业(I);非国有控股公司财务治理指数均值最高的是交通运输、仓储和邮政业(G),最低的是房地产业(K)。

16.3.2 分行业财务治理分项指数比较

表16-10对六个行业国有控股与非国有控股上市公司财务治理四个分项指数进行了比较。

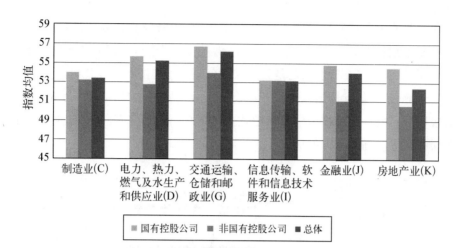

图 16-7 2015 年不同行业国有与非国有控股上市公司财务治理指数均值比较

表 16-10 2015 年不同行业国有与非国有控股上市公司财务治理分项指数均值比较

行 业	所有制类型	财权配置	财务控制	财务监督	财务激励
制造业(C)	国有控股公司	43.3420	64.2698	76.1665	32.0258
	非国有控股公司	39.6480	68.1128	76.5262	28.2092
	总体	40.7726	66.9429	76.4167	29.3711
电力、热力、燃气及水生产和供应业(D)	国有控股公司	42.2267	63.9062	80.6743	35.8053
	非国有控股公司	42.1226	65.8886	74.0385	28.9065
	总体	42.2115	64.1958	79.7051	34.7977
交通运输、仓储和邮政业(G)	国有控股公司	46.1582	63.7034	83.2721	33.4767
	非国有控股公司	40.9136	64.5694	77.8846	32.2871
	总体	45.3165	63.8424	82.4074	33.2857
信息传输、软件和信息技术服务业(I)	国有控股公司	39.9371	63.3799	78.1250	31.4626
	非国有控股公司	35.3500	70.9880	80.6090	25.6703
	总体	36.2358	69.5188	80.1293	26.7888
金融业(J)	国有控股公司	43.9488	75.9750	79.6474	19.5397
	非国有控股公司	38.7148	68.3855	81.2500	15.8921
	总体	42.8806	74.4261	79.9745	18.7953
房地产业(K)	国有控股公司	43.6351	62.2951	79.9603	32.0345
	非国有控股公司	43.3153	60.3959	74.9120	23.5824
	总体	43.4657	61.2888	77.2854	27.5561

由表 16-10 可以看出,在财权配置和财务激励两个分项指数上,六个行业都是国有控股公司高于非国有控股公司;在财务控制分项指数上,除了金融业(J)和房地产业(K)外,其

他四个行业都是非国有控股公司高于国有控股公司；在财务监督分项指数上，除了制造业（C），信息传输、软件和信息技术服务业（I）和金融业（J）三个行业都是非国有控股公司高于国有控股公司外，其他三个行业则均是国有控股公司高于非国有控股公司。

为了便于比较，我们计算出六个行业国有控股公司财务治理四个分项指数均值与对应的非国有控股公司财务治理四个分项指数均值的差值，由此可以反映六个行业的两类所有制上市公司在财务治理四个分项指数上的差异，参见图16-8。

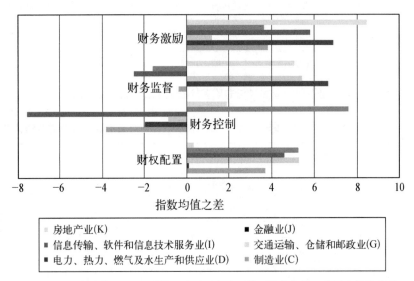

注：指数均值之差＝国有控股公司财务治理分项指数均值－非国有控股公司财务治理分项指数均值。

图16-8　2015年不同行业国有与非国有控股上市公司财务治理分项指数均值之差值比较

由图16-8可以看出，在财权配置分项指数上，制造业（C），交通运输、仓储和邮政业（G），信息传输、软件和信息技术服务业（I）和金融业（J）四个行业的国有控股公司的表现比较突出；在财务控制分项指数上，金融业（J）的国有控股公司财务治理比较突出，而信息传输、软件和信息技术服务业（I），制造业（C）两个行业的非国有控股公司的表现比较突出；在财务监督分项指数上，电力、热力、燃气及水生产和供应业（D），交通运输、仓储和邮政业（G），房地产业（K）三个行业的国有控股公司的表现比较突出；在财务激励分项指数上，六个行业都是国有控股公司高于非国有控股公司，其中电力、热力、燃气及水生产和供应业（D），信息传输、软件和信息技术服务业（I），房地产业（K）三个行业的国有控股公司的表现更为突出，制造业（C）和金融业（J）国有控股公司的表现也不错。

16.4　本章小结

本章从所有制角度对2015年沪深两市2655家上市公司财务治理指数及四个分项指数

进行了统计和分析,主要结论如下:

关于财务治理总体指数:(1)随着第一大股东中的国有持股比例的降低,财务治理指数整体呈下行态势,说明国有控股上市公司的财务治理水平明显高于非国有控股上市公司。(2)不管从总体还是从地区和行业角度看,国有控股公司财务治理水平均高于非国有控股公司。(3)最终控制人为中央企业的国有上市公司的财务治理水平好于最终控制人为地方国有企业的国有上市公司,且好于非国有控股上市公司。

关于财务治理分项指数:(1)随着第一大股东中的国有持股比例的降低,财权配置、财务激励两个分项指数基本上呈逐渐降低趋势,说明较高的国有持股比例有利于提高公司财权配置和财务激励的水平;随着第一大股东中的国有持股比例的降低,财务控制分项指数基本上呈上升趋势,说明较高的国有股权比例并不利于财务控制水平的提高;在财务监督分项指数上,基本上也是国有股权比例越高,财务监督力度越大。(2)在财务控制、财务监督和财务激励三个分项指数上,中央企业控股公司均高于地方国企控股公司,但二者的差距都不明显;中央企业控股公司和地方国企控股公司在财务监督和财务激励两个分项指数上都高于非国有控股公司,但在财务控制分项指数上则低于非国有控股公司;中央企业控股公司在财权配置分项指数上稍低于地方国企控股公司,但二者都高于非国有控股公司。(3)从地区看,财权配置和财务激励两个分项指数均为国有控股公司高于非国有控股公司;在财务监督分项指数上,东部和中部地区是国有控股公司高于非国有控股公司,而西部和东北两个地区的非国有控股公司高于国有控股公司;在财务控制分项指数上,四个地区均为国有控股公司低于非国有控股公司。(4)从行业看,在财权配置和财务激励两个分项指数上,六个行业都是国有控股公司高于非国有控股公司;在财务控制分项指数上,除了金融业(J)和房地产业(K)外,其他四个行业都是非国有控股公司高于国有控股公司;在财务监督分项指数上,除了制造业(C),信息传输、软件和信息技术服务业(I)和金融业(J)三个行业都是非国有控股公司高于国有控股公司外,其他三个行业则均是国有控股公司高于非国有控股公司。

第 17 章

财务治理指数的年度比较(2010～2015)

2011 年、2013 年和 2015 年,我们对 2010 年、2012 年和 2014 年度的中国上市公司财务治理水平进行了三次测度,2016 年是第四次测度。本章将从总体、地区、行业和所有制等多个角度,比较分析四个年度中国上市公司财务治理水平,以便了解财务治理水平是否有所提高以及提高程度,以期对财务治理的完善有所启示。

17.1 财务治理指数总体的年度比较

对 2010 年、2012 年、2014 年和 2015 年四个年度财务治理的评价,样本公司数分别是 1722 家、2314 家、2514 家和 2655 家,基本上是对全部上市公司的评价。比较四个年度样本上市公司的财务治理指数,以及财权配置分项指数、财务控制分项指数、财务监督分项指数和财务激励分项指数,结果见表 17 - 1。

表 17 - 1 2010～2015 年四个年度上市公司财务治理指数均值比较

年　份	样 本 量	总体指数	分 项 指 数			
			财权配置	财务控制	财务监督	财务激励
2010	1722	53.9106	51.2195	56.5295	76.1977	31.6957
2012	2314	57.8635	50.0502	57.1980	76.6260	47.5799
2014	2514	53.1439	41.1152	45.4977	73.6078	52.3548
2015	2655	53.4853	41.1131	66.4491	77.1304	29.2488

由表 17 - 1 可知,2015 年,上市公司财务治理指数均值为 53.4853,低于 2010 年度 0.4253 分,更低于 2012 年度 4.3782 分,但相比 2014 年有略微提升,高出 2014 年度 0.3414 分;其中,财务激励分项指数大大低于前三个年度,财权配置分项指数虽然和 2014 年比相差微小但仍大大低于 2010 和 2012 年度,财务控制和财务监督两个分项指数均高于前三个年度。

　　图 17-1 更加直观地描绘了四个年度的财务治理指数变化情况。可以看出,财务治理总体指数先是较大幅度上升,又较大幅度下降,到 2015 年又小幅度回升;财权配置分项指数连续下降,且 2015 年相比于 2010 年和 2012 年下降幅度很大;财务控制和财务监督两个分项指数都是在 2014 年时出现了较大幅度的下降,但在 2015 年有所回升,其中财务控制涨幅非常明显;财务激励分项指数则在前三个年度的上升后,在 2015 年出现很大幅度的下降,创下四个年度的最低得分。

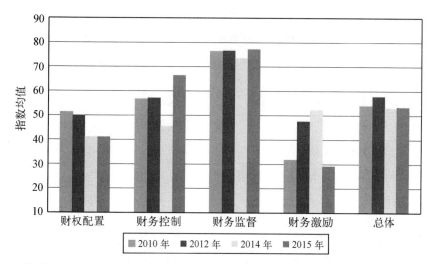

图 17-1　2010～2015 年四个年度上市公司财务治理总体指数及分项指数比较

　　为了弄清楚导致财务治理分项指数波动的来源,表 17-2 比较了 2010 年、2012 年、2014 年与 2015 年中国上市公司财务治理指数的具体指标。需要说明的是,由于 2015 年中国上市公司财务治理指数新增一个指标(原来的指标"公司是否定期发放现金股利"分解为"现金分红"和"股票股利分配"两个指标),与前三年存在差异。为统一比较口径,仅对不存在变动的 30 个指标进行比较。

表 17-2　2010～2015 年四个年度上市公司财务治理指数具体指标比较

一级指标	二级指标	2010 年	2012 年	2014 年	2015 年
财权 配置 (1～9)	1. 关联交易是否提交(临时)股东大会讨论通过	0.6115	0.4620	0.4029	0.2026
	2. 独立董事薪酬和高管股票期权是否通过(临时)股东大会	0.8595	0.5890	0.5282	0.6652
	3. 两权分离度	0.5889	0.8520	0.4724	0.0365
	4. 董事会是否提出清晰的财务目标	0.4071	0.4576	0.3130	0.3017
	5. 内部董事与外部董事是否有明确的沟通交流制度	0.1829	0.0078	0.0072	0.0087

一级指标	二 级 指 标	2010 年	2012 年	2014 年	2015 年
财权 配置 (1~9)	6. 独立董事比例	0.0546	0.0549	0.0314	0.3503
	7. 独立董事中是否有财务或会计方面的专家	0.7962	0.8885	0.9021	0.8964
	8. 董事长和总经理是否两职分离	0.8252	0.7597	0.5382	0.7510
	9. CFO是否具有高级职称或相关资格认证	0.2840	0.4330	0.5048	0.4878
财务 控制 (10~17)	10. 董事会或股东大会是否定期评估内部控制	0.7375	0.7904	0.8441	0.9605
	11. 各专门委员会是否在内部控制中起作用	0.6702	0.4391	0.3934	0.4392
	12. 董事会或股东大会是否披露具体内部控制措施	0.7697	0.6806	0.6344	0.6793
	13. 风险控制委员会设置情况如何	0.0250	0.0283	0.0199	0.0218
	14. 公司财务弹性	0.5035	0.5000	0.5326	0.4202
	15. 公司对外部资金依赖程度	0.5099	0.4983	0.4833	0.9942
	16. 是否披露可预见的财务风险因素	0.3972	0.6854	0.7486	0.8166
	17. 是否ST	0.9094	0.9538	0.9825	0.9842
财务 监督 (18~25)	18. 审计委员会设置情况如何	0.5256	0.4613	0.4606	0.4812
	19. 外部审计是否出具标准无保留意见	0.9413	0.9576	0.9614	0.9665
	20. 公司网站是否披露当年财务报告	0.4605	0.4430	0.5883	0.5420
	21. 公司网站是否披露过去连续三年财务报告	0.3717	0.3850	0.4797	0.3857
	22. 公司是否披露公司发展前景的相关信息	0.9419	0.9762	0.9968	0.9974
	23. 公司是否披露关联方交易状况	0.9582	0.9771	0.9340	0.9529
	24. 当公司会计政策发生变化时,是否作出解释	0.9228	0.9648	0.5656	0.9473
	25. 公司是否因违规而被证监会、证交所等部门公开批评、谴责或行政处罚	0.9739	0.9650	0.9021	0.8976
财务 激励 (26~30)	26. 公司是否定期发放现金股利	0.0319	0.5281	0.8067	0.0076
	27. 高管薪酬支付是否合理	0.5006	0.4996	0.5099	0.4998
	28. 薪酬委员会设置情况如何	0.5476	0.5579	0.5394	0.5405
	29. 公司是否采用股票期权激励政策	0.0139	0.0804	0.1249	0.0719
	30. 员工报酬增长率是否不低于公司营业收入增长率	0.4907	0.7131	0.6368	0.6275

　　注:(1) 指标17和25在本年度报告中采用-1/0变量,之前年份采用0/1变量,为便于比较,本表改为0/1变量。
(2) 本年度报告中,原指标26被分解为两个指标,即"现金分红"和"股利分配",而且由原来的0/1变量修改为实际数值,"现金分红"指标使用近三年现金分红占净利润的比例的标准化数据;股利分配则采用股利分配额标准化后的数据。本表中指标26的2015年数据是"现金分红"和"股利分配"两项的综合,与之前三次评估值的可比性不太大,但却更准确地反映了现金分红和股利分配的实际情况。

　　由表 17-2 可知,四个年度中,在财权配置分项指数的 9 个二级指标中,有 2 个指标前三个年度连续上升,但 2015 年下降;1 个指标连续下降;3 个指标前三个年度连续下降,2015 年有所回升;2 个指标在 2012 年上升后持续下降;1 个指标先升后降,2015 年大幅上升。其中 2015 年下降幅度最大的指标是"3. 两权分离度",上升幅度最大的指标是"6. 独立董事比例是否不低于 50%"。在财务控制分项指数的 8 个二级指标中,有 3 个指标连续上升;3 个指标前三个年度连续下降,2015 年上升;1 个指标先下降后上升,2015 年又下降,1 个指标先上升后下降,2015 年又回升。总体看,财务控制有 7 个指标 2015 年是上升的。其中 2015 年升幅最大的指标是"15. 公司对外部资金依赖程度是否小于样本中位值"。在财务监督分项指数的 8 个二级指标中,2 个指标连续上升;有 1 个指标连续下降;2 个指标先上升后下降,2015 年出现回升;1 个指标前三个年度连续下降,2015 年回升;1 个指标先下降后上升,2015 年回落;1 个指标在前三个年度持续上升,2015 年下降。其中 2015 年升幅最大的指标是"24. 当公司会计政策发生变化时,是否做出解释",下降幅度最大的指标是"21. 公司网站是否披露过去连续四年财务报告"。在财务激励分项指数的 4 个二级指标中(剔除可比性较差的指标 26),有 1 个指标 2012 年上升,2014 年和 2015 年连续下降;1 个指标先下降后上升,2015 年又下降;1 个指标先上升后下降,2015 年回升;1 个指标前三个年度连续上升,2015 年下降。其中 2015 年下降幅度最大的指标是"29.公司是否采用股票期权激励政策"。总体看,在财务激励分项指数上,下降幅度高于上升幅度。

17.2　分地区财务治理指数的年度比较

　　为体现不同地区上市公司财务治理情况,我们统计了各地区上市公司财务治理指数,以及财权配置、财务控制、财务监督和财务激励四个分项指数的平均值,用来分别比较不同地区 2010 年、2012 年、2014 年与 2015 年财务治理的差异,结果见表 17-3。

表 17-3　2010~2015 年四个年度不同地区上市公司财务治理指数均值比较

地　区	年　份	总体指数	分　项　指　数				总体指数排名
			财权配置	财务控制	财务监督	财务激励	
东　部	2010	54.5229	51.1283	57.4347	77.7200	31.8085	1
	2012	58.5984	48.9966	57.6464	77.9189	49.8318	1
	2014	53.6871	40.6038	45.3420	74.8936	53.9088	1
	2015	53.9182	40.4942	67.1880	78.5230	29.4675	1
中　部	2010	53.5896	52.7984	56.0185	74.0972	31.4444	2
	2012	57.3618	52.3318	55.3953	75.3383	46.3818	2
	2014	52.4163	42.7339	45.3168	71.5599	50.0545	2

续　表

地　区	年　份	总体指数	分　项　指　数				总体指数排名
			财权配置	财务控制	财务监督	财务激励	
中　部	2015	52.9387	42.1399	65.3514	75.4782	28.7853	2
西　部	2010	52.6779	50.6011	54.3852	74.6107	31.1148	3
	2012	55.8257	51.8691	56.6643	73.7032	41.0663	4
	2014	52.1927	42.2169	46.5505	71.2602	48.7432	3
	2015	52.7652	42.9271	65.0954	74.0209	29.0176	3
东　北	2010	52.4020	49.9508	55.2544	71.5708	32.8319	4
	2012	56.2575	51.0780	58.3654	73.1250	42.4615	3
	2014	51.0970	39.9672	45.0368	69.8989	49.4853	4
	2015	51.5491	41.1104	63.9192	72.7553	28.4115	4

由表 17-3 可以看出,第一,从财务治理总体指数看,四个年度中四个地区均是先升后降,到 2015 年有所回升,其变动趋势与表 17-1 是一致的。第二,从财权配置分项指数看,东部和中部四个年度连续下降,西部和东北部则是先升后降,2015 年又回升,但并没有回升到 2012 年的最好水平。第三,从财务控制分项指数看,东部、西部和东北部四个年度都是先升后降,2015 年又回升;中部在前三个年度持续下降,但 2015 年上升。四个地区 2015 年上升幅度都很大,达到了四个年度中的最高水平。其中,东部地区财务控制分项指数回升幅度最大,比最高时的 2012 年度还上升了 9.5416 分。第四,从财务监督分项指数看,东部、中部、西部和东北部四个地区均在继 2014 年的下降后大幅回升,并且除西部、东北部地区外,其他两个地区的财务监督分项指数均达四个年度中最高。第五,从财务激励分项指数看,四个年度中四个地区在前三年连续上升后均出现了巨大幅度的下滑,东部、中部和东北部 2015 年比 2014 年下降了 20 分以上。

图 17-2 显示了四个地区财务治理总体指数的变化。从总体指数排名看,2015 年和

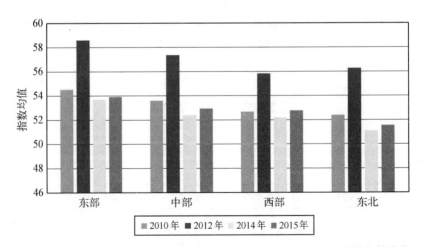

图 17-2　2010～2015 年四个年度不同地区上市公司财务治理总体指数的变化

2010 年以及 2014 年的排名是相同的,自高到低依次是东部、中部、西部和东北部;2015 年与 2012 年相比,东部与中部地区排名没有变化,仍列第一和第二,西部与东北部地区的排名对调。

17.3 分行业财务治理指数的年度比较

用各行业上市公司财务治理总体指数,以及财权配置、财务控制、财务监督和财务激励四个分项指数的平均值来代表各行业上市公司财务治理情况,分别比较不同行业 2010 年、2012 年、2014 年与 2015 年财务治理水平的差异,结果参见表 17-4。需要说明的是,由于《中国上市公司财务治理指数报告 2011》使用的是《上市公司行业分类(2001 年)》,而之后的三个报告使用的是《上市公司行业分类(2012 年)》,两个行业分类标准存在差异。为统一比

表 17-4 2010~2015 年四个年度不同行业上市公司财务治理指数均值比较

行　业	年　份	总体指数	分　项　指　数			
			财权配置	财务控制	财务监督	财务激励
农、林、牧、渔业(A)	2010	49.6560	47.2868	51.7442	73.5465	26.0465
	2012	55.5430	48.6302	53.4722	75.3472	44.7222
	2014	49.4939	37.1629	44.5313	69.5313	46.7500
	2015	51.0582	37.7223	66.5151	74.5536	25.4420
采矿业(B)	2010	57.3014	54.1667	62.6953	78.9063	33.4375
	2012	57.4735	53.6879	58.7719	77.0833	40.3509
	2014	55.0361	47.1914	52.0833	73.9130	46.9565
	2015	54.9104	47.5247	64.4930	76.7123	30.9114
制造业(C)	2010	53.1765	51.0008	55.7510	75.2921	30.6621
	2012	57.5861	48.8504	56.7190	75.4434	49.3315
	2014	53.1727	40.7191	45.0331	73.0282	53.9106
	2015	53.3758	40.7725	66.9429	76.4167	29.3711
电力、热力、燃气及水生产和供应业(D)	2010	54.6332	51.7361	56.8359	77.1484	32.8125
	2012	59.1707	53.9231	59.9838	77.8409	44.9351
	2014	55.3189	43.5469	53.6585	74.9238	49.1463
	2015	55.2275	42.2115	64.1958	79.7051	34.7977

续 表

行 业	年 份	总体指数	分 项 指 数			
			财权配置	财务控制	财务监督	财务激励
建筑业(E)	2010	55.6086	58.0247	57.6389	74.8264	31.9444
	2012	61.0841	55.4524	59.0402	79.1295	50.7143
	2014	53.9526	45.0528	47.1591	74.8106	48.7879
	2015	54.2133	43.7992	66.2569	79.0493	27.7478
批发和零售业(F)	2010	54.4710	51.1820	55.7181	76.1968	34.7872
	2012	57.7562	53.1666	61.3750	75.7500	40.7333
	2014	53.0712	41.2445	49.3708	72.6091	49.0604
	2015	53.5914	42.1279	64.2111	77.8061	30.2206
交通运输、仓储和邮政业(G)	2010	57.8635	55.2239	62.9664	81.2500	34.4776
	2012	61.8882	56.6762	59.9026	82.7922	48.1818
	2014	55.3846	43.7452	50.6944	78.0864	49.0124
	2015	56.2130	45.3165	63.8424	82.4074	33.2857
信息传输、软件和信息技术服务业(I)	2010	52.8961	48.0193	55.0000	76.7391	31.8261
	2012	55.9125	46.1252	48.8861	78.8366	49.8020
	2014	50.7677	38.2759	34.7481	74.3004	55.7463
	2015	53.1682	36.2358	69.5188	80.1293	26.7888
金融业(J)	2010	62.1850	57.9365	69.6429	86.1607	35.0000
	2012	62.6992	50.4307	69.9695	87.9573	42.4390
	2014	54.2964	36.4297	56.5407	83.2849	40.9302
	2015	54.0191	42.8806	74.4261	79.9745	18.7953
房地产业(K)	2010	55.5258	51.7460	55.8929	77.3214	37.1429
	2012	58.3868	52.8870	59.3310	79.3574	41.9718
	2014	52.4237	42.6305	44.1288	74.5265	48.4091
	2015	52.3990	43.4657	61.2888	77.2854	27.5561

注：由于教育行业(P)只有1家上市公司，不具有代表性，故没有纳入比较。

较口径,仅对行业划分未发生变化的10个行业的财务治理指数进行比较,这10个行业分别为: A. 农、林、牧、渔业,B. 采矿业,C. 制造业,D. 电力、热力、燃气及水生产和供应业,E. 建筑业,F. 批发和零售业,G. 交通运输、仓储和邮政业,I. 信息传输、软件和信息技术服务业,J. 金融业,K. 房地产业。

从表 17-4 可以看出:

第一,从财务治理总体指数看,四个年度中采矿业(B),电力、热力、燃气及水生产和供应业(D),金融业(J)和房地产业(K)4 个行业都是先升后降,也就是说,2012 年比 2010 年都是上升的,2014 年比 2012 年则都是下降的,并且 2015 年持续微弱下降;农、林、牧、渔业(A),制造业(C),建筑业(E),批发和零售业(F),交通运输、仓储和邮政业(G)和信息传输、软件和信息技术服务业(I)6 个行业的变化趋势是先升后降,2015 年又有所上升,其中上升幅度最大的是信息传输、软件和信息技术服务业(I),比 2014 年上升了 2.4005 分。

第二,从财权配置分项指数看,四个年度中,农、林、牧、渔业(A),批发和零售业(F),交通运输、仓储和邮政业(G)和房地产业(K)4 个行业先升再降而后上升;采矿业(B),制造业(C)、金融业(J)3 个行业在前三个年度连续下降,2015 年回升;电力、热力、燃气及水生产、供应业(D)在 2012 年上升后,然后连续两个年度下降;建筑业(E),信息传输、软件和信息技术服务业(I)2 个行业持续下降。上升行业中金融业(J)升幅最大,比 2014 年高出 6.4509 分,但仍未高于 2010 年和 2012 年;下降行业中信息传输、软件和信息技术服务业(I)降幅最大,比 2014 年低了 2.0401 分。

第三,从财务控制分项指数看,四个年度中,农、林、牧、渔业(A),制造业(C),电力、热力、燃气及水生产和供应业(D),建筑业(E),批发和零售业(F),金融业(J)和房地产业(K)7 个行业先升后降再回升;另外 3 个行业在前三个年度连续下降之后,2015 年回升,也就是说,虽然 2014 年比 2012 年 10 个行业都是下降的,但在 2015 年均大幅回升,并且全部高于前三个年度的最高得分。回升幅度高于 15 分的有农、林、牧、渔业(A),制造业(C),建筑业(E),信息传输、软件和信息技术服务业(I),金融业(J)和房地产业(K)6 个行业。

第四,从财务监督分项指数看,四个年度中,农、林、牧、渔业(A),制造业(C),电力、热力、燃气及水生产和供应业(D),建筑业(E),交通运输、仓储和邮政业(G),信息传输、软件和信息技术服务业(I)和房地产业(K)7 个行业在 2012 年上升后于 2014 年下降,2015 年又回升;采矿业(B)、批发和零售业(F)2 个行业在 2012 年和 2014 年连续下降,在 2015 年上升;只有金融业(J)继 2012 年有所上升后连续下滑。上升幅度最高的行业是批发和零售业(F),比 2014 年上升了 5.1970 分。

第五,从财务激励分项指数看,四个年度中,农、林、牧、渔业(A),采矿业(B),制造业(C),电力、热力、燃气及水生产和供应业(D),批发和零售业(F),交通运输、仓储和邮政业(G),信息传输、软件和信息技术服务业(I),房地产业(K)8 个行业在前三个年度连续上升,2015 年又大幅下降,另外 2 个行业在 2012 年上升后从 2014 年开始连续下降。其中降幅最大的是金融业(J),比 2014 年下降了 22.1349 分。

图 17-3 显示了 10 个行业财务治理总体指数的变化。从总体指数排名看,2010 年和 2012 年都是金融业(J)排名第一,2014 年和 2015 年交通运输、仓储和邮政业(G)排名第一,四个年度排名最后的行业都是农、林、牧、渔业(A)。

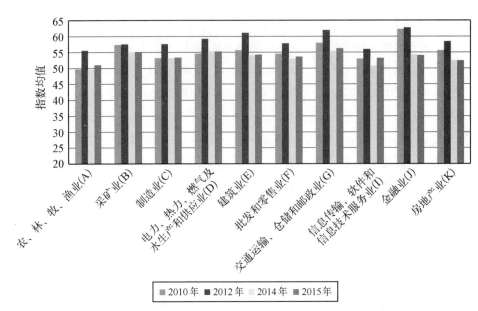

图 17-3　2010～2015 年四个年度不同行业上市公司财务治理总体指数的变化

17.4　分所有制财务治理指数的年度比较

按照五类所有制公司的划分,用各所有制上市公司财务治理总体指数,以及财权配置、财务控制、财务监督和财务激励四个分项指数的平均值来代表各所有制上市公司财务治理情况,分别比较 2010 年、2012 年、2014 年与 2015 年不同所有制上市公司的财务治理水平的差异,结果参见表 17-5 Panel A。另外,进一步将样本按照国有控股公司和非国有控股公司分类,统计信息见表 17-5 Panel B。

表 17-5　2010～2015 年四个年度不同所有制上市公司财务治理指数均值比较

所有制类型	年 份	总体指数	分 项 指 数				总体指数排名
			财权配置	财务控制	财务监督	财务激励	
Panel A　按照五类所有制公司分类							
国有绝对控股公司	2010	57.1421	56.2882	58.6996	79.0751	34.5055	1
	2012	60.4469	56.1718	62.9303	79.8234	42.8623	1
	2014	56.0678	45.9251	51.5993	78.0934	48.6532	1
	2015	55.9096	45.3314	65.4370	80.4025	32.4674	1
国有强相对控股公司	2010	54.3180	53.3522	55.8074	76.6112	31.5014	2
	2012	60.1232	54.3536	62.3861	78.7272	45.0260	2
	2014	54.4276	43.3430	50.3580	73.9857	50.0239	2
	2015	54.6435	44.0420	64.1694	77.9139	32.4487	2

续　表

所有制 类型	年　份	总体指数	分　项　指　数				总体指 数排名
			财权配置	财务控制	财务监督	财务激励	
国有弱相对 控股公司	2010	53.1273	51.5832	54.5337	74.8381	31.5544	4
	2012	57.9847	52.9208	59.5779	76.0958	43.3442	3
	2014	52.6587	42.0644	47.8168	71.9178	48.8356	3
	2015	52.8742	41.7287	64.5808	74.6259	30.5617	4
国有参股 公司	2010	52.6574	47.8697	56.0777	75.2036	31.4787	5
	2012	56.3958	46.5483	55.4728	75.4534	48.1088	5
	2014	52.4486	39.1030	45.6072	72.4483	52.6357	4
	2015	53.2503	40.3522	66.9229	77.4979	28.2280	3
无国有股份 公司	2010	53.1669	49.4929	56.9816	75.6572	30.5357	3
	2012	56.7682	47.0559	53.4049	75.5078	51.1042	4
	2014	52.2542	39.4525	41.4153	73.1177	55.0313	5
	2015	52.5970	38.9159	67.9610	76.3302	27.1811	5

Panel B　按照国有控股公司和非国有控股公司分类

所有制 类型	年　份	总体指数	分　项　指　数				总体指 数排名
			财权配置	财务控制	财务监督	财务激励	
国有控股 公司	2010	54.9788	53.9140	56.4713	77.0147	32.5153	1
	2012	59.5351	54.4161	61.6477	78.2025	43.8740	1
	2014	54.3985	43.7334	49.9876	74.5970	49.2758	1
	2015	54.5174	43.7716	64.6491	77.7187	31.9302	1
非国有控股 公司	2010	52.9418	48.7757	56.5822	75.4568	30.9524	2
	2012	56.6614	46.9103	53.9980	75.4922	50.2452	2
	2014	52.3042	39.3627	42.4925	72.9457	54.4157	2
	2015	52.8384	39.4466	67.5774	76.7616	27.5679	2

从表 17-5 Panel A 可以看出:

第一,从财务治理总体指数看,四个年度中,除了国有绝对控股公司在 2012 年上升后一直持续下降之外,其他四类公司都是在前三个年度里先升后降,到 2015 年稍有回升。按 2015 年比 2014 年上升幅度从高到低依次是国有参股公司、无国有股份公司、国有强相对控股公司、国有弱相对控股公司,2015 年比 2014 年上升幅度最大的国有参股公司上升幅度为 0.8017 分。

第二,从财权配置分项指数看,四个年度中,国有绝对控股公司和无国有股份公司连续下降;国有强相对控股公司先上升后下降,2015 年又稍有回升;国有弱相对控股公司在 2012年有所上升后持续下降;国有参股公司在经历了连续两个年度的下降后在 2015 年略有上升。2015 年五类公司的升降幅度都不是非常明显,升幅最大的国有参股公司高出 2014 年1.2492 分,降幅最大的国有绝对控股公司比 2014 年低了 0.5937 分。

第三,从财务控制分项指数看,四个年度中三类国有控股公司先上升后下降,2015年又大幅上升;两类非国有控股公司在经历了连续两个年度的下降后在2015年明显上升。总体而言,2015年五类公司全部大幅上升,且指数得分全部高于往年,上升幅度最大的是无国有股份公司,比往年该类公司的最高分还高出10.9794分。

第四,从财务监督分项指数看,除了无国有股份公司在前三个年度连续下降之后在2015年出现上升外,其他四类公司在四个年度中都是先升后降,在2015年又明显回升,并且国有绝对控股公司、国有参股公司和无国有股份公司四类公司都上升到了四年中的最高水平。其中,国有参股公司升幅最大,比该类公司往年最高分还高出2.0445分。

第五,从财务激励分项指数看,五类公司都是在前三个年度中连续上升,在2015年大幅下降。按2015年比2014年下降幅度从高到低依次是无国有股份公司、国有参股公司、国有弱相对控股公司、国有强相对控股公司和国有绝对控股公司,下降幅度全部大于15分,幅度最大的无国有股份公司比2014年低了27.8502分。

图17-4显示了五类所有制公司财务治理总体指数的变化。从总体指数排名看,四个年度国有绝对控股公司和国有强相对控股公司的排名没有变化,都是位居第一和第二。国有弱相对控股公司和国有参股公司在2014年和2015年的排名发生了对调。而无国有股份公司在四个年度中排名不断下滑,在2014年和2015年均跌至最后。

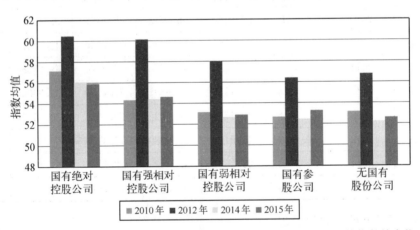

图17-4 2010~2015年四个年度不同所有制上市公司财务治理总体指数的变化

从表17-5 Panel B可以看出,第一,国有控股公司和非国有控股公司四个年度财务治理总体指数都是在2012年明显上升,2014年出现回落,但2015年又略有回升;非国有控股公司2015年比2014年的回升幅度比国有控股公司略大一些。第二,在财权配置分项指数上,国有控股公司先上升后下降,2015年略有回升;非国有控股公司则是前三个年度连续下降,2015年出现小幅回升。第三,在财务控制分项指数上,国有控股公司在2012年明显上升,2014年出现回落,但2015年又大幅上升;非国有控股公司则是在前三个年度的持续大幅下降后,2015年明显上升,两类公司在2015年都达到了四个年度中的最好水平。第四,在财务监督分项指数上,国有控股公司和非国有控股公司都是先上升后下降,2015年大幅提升,其中非国有控股公司还达到了四年中的最好水平。第五,在财务激励分项指数上,国有控股公司和非国有控股公司都在前三个年度中连续大幅上升,但在 2015 年剧烈下滑,非国有控股公司的下滑幅度比国有控股公司大。

17.5　分上市板块财务治理指数的年度比较

根据四个上市板块的划分,用各板块上市公司财务治理指数,以及财权配置、财务控制、财务监督和财务激励四个分项指数的平均值来代表各板块上市公司财务治理情况,分别比较不同板块 2010 年、2012 年、2014 年和 2015 年财务治理的差异,结果见表 17-6。

表 17-6　2010～2015 年四个年度不同板块上市公司财务治理指数均值比较

上市板块	年　份	总体指数	分　项　指　数				总体指数排名
			财权配置	财务控制	财务监督	财务激励	
深市主板(不含中小板)	2010	53.9651	48.3660	59.3001	73.7064	34.4880	3
	2012	56.5468	48.4134	59.7340	76.1037	41.9362	3
	2014	51.3908	38.6493	47.8587	71.0252	48.0300	3
	2015	53.8529	40.7794	67.0806	75.9388	31.6127	2
深市中小企业板	2010	54.0341	53.3458	59.3137	77.3985	26.0784	2
	2012	60.1116	47.2867	62.5097	74.9226	55.7276	1
	2014	55.1194	37.7500	49.8696	74.3046	58.5535	1
	2015	54.2737	39.4652	71.2125	77.4530	28.9643	1
深市创业板	2010	60.3837	61.9586	67.1610	81.5678	30.8475	1
	2012	52.4864	44.6296	35.2758	76.9795	53.0605	4
	2014	48.0452	39.7698	23.4664	72.9552	55.9894	4
	2015	53.6394	37.8095	71.5965	79.0596	26.0919	3
沪市主板	2010	53.3781	51.1216	53.1139	76.6677	32.6092	4
	2012	58.6024	54.4969	58.8740	77.9853	43.0534	2
	2014	54.5461	45.4155	49.8222	74.6114	48.3351	2
	2015	53.4853	43.8618	60.5088	76.6286	29.7022	4

从表 17-6 可以看出:

第一,从财务治理总体指数看,四个年度中,深市主板(不含中小企业板)先上升后下降,到 2015 年出现回升;深市中小企业板和沪市主板在 2012 年上升之后持续下降,深市创业板在前三个年度持续下降,到 2015 年有所回升。相比于 2014 年,上升幅度最大的是深市创业板,上升了5.5942分,下降幅度最大的是沪市主板,下降了1.0608分。

第二,从财权配置分项指数看,四个年度中,深市主板(不含中小企业板)先上升后下降再上升;深市中小企业板前三个年度连续下降,到2015年略有回升;深市创业板连续下降;沪市主板2012年上升后持续下降。相比2014年,上升幅度最大的是深市主板(不含中小企业板),上升了2.1301分,下降幅度最大的是深市创业板,下降了1.9603分。

第三,从财务控制分项指数看,四个年度中,深市主板(不含中小企业板)、深市中小企业板、沪市主板都是先上升后下降,2015年再大幅上升;深市创业板则是在前三个年度连续下降,至2015年大幅上升。2015年相比于前三个年度,四个板块财务控制分项指数都是上升的,且得分均高于前三个年度。2015年比2014年升幅从高到低依次是深市创业板、深市中小企业板、深市主板(不含中小企业板)和沪市主板。深市创业板2015年比2014年升幅最大,上升了48.1301分。

第四,从财务监督分项指数看,四个年度中,深市主板(不含中小企业板)和沪市主板都是先上升再下降之后又回升;深市中小企业板和深市创业板则都是前三年度连续下降,2015年再回升,2015年比2014年都是上升的。2015年比2014年上升幅度从高到低依次是深市创业板、深市主板(不含中小企业板)、深市中小企业板和沪市主板。深市创业板2015年比2014年升幅最大,上升了6.1044分。

第五,从财务激励分项指数看,四个年度中,四个板块都是在前三年度中连续上升,2015年却大幅下降。2015年比2014年下降幅度从高到低依次是深市创业板、深市中小企业板、沪市主板和深市主板(不含中小企业板),深市创业板2015年比2014年降幅最大,达29.8975分,下降幅度最小的深市主板(不含中小企业板)也下降了16.4173分。

图17-5显示了四个板块四个年度财务治理总体指数变化情况。从排名中看到,深市

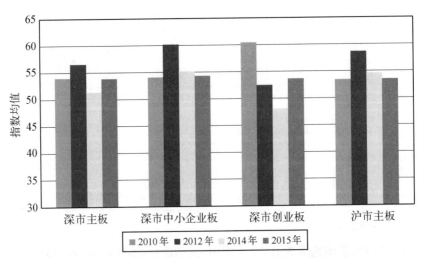

注:深市中小企业板是深市主板的一部分,但本图中的深市主板不含中小企业板。

图17-5   2010～2015年四个年度不同板块上市公司财务治理总体指数的变化

创业板四个年度中变化起伏最大,深市创业板2010年曾排名第一,但2012年和2014年则都是排名最后,2015年排名上升一位,这反映出创业板上市公司的不稳定性;深市中小企业板在2012年、2014年和2015年都是排名第一,反映该板块相对比较稳定;深市主板(不含中小企业板)四个年度中都是排在第三或第二的位置;沪市主板2015年排名下降至最后一名。

17.6　本　章　小　结

本章从总体、地区、行业和所有制类型等角度分别比较了2010年、2012年、2014年与2015年中国上市公司的财务治理水平,主要结论如下:

第一,从总体看,在评价的四个年度中,财务治理总体指数先是较大幅度上升,又较大幅度下降,到2015年又小幅度回升;财权配置分项指数连续下降,且2015年相比2010年和2012年下降幅度很大;财务控制和财务监督两个分项指数都是在2014年出现了较大幅度的下降,但2015年有所回升,其中财务控制涨幅非常明显;财务激励分项指数则在三个年度的上升后,在2015年出现大幅度的下降,创下四个年度的最低得分。

第二,从地区看,在评价的四个年度中,四个地区财务治理总体指数均是先升后降,到2015年有所回升,但相比2010年和2012年仍然是下降的。在财权配置分项指数上,东部和中部四个年度连续下降,西部和东北部则是先升后降,2015年又回升,但并没有回升到2012年的最好水平。在财务控制分项指数上,东部、西部和东北部四个年度都是先升后降,2015年又回升;中部在前三个年度持续下降,但2015年上升。四个地区2015年上升幅度都很大,达到了四个年度中的最高水平。在财务监督分项指数上,东部、中部、西部和东北部四个地区均在继2014年的下降后大幅回升,并且除西部、东北部地区外,其他两个地区的财务监督分项指数均达到四个年度中最高。从财务激励分项指数看,四个年度中四个地区在前三年连续上升后均出现了巨大幅度的下滑。

第三,从行业看,在评价的四个年度中,从财务治理总体指数看,有4个行业先升后降,有6个行业先升后降,2015年又有所上升,其中上升幅度最大的是信息传输、软件和信息技术服务业。从财权配置分项指数看,有4个行业先升再降而后上升;有3个行业在前三个年度连续下降,2015年回升;1个行业在2012年上升后,然后连续两个年度下降;2个行业持续下降。上升行业中金融业升幅最大,下降行业中信息传输、软件和信息技术服务业降幅最大。从财务控制分项指数看,7个行业先升后降再回升,另外3个行业在前三个年度连续下降之后,2015年回升。从财务监督分项指数看,7个行业在2012年上升后于2014年下降,2015年又回升;2个行业在2012年和2014年连续下降,在2015年上升;只有金融业继2012年有所上升后连续下滑。从财务激励分项指数看,8个行业在前三个年度连续上升,2015年又大幅下降,另外2个行业在2012年上升后从2014年开始连续下降,其中降幅最大的是金融业。

　　第四,从所有制看,在评价的四个年度中,国有控股公司和非国有控股公司财务治理总体指数都是在 2012 年明显上升,2014 年出现回落,但 2015 年又略有回升。在财权配置分项指数上,国有控股公司先上升后下降,2015 年略有回升;非国有控股公司则是前三个年度连续下降,2015 年出现小幅回升。在财务控制分项指数上,国有控股公司在 2012 年明显上升,2014 年出现回落,但 2015 年又大幅上升;非国有控股公司则是在前三个年度的持续大幅下降后,2015 年明显上升,两类公司在 2015 年都达到了四个年度中的最好水平。在财务监督分项指数上,国有控股公司和非国有控股公司都是先上升后下降,2015 年大幅提升,其中非国有控股公司还达到了四年中的最好水平。在财务激励分项指数上,国有控股公司和非国有控股公司都在前三个年度中连续大幅上升,但在 2015 年剧烈下滑,非国有控股公司的下滑幅度比国有控股公司大。

　　第五,从上市板块看,深市创业板四个年度中变化起伏最大,2010 年曾排名第一,但 2012 年和 2014 年则都是排名最后,2015 年排名上升一位,反映出创业板上市公司的不稳定性;深市中小企业板在 2012 年、2014 年和 2015 年都是排名第一,反映出该板块相对比较稳定;深市主板(不含中小企业板)四个年度中都是排在第三或第二的位置;沪市主板 2015 年排名下降至最后一名。

中国公司治理分类
指数报告No.15
（2016）

Report on China
Classified Corporate
Governance Index
No.15（2016）

第六编
自愿性信息
披露指数

第 18 章
自愿性信息披露总体指数排名及比较

根据本报告第 1 章自愿性信息披露指数评价方法,以及我们评估获得的 2015 年度 2655 家样本上市公司指数数据,本章对这些上市公司的自愿性信息披露指数进行总体排名和分析,然后分别从地区、行业和上市板块等三个角度进行比较分析。

18.1 自愿性信息披露指数总体分布及排名

基于上市公司和监管机构发布的各类公开数据,我们对 2655 家上市公司自愿性信息披露指数进行了计算,据此可以得到中国上市公司自愿性信息披露指数的总体排名情况(详见附带光盘附表 V-1 和 V-2)。

18.1.1 自愿性信息披露指数总体分布情况

2015 年上市公司自愿性信息披露指数的总体得分情况参见表 18-1。

表 18-1 2015 年上市公司自愿性信息披露指数总体情况

项 目	公司数目	平均值	中位值	最大值	最小值	标准差	偏度系数	峰度系数
数 值	2655	41.0242	41.8403	66.3194	13.8889	9.4821	−0.2389	2.3759

从表 18-1 可以看出,总体上,2015 年中国上市公司自愿性信息披露水平普遍偏低。自愿性信息披露指数最大值为 66.3194,最小值为 13.8889,平均值为 41.0242,中位值为 41.8403,标准差为 9.4821。从分布情况看,上市公司自愿性信息披露指数的偏度系数为 −0.2389,基本符合正态分布,为负偏态分布。

为了进一步了解上市公司自愿性信息披露指数的具体分布,我们将自愿性信息披露指数按 5 分为一个间隔,区分为 14 个区间。由于 10 分以下和 70 分以上的公司数为 0,可以把 [0,10] 和 [70,100] 各作为一个区间,各区间公司数目分布和所占比重参见表 18-2。

表 18‑2 2015 年上市公司自愿性信息披露指数区间分布

指 数 区 间	公 司 数 目	占　比(%)	累计占比(%)
[0，10)	0	0.00	0.00
[10，15)	2	0.08	0.08
[15，20)	23	0.87	0.94
[20，25)	121	4.56	5.50
[25，30)	266	10.02	15.52
[30，35)	314	11.83	27.34
[35，40)	399	15.03	42.37
[40，45)	542	20.41	62.79
[45，50)	496	18.68	81.47
[50，55)	343	12.92	94.39
[55，60)	120	4.52	98.91
[60，65)	28	1.05	99.96
[65，70)	1	0.04	100.00
[70，100]	0	0.00	100.00
总　体	2655	100.00	—

图 18‑1 更直观地显示了 2015 年上市公司自愿性信息披露指数分布情况。

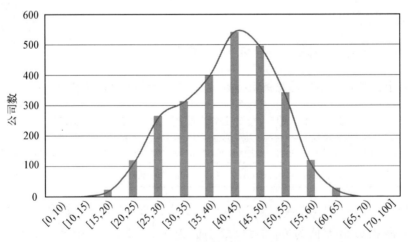

图 18‑1 2015 年上市公司自愿性信息披露指数区间分布

由表 18‑2 和图 18‑1 可知,2015 年中国上市公司自愿性信息披露指数分布相对比较集中。绝大多数上市公司自愿性信息披露指数分值在[25,55)这个区间,有公司 2360 家,占比为 88.89%。其中,自愿性信息披露指数超过 60 分的仅有 29 家,占样本上市公司总数的1.09%,相比 2013 年(超过 60 分的公司占比为 0.53%)有了一定的增长,但依然处于低水平。

如果以 60 分作为及格线,则及格率是非常低的。结合 2009 年、2011 年两个年度的评价结果[①],不难得出,中国上市公司披露信息的意愿是非常低的,除非对公司信息披露有强制性要求。

18.1.2　自愿性信息披露指数前后 100 名

表 18-3 给出了 2655 家上市公司中排名前 100 家和最后 100 家公司的自愿性信息披露指数的基本统计数据。可以看出,前 100 名公司的自愿性信息披露指数均值为 58.6806;而后 100 名公司的自愿性信息披露指数均值为 21.4149,得分相当不理想。从标准差来看,在上述两类样本中,前后 100 名公司各自内部的差异都不大。

表 18-3　2015 年上市公司自愿性信息披露指数前后 100 名情况

	平 均 值	中 位 值	最 大 值	最 小 值	标 准 差
前 100 名	58.6806	58.0729	66.3194	56.0764	2.2404
后 100 名	21.4149	22.3090	23.7847	13.8889	2.2164
总 体	**53.4853**	**53.5463**	**79.3025**	**29.4595**	**6.6480**

我们对 2655 家上市公司的自愿性信息披露指数从大到小降序排列,指数越高,说明上市公司自愿性信息披露水平越高。表 18-4 是自愿性信息披露指数排名前 100 名的上市公司情况。

表 18-4　2015 年上市公司自愿性信息披露指数排名(前 100 名)

排 名	代 码	公司简称	指 数 值	排 名	代 码	公司简称	指 数 值
1	601688	华泰证券	66.3194	10	000587	金叶珠宝	61.8056
2	000100	TCL 集团	64.4097	10	002302	西部建设	61.8056
3	002233	塔牌集团	63.3681	14	000792	盐湖股份	61.6319
4	000973	佛塑科技	63.0208	14	002181	粤传媒	61.6319
5	002356	浩宁达	62.8472	16	002176	江特电机	61.4583
5	002715	登云股份	62.8472	17	002307	北新路桥	60.9375
5	300083	劲胜精密	62.8472	18	002144	宏达高科	60.5903
8	000031	中粮地产	62.5000	18	002746	仙坛股份	60.5903
9	000425	徐工机械	61.9792	18	300296	利亚德	60.5903
10	000039	中集集团	61.8056	21	000993	闽东电力	60.4167
10	000046	泛海控股	61.8056	21	002357	富临运业	60.4167

---

① 在对 2009 和 2011 两个年度的评估中,既有自愿性信息披露,也有强制性信息披露,自愿性信息披露水平和强制性信息披露水平存在巨大反差,前者大大低于后者。参见高明华等:《中国上市公司信息披露指数报告 2010》和《中国上市公司信息披露指数报告 2012》,经济科学出版社 2010 年版和 2012 年版。

续　表

排　名	代　码	公司简称	指数值	排　名	代　码	公司简称	指数值
21	002592	八菱科技	60.4167	52	002725	跃岭股份	57.9861
21	601336	新华保险	60.4167	55	002594	比亚迪	57.8125
25	002263	大东南*	60.2431	55	002709	天赐材料	57.8125
26	000423	东阿阿胶	60.0694	55	300148	天舟文化	57.8125
26	002029	七匹狼	60.0694	58	002403	爱仕达	57.6389
26	002294	信立泰	60.0694	58	002649	博彦科技	57.6389
26	002748	世龙实业	60.0694	60	000732	泰禾集团	57.4653
30	002440	闰土股份	59.7222	60	002093	国脉科技	57.4653
30	002568	百润股份	59.7222	62	000166	申万宏源	57.2917
30	300255	常山药业	59.7222	62	002057	中钢天源	57.2917
33	000004	国农科技	59.5486	62	002218	拓日新能	57.2917
33	000090	天健集团	59.5486	62	002419	天虹商场	57.2917
33	000409	山东地矿	59.5486	62	002663	普邦园林	57.2917
33	000831	五矿稀土	59.5486	67	002079	苏州固锝	57.1181
33	300248	新开普	59.5486	67	002512	达华智能	57.1181
38	002202	金风科技	59.3750	67	002623	亚玛顿	57.1181
38	002567	唐人神	59.3750	67	300391	康跃科技	57.1181
38	300218	安利股份	59.3750	71	000045	深纺织A	56.9444
41	002428	云南锗业	58.8542	71	000605	渤海股份	56.9444
41	002582	好想你	58.8542	71	000750	国海证券	56.9444
41	002596	海南瑞泽	58.8542	71	000858	五粮液	56.9444
44	002174	游族网络	58.6806	71	000869	张裕酒业	56.9444
45	002658	雪迪龙	58.5069	71	002429	兆驰股份	56.9444
45	300101	振芯科技	58.5069	71	002430	杭氧股份	56.9444
47	002437	誉衡药业	58.3333	78	002212	南洋股份	56.7708
48	000048	康达尔*	58.1597	78	002222	福晶科技	56.7708
48	000952	广济药业	58.1597	80	000498	山东路桥	56.5972
48	002550	千红制药	58.1597	80	000541	佛山照明	56.5972
48	300204	舒泰神	58.1597	80	002339	积成电子	56.5972
52	002138	顺络电子	57.9861	80	002401	中海科技	56.5972
52	002215	诺普信	57.9861	80	600305	恒顺醋业	56.5972

续　表

排　名	代　码	公司简称	指 数 值	排　名	代　码	公司简称	指 数 值
85	000911	南宁糖业	56.4236	93	002676	顺威股份	56.2500
85	002059	云南旅游	56.4236	95	000717	韶钢松山	56.0764
85	002377	国创高新	56.4236	95	000800	一汽轿车	56.0764
85	002454	松芝股份	56.4236	95	002191	劲嘉股份	56.0764
85	002500	山西证券	56.4236	95	002743	富煌钢构	56.0764
85	002503	搜于特	56.4236	95	300085	银之杰	56.0764
85	300165	天瑞仪器	56.4236	95	300183	东软载波	56.0764
85	300215	电科院	56.4236	95	300368	汇金股份	56.0764
93	000815	美利纸业	56.2500	95	300390	天华超净	56.0764

注：(1) 因存在指数值相同的公司,故前 100 家公司实际是 102 家公司;(2) 加 * 的两家公司大东南(002263)和康达尔(000048)在 2015 年受到有关单位处分,并计入上市公司诚信档案,由于行政处分的信息披露属于强制性信息披露的范畴,并不包含在自愿性信息披露的评价范围内,因此两家公司仍进入排名前 100。

　　从表 18-4 可以看出,2015 年中国上市公司自愿性信息披露指数前三名是华泰证券(66.3194)、TCL 集团(64.4097)和塔牌集团(63.3681),分数尽管都超过了 60 分,但超过不多。与 2013 年评价结果相比,自愿性信息披露指数前 100 名的平均值提高 0.826 分,有 12 家公司连续出现在 2013 和 2015 两个年度评价结果的前 100 名中,分别是 TCL 集团、中集集团、盐湖股份、江特电机、富临运业、云南锗业、海南瑞泽、比亚迪、博彦科技、天虹商场、苏州固锝、劲嘉股份。

　　从地区看,前 100 名(实为前 102 名)公司中,东部、中部、西部和东北部各有 72 家、13 家、14 家和 3 家,分别占所在地区上市公司总数的 4.11%、3.43%、3.66% 和 2.11%。从相对值(占比)看,东部上市公司自愿性信息披露水平是较高的。从行业看,制造业,信息传输、软件和信息技术服务业,金融业,建筑业分别有 73 家、7 家、5 家和 4 家,分别占所在行业全部上市公司数的 4.37%、4.83%、10.20% 和 5.63%。从相对值看,金融业上市公司自愿性信息披露较好。从控股类型看,国有控股公司有 36 家,非国有控股公司有 66 家,分别占同类公司总数的 3.52% 和 4.04%,从相对值看,非国有控股公司自愿性信息披露好于国有控股公司。在 36 家国有控股公司中,中央企业控股的公司有 15 家,地方国企控股的公司有 21 家,分别占全部央企控股和地方国企控股上市公司总数的 4.23% 和 3.14%。从相对值看,央企控股上市公司自愿性信息披露表现较好。从上市板块来看,深市主板(不含中小企业板)、深市中小企业板、深市创业板和沪市主板分别有 29 家、55 家、15 家和 3 家,分别占所在板块全部上市公司数的 6.22%、7.39%、3.50% 和 0.29%。从相对值看,深市中小企业板上市公司自愿性信息披露表现较好。

　　图 18-2 为前 100 名上市公司自愿性信息披露指数分布情况。可以看出,前 100 名(实

为前 102 名)上市公司自愿性信息披露指数分布不是很平坦,说明有一定的差异,最高分66.3194,最低分 56.0764,绝对差距 10.2430,绝大多数分布在 60 分以下。

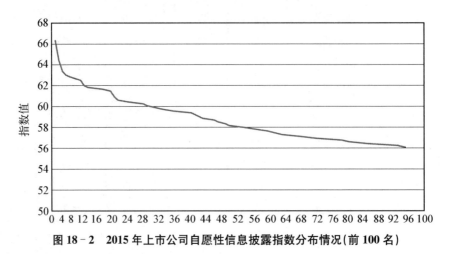

图 18‐2　2015 年上市公司自愿性信息披露指数分布情况(前 100 名)

表 18‐5 为自愿性信息披露指数排名后 100 名的上市公司情况。

表 18‐5　2015 年上市公司自愿性信息披露指数排名(后 100 名)

排　名	代　码	公司简称	指 数 值	排　名	代　码	公司简称	指 数 值
2556	600586	金晶科技	23.7847	2573	600212	江泉实业	23.2639
2557	600095	哈高科	23.6111	2573	600338	西藏珠峰	23.2639
2557	600116	三峡水利	23.6111	2573	600399	抚顺特钢	23.2639
2557	600529	山东药玻	23.6111	2573	603088	宁波精达	23.2639
2557	600552	方兴科技	23.6111	2573	603988	中电电机	23.2639
2557	600579	天华院	23.6111	2578	600695	绿庭投资	23.0903
2557	600630	龙头股份	23.6111	2579	600080	金花股份	22.9167
2557	600758	红阳能源	23.6111	2579	600082	海泰发展	22.9167
2557	601012	隆基股份	23.6111	2579	600126	杭钢股份	22.9167
2557	601991	大唐发电	23.6111	2579	600222	太龙药业	22.9167
2566	600283	钱江水利	23.4375	2579	600230	沧州大化	22.9167
2566	600372	中航电子	23.4375	2579	600295	鄂尔多斯	22.9167
2566	600551	时代出版	23.4375	2579	600311	荣华实业	22.9167
2566	600691	阳煤化工	23.4375	2579	600385	ST 金泰	22.9167
2566	600816	安信信托	23.4375	2579	600480	凌云股份	22.9167
2566	600827	百联股份	23.4375	2579	600488	天药股份	22.9167
2566	600833	第一医药	23.4375	2579	600640	号百控股	22.9167

排　名	代　码	公司简称	指 数 值	排　名	代　码	公司简称	指 数 值
2579	600821	津劝业	22.9167	2623	600452	涪陵电力	20.8333
2579	600844	丹化科技	22.9167	2623	600681	万鸿集团	20.8333
2579	601216	内蒙君正	22.9167	2623	600689	上海三毛	20.8333
2593	600246	万通地产	22.7431	2623	600822	上海物贸	20.8333
2594	600023	浙能电力	22.5694	2623	603636	南威软件	20.8333
2594	600449	宁夏建材	22.5694	2628	600165	新日恒力	20.3125
2594	600476	湘邮科技	22.5694	2628	600303	曙光股份	20.3125
2594	600636	三爱富	22.5694	2630	600083	博信股份	20.1389
2594	600779	水井坊	22.5694	2631	600099	林海股份	19.7917
2594	600820	隧道股份	22.5694	2631	600145	*ST国创	19.7917
2600	600119	长江投资	22.3958	2631	600169	太原重工	19.7917
2600	600444	*ST国通	22.3958	2631	600345	长江通信	19.7917
2600	600513	联环药业	22.3958	2631	600370	三房巷	19.7917
2600	600817	ST宏盛	22.3958	2631	600971	恒源煤电	19.7917
2600	600865	百大集团	22.3958	2637	600890	中房股份	19.6181
2600	603077	和邦股份	22.3958	2638	000722	湖南发展	19.4444
2606	600193	创兴资源	22.2222	2639	600179	黑化股份	19.2708
2606	600358	国旅联合	22.2222	2639	600180	瑞茂通	19.2708
2606	600622	嘉宝集团	22.2222	2639	600769	祥龙电业	19.2708
2609	600570	恒生电子	22.0486	2642	600333	长春燃气	18.7500
2609	600626	申达股份	22.0486	2643	600855	航天长峰	18.4028
2609	601519	大智慧	22.0486	2644	600598	北大荒	18.2292
2612	600653	申华控股	21.8750	2645	600136	道博股份	18.0556
2612	600992	贵绳股份	21.8750	2645	600279	重庆港九	18.0556
2612	600993	马应龙	21.8750	2645	600746	江苏索普	18.0556
2615	600106	重庆路桥	21.7014	2645	600747	大连控股	18.0556
2616	600621	华鑫股份	21.5278	2649	600076	青鸟华光	16.8403
2617	000987	广州友谊	21.3542	2650	600289	亿阳信通	16.4931
2617	600237	铜峰电子	21.3542	2650	600838	上海九百	16.4931
2617	600343	航天动力	21.3542	2652	600130	波导股份	16.1458
2617	600963	岳阳林纸	21.3542	2652	600753	东方银星	16.1458
2621	600122	宏图高科	21.1806	2654	600738	兰州民百	14.9306
2622	600054	黄山旅游	21.0069	2655	600301	*ST南化	13.8889

　　由表 18 - 5 可以看到,自愿性信息披露指数最后三名上市公司是*ST 南化(13.8889)、兰州民百(14.9306)、东方银星(16.1458)和波导股份(16.1458),其中东方银星和波导股份并列倒数第三。

　　从地区看,后 100 名中,东部、中部、西部和东北部分别有 53 家、17 家、21 家和 9 家,分别占所在地区全部上市公司数的 3.03%、4.49%、5.48%和 6.34%。从相对值(占比)看,东北部地区上市公司自愿性信息披露表现较差。从行业看,制造业,批发和零售业,电力、热力、燃气及水生产和供应业,房地产业,信息传输、软件和信息技术服务业分别有 51 家、14 家、7 家、5 家和 5 家,分别占所在行业全部上市公司数的 3.05%、9.52%、6.87%、3.73%和 3.45%。从相对值看,批发和零售业上市公司自愿性信息披露较差。从控股类型看,国有控股公司有 59 家,非国有控股公司有 41 家,分别占同类上市公司总数的 5.77%和 2.51%。从相对值看,国有控股公司自愿性信息披露表现较差。在 59 家国有控股公司中,中央企业控股的公司有 22 家,地方国企控股的公司有 37 家,分别占同类上市公司总数的 6.20%和 5.54%,从相对值看,央企控股上市公司的自愿性信息披露表现较差。从上市板块看,后 100 家上市公司有 98 家属于沪市主板,只有 2 家属于深市主板(不含中小企业板),反映出沪市主板上市公司自愿性信息披露的表现较差。

　　图 18 - 3 展示了后 100 名上市公司自愿性信息披露指数的分布情况(按倒数排列,即指数最后一位作为倒数第一位)。可以看出,后 100 名上市公司自愿性信息披露指数分布比较平坦,最高分 23.7847,最低分 13.8889,绝对差距 9.8958,20 分以下部分下降较快。

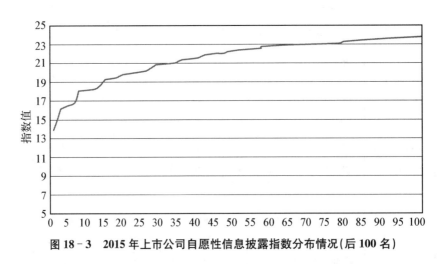

图 18 - 3　2015 年上市公司自愿性信息披露指数分布情况(后 100 名)

18.2　分地区自愿性信息披露指数比较

　　按照东部、中部、西部、东北部的地区划分,对各地区上市公司的自愿性信息披露指数进行比较,结果参见表 18 - 6。

表 18－6　2015 年不同地区上市公司自愿性信息披露指数比较

排　名	地　区	公司数目	平 均 值	中 位 值	最 大 值	最 小 值	标 准 差
1	东　部	1751	41.6715	42.7083	66.3194	16.1458	9.2383
2	中　部	379	40.5480	42.1875	61.4583	16.1458	9.8422
3	西　部	383	39.9074	41.4931	61.8056	13.8889	9.7451
4	东　北	142	37.3252	37.3264	61.8056	16.4931	9.6498
总　体		2655	41.0242	41.8403	66.3194	13.8889	9.4821

由表 18－6 可见,各地区上市公司自愿性信息披露指数平均值由大到小分别为东部、中部、西部和东北部。东部上市公司自愿性信息披露指数均值为 41.6715,高于总体指数均值。其他三个地区上市公司自愿性信息披露指数均值都低于总体均值。

图 18－4 展示了不同地区上市公司自愿性信息披露指数分布。可以看出,东部、中部和西部地区的上市公司自愿性信息披露指数均值差异较小,东北地区的上市公司自愿性信息披露指数明显低于其他三个地区。

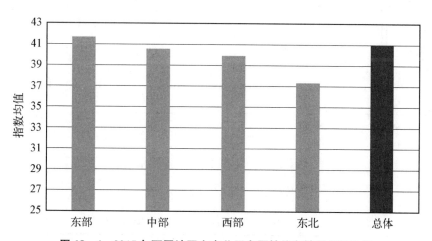

图 18－4　2015 年不同地区上市公司自愿性信息披露指数比较

18.3　分行业自愿性信息披露指数比较

用各个行业内的上市公司自愿性信息披露指数的平均值来代表各个行业的上市公司自愿性信息披露指数,然后将各行业的上市公司自愿性信息披露指数均值按照从高到低的顺序进行排名,结果见表 18－7。

从表 18－7 可以看出,2015 年上市公司自愿性信息披露指数总体均值为 41.0242。其中有 7 个行业的自愿性信息披露指数均值高于总体均值,这 7 个行业的行业最大均值与总体均值之间的绝对差距为 3.9836;其他 10 个行业的自愿性信息披露指数均值低于总体均

表 18‐7 2015 年不同行业上市公司自愿性信息披露指数比较

排名	行　　业	公司数目	平均值	中位值	最大值	最小值	标准差
1	金融业(J)	49	45.0078	46.5278	66.3194	23.4375	9.0711
2	科学研究和技术服务业(M)	18	44.5216	45.3993	56.4236	31.2500	7.5657
3	水利、环境和公共设施管理业(N)	30	43.4491	44.6181	56.4236	21.0069	9.7747
4	信息传输、软件和服务业(I)	145	42.9143	44.2708	59.5486	16.4931	8.6823
5	建筑业(E)	71	42.4907	44.0972	60.9375	20.8333	9.7567
6	制造业(C)	1672	41.8253	42.7083	64.4097	13.8889	9.2500
7	租赁和商务服务业(L)	26	41.0791	42.6216	61.6319	22.2222	9.9813
8	住宿和餐饮业(H)	11	40.5303	42.5347	49.1319	29.8611	5.9416
9	农、林、牧、渔业(A)	42	39.8975	43.4028	60.5903	18.2292	9.4333
10	采矿业(B)	73	39.7760	39.0625	59.5486	19.7917	8.9427
11	交通运输、仓储和邮政业(G)	81	39.3218	39.7569	60.4167	18.0556	8.4394
12	卫生和社会工作(Q)	5	39.1667	41.6667	44.2708	31.2500	5.9998
13	文化、体育和娱乐业(R)	36	39.0818	38.2813	57.8125	18.0556	10.7109
14	房地产业(K)	134	37.6153	38.0208	62.5000	18.0556	9.0438
15	电力、热力、燃气及水生产和供应业(D)	89	37.0065	36.1111	60.4167	19.4444	9.8794
16	批发和零售业(F)	147	36.5434	36.1111	57.2917	14.9306	10.4897
17	综合(S)	25	32.9722	33.6806	48.4375	22.3958	8.0093
	总　体	2655	41.0242	41.8403	66.3194	13.8889	9.4821

注：由于教育(P)只有 1 家上市公司,不具有代表性,故没有纳入比较。

值,总体均值与这 10 个行业的最小均值之间的绝对差距为 8.0520。显然后 10 个行业上市公司自愿性信息披露的内部差距远大于前 7 个行业。上市公司自愿性信息披露水平最好的三个行业是金融业(J)(45.0078),科学研究和技术服务业(M)(44.5216),水利、环境和公共设施管理业(N)(43.4491);自愿性信息披露水平最差的三个行业是综合(S)(32.9722),批发和零售业(F)(36.5434),电力、热力、燃气及水生产和供应业(D)(37.0065)。

图 18‐5 进一步显示了行业间上市公司自愿性信息披露水平的差别。可以看出,各行业上市公司自愿性信息披露指数均值集中在[34,46]这一范围内,信息披露水平整体而言较为稳定。排名第一位和第二位的金融业、科学研究和技术服务业相对较好,而排名最后一位的综合行业则相对比较差。

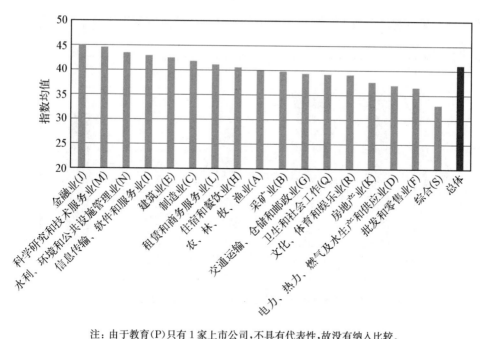

注：由于教育(P)只有1家上市公司，不具有代表性，故没有纳入比较。

图 18‑5　2015 年不同行业上市公司自愿性信息披露指数比较

18.4　分上市板块自愿性信息披露指数比较

中国上市板块可以划分为深市主板(不含中小企业板)、深市中小企业板、深市创业板和沪市主板，对这四个板块的上市公司自愿性信息披露指数进行比较分析，结果参见表 18‑8。

表 18‑8　2015 年不同板块上市公司自愿性信息披露指数比较

排名	上 市 板 块	公司数目	平均值	中位值	最大值	最小值	标准差
1	深市中小企业板	744	47.1809	47.5694	63.3681	26.3889	6.0637
2	深市主板(不含中小企业板)	466	45.2823	45.3125	64.4097	19.4444	7.2867
3	深市创业板	428	45.0501	44.9653	62.8472	28.9931	6.0025
4	沪市主板	1017	32.8748	31.9444	66.3194	13.8889	7.6910
总　体		**2655**	**41.0242**	**41.8403**	**66.3194**	**13.8889**	**9.4821**

由表 18‑8 可知，不同板块的上市公司自愿性信息披露指数存在一定差异。深市中小企业板上市公司的自愿性信息披露指数均值最高，为 47.1809；最低的是沪市主板，自愿性信息披露指数均值仅为 32.8748，远远低于其他三个上市板块上市公司的自愿性信息披露水平。概括地看，沪市上市公司自愿性信息披露水平远低于深市上市公司，这需要引起沪市和监管机构的注意。

图 18－6 更直观地反映了不同板块上市公司自愿性信息披露指数的差异。

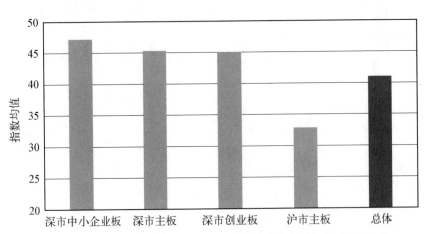

注：深市中小企业板是深市主板的一部分，但本图中的深市主板不含中小企业板。

图 18－6　2015 年不同板块上市公司自愿性信息披露指数比较

18.5　本 章 小 结

本章分别从总体、地区、行业及上市板块等方面对 2015 年上市公司自愿性信息披露指数进行了比较与分析，主要结论如下：

（1）从总体看，2015 年上市公司自愿性信息披露指数最大值为 66.3194，最小值为 13.8889，平均值为 41.0242，总体水平偏低。88.89％的上市公司自愿性信息披露指数分值集中在［25，55）这个区间。超过 60 分的仅有 29 家，仅占样本上市公司总数的 1.09％。

（2）从地区看，上市公司自愿性信息披露指数均值由大到小依次为东部（41.6715）、中部（40.5480）、西部（39.9074）和东北部（37.3252）。东北部明显低于其他三个地区。

（3）从行业看，上市公司自愿性信息披露水平最好的三个行业是金融业（J）（45.0078），科学研究和技术服务业（M）（44.5216），水利、环境和公共设施管理业（N）（43.4491）。最差的三个行业是综合（S）（32.9722），批发和零售业（F）（36.5434），电力、热力、燃气及水生产和供应业（D）（37.0065）。不同行业有一定差距。

（4）从上市板块看，上市公司自愿性信息披露指数均值从高到低依次是深市中小企业板、深市主板（不含中小企业板）、深市创业板、沪市主板。沪市主板上市公司自愿性信息披露水平远低于深市上市公司。

第 19 章
自愿性信息披露分项指数排名及比较

第 18 章从总体上对中国上市公司自愿性信息披露指数作了排名,并从地区、行业、上市板块等方面进行了比较分析。本章按照对自愿性信息披露指数四个维度的划分,即把自愿性信息披露指数分解为治理结构、治理效率、利益相关者、风险控制四个分项指数,对这四个分项指数进行排名和比较分析。

19.1 自愿性信息披露分项指数总体比较

本报告的上市公司自愿性信息披露指数指标体系包括四个维度(即一级指标),即治理结构、治理效率、利益相关者和风险控制,从而形成四个自愿性信息披露分项指数,这四个分项指数的描述性统计参见表 19-1。

表 19-1 2015 年上市公司自愿性信息披露分项指数描述性统计结果

分项指数	公司数目	平均值	中位值	最大值	最小值	标准差
利益相关者	2655	41.9240	41.6667	100.0000	0.0000	20.1216
治理结构	2655	41.7420	43.7500	100.0000	12.5000	16.0568
治理效率	2655	41.3724	43.7500	81.2500	12.5000	11.3780
风险控制	2655	39.0584	38.8889	77.7778	5.5556	10.0855

从表 19-1 可以看出,2015 年上市公司自愿性信息披露分项指数中,各分项指数的平均值都没有超过 60。利益相关者分项指数均值最高,平均值只有 41.9240;风险控制自愿性信息披露分项指数均值最小,为 39.0584。四个分项指数的差距并不大,都处于较低水平。从标准差来看,四个分项指数的标准差都比较大,说明上市公司在每个分项指数上的差异都比较大,其中利益相关者分项指数的标准差要远高于其他三项,说明各上市公司之间在利益相

关者自愿性信息披露方面的差异大于其他三个分项指数。

图 19‑1 可以更直观地反映出四个分项指数均值的情况。

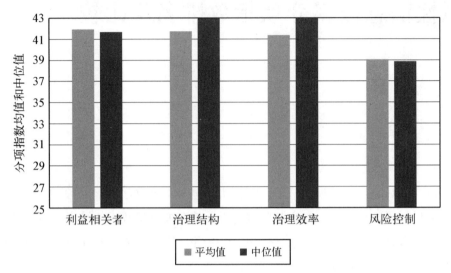

图 19‑1　2015 年上市公司自愿性信息披露四个分项指数比较

需要注意的是,由于各分项指数指标的数量和赋值不同,四个分项指数的可比性有限。例如,利益相关者自愿性信息披露分项指数高于其他三个分项指数,但这并不足以说明上市公司的利益相关者权益保护(尤其是投资者权益保护)是到位的,因为信息披露并不是利益相关者权益保护的全部,况且本报告的自愿性信息披露并未涉及真实性和及时性问题。

19.2　自愿性信息披露治理结构分项指数排名及比较

治理结构方面的自愿性信息披露侧重从董事会构成、董事学历信息、董事任职经历、专门委员会构成、监事会成员、监事会构成、高管层任职经历、高管层学历信息等 8 个方面来评价。本节主要对自愿性信息披露治理结构分项指数进行比较分析。

19.2.1　治理结构分项指数总体分布情况

通过对 2655 家上市公司治理结构方面的自愿性信息披露进行评价,我们得出了每家上市公司自愿性信息披露治理结构分项指数,并进行了排名。按照每 10 分一个区间,可以将自愿性信息披露治理结构分项指数划分为 10 个区间段,每个区间段的公司数目和所占比重参见表 19‑2。

图 19‑2 更直观地显示了自愿性信息披露治理结构分项指数的区间分布情况。

表 19 - 2 2015 年上市公司自愿性信息披露治理结构分项指数区间分布

指 数 区 间	公 司 数 目	占 比(%)	累计占比(%)
[0, 10)	0	0.00	0.00
[10, 20)	396	14.92	14.92
[20, 30)	281	10.58	25.50
[30, 40)	453	17.06	42.56
[40, 50)	520	19.59	62.15
[50, 60)	659	24.82	86.97
[60, 70)	216	8.14	95.10
[70, 80)	94	3.54	98.64
[80, 90)	29	1.09	99.74
[90, 100]	7	0.26	100.00
总 体	**2655**	**100.00**	**—**

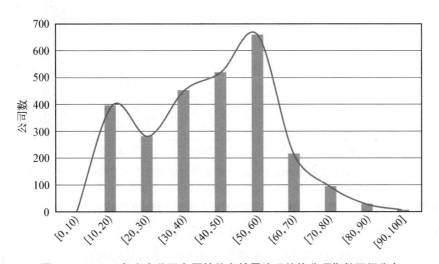

图 19 - 2 2015 年上市公司自愿性信息披露治理结构分项指数区间分布

从表 19 - 2 和图 19 - 2 可以看出,2015 年上市公司自愿性信息披露治理结构分项指数分布较为分散,分布很不规则。其中得分在[30, 60)区间的公司最多,为 1632 家,占总体的61.47%。低于 60 分的公司为 2309 家,占总样本的 86.97%,这说明绝大多数上市公司在治理结构方面的自愿性信息披露水平较差。

19.2.2 分地区治理结构分项指数比较

以各地区上市公司自愿性信息披露治理结构分项指数的平均值来代表各个地区的上市公司自愿性信息披露治理结构分项指数,按照东部、中部、西部和东北部四个地区对上市公司自愿性信息披露治理结构分项指数进行排序比较,结果参见表 19 - 3。

表 19-3　2015 年不同地区上市公司自愿性信息披露治理结构分项指数比较

排名	地　区	公司数目	平均值	中位值	最大值	最小值	标准差
1	东　部	1751	42.3365	43.7500	100.0000	12.5000	16.0290
2	中　部	379	41.0950	43.7500	87.5000	12.5000	15.6584
3	西　部	383	40.8616	43.7500	87.5000	12.5000	16.4653
4	东　北	142	38.5123	43.7500	87.5000	12.5000	15.9412
总　体		**2655**	**41.7420**	**43.7500**	**100.0000**	**12.5000**	**16.0568**

图 19-3 更直观地显示了不同地区上市公司自愿性信息披露治理结构分项指数的差异。

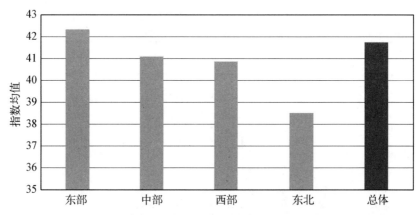

图 19-3　2015 年不同地区上市公司自愿性信息披露治理结构分项指数比较

从表 19-3 和图 19-3 可以看出,不同地区上市公司自愿性信息披露治理结构分项指数之间的绝对差异较大。东部地区上市公司自愿性信息披露治理结构分项指数均值最高,为42.3365;其次是中部地区,自愿性信息披露治理结构分项指数均值为 41.0950;西部地区上市公司自愿性信息披露治理结构分项指数均值为 40.8616,位居第三;东北地区上市公司自愿性信息披露治理结构分项指数均值最低,为 38.5123,远低于其他三个地区。只有东部地区上市公司自愿性信息披露治理结构分项指数均值高于总体均值。四个地区上市公司自愿性信息披露治理结构分项指数的标准差都比较大,说明各地区上市公司自愿性信息披露治理结构分项指数的内部差距较大。

19.2.3　分行业治理结构分项指数比较

用各个行业内的上市公司自愿性信息披露治理结构分项指数的平均值来代表各个行业的上市公司自愿性信息披露治理结构分项指数,然后把各个行业的上市公司自愿性信息披露治理结构分项指数均值按照由高到低的顺序进行排名,结果参见表 19-4。

表 19 - 4　2015 年不同行业上市公司自愿性信息披露治理结构分项指数比较

排名	行　业	公司数目	平均值	中位值	最大值	最小值	标准差
1	金融业(J)	49	59.0561	56.2500	100.0000	18.7500	22.4646
2	科学研究和技术服务业(M)	18	49.6528	50.0000	87.5000	18.7500	17.3460
3	信息传输、软件和信息技术服务业(I)	145	45.6466	50.0000	81.2500	12.5000	14.7005
4	水利、环境和公共设施管理业(N)	30	45.0000	46.8750	75.0000	18.7500	14.7172
5	住宿和餐饮业(H)	11	44.3182	43.7500	62.5000	25.0000	14.6454
6	文化、体育和娱乐业(R)	36	43.0556	43.7500	75.0000	18.7500	16.6220
7	建筑业(E)	71	42.7817	43.7500	81.2500	12.5000	15.5856
8	制造业(C)	1672	42.0342	43.7500	87.5000	12.5000	15.4650
9	采矿业(B)	73	40.9247	43.7500	93.7500	12.5000	17.6482
10	交通运输、仓储和邮政业(G)	81	40.8179	43.7500	87.5000	18.7500	16.1501
11	农、林、牧、渔业(A)	42	39.2857	43.7500	68.7500	12.5000	14.0966
12	房地产业(K)	134	39.2257	40.6250	75.0000	12.5000	16.3734
13	卫生和社会工作(Q)	5	38.7500	37.5000	50.0000	31.2500	8.1490
14	租赁和商务服务业(L)	26	38.4615	37.5000	75.0000	18.7500	14.3279
15	电力、热力、燃气及水生产和供应业(D)	89	36.8680	37.5000	75.0000	12.5000	15.9357
16	批发和零售业(F)	147	35.5017	31.2500	93.7500	12.5000	16.5195
17	综合(S)	25	32.0000	25.0000	50.0000	18.7500	11.8750
	总　体	2655	41.7420	43.7500	100.0000	12.5000	16.0568

注：由于教育(P)只有 1 家上市公司,不具有代表性,故没有纳入比较。

由表 19 - 4 可知,2655 家上市公司自愿性信息披露治理结构分项指数总体均值为 41.7420。其中有 8 个行业的上市公司自愿性信息披露治理结构分项指数均值高于总体均值,这 8 个行业的最大均值与总体均值之间的绝对差距为 17.3141,主要是排名第一的金融业远高于其他行业,其与第二位的均值差距就高达 9.4033 分;其他 9 个行业的自愿性信息披露治理结构分项指数均值低于总体均值,总体均值与这 9 个行业的最小均值之间的绝对差距为 9.7420。显然,前 8 个行业内部的差距远大于后 9 个行业。17 个行业中,排名最高的金融业的自愿性信息披露治理结构分项指数均值与排名最低的综合行业的指数均值相差 27.0561 分,相差很大。自愿性信息披露治理结构分项指数均值排名前三位的行业分别为金融业(J),科学研究和技术服务业(M),信息传输、软件和信息技术服务业(I);而综合(S),批发和零售业(F),电力、热力、燃气及水生产和供应业(D)则排名最后三位。

图 19-4 更直观地体现了不同行业上市公司自愿性信息披露治理结构分项指数均值的差异。可以看到,各个行业上市公司自愿性信息披露治理结构分项指数均值基本上集中在[30,50]区间,只有排名第一的金融业除外。除了排名前两位和最后一位的三个行业外,其他行业的自愿性信息披露治理结构分项指数均值自大到小的变化比较平缓。

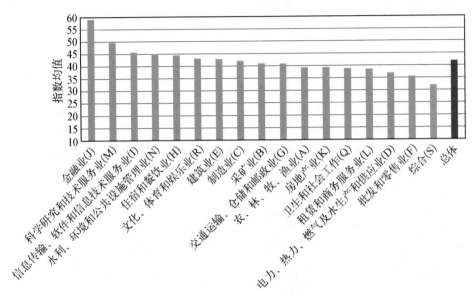

注:由于教育(P)只有 1 家上市公司,不具有代表性,故没有纳入比较。

图 19-4　2015 年不同行业上市公司自愿性信息披露治理结构分项指数比较

19.2.4　分上市板块治理结构分项指数比较

按照深市主板(不含中小企业板)、深市中小企业板、深市创业板和沪市主板四个上市板块的分类,对这四个板块上市公司的自愿性信息披露治理结构分项指数进行比较分析,结果参见表 19-5。

表 19-5　2015 年不同板块上市公司自愿性信息披露治理结构分项指数比较

排名	上 市 板 块	公司数目	平均值	中位值	最大值	最小值	标准差
1	深市创业板	428	49.7079	50.0000	81.2500	18.7500	12.8929
2	深市中小企业板	744	47.0934	43.7500	87.5000	12.5000	12.8915
3	深市主板(不含中小企业板)	466	46.1239	43.7500	93.7500	12.5000	14.8293
4	沪市主板	1017	32.4668	25.0000	100.0000	12.5000	15.4536
总 体		**2655**	**41.7420**	**43.7500**	**100.0000**	**12.5000**	**16.0568**

由表 19-5 可以看出,自愿性信息披露治理结构分项指数均值最大的是创业板,为49.7079,均值最低的是沪市主板,为 32.4668,最大均值与最小均值之间的绝对差距高达17.2411,主要是均值最低的沪市主板与其他三个板块的差距太大。从标准差来看,四个板

块的标准差都比较大,均超过了 12,最大的是沪市主板,其波动幅度较大。

图 19-5 更为直观地显示了四个板块上市公司自愿性信息披露治理结构分项指数的情况。可以看到,深市创业板、深市中小企业板和深市主板(不含中小企业板)三个板块的上市公司自愿性信息披露治理结构分项指数均值与沪市主板形成了明显差距。

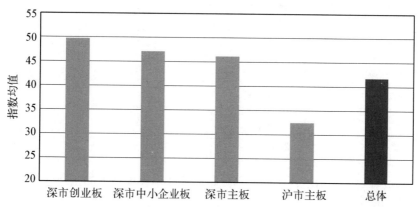

注:深市中小企业板是深市主板的一部分,但本图中的深市主板不含中小企业板。

图 19-5　2015 年不同板块上市公司自愿性信息披露治理结构分项指数比较

19.3　自愿性信息披露治理效率分项指数排名及比较

治理效率方面的自愿性信息披露侧重从股东大会(包括临时股东大会)股东出席率、股东大会(包括临时股东大会)投票机制的说明、董事考评制度及结果的说明、《董事会议事规则》的说明、董事会召开方式的说明、独立董事履职说明、高管薪酬的结构及额度、高管层关系网络能力等 8 个方面来评价。本节对治理效率分项指数进行比较分析。

19.3.1　治理效率分项指数总体分布情况

通过对 2655 家上市公司自愿性信息披露治理效率分项指数进行评价,我们得出了每家上市公司自愿性信息披露治理效率分项指数,并进行了排名。按照每 10 分一个区间,可以将上市公司自愿性信息披露治理效率分项指数划分为 10 个区间段,每个区间段的公司数目和所占比重参见表 19-6。

表 19-6　2015 年上市公司自愿性信息披露治理效率分项指数区间分布

指数区间	公司数目	占　比(%)	累计占比(%)
[0, 10)	0	0.00	0.00
[10, 20)	78	2.94	2.94
[20, 30)	257	9.68	12.62

续　表

指　数　区　间	公　司　数　目	占　　比(%)	累计占比(%)
[30, 40)	884	33.30	45.91
[40, 50)	654	24.63	70.55
[50, 60)	619	23.31	93.86
[60, 70)	156	5.88	99.74
[70, 80)	6	0.23	99.96
[80, 90)	1	0.04	100.00
[90, 100]	0	0.00	100.00
总　　体	2655	100.00	—

图 19-6 更直观地显示了自愿性信息披露治理效率分项指数的区间分布情况。

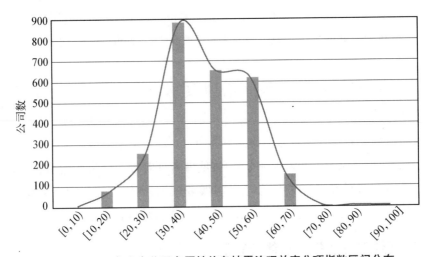

图 19-6　2015 年上市公司自愿性信息披露治理效率分项指数区间分布

从表 19-6 和图 19-6 可以看出,2015 年上市公司自愿性信息披露治理效率分项指数分布较为分散,也不太规则。其中得分在[30, 60)区间的公司最多,为 2157 家,占总体的81.24%。低于 60 分的公司为 2492 家,占总样本的 93.86%;超过 60 分的公司有 163 家,占总体的 6.14%,这说明绝大多数上市公司在治理效率方面的自愿性信息披露水平较差。

19.3.2　分地区治理效率分项指数比较

按照东部、中部、西部和东北部四个地区的划分,用各地区上市公司自愿性信息披露治理效率分项指数的平均值来代表各个地区的上市公司自愿性信息披露治理效率分项指数,然后把各个地区的上市公司自愿性信息披露治理效率分项指数按照由高到低的顺序进行排名,结果参见表 19-7。

表 19-7　2015 年不同地区上市公司自愿性信息披露治理效率分项指数比较

排　名	地　区	公司数目	平均值	中位值	最大值	最小值	标准差
1	东　部	1751	42.0331	43.7500	81.2500	12.5000	11.1252
2	中　部	379	41.1280	43.7500	75.0000	12.5000	12.1321
3	西　部	383	39.6704	37.5000	75.0000	12.5000	11.5864
4	东　北	142	38.4683	37.5000	62.5000	12.5000	10.9726
总　体		2655	41.3724	43.7500	81.2500	12.5000	11.3780

图 19-7 更直观地显示了不同地区上市公司自愿性信息披露治理效率分项指数的差异。

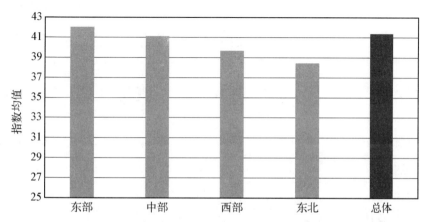

图 19-7　2015 年不同地区上市公司自愿性信息披露治理效率分项指数比较

由表 19-7 和图 19-7 可以看出,不同地区上市公司自愿性信息披露治理效率分项指数均值之间有一定差距。东部地区分项指数均值最高,但也仅为 42.0331;其次是中部地区,为 41.1280;排在第三位的是西部地区,均值为 39.6704;东北部地区治理效率分项指数均值最低,为 38.4683。从标准差上来看,四个地区的标准差比较接近,说明各地区的治理效率分项指数内部差异性相似。

19.3.3　分行业治理效率分项指数比较

用各个行业内的上市公司自愿性信息披露治理效率分项指数的平均值来代表各个行业的上市公司自愿性信息披露治理效率分项指数,然后把各个行业的上市公司自愿性信息披露治理效率分项指数按照由高到低的顺序进行排名,结果参见表 19-8。

由表 19-8 可以看出,全部 2655 家上市公司自愿性信息披露治理效率分项指数总体均值为 41.3724,其中有 7 个行业的上市公司自愿性信息披露治理效率分项指数均值高于总体均值,这 7 个行业的行业最大均值与总体均值之间的绝对差距达到 3.6276;其他 10 个行业的上市公司自愿性信息披露治理效率分项指数均值低于总体均值,总体均值与这 10 个行业

表 19‐8   2015 年不同行业上市公司自愿性信息披露治理效率分项指数比较

排名	行　业	公司数目	平均值	中位值	最大值	最小值	标准差
1	水利、环境和公共设施管理业(N)	30	45.0000	43.7500	68.7500	18.7500	12.1059
2	科学研究和技术服务业(M)	18	44.7917	43.7500	68.7500	31.2500	10.1120
3	租赁和商务服务业(L)	26	44.2308	43.7500	68.7500	25.0000	10.5953
4	信息传输、软件和信息技术服务业(I)	145	43.5776	43.7500	75.0000	12.5000	11.2660
5	金融业(J)	49	42.8571	43.7500	62.5000	18.7500	9.8821
6	建筑业(E)	71	42.5176	43.7500	68.7500	18.7500	12.1201
7	制造业(C)	1672	42.0567	43.7500	81.2500	12.5000	11.3041
8	卫生和社会工作(Q)	5	41.2500	37.5000	62.5000	31.2500	12.9603
9	交通运输、仓储和邮政业(G)	81	40.5093	37.5000	62.5000	12.5000	10.5564
10	农、林、牧、渔业(A)	42	39.8810	43.7500	62.5000	12.5000	11.6275
11	住宿和餐饮业(H)	11	39.7727	37.5000	56.2500	12.5000	12.5849
12	房地产业(K)	134	38.8060	37.5000	62.5000	12.5000	11.4471
13	采矿业(B)	73	38.2706	37.5000	75.0000	12.5000	10.2563
14	电力、热力、燃气及水生产和供应业(D)	89	38.0618	37.5000	62.5000	12.5000	10.7694
15	批发和零售业(F)	147	37.5425	37.5000	68.7500	12.5000	10.7881
16	文化、体育和娱乐业(R)	36	37.5000	34.3750	68.7500	25.0000	12.4104
17	综合(S)	25	36.0000	37.5000	62.5000	12.5000	14.3523
	总　体	2655	41.3724	43.7500	81.2500	12.5000	11.3780

注：由于教育(P)只有1家上市公司，不具有代表性，故没有纳入比较。

的最小均值之间的绝对差距为 5.3724。显然，后 10 个行业内部的差距大于前 7 个行业。上市公司自愿性信息披露治理效率分项指数均值排名前三位的行业分别为水利、环境和公共设施管理业(N)，科学研究和技术服务业(M)，租赁和商务服务业(L)；而综合(S)、文化、体育和娱乐业(R)，批发和零售业(F)则排名最后三位。

图 19‐8 更直观地体现了不同行业上市公司自愿性信息披露治理效率分项指数均值的差异。可以看到，各个行业上市公司自愿性信息披露治理效率分项指数均值集中在区间[35，45]，行业之间的差距不是很大，分布比较平稳。

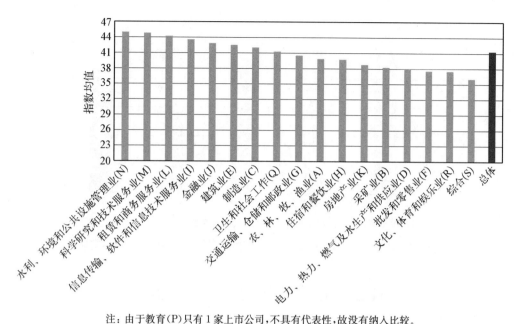

注：由于教育(P)只有 1 家上市公司,不具有代表性,故没有纳入比较。

图 19-8　2015 年不同行业上市公司自愿性信息披露治理效率分项指数比较

19.3.4　分上市板块治理效率分项指数比较

按照深市主板(不含中小企业板)、深市中小企业板、深市创业板和沪市主板四个上市板块的分类,对这四个板块上市公司的自愿性信息披露治理效率分项指数进行比较分析,结果参见表 19-9。

表 19-9　2015 年不同板块上市公司自愿性信息披露治理效率分项指数比较

排名	上 市 板 块	公司数目	平均值	中位值	最大值	最小值	标准差
1	深市中小企业板	744	47.6563	43.7500	75.0000	25.0000	9.0224
2	深市创业板	428	45.2249	43.7500	68.7500	18.7500	10.1545
3	深市主板(不含中小企业板)	466	43.2135	43.7500	81.2500	12.5000	11.8038
4	沪市主板	1017	34.3105	31.2500	75.0000	12.5000	9.2140
	总　体	2655	41.3724	43.7500	81.2500	12.5000	11.3780

由表 19-9 可以看出,自愿性信息披露治理效率分项指数均值最大的是深市中小企业板,为 47.6563,比总体均值高出 6.2839;均值最低的是沪市主板,为 34.3105,比总体均值低 7.0619。4 个上市板块中,只有沪市主板没有超过总体均值。从标准差来看,4 个板块中最大的是深市主板(不含中小企业板),说明深市主板(不含中小企业板)内部差异较大。

图 19-9 更直观地显示了四个板块上市公司自愿性信息披露治理效率分项指数的情况。可以看到,沪市主板上市公司的自愿性信息披露治理效率分项指数很低,而深市中小企业板则比较突出。

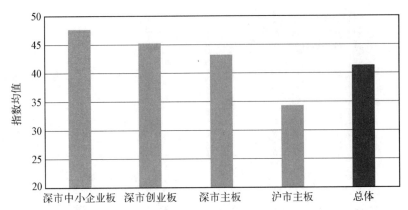

注：深市中小企业板是深市主板的一部分,但本图中的深市主板不含中小企业板。

图 19 - 9　2015 年不同板块上市公司自愿性信息披露治理效率分项指数比较

19.4　自愿性信息披露利益相关者分项指数排名及比较

利益相关者方面的自愿性信息披露侧重从投资者关系建设情况说明、社会责任、债权人情况、债务人情况、供应商情况、客户情况等 6 个方面来评价。本节主要对利益相关者分项指数排名的各种情况进行比较和分析。

19.4.1　利益相关者分项指数总体分布情况

通过对 2655 家上市公司在利益相关者方面的自愿性信息披露进行评价,我们得出每家上市公司自愿性信息披露利益相关者分项指数,并进行了排名。按照每 10 分一个区间,可以将上市公司自愿性信息披露利益相关者分项指数划分为 10 个区间段,每个区间段的公司数目和所占比重参见表 19 - 10。

表 19 - 10　2015 年上市公司自愿性信息披露利益相关者分项指数区间分布

指 数 区 间	公 司 数 目	占　　比(%)	累计占比(%)
[0, 10)	262	9.87	9.87
[10, 20)	232	8.74	18.61
[20, 30)	173	6.52	25.12
[30, 40)	378	14.24	39.36
[40, 50)	346	13.03	52.39
[50, 60)	882	33.22	85.61
[60, 70)	246	9.27	94.88
[70, 80)	63	2.37	97.25
[80, 90)	54	2.03	99.28
[90, 100]	19	0.72	100.00
总　　体	2655	100.00	—

图 19 - 10 更直观地显示了自愿性信息披露利益相关者分项指数的区间分布情况。

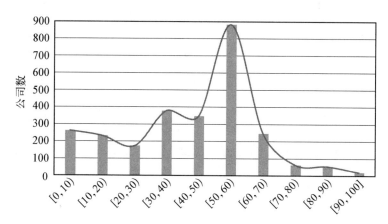

图 19 - 10　2015 年上市公司自愿性信息披露利益相关者分项指数区间分布

由表 19 - 10 和图 19 - 10 可以看出,自愿性信息披露利益相关者分项指数主要分布在[30,60)区间,有公司 1606 家,占 60.49%。自愿性信息披露利益相关者分项指数超过 60 分的公司有 382 家,占 14.39%。相对于自愿性信息披露的其他三个分项指数,利益相关者分项指数值较高。如前所述,这并不说明上市公司的利益相关者权益保护(尤其是投资者权益保护)是到位的,因为信息披露并不是利益相关者权益保护的全部。

19.4.2　分地区利益相关者分项指数比较

按照东部、中部、西部和东北部四大地区的划分,用各地区上市公司自愿性信息披露利益相关者分项指数的平均值来代表各个地区的上市公司自愿性信息披露利益相关者分项指数,然后把各个地区的上市公司自愿性信息披露利益相关者分项指数按照由高到低的顺序进行排名,结果参见表 19 - 11。

表 19 - 11　2015 年不同地区上市公司自愿性信息披露利益相关者分项指数比较

排名	地　区	公司数目	平均值	中位值	最大值	最小值	标准差
1	东　部	1751	42.8469	41.6667	100.0000	0.0000	19.5311
2	西　部	383	41.3403	41.6667	91.6667	0.0000	21.2006
3	中　部	379	40.8751	41.6667	100.0000	0.0000	20.5496
4	东　北	142	34.9178	33.3333	100.0000	0.0000	21.7428
总　体		**2655**	**41.9240**	**41.6667**	**100.0000**	**0.0000**	**20.1216**

图 19 - 11 更直观地显示了不同地区上市公司自愿性信息披露利益相关者分项指数的差异。

由表 19 - 11 和图 19 - 11 可以看出,东部地区上市公司自愿性信息披露利益相关者分项指数均值最高,为 42.8469;东北地区上市公司自愿性信息披露利益相关者分项指数均值最

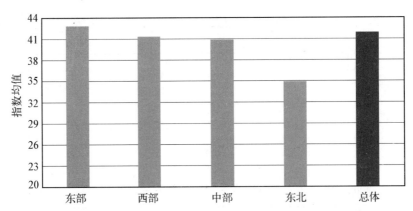

图 19‑11　2015 年不同地区上市公司自愿性信息披露利益相关者分项指数比较

低,为 34.9178;最高与最低之间的绝对差距为 7.9291,相差比较大;东部、西部和中部三个地区的自愿性信息披露利益相关者分项指数相对较高,且差距不大,东北则相对较低。从标准差来看,四个地区的标准差都比较大,说明四个地区自愿性信息披露利益相关者分项指数内部差异较大。

19.4.3　分行业利益相关者分项指数比较

各行业上市公司在利益相关者方面的自愿性信息披露水平存在一定的差距。我们用各个行业内的上市公司自愿性信息披露利益相关者分项指数的平均值来代表各个行业的上市公司自愿性信息披露利益相关者分项指数,然后把各个行业的上市公司自愿性信息披露利益相关者分项指数按照由高到低的顺序进行排名,具体排名结果见表 19‑12。

表 19‑12　2015 年不同行业上市公司自愿性信息披露利益相关者分项指数比较

排名	行　业	公司数目	平均值	中位值	最大值	最小值	标准差
1	制造业(C)	1672	43.9095	50.0000	100.0000	0.0000	19.5076
2	建筑业(E)	71	43.8967	50.0000	91.6667	0.0000	21.7744
3	卫生和社会工作(Q)	5	43.3333	50.0000	58.3333	16.6667	16.0295
4	住宿和餐饮业(H)	11	43.1818	41.6667	66.6667	25.0000	13.3428
5	租赁和商务服务业(L)	26	42.9487	45.8334	83.3333	8.3333	19.3925
6	信息传输、软件和信息技术服务业(I)	145	42.8161	41.6667	83.3333	0.0000	17.5028
7	水利、环境和公共设施管理业(N)	30	42.5000	45.8334	83.3333	0.0000	22.1401
8	农、林、牧、渔业(A)	42	42.0635	41.6667	91.6667	0.0000	21.2222
9	采矿业(B)	73	41.3242	41.6667	91.6667	8.3333	19.4166
10	科学研究和技术服务业(M)	18	39.8148	50.0000	66.6667	0.0000	18.6461

续 表

排名	行 业	公司数目	平均值	中位值	最大值	最小值	标准差
11	房地产业(K)	134	38.4328	33.3333	100.0000	0.0000	20.7652
12	文化、体育和娱乐业(R)	36	37.5000	37.5000	75.0000	0.0000	23.7798
13	交通运输、仓储和邮政业(G)	81	35.6996	33.3333	83.3333	0.0000	18.2210
14	电力、热力、燃气及水生产和供应业(D)	89	35.5805	33.3333	91.6667	0.0000	22.6400
15	批发和零售业(F)	147	34.2404	33.3333	83.3333	0.0000	22.8765
16	金融业(J)	49	33.3333	33.3333	66.6667	0.0000	17.0104
17	综合(S)	25	29.6667	25.0000	66.6667	0.0000	21.7945
	总 体	2655	41.9240	41.6667	100.0000	0.0000	20.1216

注:由于教育(P)只有1家上市公司,不具有代表性,故没有纳入比较。

由表19-12可知,全部2655家上市公司的自愿性信息披露利益相关者分项指数总体均值为41.9240。其中,有8个行业的上市公司自愿性信息披露利益相关者分项指数均值高于总体均值,这8个行业的行业最大均值与总体均值之间的绝对差距为1.9855;其他9个行业的上市公司自愿性信息披露利益相关者分项指数均值低于总体均值,总体均值与这9个行业的最小均值之间的绝对差距为12.2573。后9个行业内部的差距远大于前8个行业。排名前三名的行业是制造业(C)、建筑业(E)、卫生和社会工作(Q),排名后三名的行业是综合(S)、金融业(J)、批发和零售业(F)。

图19-12更直观地显示了不同行业上市公司自愿性信息披露利益相关者分项指数均

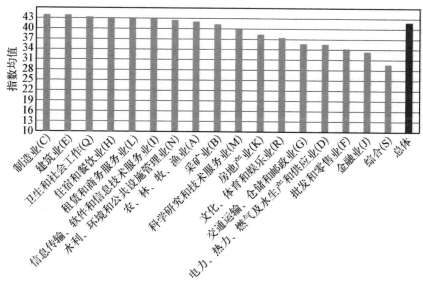

注:由于教育(P)只有1家上市公司,不具有代表性,故没有纳入比较。

图19-12 2015年不同行业上市公司自愿性信息披露利益相关者分项指数比较

值的差异。可以看到,前8个行业上市公司自愿性信息披露利益相关者分项指数的变化比较平缓,而后9个行业上市公司自愿性信息披露利益相关者分项指数的变化则较大。

19.4.4 分上市板块利益相关者分项指数比较

按照深市主板(不含中小企业板)、深市中小企业板、深市创业板和沪市主板四个上市板块的分类,对这四个板块上市公司的自愿性信息披露利益相关者分项指数进行比较分析,结果参见表19‐13。

表19‐13   2015年不同板块上市公司自愿性信息披露利益相关者分项指数比较

排名	上 市 板 块	公司数目	平均值	中位值	最大值	最小值	标准差
1	深市主板(不含中小企业板)	466	54.8104	58.3333	100.0000	0.0000	15.4663
2	深市中小企业板	744	53.9203	50.0000	100.0000	8.3333	12.4160
3	深市创业板	428	46.1449	50.0000	91.6667	0.0000	12.4977
4	沪市主板	1017	25.4671	25.0000	100.0000	0.0000	17.5959
	总　体	2655	41.9240	41.6667	100.0000	0.0000	20.1216

由表19‐13可以看到,深市主板(不含中小企业板)、深市中小企业板和深市创业板明显高于总体均值,而沪市主板则远低于总体均值。其中,深市主板(不含中小企业板)上市公司自愿性信息披露利益相关者分项指数均值最高,为54.8104;沪市主板上市公司自愿性信息披露利益相关者分项指数最低,为25.4671,远低于其他三个板块,也远远低于总体均值。

图19‐13更直观地显示了不同板块上市公司自愿性信息披露利益相关者分项指数的差异。可以看到,深市主板(不含中小企业板)和深市中小企业板的自愿性信息披露利益相关者分项指数与沪市主板和深市创业板两个板块相差明显。

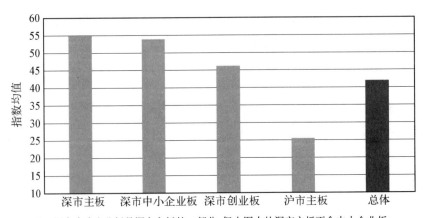

注:深市中小企业板是深市主板的一部分,但本图中的深市主板不含中小企业板。

图19‐13   2015年不同板块上市公司自愿性信息披露利益相关者分项指数比较

19.5　自愿性信息披露风险控制分项指数排名及比较

风险控制方面的自愿性信息披露侧重从企业发展战略目标、盈利能力分析、营运能力分析、偿债能力分析、发展能力分析、对现聘会计师事务所的说明、宏观形势对公司业绩影响的分析、行业地位分析、竞争对手分析等 9 个方面来评价。本节对风险控制分项指数进行比较分析。

19.5.1　风险控制分项指数总体分布情况

通过对 2655 家上市公司在风险控制方面的自愿性信息披露进行评价,我们得出了每家上市公司的自愿性信息披露风险控制分项指数,并进行了排名。按照每 10 分一个区间,可以将上市公司自愿性信息披露风险控制分项指数划分为 10 个区间段(由于[80,90)、[90,100]两个区间的公司数目都是 0,故把两个区间合并为一个区间,实际共有 9 个区间段),每个区间段的公司数目和所占比重参见表 19-14。

表 19-14　2015 年上市公司自愿性信息披露风险控制分项指数区间分布

指 数 区 间	公 司 数 目	占 比(%)	累计占比(%)
[0, 10)	2	0.08	0.08
[10, 20)	35	1.32	1.39
[20, 30)	291	10.96	12.35
[30, 40)	1038	39.10	51.45
[40, 50)	955	35.97	87.42
[50, 60)	286	10.77	98.19
[60, 70)	42	1.58	99.77
[70, 80)	6	0.23	100.00
[80, 100]	0	0.00	100.00
总　体	2655	100.00	—

图 19-14 更直观地显示了自愿性信息披露风险控制分项指数的区间分布情况。

从表 19-14 和图 19-14 可以看出,2015 年上市公司自愿性信息披露风险控制分项指数分布较为集中。其中[30,50)区间的上市公司最多,有 1993 家,占总体的 75.07%。超过60 分的公司仅 48 家,占总体的 1.81%,这说明绝大多数上市公司在风险控制方面的自愿性信息披露方面水平很低。

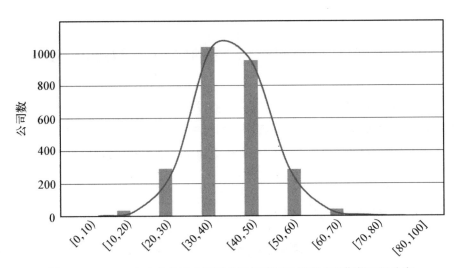

图 19-14　2015年上市公司自愿性信息披露风险控制分项指数区间分布

19.5.2　分地区风险控制分项指数比较

按照东部、中部、西部和东北部四个地区的划分,用各地区上市公司自愿性信息披露风险控制分项指数的平均值来代表各个地区上市公司自愿性信息披露风险控制分项指数,然后把各个地区上市公司自愿性信息披露风险控制分项指数按照由高到低的顺序进行排名,结果参见表 19-15。

表 19-15　2015年不同地区上市公司自愿性信息披露风险控制分项指数比较

排名	地　区	公司数目	平均值	中位值	最大值	最小值	标准差
1	东　部	1751	39.4695	44.4444	77.7778	5.5556	10.0439
2	中　部	379	39.0941	33.3333	77.7778	5.5556	10.5513
3	西　部	383	37.7575	33.3333	66.6667	11.1111	9.6732
4	东　北	142	37.4022	33.3333	66.6667	11.1111	10.0545
总　体		2655	39.0584	38.8889	77.7778	5.5556	10.0855

图 19-15 可以更直观地看出四个地区上市公司自愿性信息披露风险控制分项指数的差异。

由表 19-15 和图 19-15 可以看出,东部地区上市公司自愿性信息披露风险控制分项指数均值最高,为 39.4695;其后是中部地区(39.0941)和西部地区(37.7575);东北部上市公司自愿性信息披露风险控制分项指数均值最低,为 37.4022。四个地区中,东部地区和中部地区的风险控制分项指数均值超过了总体均值,其他两个地区均未超过。总体看,四个地区的上市公司自愿性信息披露风险控制分项指数均值差别不大。

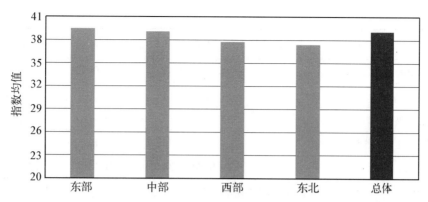

图 19-15 2015 年不同地区上市公司自愿性信息披露风险控制分项指数比较

19.5.3 分行业风险控制分项指数比较

用各个行业上市公司自愿性信息披露风险控制分项指数的平均值来代表各个行业的上市公司自愿性信息披露风险控制分项指数,然后把各个行业的上市公司自愿性信息披露风险控制分项指数按照由高到低的顺序进行排名,结果参见表 19-16。

表 19-16 2015 年不同行业上市公司自愿性信息披露风险控制分项指数比较

排名	行 业	公司数目	平均值	中位值	最大值	最小值	标准差
1	金融业(J)	49	44.7846	44.4444	77.7778	27.7778	11.6429
2	科学研究和技术服务业(M)	18	43.8272	44.4444	66.6667	22.2222	11.0930
3	水利、环境和公共设施管理业(N)	30	41.2963	44.4444	55.5556	22.2222	8.9561
4	建筑业(E)	71	40.7668	44.4444	66.6667	22.2222	9.8464
5	交通运输、仓储和邮政业(G)	81	40.2606	38.8889	66.6667	11.1111	9.9973
6	信息传输、软件和信息技术服务业(I)	145	39.6169	44.4444	66.6667	11.1111	9.6726
7	制造业(C)	1672	39.3009	38.8889	77.7778	5.5556	9.8930
8	批发和零售业(F)	147	38.8889	33.3333	77.7778	16.6667	9.9253
9	租赁和商务服务业(L)	26	38.6752	38.8889	66.6667	11.1111	13.1919
10	采矿业(B)	73	38.5845	33.3333	66.6667	22.2222	10.9514
11	农、林、牧、渔业(A)	42	38.3598	33.3333	66.6667	22.2222	9.0008
12	文化、体育和娱乐业(R)	36	38.2716	38.8889	66.6667	5.5556	12.4423
13	电力、热力、燃气及水生产和供应业(D)	89	37.5156	33.3333	66.6667	11.1111	9.3744

续　表

排名	行　业	公司数目	平均值	中位值	最大值	最小值	标准差
14	住宿和餐饮业(H)	11	34.8485	33.3333	50.0000	11.1111	12.1946
15	综合(S)	25	34.2222	33.3333	50.0000	22.2222	9.3073
16	房地产业(K)	134	33.9967	33.3333	66.6667	11.1111	9.7076
17	卫生和社会工作(Q)	5	33.3333	33.3333	33.3333	33.3333	0.0000
	总　体	2655	39.0584	38.8889	77.7778	5.5556	10.0855

注：由于教育(P)只有1家上市公司,不具有代表性,故没有纳入比较。

　　由表 19-16 可以看出,所有 2655 家上市公司自愿性信息披露风险控制分项指数总体均值为 39.0584。其中有 7 个行业的上市公司自愿性信息披露风险控制分项指数均值高于总体均值,这 7 个行业的行业最大均值与总体均值之间的绝对差距为 5.7262;其他 10 个行业的上市公司自愿性信息披露风险控制分项指数均值低于总体均值,总体均值与这 10 个行业的最小均值之间的绝对差距为 5.7251。显然前 7 个行业的内部差距与后 10 个行业的内部差距差不多。上市公司自愿性信息披露风险控制分项指数排名前三位的行业分别为金融业(J),科学研究和技术服务业(M),水利、环境和公共设施管理业(N);而卫生和社会工作(Q)、房地产业(K)和综合(S)则排名最后三位。

　　图 19-16 更直观地体现了不同行业上市公司自愿性信息披露风险控制分项指数均值的差异。可以看到,前两个行业上市公司自愿性信息披露风险控制分项指数较高,后四个行业则明显较低,中间部分比较平缓。

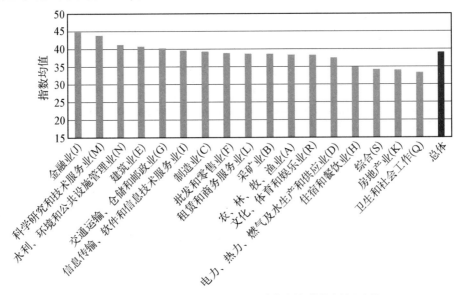

注：由于教育(P)只有1家上市公司,不具有代表性,故没有纳入比较。

图 19-16　2015 年不同行业上市公司自愿性信息披露风险控制分项指数比较

19.5.4　分上市板块风险控制分项指数比较

按照深市主板(不含中小企业板)、深市中小企业板、深市创业板和沪市主板四个上市板块的分类,对这四个板块上市公司的自愿性信息披露风险控制分项指数进行比较分析,结果参见表 19‐17。

表 19‐17　2015 年不同板块上市公司自愿性信息披露风险控制分项指数比较

排名	上 市 板 块	公司数目	平均值	中位值	最大值	最小值	标准差
1	深市中小企业板	744	40.0537	44.4444	77.7778	11.1111	10.2096
2	沪市主板	1017	39.2549	38.8889	77.7778	11.1111	9.8573
3	深市创业板	428	39.1225	33.3333	77.7778	5.5556	9.0105
4	深市主板(不含中小企业板)	466	36.9814	33.3333	77.7778	5.5556	11.0063
	总　体	2655	39.0584	38.8889	77.7778	5.5556	10.0855

图 19‐17 更直观地显示了不同板块上市公司自愿性信息披露风险控制分项指数的情况。

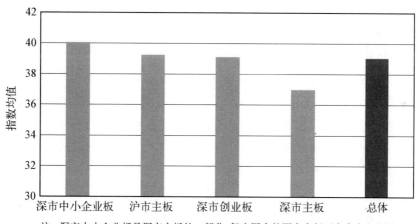

注:深市中小企业板是深市主板的一部分,但本图中的深市主板不含中小企业板。

图 19‐17　2015 年不同板块上市公司自愿性信息披露风险控制分项指数比较

由表 19‐17 和图 19‐17 可以看出,自愿性信息披露风险控制分项指数均值最大的是深市中小企业板,为 40.0537;均值最低的是深市主板(不含中小企业板),为 36.9814。深市中小企业板、沪市主板、深市创业板,略高于总体均值。从标准差看,最大的是深市主板(不含中小企业板),反映其波动幅度相对较大。最低的是深市创业板,相对于其他板块,其分布相对较为集中。

19.6　本章小结

本章从指数分布,以及地区、行业和上市板块四个方面,对自愿性信息披露的四个分项

指数,即治理结构、治理效率、利益相关者、风险控制进行了全面的分析,通过分析我们发现:

(1)从自愿性信息披露四个分项指数比较看,利益相关者分项指数均值最高,风险控制分项指数均值最低。从指数分布区间看,治理结构分项指数主要分布在[30,60)区间,总计有1632家公司,占总体的61.47%;治理效率分项指数主要分布在[30,60)区间,总计有2157家公司,占总体的81.24%;利益相关者分项指数主要分布在[30,60)区间,总计有1606家公司,占60.49%;风险控制分项指数主要分布在[30,50)区间,总计有1993家公司,占总体的75.07%。四个分项指数的均值都没有超过60分,且均值相差不大。这说明,治理结构、治理效率、利益相关者和风险控制方面的自愿性披露还很差。

(2)从地区来看,自愿性信息披露治理结构分项指数均值从高到低依次是东部、中部、西部和东北地区;自愿性信息披露治理效率分项指数均值从高到低依次是东部、中部、西部和东北地区;自愿性信息披露利益相关者分项指数均值从高到低依次是东部、西部、中部和东北地区;风险控制自愿性信息披露分项指数均值从高到低依次是东部、中部、西部和东北地区。总体看,在四个分项指数中,东部都位列第一,而东北部则都位居最后一位。

(3)从行业来看,自愿性信息披露治理结构分项指数均值最高的前三名是金融业(J),科学研究和技术服务业(M),信息传输、软件和信息技术服务业(I);自愿性信息披露治理效率分项指数均值最高的前三名是水利、环境和公共设施管理业(N),科学研究和技术服务业(M),租赁和商务服务业(L);自愿性信息披露利益相关者分项指数均值最高的前三名是制造业(C)、建筑业(E)、卫生和社会工作(Q);自愿性信息披露风险控制分项指数均值最高的前三名是金融业(J),科学研究和技术服务业(M),水利、环境和公共设施管理业(N)。总体看,金融业在治理效率和风险控制方面的自愿性信息披露表现较好;科学研究和技术服务业(M)在治理结构、治理效率和风险控制三个方面的自愿性信息披露表现较好;水利、环境和公共设施管理业(N)在治理效率、风险控制两个方面的自愿性信息披露表现较好。

(4)从上市板块看,自愿性信息披露治理结构分项指数均值从高到低依次是深市创业板、深市中小企业板、深市主板(不含中小企业板)、沪市主板;自愿性信息披露治理效率分项指数均值从高到低依次是深市中小企业板、深市创业板、深市主板(不含中小企业板)、沪市主板;自愿性信息披露利益相关者分项指数均值从高到低依次是深市主板(不含中小企业板)、深市中小企业板、深市创业板和沪市主板;自愿性信息披露风险控制分项指数均值从高到低依次是深市中小企业板、沪市主板、深市创业板和深市主板(不含中小企业板)。总体看,除了风险控制方面的自愿性信息披露外,沪市主板在其他三个方面的自愿性信息披露都比其他三个板块低。

第 20 章

自愿性信息披露指数的所有制比较

根据第 1 章的控股或所有制类型划分,本章对 2015 年 2655 家样本上市公司的自愿性信息披露指数及四个分项指数从所有制角度进行比较分析,以了解国有控股公司和非国有控股公司在自愿性信息披露方面存在的异同。

20.1 自愿性信息披露指数总体的所有制比较

20.1.1 自愿性信息披露总体指数比较

不同的所有制会对上市公司自愿性信息披露产生影响,表 20 - 1 比较了不同所有制上市公司总体的自愿性信息披露指数,并按照均值从高到低的顺序进行了排名。

表 20 - 1　2015 年不同所有制上市公司自愿性信息披露指数比较

排序	所有制类型	公司数目	平均值	中位值	最大值	最小值	标准差
1	国有参股公司	603	42.6392	43.7500	62.8472	16.4931	9.1209
2	无国有股份公司	1029	42.4706	43.9236	63.3681	14.9306	8.7676
3	国有弱相对控股公司	284	38.7734	38.7153	66.3194	16.4931	10.7085
4	国有强相对控股公司	444	38.7039	38.5417	62.5000	13.8889	9.8311
5	国有绝对控股公司	295	38.3369	37.6736	60.4167	18.0556	9.1407
总　体		2655	41.0242	41.8403	66.3194	13.8889	9.4821

从表 20 - 1 可以看出,五类所有制公司的自愿性信息披露指数均值具有一定的差异,最大值和最小值之差为 4.3023,都没有达到及格水平。国有参股公司的自愿性信息披露指数均值最高,为 42.6392,其后是无国有股份公司(42.4706)、国有弱相对控股公司(38.7734)和国有强相对控股公司(38.7039),国有绝对控股公司的自愿性信息披露指数均值最低,为

38.3369。无国有股份公司的自愿性信息披露指数中位值是最高的,国有绝对控股公司的自愿性信息披露指数的中位值则是最低的。从标准差来看,无国有股份公司最低,国有弱相对控股公司最高,其他所有制类型公司的自愿性信息披露水平离散程度差别不大。

图 20-1 按照第一大股东中的国有股份比例从大到小进行了排序,从而更直观地反映了不同所有制上市公司自愿性信息披露指数均值的差异。可以发现,五类所有制公司自愿性信息披露水平有所差别,国有参股公司、无国有股份公司的自愿性信息披露指数高于总体均值,国有绝对控股公司、国有强相对控股公司和国有弱相对控股公司的自愿性信息披露指数则低于总体均值。总体而言,随着第一大股东中国有股东持股比例的降低,自愿性信息披露指数逐渐上升,即上市公司的国有持股比例越大,自愿性信息披露指数越低,这说明,适度降低国有股东的股权集中度可能是提高公司自愿性信息披露水平的比较有效的方式。

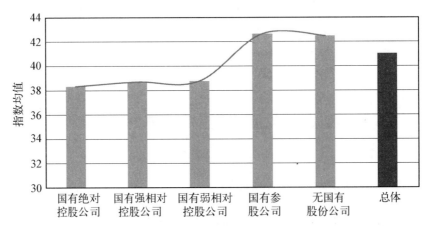

图 20-1　2015 年不同所有制上市公司自愿性信息披露指数均值比较

我们进一步将国有参股公司和无国有股份公司归类为非国有控股公司,将国有绝对控股公司、国有强相对控股公司和国有弱相对控股公司归类为国有控股公司,表 20-2 比较了非国有控股公司和国有控股公司自愿性信息披露指数的差异。

表 20-2　2015 年国有控股与非国有控股上市公司自愿性信息披露指数比较

排序	所有制类型	公司数目	平均值	中位值	最大值	最小值	标准差
1	非国有控股公司	1632	42.5329	43.7500	63.3681	14.9306	8.8973
2	国有控股公司	1023	38.6174	38.0208	66.3194	13.8889	9.8852
	总　体	2655	41.0242	41.8403	66.3194	13.8889	9.4821

从表 20-2 可知,非国有控股公司与国有控股公司的自愿性信息披露指数总体均值差距较大,二者相差 3.9155 分。非国有控股公司自愿性信息披露指数均值高于总体均值,而国有控股公司自愿性信息披露指数均值则低于总体均值。自愿性信息披露指数的最大值和最小值都来自国有控股公司。

我们进一步将国有控股公司按照实际控制人划分为中央企业控股公司和地方国企控股公司,表 20 - 3 对两类国有控股公司与非国有控股公司进行了比较,并按照均值从高到低的顺序进行了排序。可以发现,最终控制人是地方国企的国有控股上市公司有 668 家,其自愿性信息披露指数均值为 38.2724;最终控制人是中央企业的国有控股上市公司有 355 家,其自愿性信息披露指数均值为 39.2664,二者之间差距不超过 1 分,差距不是很明显。自愿性信息披露指数的最大值和最小值都来自最终控制人是地方国有企业的国有控股上市公司。

表 20 - 3　2015 年不同最终控制人上市公司自愿性信息披露指数比较

排序	最终控制人	公司数目	平 均 值	中 位 值	最 大 值	最 小 值	标 准 差
1	民资股东	1632	42.5329	43.7500	63.3681	14.9306	8.8973
2	中央国有企业	355	39.2664	39.7569	64.4097	16.8403	9.9261
3	地方国有企业	668	38.2724	37.5000	66.3194	13.8889	9.8534
总 体		**2655**	**41.0266**	**41.8403**	**66.3194**	**13.8889**	**9.4864**

20.1.2　自愿性信息披露分项指数总体比较

自愿性信息披露指数包括治理结构、治理效率、利益相关者和风险控制四个分项指数,表 20 - 4 对五类所有制上市公司的四个自愿性信息披露分项指数进行了比较。

表 20 - 4　2015 年不同所有制上市公司自愿性信息披露分项指数均值比较

所有制类型	治理结构	治理效率	利益相关者	风险控制
国有绝对控股公司	38.6229	37.6059	37.6836	39.4350
国有强相对控股公司	39.6819	38.9077	36.9745	39.2518
国有弱相对控股公司	38.0502	38.6884	39.7594	38.5955
国有参股公司	43.0556	43.0348	45.3013	39.1653
无国有股份公司	43.7743	43.2823	43.8937	38.9321
总 体	**41.7420**	**41.3724**	**41.9240**	**39.0584**

从表 20 - 4 可以看出,与自愿性信息披露总体指数一样,五类所有制公司的四个分项指数的平均值也均未达到及格水平,且存在较大的差异。治理结构分项指数从高到低依次为无国有股份公司、国有参股公司、国有强相对控股公司、国有绝对控股公司和国有弱相对控股公司;治理效率分项指数从高到低依次为无国有股份公司、国有参股公司、国有强相对控股公司、国有弱相对控股公司和国有绝对控股公司;利益相关者分项指数从高到低依次为国有参股公司、无国有股份公司、国有弱相对控股公司、国有绝对控股公司和国有强相对控股公司;风险控制分项指数从高到低依次为国有绝对控股公司、国有强相对控股公司、国有参股公司、无国有股份公司和国有弱相对控股公司。在四个分项指数中,总体上,风险控制方

面的自愿性信息披露水平最低,但国有绝对控股公司和国有强相对控股公司在风险控制方面的自愿性信息披露却略高于其他三种所有制类型。

图 20 - 2 更直观地反映了不同所有制上市公司自愿性信息披露四个分项指数均值的差异。可以发现,从总体上看,随着第一大股东中国有股比例的降低,治理结构分项指数、治理效率、利益相关者总体呈现上升趋势,而风险控制总体则呈现下降趋势。整体看,适度降低作为第一大股东的国有股股东持股比例,对于促进自愿性信息披露可能有积极的影响。

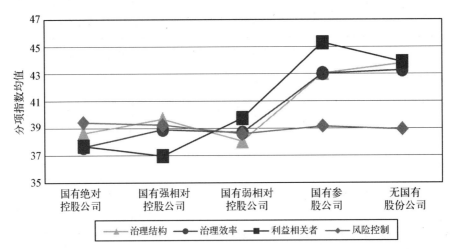

图 20 - 2　2015 年不同所有制上市公司自愿性信息披露分项指数均值比较趋势图

我们进一步将国有绝对控股公司、国有强相对控股公司和国有弱相对控股公司归类为国有控股公司,将国有参股公司和无国有股份公司归类为非国有控股公司,两类所有制上市公司自愿性信息披露分项指数均值的比较参见表 20 - 5。可以看出,在治理结构、治理效率和利益相关者三个分项指数上,非国有控股公司都较大幅度高于国有控股公司,尤其是利益相关者分项指数高出更多,差距为 6.4617 分。在风险控制分项指数方面,非国有控股公司分项治理指数略低于国有控股公司,二者比较接近。这可能说明,相对于非国有控股公司,国有控股公司更偏重风险控制方面的信息披露。

表 20 - 5　2015 年国有控股与非国有控股上市公司自愿性信息披露分项指数均值比较

所有制类型	治理结构	治理效率	利益相关者	风险控制
国有控股公司	38.9235	38.4714	37.9521	39.1224
非国有控股公司	43.5087	43.1909	44.4138	39.0182
总　体	**41.7420**	**41.3724**	**41.9240**	**39.0584**

图 20 - 3 更直观地反映了国有控股公司和非国有控股公司自愿性信息披露四个分项指数均值的上述差异。可以看到,在治理结构、治理效率和利益相关者三个分项指数上,非国有控股公司自愿性信息披露的相对优势是很明显的。

根据实际控制人类型,再来比较中央企业控股公司和地方国企控股公司,两者的比较参见

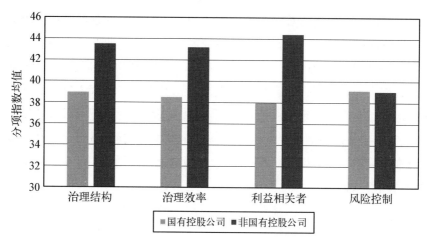

图 20‐3　2015 年国有控股与非国有控股上市公司自愿性信息披露分项指数均值比较

表 20‐6。可以看出,最终控制人为中央企业的国有控股上市公司与最终控制人为地方国企的国有控股上市公司在自愿性信息披露四个分项指数上各有所长。在治理结构、利益相关者和风险控制三个分项指数上,最终控制人为中央企业的国有控股上市公司高于地方国有企业;而在治理效率分项指数上,则是最终控制人为地方国有企业的国有上市公司略高于中央国有企业。

表 20‐6　2015 年不同最终控制人上市公司自愿性信息披露分项指数均值比较

最终控制人	治理结构	治理效率	利益相关者	风险控制
中央国有企业	39.7007	38.1866	39.2723	39.9061
地方国有企业	38.5105	38.6228	37.2505	38.7059
民资股东	43.5087	43.1909	44.4138	39.0182
总　体	**41.7420**	**41.3724**	**41.9240**	**39.0584**

图 20‐4 更直观地反映了不同最终控制人类型上市公司自愿性信息披露四个分项指数

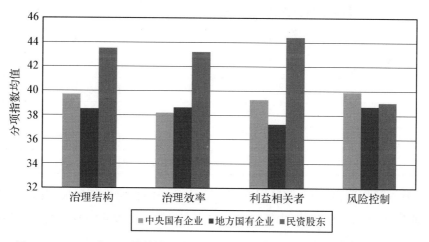

图 20‐4　2015 年不同最终控制人上市公司自愿性信息披露分项指数均值比较

均值的差异。可以发现,两类国有控股公司与非国有控股公司的自愿性信息披露分项指数有所差异。其中在治理结构分项指数上,最终控制人为中央企业的国有控股上市公司大于最终控制人为地方国企的国有控股上市公司,但明显小于非国有控股公司;在治理效率分项指数上,最终控制人为地方国企的国有控股上市公司高于最终控制人为中央企业的国有控股上市公司,但依然小于非国有控股公司;在利益相关者分项指数上,最终控制人为中央企业的国有控股上市公司高于最终控制人为地方国企的国有控股上市公司,也明显低于非国有控股公司;在风险控制分项指数上,中央企业控股的上市公司要高于地方国企控股的上市公司和非国有控股公司。

20.2　分地区自愿性信息披露指数的所有制比较

20.2.1　分地区自愿性信息披露总体指数比较

按照四个地区的划分标准,我们进一步统计了不同地区国有控股和非国有控股上市公司的自愿性信息披露指数,参见表 20-7。

表 20-7　2015 年不同地区国有与非国有控股上市公司自愿性信息披露指数比较

地区	所有制类型	公司数目	平均值	中位值	最大值	最小值	标准差
东部	国有控股公司	572	38.7984	38.4549	66.3194	16.4931	9.9672
	非国有控股公司	1179	43.0654	44.2708	63.3681	16.1458	8.5253
	总体	1751	41.6715	42.7083	66.3194	16.1458	9.2383
中部	国有控股公司	189	38.6602	38.5417	59.5486	19.2708	9.8830
	非国有控股公司	190	42.4260	43.4028	61.4583	16.1458	9.4591
	总体	379	40.5480	41.3194	61.4583	16.1458	9.8423
西部	国有控股公司	193	39.3728	40.1042	61.8056	13.8889	9.8326
	非国有控股公司	190	40.4505	41.2326	60.4167	14.9306	9.6509
	总体	383	39.9074	40.6250	61.8056	13.8889	9.7451
东北	国有控股公司	69	34.8858	33.3333	56.0764	18.2292	8.6814
	非国有控股公司	73	39.6309	40.4514	61.8056	16.4931	10.0043
	总体	142	37.3252	37.3264	61.8056	16.4931	9.6498

从表 20-7 可以看出,四个地区国有控股上市公司的自愿性信息披露指数均值都低于非国有控股上市公司,其中东部、中部和东北部国有控股公司和非国有控股公司的差异相对比较大。

　　图 20-5 直观地反映了四个地区国有控股上市公司与非国有控股上市公司自愿性信息披露指数均值的差异。可以看出,在国有控股公司自愿性信息披露上,西部最好,其后依次是东部和中部,东北最差。在非国有控股公司自愿性信息披露上,东部最好,其后依次是中部和西部,东北最差。

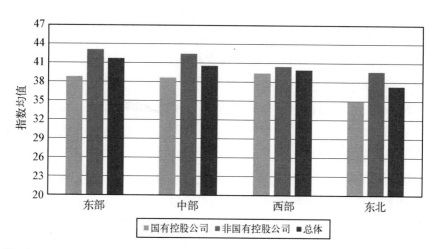

图 20-5　2015 年不同地区国有与非国有控股上市公司自愿性信息披露指数均值比较

20.2.2　分地区自愿性信息披露分项指数比较

　　接下来,我们对四个地区国有控股与非国有控股上市公司的自愿性信息披露分项指数均值进行比较分析,参见表 20-8。

表 20-8　2015 年不同地区国有与非国有控股上市公司自愿性信息披露分项指数均值比较

地区	所有制类型	治理结构	治理效率	利益相关者	风险控制
东部	国有控股公司	38.8986	38.6145	37.9953	39.6853
	非国有控股公司	44.0045	43.6917	45.2007	39.3648
	总体	42.3365	42.0331	42.8469	39.4695
中部	国有控股公司	39.2196	38.6574	38.4039	38.3598
	非国有控股公司	42.9605	43.5855	43.3333	39.8246
	总体	41.0950	41.1280	40.8751	39.0941
西部	国有控股公司	40.2850	38.5363	40.0691	38.6010
	非国有控股公司	41.4474	40.8224	42.6316	36.9006
	总体	40.8616	39.6704	41.3403	37.7575
东北	国有控股公司	34.5109	36.5942	30.4348	38.0032
	非国有控股公司	42.2945	40.2397	39.1553	36.8341
	总体	38.5123	38.4683	34.9178	37.4022

　　由表20-8可以看出,四个地区上市公司自愿性信息披露在四个分项指数上并没有一致的排序。对于国有控股公司来说,东部在风险控制分项指数均值上排名第一;中部在治理效率分项指数均值上位居第一;西部在治理结构和利益相关者分项指数均值上位居第一。对于非国有控股公司来说,东部在治理结构、治理效率和利益相关者三个分项指数均值上都拔得头筹,在风险控制分项指数均值上排在第二;中部只在风险控制分项指数均值上获得第一;东北部除治理结构分项指数外,其他三个分项指数均值都居末位,表现相对比较差。

　　为了便于比较,我们计算出四个地区非国有控股公司自愿性信息披露四个分项指数均值与对应的国有控股公司自愿性信息披露四个分项指数均值的差值,由此可以反映四个地区两类所有制上市公司自愿性信息披露四个分项指数的差异,如图20-6所示。可以看出,在治理结构、治理效率和利益相关者三个分项指数上,四个地区均是非国有控股公司优于国有控股公司;在风险控制分项指数上,除中部以外,其他三个地区都是国有控股公司优于非国有控股公司。总体看,在四个地区中,国有控股公司与非国有控股公司各有所长,在治理结构、治理效率和利益相关者分项指数上,非国有控股公司表现更为突出;而在风险控制分项指数上,国有控股公司较为突出。

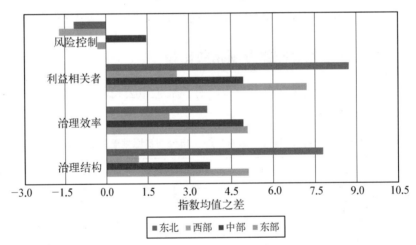

　　注:指数均值之差=非国有控股公司自愿性信息披露分项指数均值-国有控股公司自愿性信息披露分项指数均值。

图20-6　2015年不同地区国有与非国有控股上市公司自愿性信息披露分项指数均值之差值比较

20.3　分行业自愿性信息披露指数的所有制比较

20.3.1　分行业自愿性信息披露总体指数比较

　　由于上市公司涉及18个行业,各行业上市公司数目不等。这里,我们选择上市公司较多且有较强代表性的六个行业:制造业(C),电力、热力、燃气及水生产和供应业(D),交通运输、仓储和邮政业(G),信息传输、软件和信息技术服务业(I),金融业(J)和房地产业(K),上述六个行业自愿性信息披露指数比较参见表 20-9。

表 20-9　2015 年不同行业国有与非国有控股上市公司自愿性信息披露指数比较

行　业	所有制类型	公司数目	平均值	中位值	最大值	最小值	标准差
制造业(C)	国有控股公司	509	38.8984	39.2361	64.4097	13.8889	10.0313
	非国有控股公司	1163	43.1063	44.0972	63.3681	16.1458	8.5822
	总体	1672	41.8253	42.7083	64.4097	13.8889	9.2500
电力、热力、燃气及水生产和供应业(D)	国有控股公司	76	36.5611	35.5035	60.4167	19.4444	10.1540
	非国有控股公司	13	39.6100	39.2361	53.1250	26.3889	7.9226
	总体	89	37.0065	36.1111	60.4167	19.4444	9.8794
交通运输、仓储和邮政业(G)	国有控股公司	68	38.9400	39.0625	55.5556	18.0556	8.1962
	非国有控股公司	13	41.3194	43.2292	60.4167	21.7014	9.7264
	总体	81	39.3218	39.7569	60.4167	18.0556	8.4394
信息传输、软件和信息技术服务业(I)	国有控股公司	28	39.3787	38.8021	56.5972	22.5694	10.1683
	非国有控股公司	117	43.7604	44.7917	59.5486	16.4931	8.1101
	总体	145	42.9143	44.2708	59.5486	16.4931	8.6823
金融业(J)	国有控股公司	39	46.1984	47.2222	66.3194	28.2986	8.4116
	非国有控股公司	10	40.3646	39.6701	55.0347	23.4375	10.4888
	总体	49	45.0078	46.5278	66.3194	23.4375	9.0711
房地产业(K)	国有控股公司	63	36.6402	35.9375	62.5000	19.6181	8.8657
	非国有控股公司	71	38.4805	39.4097	61.8056	18.0556	9.1744
	总体	134	37.6153	38.0208	62.5000	18.0556	9.0438

从表 20-9 可以看出,六个代表性行业中,除金融业(J)外,其余五个行业的国有控股公司自愿性信息披露指数均值低于非国有控股公司,说明各行业非国有控股公司的自愿性信息披露水平普遍好于国有控股公司。

图 20-7 更直观地反映了六个行业国有控股公司与非国有控股公司自愿性信息披露指数均值的差异。可以看到,六个行业中,国有控股公司自愿性信息披露指数均值最高的是金融业(J),其后依次是信息传输、软件和信息技术服务业(I),交通运输、仓储和邮政业(G),制造业(C),房地产业(K),最低的是电力、热力、燃气及水生产和供应业(D)。非国有控股公司自愿性信息披露指数均值最高的是信息传输、软件和信息技术服务业(I),其后依次是制造业(C),交通运输、仓储和邮政业(G),金融业(J),电力、热力、燃气及水生产和供应业(D),房地产业(K)。

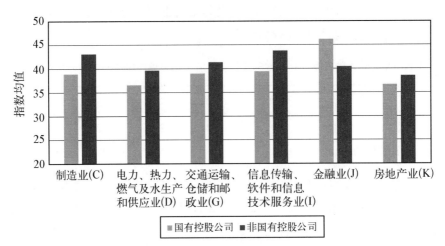

图 20-7　2015 年不同行业国有与非国有控股上市公司自愿性信息披露指数均值比较

20.3.2　分行业自愿性信息披露分项指数比较

接下来,我们对六个行业国有控股与非国有控股上市公司的自愿性信息披露分项指数进行比较,参见表 20-10。

表 20-10　2015 年不同行业国有与非国有控股上市公司自愿性信息披露分项指数均值比较

行　业	所有制类型	治理结构	治理效率	利益相关者	风险控制
制造业(C)	国有控股公司	38.4086	38.3104	39.7675	39.1072
	非国有控股公司	43.6210	43.6963	45.7223	39.3857
	总体	42.0342	42.0567	43.9095	39.3009
电力、热力、燃气及水生产和供应业(D)	国有控股公司	36.6776	37.0888	35.1974	37.2807
	非国有控股公司	37.9808	43.7500	37.8205	38.8889
	总体	36.8680	38.0618	35.5805	37.5156
交通运输、仓储和邮政业(G)	国有控股公司	40.4412	40.0735	34.3137	40.9314
	非国有控股公司	42.7885	42.7885	42.9487	36.7521
	总体	40.8179	40.5093	35.6996	40.2606
信息传输、软件和信息技术服务业(I)	国有控股公司	39.2857	39.9554	36.6071	41.6666
	非国有控股公司	47.1688	44.4444	44.3020	39.1263
	总体	45.6466	43.5776	42.8161	39.6169
金融业(J)	国有控股公司	61.3782	43.4295	34.4017	45.5840
	非国有控股公司	50.0000	40.6250	29.1667	41.6667
	总体	59.0561	42.8571	33.3333	44.7846

续　表

行　　业	所有制类型	治理结构	治理效率	利益相关者	风险控制
房地产业(K)	国有控股公司	36.4087	38.9881	36.7725	34.3915
	非国有控股公司	41.7254	38.6444	39.9061	33.6463
	总体	39.2257	38.8060	38.4328	33.9967

　　可以看出,与地区一样,不同行业两类所有制上市公司自愿性信息披露分项指数排序也不一致。在自愿性信息披露四个分项指数上,对于国有控股公司来说,在治理结构、治理效率和风险控制三个分项指数上,金融业(J)表现较好;在利益相关者分项指数上,制造业(C)表现较好。对于非国有控股公司来说,在治理结构和风险控制分项指数上,金融业(J)表现较好;在治理效率分项指数上,信息传输、软件和信息技术服务业(I)表现较好;在利益相关者分项指数上,制造业(C)表现较好。

　　为了便于比较,本章计算了六个代表性行业国有控股公司自愿性信息披露四个分项指数均值与对应的非国有控股公司自愿性信息披露四个分项指数均值的差值,由此可以反映这六个代表性行业两类所有制上市公司自愿性信息披露四个分项指数的差异,如图 20-8所示。可以看出,在治理结构和利益相关者两个分项指数上,除金融业(J)国有控股公司优于非国有控股公司外,其他五个行业的非国有控股公司都优于国有控股公司;在治理效率分项指数上,除了金融业(J)和房地产业(K)两个行业外,其他四个行业均是非国有控股公司好于国有控股公司;在风险控制分项指数上,除了制造业(C),电力、热力、燃气及水生产和供应业(D)两个行业的非国有控股公司优于国有控股公司外,其他四个行业的国有控股公司都优于非国有控股公司。总体看,在六个代表性行业中,非国有控股公司有较多的自愿性信息披露分项

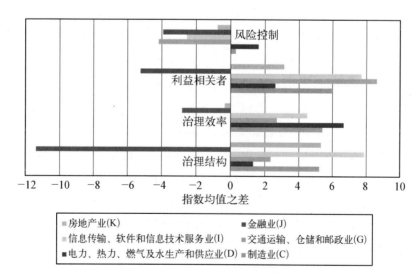

注:指数均值之差=非国有控股公司自愿性信息披露分项指数均值-国有控股公司
自愿性信息披露分项指数均值。

图 20-8　2015 年不同行业国有与非国有控股上市公司自愿性信息披露分项指数均值之差值比较

指数好于或略好于国有控股公司,但在风险控制分项指数上,国有控股公司表现较为突出。

20.4 本 章 小 结

本章对 2015 年沪深两市非国有控股公司与国有控股公司的自愿性信息披露指数及四个分项指数进行了统计和比较分析,结论如下:

关于自愿性信息披露总体指数:(1)随着第一大股东中国有股东持股比例的降低,自愿性信息披露指数呈逐渐上升趋势,这说明,适度降低国有股东的股权集中度可能是提高公司自愿性信息披露水平的比较有效的方式。(2)非国有控股公司自愿性信息披露水平总体上优于国有控股公司。(3)最终控制人是中央企业的国有控股上市公司的自愿性信息披露水平与最终控制人是地方国企的国有控股上市公司相差不大,前者略优于后者,但都低于非国有控股公司。(4)从地区看,四个地区的非国有控股公司自愿性信息披露水平都好于国有控股公司。(5)从行业看,六个代表性行业中,除了金融业国有控股公司自愿性信息披露水平优于非国有控股公司外,其他五个行业都是非国有控股公司优于国有控股公司。

关于自愿性信息披露分项指数:(1)随着第一大股东中国有股比例的降低,治理结构分项指数、治理效率、利益相关者总体呈现上升趋势,而风险控制总体则呈现下降趋势,整体看,适度降低作为第一大股东的国有股股东持股比例,对于促进自愿性信息披露可能有积极的影响。(2)在治理结构、治理效率和利益相关者分项指数上,非国有控股公司较大程度高于国有控股公司;在风险控制分项指数上,国有控股公司略高于非国有控股公司。(3)最终控制人为中央企业的国有控股公司和最终控制人为地方国企的国有控股公司在自愿性信息披露的四个分项指数上略有差异。在治理结构分项指数上,央企控股的上市公司大于地方国企控股的上市公司,但明显小于非国有控股公司;在治理效率分项指数上,地方国企控股的上市公司高于央企控股的上市公司,但依然小于非国有控股公司;在利益相关者分项指数上,央企控股的上市公司高于地方国企控股的上市公司,也明显低于非国有控股公司;在风险控制分项指数上,央企控股的上市公司要高于地方国企控股的上市公司和非国有控股公司。(4)从地区看,在治理结构、治理效率和利益相关者三个分项指数上,非国有控股公司表现更为突出;而在风险控制分项指数上,除了中部非国有控股公司好于国有控股公司外,其他三个地区则都是国有控股公司好于或略好于非国有控股公司。(5)从行业看,在治理结构、治理效率和利益相关者三个分项指数上,除了金融业的国有控股公司好于非国有控股公司外,其他五个代表性行业都是非国有控股公司好于国有控股公司;在风险控制分项指数上,四个行业的国有控股公司好于非国有控股公司。

第 21 章

自愿性信息披露指数的年度比较(2013 & 2015)

2014 年,我们对 2013 年度中国上市公司自愿性信息披露水平进行了测度,2016 年度我们又对 2015 年度中国上市公司自愿性信息披露水平进行了测度。本章将从总体、地区、行业和所有制(控股类型)等四个角度,比较分析两个年度中国上市公司自愿性信息披露水平,以便了解自愿性信息披露质量是否有所改进以及改进程度,以期对自愿性信息披露的完善有所启示。

21.1 自愿性信息披露指数的年度总体比较

2013 年,样本上市公司共 2464 家;2015 年,样本上市公司增加至 2655 家。比较 2013 年与 2015 年样本上市公司的自愿性信息披露指数,以及治理结构分项指数、治理效率分项指数、利益相关者分项指数和风险控制分项指数,结果参见表 21-1。

表 21-1 2013 年和 2015 年上市公司自愿性信息披露指数均值比较

年 份	样 本 量	总体指数	分 项 指 数			
			治理结构	治理效率	利益相关者	风险控制
2013	2464	41.6970	34.8189	30.0502	66.3758	35.5429
2015	2655	41.0242	41.7420	41.3724	41.9240	39.0584
2015 年与 2013 年指数之差		−0.6728	6.9231	11.3222	−24.4518	3.5155

由表 21-1 可知,2013 年,上市公司自愿性信息披露指数均值为 41.6970,其中治理结构分项指数均值为 34.8189,治理效率分项指数均值为 30.0502,利益相关者分项指数均值为 66.3758,风险控制分项指数均值为 35.5429。2015 年,上市公司自愿性信息披露指数均值为 41.0242,其中治理结构分项指数均值为 41.7420,治理效率分项指数均值为 41.3724,利益相关者分项指数均值为 41.9240,风险控制分项指数均值为 39.0584。可以看到,与

2013 年上市公司自愿性信息披露指数相比,2015 年中国上市公司自愿性信息披露总体水平有所下降。其中,利益相关者分项指数下滑幅度较大,下滑达 24.4518 分;治理结构分项指数、治理效率分项指数和风险控制分项指数则有所上升,尤其是治理效率分项指数上升幅度较大,达到 11.3222 分。

图 21 - 1 更加直观地描绘了 2015 年与 2013 年指数均值之差。可以看出,总体指数和利益相关者分项指数有所下降,尤其是利益相关者分项指数下降幅度比较大,其他三个分项指数均有所上升。

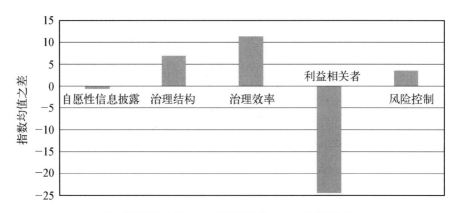

注:指数均值之差＝2015 年指数均值－2013 年指数均值。

图 21 - 1　2013 年和 2015 年上市公司自愿性信息披露指数均值的变化

为了便于弄清导致自愿性信息披露分项指数波动的来源,表 21 - 2 比较了 2013 年与 2015 年中国上市公司自愿性信息披露指数的具体指标。

表 21 - 2　2013 年和 2015 年上市公司自愿性信息披露指数具体指标比较

一级指标	二　级　指　标	2013 年	2015 年	变　动
治理结构 (1～8)	1. 董事会构成	0.0791	0.9906	↑
	2. 董事学历	0.5645	0.5644	↓
	3. 董事任职经历(不含兼职、社会称号等)	0.2415	0.1431	↓
	4. 专门委员会构成	0.4718	0.5269	↑
	5. 监事会构成	0.0345	0.0249	↓
	6. 监事会成员	0.4984	0.2876	↓
	7. 高管层学历	0.3235	0.6060	↑
	8. 高管层任职经历(不低于三年)(不含兼职、社会称号)	0.5722	0.1959	↓
治理效率 (9～16)	9. 股东大会(包括临时股东大会)股东出席率	0.0408	0.5367	↑
	10. 股东大会(包括临时股东大会)投票机制的说明	0.0633	0.0520	↓
	11. 董事考评制度及结果的说明	0.1295	0.1392	↑

续　表

一级指标	二　级　指　标	2013 年	2015 年	变　动
治理效率 (9~16)	12.《董事会议事规则》的说明	0.3421	0.3153	↓
	13. 董事会召开方式的说明	0.4087	0.9729	↑
	14. 独立董事同意、质疑或否决董事会某项决议的说明	0.8782	0.9616	↑
	15. 高管薪酬结构及额度	0.0313	0.0286	↓
	16. 高管层关系网络	0.5101	0.3036	↓
利益相关者（17~22)	17. 投资者关系建设情况的说明	0.6173	0.4729	↓
	18. 社会责任	0.4675	0.5089	↑
	19. 债权人情况	0.5649	0.0644	↓
	20. 债务人情况	0.9383	0.1665	↓
	21. 供应商情况	0.5223	0.6418	↑
	22. 客户情况	0.8722	0.6610	↓
风险控制 (23~31)	23. 企业发展战略目标	0.2541	0.0162	↓
	24. 盈利能力分析	0.2703	0.1503	↓
	25. 营运能力分析	0.0130	0.0173	↑
	26. 偿债能力分析	0.0333	0.0331	↓
	27. 发展能力分析	0.7537	0.8151	↑
	28. 关于现聘会计师事务所的说明	0.7025	0.9646	↑
	29. 宏观形势对公司业绩影响的分析	0.8989	0.9326	↑
	30. 行业地位(或市场份额)分析	0.2188	0.5379	↑
	31. 竞争对手分析	0.0544	0.0478	↓

注:"↑"表示得分上升,"↓"表示得分下降,"－"表示得分不变。

由表 21-2 可知,在 31 个二级指标中,上升的有 14 个指标,下降的有 17 个指标。2015 年治理结构分项指数的 8 个二级指标中,有 3 个指标与 2013 年相比有所上升,5 个指标有所下降。得分下降幅度较大的指标是指标"8. 高管层任职经历(不低于三年)(不含兼职、社会称号)",这意味着对高管个人背景的披露有所减弱;得分上升幅度较大的是指标"1. 董事会构成",这说明对董事会结构及董事会类型的披露加强了。2015 年治理效率分项指数的 8 个二级指标中,有 4 个指标与 2013 年相比有所下降,4 个指标有所上升。得分变动幅度较大的指标有:指标"13. 董事会召开方式的说明",由 2013 年的 0.4087 提高到 2015 年的 0.9729,说明董事会决策监督的有效性有所提高;指标"18. 高管层关系网络",由 2013 年的 0.5101 下降至2015 年的 0.3036,说明高管层社会影响的披露有所下降,这可能与反腐力度加大有关。2015年利益相关者分项指数的 6 个二级指标中,有 4 个指标下降,2 个指标上升,由于下降的指标较多,导致利益相关者分项指数的较大幅度下降,其中指标"20. 债务人情况"下降幅度较大,由2013 年的 0.9383 下降为 2015 年的 0.1665,这可能与经济下行压力有关。2015 年风险控制分项指数的 9 个二级指标中,有 4 个指标下降,5 个指标上升,在财务信息披露方面,企业发展能力和企业营运能力的披露有所提升,但是企业盈利能力和偿债能力的披露出现下降,这同样可能与经济下行压力有关。另外,企业对宏观环境及行业竞争地位的披露有所提升。

21.2   分地区自愿性信息披露指数的年度比较

用各地区上市公司自愿性信息披露总体指数,以及治理结构分项指数、治理效率分项指数、利益相关者分项指数和风险控制分项指数的平均值来代表各地区上市公司自愿性信息披露情况,分别比较不同地区 2013 年与 2015 年自愿性信息披露水平的差异,结果见表 21-3。

表 21-3   2013 年和 2015 年不同地区上市公司自愿性信息披露指数均值比较

地 区	年 份	总体指数	分 项 指 数				总体指数排名	总体指数排名变化
			治理结构	治理效率	利益相关者	风险控制		
东部	2013	41.8026	35.4570	29.9633	65.9129	35.8772	2	↑
	2015	41.6715	42.3365	42.0331	42.8469	39.4695	1	
中部	2013	42.0024	34.9174	30.7507	67.6309	34.7107	1	↓
	2015	40.5480	41.0950	41.1280	40.8751	39.0941	2	
西部	2013	41.5980	33.6710	29.8592	67.6053	35.2564	3	—
	2015	39.9074	40.8616	39.6704	41.3403	37.7575	3	
东北	2013	39.8748	30.0373	29.7108	65.1741	34.5771	4	—
	2015	37.3252	38.5123	38.4683	34.9178	37.4022	4	

注:"↑"表示排名上升,"↓"表示排名下降,"—"表示排名不变。

根据表 21-3,从自愿性信息披露总体指数看,四个地区的指数均值都下降,排序也发生变化,东部排序上升,从第二升为第一,中部排名下降,从第一下降为第二;西部和东北的排名没有发生变化。从四个分项指数看,在治理结构分项指数上四个地区都有了一定的提高,排序并没有发生变化;在治理效率分项指数上四个地区全部有所上升,排序也发生一定变化,中部由第一下降为第二,东部由第二上升为第一,其他两个地区排名没有变化;在利益相关者分项指数上四个地区均出现大幅下滑,排序出现较大变化,西部和东北排序没有变化,仍然分列第二和第四,但东部从第三上升为第一,中部从第一下降为第三;在风险控制分项指数上四个地区全部有所上升,排序出现部分变化,东部和东北部排序没有变化,仍分列第一和第四,中部从第三上升为第二,西部从第二降为第三。

　　图21-2更加直观地描绘了2015年与2013年各地区自愿性信息披露指数均值之差。可以看出,四个地区除了总体指数和利益相关者分项指数下降外,其他三个分项指数都出现不同程度的上升。

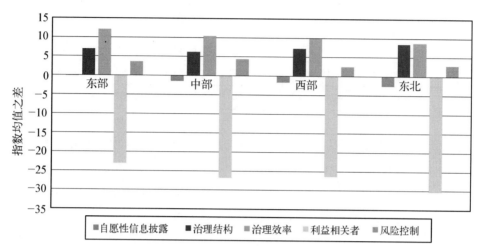

注:指数均值之差＝2015年指数均值－2013年指数均值。

图21-2　2013年和2015年不同地区上市公司自愿性信息披露指数的变化

21.3　分行业自愿性信息披露指数的年度比较

　　用各行业上市公司自愿性信息披露总体指数,以及治理结构分项指数、治理效率分项指数、利益相关者分项指数和风险控制分项指数的平均值来代表各行业上市公司自愿性信息披露情况,分别比较不同行业2013年与2015年自愿性信息披露水平的差异,结果参见表21-4。

表21-4　2013年和2015年不同行业上市公司自愿性信息披露指数均值比较

行　业	年　份	总体指数	分项指数				总体指数排名变化
			治理结构	治理效率	利益相关者	风险控制	
农、林、牧、渔业(A)	2013	42.3923	35.0962	31.4103	67.7350	35.3276	↓
	2015	39.8975	39.2857	39.8810	42.0635	38.3598	
采矿业(B)	2013	41.1038	34.8485	30.1136	68.8131	30.6397	↓
	2015	39.7760	40.9247	38.2706	41.3242	38.5845	
制造业(C)	2013	42.2785	35.4407	28.8908	67.9729	36.8096	↓
	2015	41.8253	42.0342	42.0567	43.9095	39.3009	

续　表

行　业	年　份	总体指数	分　项　指　数				总体指数排名变化
			治理结构	治理效率	利益相关者	风险控制	
电力、热力、燃气及水生产和供应业(D)	2013	41.3986	28.9557	33.2279	72.4684	30.9423	↓
	2015	37.0065	36.8680	38.0618	35.5805	37.5156	
建筑业(E)	2013	43.8575	35.9127	34.6230	71.5609	33.3333	↓
	2015	42.4907	42.7817	42.5176	43.8967	40.7668	
批发和零售业(F)	2013	39.3583	28.0428	32.2780	63.2675	33.8450	↓
	2015	36.5434	35.5017	37.5425	34.2404	38.8889	
交通运输、仓储和邮政业(G)	2013	40.6076	34.2188	36.0938	60.3125	31.8056	↓
	2015	39.3218	40.8179	40.5093	35.6996	40.2606	
住宿和餐饮业(H)	2013	39.9016	37.5000	26.0417	64.5833	31.4815	↑
	2015	40.5303	44.3182	39.7727	43.1818	34.8485	
信息传输、软件和信息技术服务业(I)	2013	39.8430	38.7195	25.1016	59.6884	35.8627	↑
	2015	42.9143	45.6466	43.5776	42.8161	39.6168	
金融业(J)	2013	45.5265	60.3198	42.0058	39.7287	40.0517	—
	2015	45.0078	59.0561	42.8571	33.3333	44.7846	
房地产业(K)	2013	39.4110	27.9851	32.9758	65.6716	31.0116	—
	2015	37.6153	39.2258	38.8060	38.4328	33.9967	
租赁和商务服务业(L)	2013	39.6660	34.2262	30.6548	63.0952	30.6878	↑
	2015	41.0791	38.4615	44.2308	42.9487	38.6752	
科学研究和技术服务业(M)	2013	40.1910	36.4583	25.0000	54.8611	44.4444	↑
	2015	44.5216	49.6528	44.7917	39.8148	43.8272	
水利、环境和公共设施管理业(N)	2013	41.9071	38.7019	29.5673	63.4615	35.8974	↑
	2015	43.4491	45.0000	45.0000	42.5000	41.2963	
卫生和社会工作(Q)	2013	38.5995	31.2500	25.0000	61.1111	37.0370	↑
	2015	39.1667	38.7500	41.2500	43.3333	33.3333	
文化、体育和娱乐业(R)	2013	39.9089	35.4167	33.5938	57.2917	33.3333	↓
	2015	39.0818	43.0556	37.5000	37.5000	38.2716	
综合(S)	2013	39.0625	22.0109	35.3261	68.4783	30.4348	↓
	2015	32.9722	32.0000	36.0000	29.6667	34.2222	

注：由于教育(P)只有1家上市公司，不具有代表性，故在比较时将其剔除。"↑"表示排名上升，"↓"表示排名下降，"—"表示排名不变。

从表21-4可以看出，从自愿性信息披露总体指数看，除水利、环境和公共设施管理业

(N),科学研究和技术服务业(M),住宿和餐饮业(H),信息传输、软件和信息技术服务业(I),租赁和商务服务业(L),卫生和社会工作(Q)6 个行业上升外,其他 11 个行业均出现不同程度的下降。排序上也出现一些变化,两个年度金融业都保持第一,反映出金融业自愿性信息披露比较稳定,比其他行业相对较好。房地产业(K)的顺序也没有发生变化。上升幅度比较大的行业是信息传输、软件和信息技术服务业(I),以及科学研究和技术服务业(M),分别上升 8 和 7 个位次;下降幅度较大的行业是电力、热力、燃气及水生产和供应业(D),从第六位下降为第十五位。

从自愿性信息披露分项指数看,在治理结构分项指数上,除金融业(J)下降以外,其他 16 个行业都出现了上升,金融业虽然略微有所下降,但依然排在第一位;在治理效率分项指数上,所有 17 个行业都有所上升;在利益相关者分项指数上,所有 17 个行业都有大幅度的下降;在风险控制分项指数上,除科学研究和技术服务业(M)、卫生和社会工作(Q)2 个行业出现下降外,其他 15 个行业都出现不同程度的上升。

21.4　分所有制自愿性信息披露指数的年度比较

按照五种所有制或控股类型的划分,用各所有制上市公司自愿性信息披露总体指数,以及治理结构分项指数、治理效率分项指数、利益相关者分项指数和风险控制分项指数的平均值来代表各所有制类型上市公司自愿性信息披露情况,分别比较 2013 年与 2015 年不同所有制上市公司的自愿性信息披露水平的差异,结果参见表 21 - 5 Panel A。另外,进一步将样本按照国有控股公司和非国有控股公司分类,统计信息见表 21 - 5 Panel B。

表 21 - 5　2013 年和 2015 年不同所有制上市公司自愿性信息披露指数均值比较

所有制类型	年份	总体指数	分项指数				总体指数排名	总体指数排名变化
			治理结构	治理效率	利益相关者	风险控制		
Panel A　按照五类所有制公司分类								
国有参股公司	2013	42.2503	34.9275	30.2832	67.6335	36.1572	1	—
	2015	42.6392	43.0556	43.0348	45.3013	39.1653	1	
无国有股份公司	2013	41.9365	37.1812	27.4791	66.0583	37.0273	2	—
	2015	42.4706	43.7743	43.2823	43.8938	38.9321	2	
国有绝对控股公司	2013	41.3881	32.4962	33.3206	66.5389	33.1970	3	↓
	2015	38.3369	38.6229	37.6059	37.6836	39.4350	5	
国有强相对控股公司	2013	41.3686	32.2945	32.9178	66.5993	33.6628	4	—
	2015	38.7039	39.6819	38.9077	36.9745	39.2517	4	

续　表

所有制类型	年　份	总体指数	分　项　指　数				总体指数排名	总体指数排名变化
			治理结构	治理效率	利益相关者	风险控制		
Panel A　按照五类所有制公司分类								
国有弱相对控股公司	2013	40.7636	30.9702	32.6959	65.5162	33.8723	5	↑
	2015	38.7734	38.0502	38.6884	39.7594	38.5954	3	
Panel B　按照国有控股公司和非国有控股公司分类								
国有控股公司	2013	41.2072	31.9948	32.9922	66.2781	33.5636	2	—
	2015	38.6174	38.9235	38.4714	37.9521	39.1224	2	
非国有控股公司	2013	42.0123	36.6369	28.1563	66.4387	36.8171	1	—
	2015	42.5329	43.5087	43.1909	44.4138	39.0182	1	

注："↑"表示排名上升,"↓"表示排名下降,"－"表示排名不变。

从表 21-5 Panel A 可以看出,从自愿性信息披露总体指数看,五种所有制上市公司除了国有参股公司和无国有股份公司上升外,其他三种所有制上市公司的自愿性信息披露指数均值则出现下降。在排序上,国有参股公司、无国有股份公司和国有强相对控股公司的排序没有发生变化,分别为第一、第二和第四,国有绝对控股公司由第三降为第五,国有弱相对控股公司由第五升为第三。

从自愿性信息披露分项指数看,在治理结构分项指数上五类公司都上升,但排序发生了变化,两个年度无国有股份公司、国有参股公司和国有弱相对控股公司仍排名在第一、第二和第五,国有绝对控股公司由第三下降到第四,国有强相对控股公司由第四上升到第三;在治理效率分项指数上五类公司全部出现上升,排序也出现变化,国有绝对控股公司由第一降为第五,国有强相对控股公司由第二下降到第三,国有弱相对控股公司由第三降为第四,国有参股公司由第四升为第二,无国有股份公司由第五上升到第一。在利益相关者分项指数上五类公司都大幅下降,排序变化也很大,两个年度只有国有参股公司保持第一,而国有强相对控股公司从第二跌到第五,国有绝对控股公司从第三降到第四,无国有股份公司从第四升至第二,国有弱相对控股公司从第五提升至第三;在风险控制分项指数上五类公司都有所上升,排序也发生变化,无国有股份公司从第一降到第四,国有参股公司从第二降到第三,国有弱相对控股公司从第三降到第五,国有强相对控股公司从第四提升到第二,国有绝对控股公司从第五大幅上升到第一。

从表 21-5 Panel B 可以看出,国有控股公司的自愿性信息披露指数由 2013 年的 41.2072 分下降至 2015 年的 38.6174 分,非国有控股公司由 2013 年的 42.0123 分上升至 2015 年的 42.5329 分,但排序没有发生变化,两个年度都是非国有控股公司排名第一。从四个分项指数看,国有控股公司和非国有控股公司都是利益相关者分项指数有所下降,其他三个分项指数都出现上升,这可能与经济下行有关。

　　图 21 - 3 更加直观地描绘了 2015 年与 2013 年各所有制上市公司自愿性信息披露指数均值之差。可以看出,与 2013 年相比,2015 年各类公司的自愿性信息披露总体指数及利益相关者分项指数出现下降,其他三个分项指数都上升,利益相关者分项指数下降幅度很大。

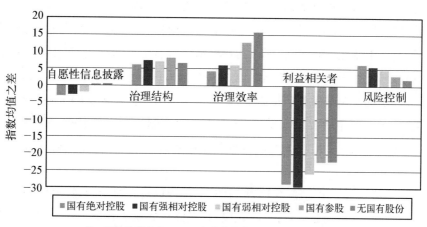

注:指数均值之差＝2015 年指数均值－2013 年指数均值。

图 21 - 3　2013 年和 2015 年不同所有制上市公司自愿性信息披露指数的变化

21.5　分上市板块自愿性信息披露指数的年度比较

　　按照四个上市板块的划分,用各板块上市公司自愿性信息披露总体指数,以及治理结构、治理效率、利益相关者和风险控制四个分项指数的平均值来代表各板块上市公司自愿性信息披露情况,分别比较不同板块 2013 年和 2015 年自愿性信息披露水平的差异,结果见表 21 - 6。

表 21 - 6　2014 年和 2015 年不同板块自愿性信息披露指数均值比较

上市板块	年　份	总体指数	分　项　指　数				总体指数排名	总体指数排名变化
			治理结构	治理效率	利益相关者	风险控制		
深市主板(不含中小企业板)	2013	43.3158	37.2591	25.8565	75.9101	34.2375	2	—
	2015	45.2823	46.1239	43.2135	54.8104	36.9814	2	
深市中小企业板	2013	47.0895	40.8256	28.9319	76.0105	42.5900	1	—
	2015	47.1809	47.0934	47.6563	53.9203	40.0537	1	
深市创业板	2013	37.0677	41.6197	19.4366	51.0329	36.1815	4	↑
	2015	45.0501	49.7079	45.2249	46.1449	39.1225	3	
沪市主板	2013	38.6228	26.5675	36.9687	60.2551	30.7002	3	↓
	2015	32.8748	32.4668	34.3105	25.4671	39.2549	4	

注:"↑"表示排名上升,"↓"表示排名下降,"—"表示排名不变。

根据表 21-6,从自愿性信息披露总体指数看,深市创业板上市公司自愿性信息披露指数均值上升,排序也从第四位上升到第三位;沪市主板自愿性信息披露指数均值下降,排序从第三位下降到第四位;深市中小企业板和深市主板(不含中小企业板)自愿性信息披露指数均值都有所提高,排序没有变化,仍维持第一和第二的位置。

从自愿性信息披露分项指数看,在治理结构分项指数中,四个板块都有较大幅度的上升,但排序没有发生变化,两个年度深市创业板都位居第一;在治理效率分项指数上,除沪市主板出现下降外,其他三个板块都有较大幅度的上升,深市中小企业板从 2013 年度的第二位跃居第一位;在利益相关者分项指数上,四个板块都出现较大幅度的下降,深市主板(不含中小企业板)从 2013 年的第二位升到第一位;在风险控制分项指数上,除深市中小企业板出现下降外,其他三个板块都出现了不同程度的上升,虽然深市中小企业板有所下降,但两个年度仍位居第一。

图 21-4 更加直观地描绘了 2015 年与 2013 年各板块上市公司自愿性信息披露指数均值之差。可以看出,深市创业板自愿性信息披露总体指数相比其他三个板块提升幅度较大,而沪市主板自愿性信息披露总体指数则下降较多;在治理结构分项指数上,四个板块变化方向一致,都有较大幅上升,提升幅度最大的是深市主板(不含中小企业板);在治理效率分项指数上,沪市主板出现小幅下降,其他三个板块上升幅度较大,尤其是深市创业板,上升幅度高达 25.7883 分;在利益相关者分项指数上,四个板块都出现下降,尤其是沪市主板,下降幅度高达 34.7880 分,而深市创业板下降幅度远小于其他三个板块;在风险控制分项指数上,除了深市中小企业板下降外,其他三个板块都有所提升,提升幅度最大的是沪市主板,升幅为 8.5547 分。

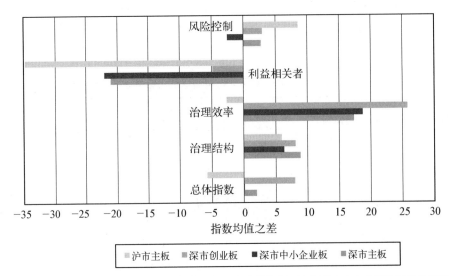

注:(1) 指数均值之差=2015 年指数均值-2013 年指数均值;(2) 深市中小企业板是深市主板的一部分,但本图中的深市主板不含中小企业板。

图 21-4　2013 年和 2015 年不同板块自愿性信息披露指数的变化

21.6　本章小结

本章从总体、地区、行业和所有制(控股)类型四个角度分别比较了 2013 年与 2015 年中国上市公司的自愿性信息披露水平的变化,主要结论如下:

(1) 从总体来看,相比 2013 年,2015 年中国上市公司自愿性信息披露总体水平有所下降。其中,除利益相关者下降幅度较大外,治理结构、治理效率和风险控制三个分项指数都有不同程度的上升,这说明,2015 年自愿性信息披露水平的下降是由利益相关者方面的自愿性信息披露水平大幅下降引起的,这可能与 2015 年的经济下行有关。

(2) 从地区来看,四个地区上市公司自愿性信息披露指数均有所下降,排序也发生变化,东部排序上升,中部排序下降,西部和东北部排序没有变化。

(3) 从行业看,除水利、环境和公共设施管理业(N),科学研究和技术服务业(M),住宿和餐饮业(H),信息传输、软件和信息技术服务业(I),租赁和商务服务业(L),卫生和社会工作(Q)6 个行业上升外,其他 11 个行业均出现不同程度的下降。两个年度金融业在排序上都保持第一,反映金融业自愿性信息披露比较稳定,比其他行业相对较好。

(4) 从所有制(控股)类型看,无国有股份公司和国有参股公司的自愿性信息披露指数有所上升,其他三种所有制上市公司自愿性信息披露指数都出现下降,排序也有所变化,国有绝对控股公司排序下降,国有弱相对控股公司排序上升,其他三种所有制上市公司排序没有发生变化,两个年度中最高的都是国有参股公司。从国有控股公司和非国有控股公司两个大类看,国有控股公司自愿性信息披露水平较大幅度下降,非国有控股公司自愿性信息披露水平略有上升,两者的排序没有变化,都是非国有控股公司高于国有控股公司。

(5) 从上市板块看,四个板块在治理结构分项指数上全部上升,在利益相关者分项指数上全部下降;在总体指数和治理效率分项指数上,只有沪市主板下降,其他三个板块全部上升;在风险控制分项指数上,只有深市中小企业板下降,其他三个板块全部上升。

中国公司治理分类
指数报告No.15
（2016）

Report on China
Classified Corporate
Governance Index
No.15（2016）

第七编
高管薪酬指数

第 22 章

高管薪酬指数排名及比较

根据第 1 章确定的高管薪酬指数评价方法，以及我们评估获得的 2015 年度 2632 家样本上市公司指数数据，首先对这 2632 家公司的高管薪酬指数进行排名和比较，然后分别从地区、行业和上市板块三个角度依次进行分析和比较，最后对这些上市公司的高管薪酬绝对值进行总体描述。需要说明的是，由于总样本量与前面各编略有差别，关于地区、行业、控股（所有制）类型、上市板块等方面的样本量统计均以 2632 家总样本量为基准。

22.1 高管薪酬指数总体分布及排名

根据第 1 章确定的高管薪酬指数评价方法，我们对 2632 家上市公司高管薪酬指数进行了测算，并以降序方式进行了排名（详见附带光盘附表Ⅵ-1、Ⅵ-2）。然后，我们对高管薪酬指数的总体情况进行了统计，并根据四分之一分位法确定了高管薪酬激励过度、激励适中和激励不足的指数区间。最后，我们对激励过度、激励适中和激励不足的前 100 名公司进行了排名。

22.1.1 高管薪酬指数总体分布

2015 年上市公司高管薪酬指数的总体分布参见表 22-1。

表 22-1 2015 年上市公司高管薪酬指数总体分布

	公司数目	平均值	中位值	最大值	最小值	标准差
激励过度	659	1134.9612	379.2560	36435.0700	127.6247	2361.0680
激励适中	1313	53.0605	45.8843	127.4995	17.3146	28.4712
激励不足	660	8.3555	8.1816	17.2645	0.0376	4.9822
总　体	2632	312.7365	45.8593	36435.0700	0.0376	1273.1175

从表 22-1 可以看出,2015 年上市公司高管薪酬指数最大值为 36435.0700,最小值为 0.0376,平均值为 312.7365。高管薪酬指数在 127.6247 以上的属于薪酬激励过度,高管薪酬指数在 17.2645 至 127.4995 之间的属于薪酬激励适中,高管薪酬指数在 17.2645 以下的属于薪酬激励不足。高管薪酬指数中位值为 45.8593,标准差为 1273.1175。在 2632 家上市公司中,激励过度的上市公司有 659 家,激励适中的上市公司有 1313 家,激励不足的上市公司有 660 家。激励过度的上市公司高管薪酬指数标准差很大,表明激励过度的 659 家上市公司高管薪酬指数离散程度很大。激励适中和激励不足的上市公司高管薪酬指数相对比较集中,特别是薪酬激励不足的上市公司高管薪酬指数更为集中。

22.1.2 高管薪酬指数排名

表 22-2 列示了高管薪酬激励过度前 100 名公司,这些公司的高管薪酬指数越大,则表明其薪酬激励越是过度。由于本报告对高管薪酬指数采取从大到小的降序排列,排序为 1～100 的公司即为薪酬激励过度前 100 名公司。

表 22-2 2015 年上市公司高管薪酬指数排名(激励过度前 100 名)

排 名	代 码	公司简称	薪酬指数	排 名	代 码	公司简称	薪酬指数
1	300216	千山药机	36435.0700	19	002364	中恒电气	5802.5060
2	300348	长亮科技	27041.7100	20	300231	银信科技	5650.8810
3	300208	恒顺众昇	14867.1700	21	300085	银之杰	5616.5780
4	300188	美亚柏科	11732.5400	22	300178	腾邦国际	5579.2190
5	002312	三泰控股	10109.0600	23	300331	苏大维格	5457.1780
6	300253	卫宁软件	9724.5680	24	300250	初灵信息	5391.9630
7	300168	万达信息	9386.7660	25	002230	科大讯飞	5378.1790
8	300227	光韵达	8843.0140	26	300285	国瓷材料	5364.1070
9	002625	龙生股份	7865.8850	27	002227	奥特迅	4863.1990
10	300324	旋极信息	7524.2880	28	600446	金证股份	4836.5190
11	300245	天玑科技	7399.7180	29	600146	大元股份	4774.1090
12	300311	任子行	7078.7530	30	300299	富春通信	4697.9020
13	002337	赛象科技	6988.6120	31	300289	利德曼	4574.4340
14	300275	梅安森	6985.3950	32	300177	中海达	4363.5670
15	600149	廊坊发展	6529.8940	33	002298	鑫龙电器	4333.4570
16	300270	中威电子	6266.7070	34	002090	金智科技	4321.9520
17	300017	网宿科技	6222.7260	35	300339	润和软件	4239.8730
18	300045	华力创通	6062.4380	36	300020	银江股份	4207.4350

排　名	代　码	公司简称	薪酬指数	排　名	代　码	公司简称	薪酬指数
37	300182	捷成股份	4155.1900	69	002138	顺络电子	2811.4250
38	600890	中房股份	4117.5440	70	000534	万泽股份	2750.4290
39	300166	东方国信	3917.4680	71	300255	常山药业	2732.7390
40	300238	冠昊生物	3851.6280	72	000502	绿景控股	2724.6260
41	002437	誉衡药业	3785.3490	73	600234	山水文化	2717.8530
42	000567	海德股份	3679.6710	74	002587	奥拓电子	2704.2070
43	002591	恒大高新	3632.7350	75	300281	金明精机	2641.0580
44	300133	华策影视	3528.6720	76	300028	金亚科技	2640.5200
45	300347	泰格医药	3506.7760	77	300079	数码视讯	2633.6720
46	002671	龙泉股份	3464.3090	78	000809	铁岭新城	2630.5670
47	300228	富瑞特装	3459.0380	79	300272	开能环保	2606.8920
48	300107	建新股份	3455.0070	80	300113	顺网科技	2578.1980
49	300130	新国都	3436.2900	81	300229	拓尔思	2577.4840
50	300097	智云股份	3425.2730	82	000892	星美联合	2532.3380
51	300271	华宇软件	3357.0410	83	600201	金宇集团	2482.0220
52	002063	远光软件	3257.9610	84	002261	拓维信息	2474.6730
53	300110	华仁药业	3254.2180	85	000613	大东海 A	2426.5350
54	300170	汉得信息	3246.4060	86	002197	证通电子	2409.4330
55	300059	东方财富	3214.3050	87	300236	上海新阳	2333.7900
56	002176	江特电机	3198.4810	88	600315	上海家化	2327.3050
57	002178	延华智能	3194.5620	89	002631	德尔未来	2305.9840
58	600883	博闻科技	3162.0240	90	300010	立思辰	2302.2160
59	300052	中青宝	3141.2410	91	600753	东方银星	2284.8760
60	300369	绿盟科技	3131.8760	92	002527	新时达	2238.3650
61	002458	益生股份	3100.0140	93	002031	巨轮智能	2199.8180
62	000504	南华生物	3079.7700	94	600733	S 前锋	2199.5050
63	300136	信维通信	3052.8280	95	600793	ST 宜纸	2164.7000
64	300016	北陆药业	3029.7170	96	000997	新大陆	2144.6190
65	600847	万里股份	3029.6420	97	600275	武昌鱼	2111.3420
66	300049	福瑞股份	2961.3590	98	002397	梦洁家纺	2106.7600
67	300286	安科瑞	2921.5850	99	300332	天壕环境	2092.3500
68	300034	钢研高纳	2917.4280	100	600285	羚锐制药	2012.7250

　　在激励过度前 100 家公司中,ST 公司有 1 家,在所有 41 家 ST 公司中的占比为 2.44%,尽管比例很低,但作为 ST 公司却激励过度,也要引起注意。从地区看,东部、中部、西部和东北各有 74 家、12 家、11 家和 3 家,分别占所在地区上市公司总数的 4.26%、3.21%、2.88% 和 2.16%,从相对值(占比)看,东部上市公司高管激励有较多的过度问题;从行业看,制造业有 53 家,信息传输、软件和信息技术服务业有 30 家,房地产业有 6 家,分别占所在行业上市公司总数的 3.20%、20.98% 和 4.55%,从相对值(占比)看,信息传输、软件和信息技术服务业高管激励有较多的过度问题;从控股类型看,非国有控股公司有 92 家,国有控股公司有 8 家,分别占同类型公司总数的 5.69% 和 0.79%,从相对值(占比)看,激励过度主要体现在非国有控股公司中;从上市板块看,深市主板(不含中小企业板)、深市中小企业板、深市创业板和沪市主板各有 8 家、22 家、54 家和 14 家,分别占各板块上市公司总数的 1.72%、2.98%、12.71% 和 1.39%,从相对值(占比),深市创业板上市公司高管激励有更多的过度问题。

　　图 22-1 显示了激励过度前 100 名公司高管薪酬指数的分布情况。可以看出,激励过度前 100 家公司的高管薪酬指数差异很大,最高值为 36435.0700,最低值为 2012.7250,前面 10 家的高管薪酬指数和后面 90 家的高管薪酬指数差距很大。

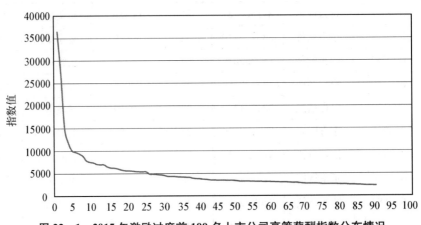

图 22-1　2015 年激励过度前 100 名上市公司高管薪酬指数分布情况

　　表 22-3 列示了高管薪酬激励适中前 100 名公司,这些公司的高管薪酬指数越接近 100,则表明其薪酬激励越是适中。

表 22-3　2015 年上市公司高管薪酬指数排名(激励适中前 100 名)

排　名	代　码	公司简称	薪酬指数	排　名	代　码	公司简称	薪酬指数
734	002399	海普瑞	108.9079	738	002387	黑牛食品	108.0816
735	300148	天舟文化	108.8704	739	600233	大杨创世	108.0316
736	300142	沃森生物	108.5824	740	002277	友阿股份	108.0191
737	002694	顾地科技	108.3070	741	600462	石岘纸业	107.2428

排　名	代　码	公司简称	薪酬指数	排　名	代　码	公司简称	薪酬指数
742	002049	同方国芯	106.8547	773	600185	格力地产	101.5339
743	002661	克明面业	106.7170	774	002282	博深工具	101.4463
744	000952	广济药业	106.6795	775	300232	洲明科技	101.3461
745	600351	亚宝药业	106.3790	776	002388	新亚制程	101.1333
746	002618	丹邦科技	106.2037	777	002684	猛狮科技	100.8328
747	002615	哈尔斯	106.1912	777	603636	南威软件	100.8328
748	300390	天华超净	106.1161	779	000783	长江证券	100.7952
749	300423	鲁亿通	105.5902	780	002445	中南重工	100.6575
750	002366	台海核电	105.4901	781	000301	东方市场	100.6075
751	002713	东易日盛	105.3774	782	300382	斯莱克	100.4447
752	000955	欣龙控股	105.2021	783	300205	天喻信息	100.3445
753	002201	九鼎新材	104.7890	784	000638	万方发展	100.0441
754	600137	浪莎股份	104.7389	785	600099	林海股份	100.0065
755	300261	雅本化学	104.3132	786	603588	高能环境	99.4932
756	300037	新宙邦	104.2381	787	300092	科新机电	99.4557
757	002278	神开股份	104.0754	788	603998	方盛制药	99.3430
758	002715	登云股份	103.5370	789	300334	津膜科技	99.1051
759	600070	浙江富润	103.5120	790	002240	威华股份	99.0801
760	300409	道氏技术	103.4369	791	300335	迪森股份	98.7420
761	002541	鸿路钢构	103.3618	792	002718	友邦吊顶	98.6794
762	600215	长春经开	103.2741	793	600794	保税科技	98.6544
763	603006	联明股份	103.0237	794	600638	新黄浦	98.6419
764	600382	广东明珠	102.3978	795	002644	佛慈制药	98.6043
765	300303	聚飞光电	102.3226	796	002127	*ST新民	98.4541
766	300153	科泰电源	102.2600	797	300181	佐力药业	98.3414
767	002722	金轮股份	102.2100	798	002093	国脉科技	97.8907
768	000662	索芙特	102.1849	799	300412	迦南科技	97.8156
769	600865	百大集团	102.1724	800	002016	世荣兆业	97.7655
770	002008	大族激光	101.8970	801	600830	香溢融通	97.7405
771	300370	安控科技	101.6466	802	600226	升华拜克	97.5151
772	603333	明星电缆	101.6341	803	600880	博瑞传播	97.3899

续　表

排　名	代　码	公司简称	薪酬指数	排　名	代　码	公司简称	薪酬指数
804	002279	久其软件	97.3649	819	002524	光正集团	93.2084
805	300234	开尔新材	97.1145	820	000995	皇台酒业	93.1458
806	300276	三丰智能	96.9017	821	002234	民和股份	92.6575
807	002072	凯瑞德	96.8140	822	600698	湖南天雁	92.6200
807	002522	浙江众成	96.8140	823	300374	恒通科技	92.5824
809	002735	王子新材	95.9627	824	002613	北玻股份	92.4572
810	002229	鸿博股份	95.4243	825	002747	埃斯顿	92.2444
811	603010	万盛股份	95.2866	826	002046	轴研科技	92.2318
812	300381	溢多利	95.1614	827	002579	中京电子	92.0816
813	002749	国光股份	94.6231	828	603898	好莱客	91.9689
814	002032	苏泊尔	94.5855	829	000430	张家界	91.8688
815	000820	金城股份	94.3226	830	002143	印纪传媒	91.8187
816	600478	科力远	93.8970	831	002393	力生制药	91.5683
817	002626	金达威	93.7843	832	600702	沱牌舍得	91.3179
818	600503	华丽家族	93.4588	833	002712	思美传媒	91.1301

在激励最适中前 100 家公司中,林海股份(600099)高管薪酬指数为 100.0065,最接近 100,激励最适中。从地区看,东部、中部、西部和东北各有 66 家、16 家、13 家和 5 家,分别占所在地区上市公司总数的 3.80%、4.28%、3.40% 和 3.60%,从相对值(占比)看,中部上市公司高管激励更适中一些;从行业看,制造业有 74 家,房地产业以及批发和零售业都有 5 家,分别占所在行业上市公司总数的 4.47%、3.79% 和 3.42%,从相对值(占比)看,制造业高管激励更适中一些;在这 100 家公司中,国有控股公司有 18 家,非国有控股公司有 82 家,分别占同类型公司总数的 1.77% 和 5.07%,从相对值(占比)看,非国有控股公司高管激励适中的情况更多一些;从上市板块看,深市主板(不含中小企业板)、深市中小企业板、深市创业板和沪市主板各有 8 家、43 家、22 家和 26 家,分别占各板块上市公司总数的 1.72%、5.82%、5.18% 和 2.59%,从相对值(占比),深市中小企业板和创业板上市公司的高管激励更适中一些。

图 22 - 2 显示了激励适中前 100 名上市公司的高管薪酬指数的分布情况。可以看出,激励适中前 100 名上市公司的高管薪酬指数集中在 91~109 之间,分布比较均匀。

表 22 - 4 列示了高管薪酬激励不足前 100 名公司,这些公司的高管薪酬指数越小,则表明其薪酬激励越是不足。排序为 2533~2632 的公司为薪酬激励不足前 100 名公司。

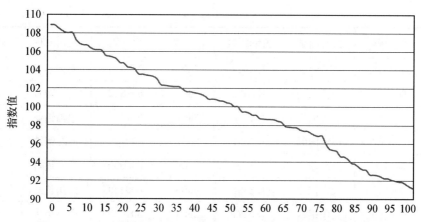

图 22‐2　2015 年激励适中前 100 名上市公司高管薪酬指数分布情况

表 22‐4　2015 年上市公司高管薪酬指数排名(激励不足前 100 名)

排　名	代　码	公司简称	薪酬指数	排　名	代　码	公司简称	薪酬指数
2533	600039	四川路桥	2.3161	2554	600585	海螺水泥	1.8905
2534	600755	厦门国贸	2.2786	2555	000066	长城电脑	1.8779
2535	600098	广州发展	2.2660	2556	600121	郑州煤电	1.8529
2535	600685	中船防务	2.2660	2557	600704	物产中大	1.8404
2537	601601	中国太保	2.2410	2558	000778	新兴铸管	1.8279
2537	601998	中信银行	2.2410	2559	002210	飞马国际	1.7903
2539	600547	山东黄金	2.2285	2560	600623	双钱股份	1.7778
2540	002157	正邦科技	2.2034	2560	600795	国电电力	1.7778
2541	600891	秋林集团	2.1784	2562	600188	兖州煤业	1.7527
2542	002110	三钢闽光	2.1659	2562	601818	光大银行	1.7527
2543	600997	开滦股份	2.1409	2564	000625	长安汽车	1.7152
2544	600016	民生银行	2.1033	2564	600057	象屿股份	1.7152
2545	600497	驰宏锌锗	2.0908	2566	600489	中金黄金	1.6901
2546	000933	神火股份	2.0783	2566	600782	新钢股份	1.6901
2547	000807	云铝股份	2.0407	2568	600827	百联股份	1.6526
2548	600297	广汇汽车	2.0157	2569	601991	大唐发电	1.5900
2549	600221	海南航空	1.9906	2570	601258	庞大集团	1.5775
2549	600853	龙建股份	1.9906	2571	601111	中国国航	1.5649
2551	600741	华域汽车	1.9781	2572	000059	华锦股份	1.5399
2552	000876	新希望	1.9405	2572	600691	阳煤化工	1.5399
2552	601607	上海医药	1.9405	2574	600068	葛洲坝	1.4898

排　名	代　码	公司简称	薪酬指数	排　名	代　码	公司简称	薪酬指数
2575	000932	华菱钢铁	1.4648	2604	000825	太钢不锈	0.8013
2576	600528	中铁二局	1.4398	2604	600822	上海物贸	0.8013
2577	601727	上海电气	1.4147	2606	601600	中国铝业	0.7261
2578	600027	华电国际	1.3897	2607	000709	河北钢铁	0.7136
2578	600170	上海建工	1.3897	2608	600000	浦发银行	0.7011
2580	000829	天音控股	1.3396	2609	600839	四川长虹	0.6385
2581	600569	安阳钢铁	1.3271	2609	601088	中国神华	0.6385
2582	600058	五矿发展	1.3020	2611	000630	铜陵有色	0.6135
2583	601898	中煤能源	1.2770	2612	000960	锡业股份	0.5884
2584	600029	南方航空	1.2269	2613	601328	交通银行	0.4757
2585	600115	东方航空	1.2019	2614	600038	中直股份	0.4507
2585	601989	中国重工	1.2019	2615	600307	酒钢宏兴	0.4382
2587	601225	陕西煤业	1.1894	2616	000878	云南铜业	0.3881
2588	600010	包钢股份	1.1393	2617	600104	上汽集团	0.3756
2588	601117	中国化学	1.1393	2618	600362	江西铜业	0.3631
2590	600019	宝钢股份	1.0892	2619	601618	中国中冶	0.3505
2590	600871	石化油服	1.0892	2619	601628	中国人寿	0.3505
2592	002024	苏宁云商	1.0767	2621	601988	中国银行	0.3130
2592	600005	武钢股份	1.0767	2622	601800	中国交建	0.3005
2594	600688	上海石化	1.0391	2623	000626	如意集团	0.2504
2595	600096	云天化	1.0266	2624	601186	中国铁建	0.2128
2596	600022	山东钢铁	1.0141	2625	601939	建设银行	0.2003
2597	000761	本钢板材	0.9765	2626	600050	中国联通	0.1753
2598	601166	兴业银行	0.9515	2626	601390	中国中铁	0.1753
2599	000898	鞍钢股份	0.9264	2626	601669	中国电建	0.1753
2600	601006	大秦铁路	0.9139	2629	601398	工商银行	0.1502
2601	600011	华能国际	0.8889	2630	601288	农业银行	0.1377
2601	600546	山煤国际	0.8889	2631	601857	中国石油	0.0626
2603	600808	马钢股份	0.8388	2632	600028	中国石化	0.0376

　　在高管激励最不足 100 家中,从地区看,东部、中部、西部和东北各有 62 家、16 家、14 家和 8 家,分别占所在地区上市公司总数的 1.84%、4.28%、3.66% 和 5.76%,从相对值(占

比)看,东北上市公司高管激励有较多的不足问题;从行业看,制造业有 40 家,金融业有 12 家,建筑业有 11 家,批发和零售业有 13 家,采矿业有 11 家,分别占所在行业上市公司总数的 2.41%、24.49%、15.49%、8.90%和 15.28%,从相对值(占比)看,金融业、建筑业和采矿业高管激励有较多的不足问题。从所有制看,国有控股公司有 91 家,非国有控股公司有 9 家,分别占同类型公司总数的 8.97%和 0.56%,从相对值(占比)看,国有控股公司高管激励有较多的不足问题;在激励不足的 91 家国有控股公司中,央企控股的国有控股公司有 46 家,地方国企控股的国有控股公司有 45 家,分别占同类型公司总数的 13.03%和 6.80%,从相对值(占比)看,央企控股的国有控股公司高管激励不足问题更突出一些。但需要注意的是,这里我们没有考虑一些国有企业因政府赋予的垄断资源而带来的绩效问题,从而可能高估公司高管的贡献,导致评估结果出现激励不足。从上市板块看,深市主板(不含中小企业板)、深市中小企业板和沪市主板各有 17 家、4 家和 79 家,分别占各板块上市公司总数的 3.66%、0.54%和 7.87%,从相对值(占比),沪市主板上市公司的高管激励不足问题更多一些。

图 22-3 为激励不足前 100 名的上市公司高管薪酬指数的分布情况(按倒数排列,即指数最后一位作为倒数第一位)。可以看出,激励不足前 100 名上市公司高管薪酬指数集中在 2.3161 以下,最小值 0.0376,分布比较均匀。

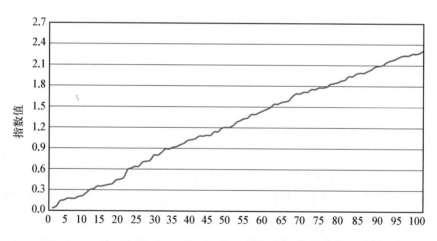

图 22-3　2015 年激励不足前 100 名上市公司高管薪酬指数分布情况

22.2　分地区高管薪酬指数比较

按照东部、中部、西部和东北的地区划分,本节对不同地区的高管薪酬指数进行比较。表 22-5 列示了 2015 年四个地区的上市公司高管薪酬指数。

从表 22-5 可以看出,以均值排列,各地区高管薪酬指数由大到小依次为东部、中部、西部和东北,各地区上市公司高管薪酬指数均值存在较大差异;以中位值排列,各地区高管薪

表 22 - 5 2015 年不同地区上市公司高管薪酬指数比较

地 区	公司数目	平均值	中位值	最大值	最小值	标准差
东 部	1737	349.0896	51.4680	27041.7100	0.0376	1211.2672
中 部	374	312.3097	33.5713	36435.0700	0.3631	1964.9968
西 部	382	204.4164	37.7716	10109.0600	0.3881	778.4750
东 北	139	157.2870	32.4007	3785.3490	0.4507	511.6829
总 体	2632	312.7365	45.8593	36435.0700	0.0376	1273.1175

酬指数由大到小的次序为东部、西部、中部和东北,后三个地区的高管薪酬指数中位值相差不大;从标准差来看,中部上市公司的高管薪酬指数离散程度最大,其次是东部和西部,东北上市公司高管薪酬指数离散程度最小。

如第 1 章所述,我们按照四分之一分位法将高管薪酬指数划分为激励过度、激励适中和激励不足三个区间。不同地区的高管薪酬激励情况也存在差异。表 22 - 6 列示了 2015 年不同地区上市公司高管薪酬激励情况。

表 22 - 6 2015 年不同地区上市公司高管薪酬激励情况比较

地 区	公司数目	其 中		
		激励适中	激励过度	激励不足
东 部	1737	888(51.13%)	472(27.17%)	377(21.70%)
中 部	374	161(43.05%)	84(22.46%)	129(34.49%)
西 部	382	195(51.05%)	79(20.68%)	108(28.27%)
东 北	139	69(49.64%)	24(17.27%)	46(33.09%)

注:括号中的数字为某个地区上市公司中不同激励类型公司的比例。

从表 22 - 6 可以看出,各地区上市公司高管薪酬激励情况存在一定差异。

东部地区高管薪酬激励适中的公司所占比重最大,为 51.13%,其次为西部和东北,这两个地区上市公司高管薪酬激励适中的比重依次为 51.05% 和 49.64%,中部地区高管薪酬激励适中的上市公司所占比重最小,但比重也达到 43.05%。四个地区中,东部和西部激励适中的公司比例超过了 50%,东北激励适中的比例非常接近 50%,中部激励适中的比例则低于 50%。与 2012 年评价结果相比,东部和中部激励适中的比例出现了下滑,东部下滑微弱,西部和东北激励适中的公司比例有所上升,都由 48.84% 分别上升到 51.05% 和 49.64%。

东部地区高管薪酬激励过度的上市公司所占比重最大,其次为中部和西部,东北地区高管薪酬激励过度的上市公司所占比重最小。只有东部地区薪酬激励过度的公司所占比重高于 25%,而中部、西部和东北地区薪酬激励过度的公司所占比重均低于 25%。与 2012 年相比,激励过度所占的比重在东北地区表现出比较大幅度的下滑,其他地区波动程度不大。

中部地区高管薪酬激励不足的公司所占比重最大,其次为东北和西部,东部地区高管薪酬激励不足的公司所占比重最小。中部地区薪酬激励不足的公司高达34.49％,东北地区的比例为33.09％,中部和东北地区激励不足的公司的比例很接近。

　　总体来说,东部地区薪酬激励适中和薪酬激励过度所占比重较大,中部和东北地区薪酬激励偏不足。

　　图22-4更直观地展现了东部、中部、西部、东北四个地区上市公司高管薪酬激励过度、激励适中和激励不足的情况。图中纵坐标列示的地区顺序由下到上,依次对应的是薪酬激励适中比例由高到低,东部薪酬激励适中比例最高,中部薪酬激励适中比例最低。

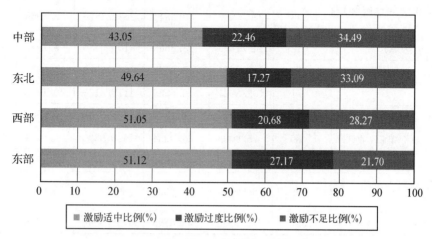

图22-4　2015年不同地区上市公司高管薪酬激励情况比较

22.3　分行业高管薪酬指数比较

　　表22-7按高管薪酬指数均值由大到小列示了2015年不同行业上市公司高管薪酬指数。可以看到,上市公司高管薪酬指数均值最高的三个行业是信息传输、软件和信息技术服务业(I),卫生和社会工作(Q),综合(S);最低的三个行业是电力、热力、燃气及水生产和供应业(D),金融业(J),交通运输、仓储和邮政业(G)。最高的信息传输、软件和信息技术服务业(I)上市公司高管薪酬指数均值是最低的电力、热力、燃气及水生产和供应业(D)的22.05倍,差距很大。

表22-7　2015年不同行业上市公司高管薪酬指数比较

行　　业	公司数目	平均值	中位值	最大值	最小值	标准差
信息传输、软件和信息技术服务业(I)	143	1434.8999	158.0849	27041.7100	0.1753	3082.5659
卫生和社会工作(Q)	4	1266.4352	761.8799	3506.7760	35.2051	1639.7804
综合(S)	25	553.8082	79.8750	6529.8940	11.6307	1329.5033
住宿和餐饮业(H)	11	429.1045	120.4134	2426.5350	17.0517	731.7600

续　表

行　　业	公司数目	平　均　值	中　位　值	最　大　值	最　小　值	标　准　差
科学研究和技术服务业(M)	18	382.7490	164.8330	3194.5620	22.0720	746.1320
文化、体育和娱乐业(R)	36	332.7871	58.9986	3528.6720	7.3615	798.7629
租赁和商务服务业(L)	26	290.3217	42.0408	5579.2190	1.7152	1090.3925
制造业(C)	1657	286.6162	49.3898	36435.0700	0.3631	1223.9332
房地产业(K)	132	276.4644	51.6371	4117.5440	3.1049	665.8352
水利、环境和公共设施管理业(N)	30	270.4007	88.5511	2630.5670	5.7966	512.7379
农、林、牧、渔业(A)	42	149.7486	38.6668	3100.0140	6.1972	478.3785
采矿业(B)	72	107.6984	16.8076	1681.7070	0.0376	281.1864
建筑业(E)	71	102.8021	16.6886	1118.6130	0.1753	234.7605
批发和零售业(F)	146	80.4851	14.1847	2284.8760	0.2504	249.3239
交通运输、仓储和邮政业(G)	80	75.9093	30.9234	1626.9590	0.9139	199.2675
金融业(J)	49	68.0522	19.4930	856.5780	0.1377	137.0025
电力、热力、燃气及水生产和供应业(D)	89	65.0643	24.2630	2092.3500	0.8889	226.9119
总　　体	2632	312.7365	45.8593	36435.0700	0.0376	1273.1175

注：由于教育(P)只有1家上市公司，不具有代表性，故没有纳入比较。

图 22-5 直观地显示了不同行业上市公司高管薪酬指数的差异。

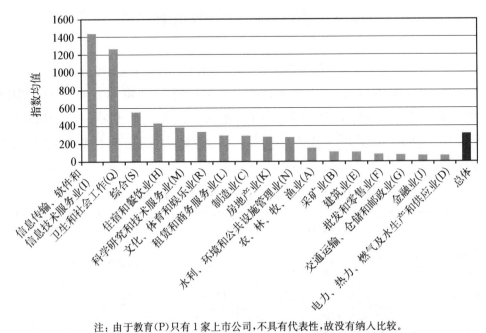

注：由于教育(P)只有1家上市公司，不具有代表性，故没有纳入比较。

图 22-5　2015 年不同行业上市公司高管薪酬指数均值比较

从图 22-5 可以看出,在 17 个行业中,信息传输、软件和信息技术服务业(I),卫生和社会工作(Q)两个行业的上市公司高管薪酬指数尤为突兀,比其他行业高出许多。高管薪酬指数总体均值为 312.7365,17 个行业中高管薪酬指数均值高于总体均值的有 6 个,低于总体均值的有 11 个。

从标准差来看,信息传输、软件和信息技术服务业(I)上市公司高管薪酬指数离散程度最大,标准差达 3082.5659,金融业(J)上市公司高管薪酬指数离散程度最小,标准差为137.0025,不同行业上市公司高管薪酬指数离散程度差别很大。

表 22-8 按激励适中的公司比例由高到低列示了 2015 年不同行业上市公司高管薪酬激励情况。

表 22-8 　 2015 年不同行业上市公司高管激励情况比较

行　　业	公司数目	其　　中		
		激励适中	激励过度	激励不足
水利、环境和公共设施管理业(N)	30	18(60.00%)	11(36.67%)	1(3.33%)
农、林、牧、渔业(A)	42	25(59.52%)	8(19.05%)	9(21.43%)
租赁和商务服务业(L)	26	15(57.69%)	3(11.54%)	8(30.77%)
制造业(C)	1657	886(53.47%)	412(24.86%)	359(21.67%)
文化、体育和娱乐业(R)	36	19(52.78%)	10(27.78%)	7(19.44%)
电力、热力、燃气及水生产和供应业(D)	89	46(51.69%)	7(7.86%)	36(40.45%)
房地产业(K)	132	68(51.52%)	41(31.06%)	23(17.42%)
综合(S)	25	12(48.00%)	12(48.00%)	1(4.00%)
交通运输、仓储和邮政业(G)	80	38(47.50%)	10(12.50%)	32(40.00%)
住宿和餐饮业(H)	11	5(45.45%)	5(45.45%)	1(9.10%)
科学研究和技术服务业(M)	18	8(44.44%)	10(55.56%)	0(0.00%)
信息传输、软件和信息技术服务业(I)	143	56(39.16%)	80(55.94%)	7(4.90%)
金融业(J)	49	18(36.73%)	7(14.29%)	24(48.98%)
批发和零售业(F)	146	51(34.93%)	16(10.96%)	79(54.11%)
建筑业(E)	71	24(33.80%)	11(15.49%)	36(50.71%)
采矿业(B)	72	21(29.17%)	14(19.44%)	37(51.39%)
总　　体	2632	1313(49.89%)	659(25.04%)	660(25.07%)

注:由于卫生和社会工作(Q)、教育(P)两个行业的上市公司数过少,故没有纳入比较。括号中的数字为某行业上市公司中不同激励类型公司的比例。

　　从表22-8可以看出,剔除样本量过少的卫生和社会工作(Q)、教育(P)两个行业后,则激励适中比例最高的前三个行业为水利、环境和公共设施管理业(N),农、林、牧、渔业(A),租赁和商务服务业(L);激励过度比例最高的前三个行业为信息传输、软件和信息技术服务业(I),科学研究和技术服务业(M),综合(S);激励不足比例最高的前三个行业为批发和零售业(F),采矿业(B),建筑业(E)。

　　高管薪酬激励适中比例最高的行业是水利、环境和公共设施管理业(N),比例为60.00%,最低的是采矿业(B),比例是29.17%。高管薪酬激励适中比例超过50%的行业有7个,依次是水利、环境和公共设施管理业(N),农、林、牧、渔业(A),租赁和商务服务业(L),制造业(C),文化、体育和娱乐业(R),电力、热力、燃气及水生产和供应业(D),房地产业(K);薪酬激励适中比例低于50%的行业有9个,依次是综合(S),交通运输、仓储和邮政业(G),住宿和餐饮业(H),科学研究和技术服务业(M),信息传输、软件和信息技术服务业(I),金融业(J),批发和零售业(F),建筑业(E),采矿业(B)。

　　高管薪酬激励过度比例最高的行业是信息传输、软件和信息技术服务业(I),比例为55.94%,最低的是电力、热力、燃气及水生产和供应业(D),比例为7.86%。薪酬激励过度比例超过25%的行业有7个,依次是信息传输、软件和信息技术服务业(I),科学研究和技术服务业(M),综合(S),住宿和餐饮业(H),水利、环境和公共设施管理业(N),房地产业(K),文化、体育和娱乐业(R);薪酬激励过度比例低于25%的行业有9个,依次是制造业(C),采矿业(B),农、林、牧、渔业(A),建筑业(E),金融业(J),交通运输、仓储和邮政业(G),租赁和商务服务业(L),批发和零售业(F),电力、热力、燃气及水生产和供应业(D)。

　　高管薪酬激励不足比例最高的行业是批发和零售业(F),比例为54.11%,最低的是科学研究和技术服务业(M),比例为0。薪酬激励不足比例超过25%的行业有7个,依次是批发和零售业(F),采矿业(B),建筑业(E),金融业(J),电力、热力、燃气及水生产和供应业(D),交通运输、仓储和邮政业(G),租赁和商务服务业(L);薪酬激励不足比例低于25%的行业有9个,依次是制造业(C),农、林、牧、渔业(A),文化、体育和娱乐业(R),房地产业(K),住宿和餐饮业(H),信息传输、软件和信息技术服务业(I),综合(S),水利、环境和公共设施管理业(N),科学研究和技术服务业(M)。

　　进一步观察,我们发现,采矿业(B)上市公司高管薪酬激励不足问题很突出,但该行业高管薪酬激励过度问题也比较明显,这意味着该行业高管薪酬激励存在两极分化问题;综合类(S)上市公司高管薪酬激励适中比例和激励过度比例相等,两项接近于50%,科学研究和技术服务业(M)上市公司高管薪酬激励不足比例为0,说明综合类(S)以及科学研究和技术服务业(M)上市公司的高管薪酬激励属于偏过度的类型,这意味着薪酬激励适中比例高并不代表薪酬激励一定是合理的。

　　图22-6更直观地展示了2015年16个行业上市公司高管薪酬激励情况的不同。图中纵坐标列示的行业顺序由下到上,依次对应的是薪酬激励适中比例由高到低,水利、环境和公共设施管理业(N)薪酬激励适中比例最高,采矿业(B)薪酬激励适中比例最低。

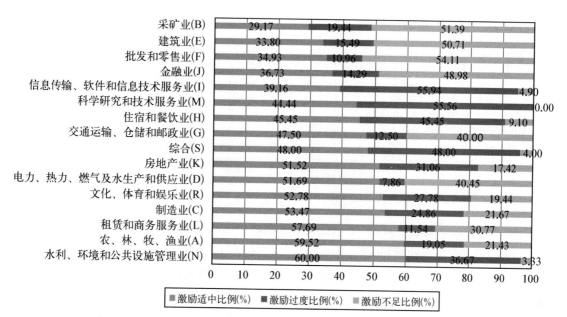

图 22-6 2015 年不同行业上市公司高管薪酬激励情况比较

注：由于卫生和社会工作(Q)、教育(P)两个行业的上市公司数过少,故没有纳入比较。

22.4 分上市板块高管薪酬指数比较

根据上市公司四个板块的划分,不同板块上市公司高管薪酬指数情况如表 22-9 所示。

表 22-9 2015 年不同板块上市公司高管薪酬指数比较

上 市 板 块	公司数目	平均值	中位值	最大值	最小值	标准差
深市创业板	425	982.2311	135.9628	36435.0700	2.6917	2772.2329
深市中小企业板	739	288.1821	55.9501	10109.0600	1.0767	816.2603
深市主板(不含中小企业板)	464	141.6324	32.3882	3679.6710	0.2504	405.6795
沪市主板	1004	126.4844	26.0721	6529.8940	0.0376	444.9506

表 22-9 按照高管薪酬指数平均值由高到低进行排列,可以看出,深市创业板高管薪酬指数均值最高,为 982.2311,其后依次是深市中小企业板和深市主板(不含中小企业板),沪市主板高管薪酬指数均值最低,为 126.4844。深市创业板的中位值排序与平均值相同。从标准差来看,深市创业板的离散程度最高,其后依次是深市中小企业板、沪市主板和深市主板(不含中小企业板),不同板块上市公司高管薪酬指数离散程度存在较大差距。

表 22-10 按激励适中比例由高到低列示了 2015 年不同板块上市公司高管薪酬激励情况。

表 22 - 10　2015 年不同板块上市公司高管薪酬激励比较

上 市 板 块	公司数目	其　中		
		激励适中	激励过度	激励不足
深市中小企业板	739	426(57.65%)	198(26.79%)	115(15.56%)
深市主板(不含中小企业板)	464	239(51.51%)	84(18.10%)	141(30.39%)
深市创业板	425	194(45.65%)	225(52.94%)	6(1.41%)
沪市主板	1004	454(45.22%)	152(15.14%)	398(39.64%)

注：括号中的数字为某板块上市公司中不同激励类型公司的比例。

由表 22 - 10 可以看出,深市中小企业板激励适中的比例最高,为 57.65%,其后依次是深市主板(不含中小企业板)和深市创业板,沪市主板的比例最低,为 45.22%,这四个板块的激励适中比例相差不是很大。深市创业板激励过度的比例最高,为 52.94%,明显高于其他三个板块,深市中小企业板和深市主板(不含中小企业板)分列第二、第三位,沪市主板的比例最低,为 15.14%。沪市主板激励不足的比例最高,为 39.64%,其后依次是深市主板(不含中小企业板)和深市中小企业板,深市创业板的比例最低,仅为 1.41%,远远低于其他三个板块。

总体而言,深市中小企业板上市公司高管薪酬激励最为适中,而深市创业板则有较多的上市公司高管薪酬存在激励过度问题。

图 22 - 7 更直观地显示了 2015 年不同板块上市公司高管薪酬激励的差异。图中纵坐标列示的板块顺序由下到上,依次对应的是薪酬激励适中比例由高到低,深市中小企业板上市公司薪酬激励适中比例最高,深市创业板上市公司薪酬激励过度比例最高。

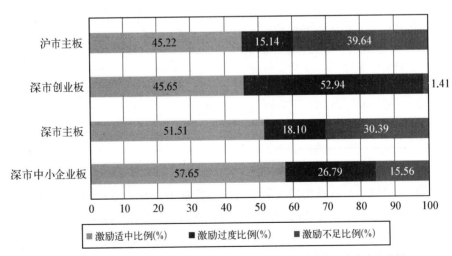

注：深市中小企业板是深市主板的一部分,但本图中的深市主板不含中小企业板。

图 22 - 7　2015 年不同板块上市公司高管薪酬激励比较

22.5　高管薪酬绝对值比较

　　我们选取 2632 家上市公司 2015 年年度报告披露的薪酬最高的前三位高管的平均薪酬（其中股票期权折算成现金薪酬）来代表上市公司高管薪酬的总体情况，以万元作为计数单位，按照降序排列，2632 家公司高管薪酬排名参见本报告光盘附表Ⅵ-3。2015 年 2632 家上市公司高管薪酬绝对值总体情况如表 22-11 所示。

表 22-11　2015 年上市公司高管薪酬绝对值总体情况　　　　　单位：万元

项目	公司数目	平均值	中位值	最大值	最小值	标准差
数值	2632	353.08	56.31	21279.59	0.28	1248.15

　　在 2632 家上市公司中，2015 年度高管薪酬最高额为 21279.59 万元，最低额为 0.28 万元，最大值和最小值之间的差距非常大，中位值为 56.31 万元，均值为 353.08 万元，标准差为 1248.15，表明上市公司高管薪酬的离散程度比较大。表 22-12 列示了 2015 年上市公司高管薪酬最高的前 10 名。

表 22-12　2015 年上市公司高管薪酬最高的前 10 名

代码	简　称	省份	地区	行　业	所有制类型	薪酬均值（万元）	薪酬指数	激励区间
000671	阳光城	福建	东部	房地产业	无国有股份公司	21279.59	1190.4000	过度
300216	千山药机	湖南	中部	制造业	无国有股份公司	15886.32	36435.0700	过度
000333	美的集团	广东	东部	制造业	国有参股公司	15265.87	137.7155	过度
300017	网宿科技	上海	东部	信息传输、软件和信息技术服务业	无国有股份公司	14571.50	6222.7260	过度
000063	中兴通讯	广东	东部	制造业	国有强相对控股公司	14117.13	176.4136	过度
300168	万达信息	上海	东部	信息传输、软件和信息技术服务业	国有参股公司	14009.84	9386.7660	过度
300208	恒顺众昇	山东	东部	制造业	国有参股公司	13813.93	14867.1700	过度
002312	三泰控股	四川	西部	制造业	无国有股份公司	11516.72	10109.0600	过度
600315	上海家化	上海	东部	制造业	国有参股公司	10867.06	2327.3050	过度
002230	科大讯飞	安徽	中部	信息传输、软件和信息技术服务业	国有弱相对控股公司	10742.96	5378.1790	过度

　　注：高管平均薪酬是指薪酬最高的前三位高管的平均薪酬，下同。

　　从表 22-12 可以看出，2015 年排名前 10 家的上市公司薪酬最高的前三位高管的平均薪酬都超过 1 亿,其中超过 2 亿的公司有 1 家,为阳光城(000671)。从地区看,这些公司基本都集中在东部地区,有 7 家;从行业看,制造业有 6 家,信息传输、软件和信息技术服务业有 3 家,还有 1 家属于房地产业;从控股类型看,有 8 家属于非国有控股公司,其中 4 家为无国有股份公司,4 家为国有参股公司,另外 2 家是国有控股公司,其中 1 家为国有强相对控股公司,1 家为国有弱相对控股公司;从激励情况看,10 家企业高管薪酬全部为激励过度。

2015 年上市公司高管薪酬最低的前 10 家公司参见表 22-13。

表 22-13 2015 年上市公司高管薪酬最低的前 10 名

代码	简　称	省份	地区	行业	所有制类型	薪酬均值(万元)	薪酬指数	激励区间
600179	黑化股份	黑龙江	东北	制造业	国有强相对控股公司	6.30	9.1017	不足
600091	ST 明科	内蒙古	西部	制造业	国有参股公司	6.27	356.2450	过度
002196	方正电机	浙江	东部	制造业	无国有股份公司	6.14	9.6776	不足
000752	西藏发展	西藏	西部	制造业	国有参股公司	6.00	19.2176	适中
600681	万鸿集团	湖北	中部	建筑业	国有参股公司	5.90	416.7021	过度
002072	凯瑞德	山东	东部	制造业	国有参股公司	4.67	96.8140	适中
600038	中直股份	黑龙江	东北	制造业	国有绝对控股公司	4.55	0.4507	不足
600145	*ST 国创	新疆	西部	制造业	无国有股份公司	4.00	1283.1460	过度
600817	ST 宏盛	陕西	西部	综合	无国有股份公司	2.85	295.9507	过度
600696	多伦股份	上海	东部	房地产业	无国有股份公司	0.28	16.7011	不足

从表 22-13 可以看出,在 2015 年高管薪酬最低的 10 家公司中,薪酬最高的前三位高管的平均薪酬都在 6.30 万元以下。在这些公司中,有 3 家为 ST 公司。从地区看,东部 3 家,西部 4 家,中部 1 家,东北 2 家;从行业看,制造业 7 家,建筑业 1 家,综合类 1 家,房地产业 1 家;从控股类型看,国有控股公司 2 家,非国有控股公司 8 家;从激励情况看,有 4 家公司高管薪酬激励过度,2 家公司高管薪酬激励适中,4 家公司高管薪酬激励不足。

结合表 22-12 和表 22-13,我们可以看出,上市公司高管薪酬差异悬殊。排名前 10 名的上市公司呈现出薪酬绝对值高,且全部激励过度的局面,而排名最后 10 名的上市公司则呈现出薪酬绝对值低,但激励适中、激励过度和激励不足并存的情形,这也反映出衡量高管薪酬合理与否要结合公司业绩,即应该考虑相对薪酬。

为了进一步验证高管薪酬绝对值大小与高管薪酬所属激励区间的关系,并了解上市公司高管薪酬的总体分布,我们将高管薪酬以万元为单位划分为 8 个区间,统计了不同区间的公司数目和具体激励情况,详见表 22-14。

从表 22-14 可以看出,除了薪酬超过 10000 万元的区间段只有激励过度以外,其他各个薪酬区间段都同时存在激励适中、激励过度和激励不足,因此薪酬绝对值的高低并不能代表激励程度的高低。在各区间中,[10,50)和[50,100)这两个区间段的薪酬激励适中比例

表 22 - 14　2015 年上市公司高管薪酬总体分布和激励情况

薪酬区间 （万元）	公司数目	其　中		
		激励适中	激励过度	激励不足
≥10000	12	0(0.00％)	12(100.00％)	0(0.00％)
[5000,10000)	22	3(13.64％)	18(81.82％)	1(4.54％)
[1000,5000)	181	6(3.32％)	174(96.13％)	1(0.55％)
[500,1000)	77	15(19.48％)	58(75.32％)	4(5.20％)
[100,500)	400	186(46.50％)	118(29.50％)	96(24.00％)
[50, 100)	813	445(54.74％)	127(15.62％)	241(29.64％)
[10, 50)	1103	652(59.11％)	145(13.15％)	306(27.74％)
<10	24	6(25.00％)	7(29.17％)	11(45.83％)

注：括号中的数字为某薪酬区间上市公司中不同激励类型公司的比例。

超过了 50％，分别为 59.11％和 54.74％。

图 22 - 8 更直观地反映了 2015 年上市公司高管薪酬绝对值分布情况。

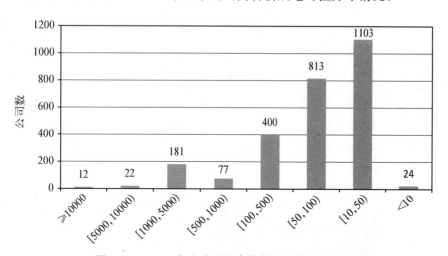

图 22 - 8　2015 年上市公司高管薪酬总体分布情况

从图 22 - 8 可以看出，在 2632 家上市公司中，薪酬最高的前三位高管的平均薪酬等于或超过 10000 万的有 12 家，10 万以下的公司有 24 家。薪酬在 10 万元（含 10 万元）至 50 万元区间的公司最多，有 1103 家，其次是在 50 万元（含 50 万元）至 100 万元区间的公司，有813 家。

图 22 - 9 更直观地反映了上市公司不同薪酬区间的激励情况。

从图 22 - 9 可以看出，薪酬最高的前三位高管的平均薪酬在 10000 万元及以上的上市公司中，只有激励过度，没有激励适中和激励不足。薪酬在 500 万元（含 500 万元）到 10000万元的上市公司中，包含了三个薪酬区间段，这三个区间段的激励过度比例都超过了 75％。

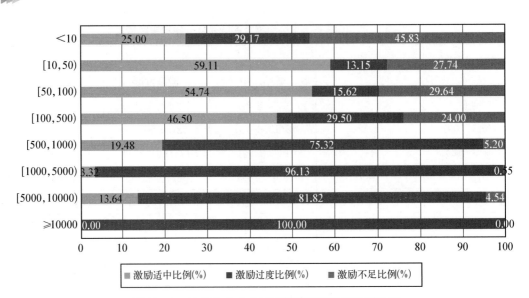

图 22-9 2015 年上市公司高管薪酬各区间激励比较

显然,薪酬在 500 万元以上的上市公司中,薪酬激励过度的公司是比较多的。薪酬在 10 万元(含 10 万元)到 100 万元的上市公司中,包含了两个薪酬区间段,这两个区间段的激励适中比例在各自的区间段内都是最高的,都超过了 50%,并且这两个区间段的激励过度的比例都不高,说明该区间是目前中国上市公司高管薪酬激励相对适中的范围。薪酬在 100 万元(含 100 万元)到 500 万元的上市公司中,激励适中的比例较高,为 46.50%,但薪酬激励过度比例达到 29.50%,说明这个区间也存在不少激励过度问题。

接下来我们从地区、行业、上市板块这三个角度来进一步分析高管薪酬的差异。

首先来分析不同地区上市公司高管薪酬的差异。表 22-15 比较了不同地区上市公司高管薪酬,并按薪酬平均值从高到低进行了排序。

表 22-15　2015 年不同地区上市公司高管薪酬比较　　　　单位:万元

地　区	公司数目	平均值	中位值	最大值	最小值	标准差
东　部	1737	421.68	63.67	21279.59	0.28	1369.85
中　部	374	300.38	46.74	15886.32	5.90	1174.36
西　部	382	168.43	42.45	11516.72	2.85	775.46
东　北	139	145.06	45.07	8165.55	4.55	709.29
总　体	2632	353.08	56.31	21279.59	0.28	1248.15

从表 22-15 可以看出,东部地区上市公司薪酬最高前三位高管的平均薪酬的均值和中位值最大,其次是中部,西部排名第三,最后是东北,可见上市公司高管薪酬有明显的地区差异。从标准差来看,四个地区的标准差都很大,离散程度都很高,其中东部地区上市公司高管薪酬离散程度最大,标准差达 1369.85,明显高于另外三个地区,四个地区的上市公司高管

薪酬离散程度差别较大。四个地区中,只有东部上市公司高管薪酬高于总体均值(353.08万元),其他三个地区都低于总体均值。

其次分析不同行业上市公司高管薪酬的差异。表22-16比较了不同行业上市公司高管薪酬,并按薪酬平均值从高到低的顺序进行了排序。

表22-16　2015年不同行业上市公司高管薪酬比较　　　　单位:万元

行　　业	公司数目	平均值	中位值	最大值	最小值	标准差
卫生和社会工作(Q)	4	1625.62	1369.83	3734.27	28.55	1876.52
信息传输、软件和信息技术服务业(I)	143	1241.85	81.00	14571.50	19.31	2585.70
房地产业(K)	132	600.92	73.43	21279.59	0.28	2395.45
文化、体育和娱乐业(R)	36	459.99	65.88	7489.67	22.82	1515.39
科学研究和技术服务业(M)	18	426.29	88.61	2849.15	23.29	830.41
租赁和商务服务业(L)	26	363.28	71.69	3974.03	28.03	865.35
建筑业(E)	71	327.19	59.78	7122.32	5.90	964.08
制造业(C)	1657	317.41	52.69	15886.32	4.00	1086.28
金融业(J)	49	297.09	244.06	1060.12	57.28	214.47
水利、环境和公共设施管理业(N)	30	292.36	49.46	3458.73	16.64	719.79
综合(S)	25	243.41	61.23	3474.06	2.85	718.00
批发和零售业(F)	146	169.04	63.42	5374.04	9.00	545.75
交通运输、仓储和邮政业(G)	80	148.22	53.90	4369.24	20.47	533.33
电力、热力、燃气及水生产和供应业(D)	89	92.59	51.29	1593.43	14.84	215.34
农、林、牧、渔业(A)	42	92.25	36.23	1496.30	10.89	243.77
采矿业(B)	72	59.80	50.14	322.98	7.33	46.71
住宿和餐饮业(H)	11	55.54	65.88	97.80	24.22	23.60
总　　体	2632	353.08	56.31	21279.59	0.28	1248.15

注:由于教育(P)只有1家上市公司,不具有代表性,故没有纳入比较。

从表22-16可以看出,上市公司薪酬最高的前三位高管的平均薪酬具有明显的行业差异。薪酬最高的三个行业是卫生和社会工作(Q),信息传输、软件和信息技术服务业(I),房地产业(K);薪酬最低的三个行业是住宿和餐饮业(H),采矿业(B),农、林、牧、渔业(A)。从标准差来看,各行业的标准差较大,离散程度较大,其中信息传输、软件和信息技术服务业(I)上市公司高管薪酬离散程度最大,标准差为2585.70,住宿和餐饮业(H)上市公司高管薪酬离散程度最小,标准差为23.60,不同行业的上市公司高管薪酬离散程度存在较大差异。17个行业中,6个行业的上市公司高管薪酬高于总体均值,另外11个行业低于总体均值。

最后考察不同板块上市公司的高管薪酬。表22-17对不同板块上市公司高管薪酬进行了比较。

表 22-17　2015年不同板块上市公司高管薪酬比较　　　　单位:万元

上 市 板 块	公司数目	平 均 值	中 位 值	最 大 值	最 小 值	标 准 差
深市创业板	425	690.50	56.07	15886.32	10.99	1838.22
深市中小企业板	739	391.81	55.74	11516.72	4.67	1079.79
深市主板(不含中小企业板)	464	274.67	54.80	21279.59	6.00	1510.24
沪市主板	1004	217.98	58.09	10867.06	0.28	822.72
总　　体	2632	353.08	56.31	21279.59	0.28	1248.15

从表22-17可以看出,不同板块上市公司薪酬最高的前三位高管的平均薪酬存在较大差别,其中深市创业板高管平均薪酬最高,为690.50万元,其后依次是深市中小企业板、深市主板(不含中小企业板)和沪市主板。从标准差看,各板块的离散程度较大,其中深市创业板的离散程度远远高于其他三个板块。四个板块中,深市创业板和深市中小企业板上市公司高管薪酬均值高于总体均值,其他两个板块上市公司高管薪酬均值低于总体均值。

22.6　本　章　小　结

本章对2632家上市公司高管薪酬指数,从地区、行业、上市板块这三个角度进行了对比分析,并对高管薪酬绝对值进行了比较分析。主要结论如下:

(1) 从总体来看,2632家上市公司中,激励过度的公司有659家,激励适中的公司有1313家,激励不足的公司有660家。在激励过度前100家公司中,从地区看,占比最高的是东部,有74家,在该地区的占比为4.26%;从行业看,占比最高的是信息传输、软件和信息技术服务业,有30家,在该行业的占比为20.98%;从控股类型看,占比最高的是非国有控股公司,有92家,在同类型公司中的占比为5.69%;从上市板块看,占比最高的是深市创业板,有54家,在该板块的占比为12.71%。说明东部地区,信息传输、软件和信息技术服务业,非国有控股公司,深市创业板存在较多的高管激励过度问题。

(2) 从地区来看,各地区上市公司高管薪酬指数均值存在较大差异,东部地区最高,其次是中部,第三是西部,东北地区最低。从薪酬激励分析看,各地区上市公司高管薪酬激励存在一定差异,但差异不大。西部地区上市公司薪酬激励偏适中,东部地区薪酬激励适中和激励过度都偏高,中部和东北地区薪酬激励偏不足。

（3）从行业来看，高管薪酬指数均值最高的三个行业是信息传输、软件和信息技术服务业(I)，卫生和社会工作(Q)，综合(S)；高管薪酬指数均值最低的三个行业为电力、热力、燃气及水生产和供应业(D)，金融业(J)，交通运输、仓储和邮政业(G)。从薪酬激励分析看，采矿业(B)上市公司同时存在高管薪酬激励过度和不足问题；综合类(S)上市公司高管薪酬激励适中比例和激励过度相等，两者加起来接近 100%；科学研究和技术服务业(M)上市公司高管薪酬激励不足比例为 0；综合类(S)与科学研究和技术服务业(S)上市公司的高管薪酬激励属于偏过度的类型，这意味着薪酬激励适中比例高并不代表薪酬激励一定是合理的。

（4）从上市板块来看，上市公司高管薪酬指数均值从大到小依次是深市创业板、深市中小企业板、深市主板(不含中小企业板)和沪市主板。从薪酬激励分析看，深市中小企业板上市公司高管薪酬激励最为适中，而深市创业板则有较多的上市公司高管薪酬存在激励过度问题。

（5）从高管薪酬绝对值与高管薪酬指数的比较看，上市公司高管薪酬差异显著，在薪酬绝对值处于 500 万元以上的范围里，薪酬绝对值高的上市公司普遍存在激励过度问题；在薪酬绝对值所处的其他区间范围里，激励过度问题同样存在，而薪酬绝对值相对低的公司则不一定激励不足。因此，衡量高管薪酬合理与否要结合公司绩效，即应该考虑相对薪酬。

第 23 章

高管薪酬指数的所有制比较

本报告对高管薪酬的评价是在企业经营业绩的基础上对高管薪酬进行比较研究,即用指数形式来反映高管薪酬相对于企业绩效的合理程度。国有经济和非国有经济是中国经济的两个组成部分,但二者具有各自鲜明的特点,对高管薪酬指数有着重要的但却不同的影响。根据财政部公布的数据,2015 年中国国内生产总值(GDP)为 67.67 万亿元,同比增长 6.9%,而 2015 年国有企业营业总收入为 45.47 万亿元,同比下降 5.4%,占 2015 年全国 GDP 的比例为 67.19%,这组数据反映出 2015 年非国有企业营业总收入是增长的。[①] 在这种情况下,国有企业与非国有企业的高管薪酬水平有何差异,两类所有制企业的高管薪酬激励是否符合企业绩效? 本章将从所有制角度对 2632 家上市公司的高管薪酬的合理性进行比较分析。

23.1 高管薪酬指数总体所有制比较

本报告按所有制或控股类型,将上市公司分为国有绝对控股公司、国有强相对控股公司、国有弱相对控股公司、国有参股公司和无国有股份公司,本章将对这五类所有制上市公司的高管薪酬指数和绝对值进行比较分析。

23.1.1 高管薪酬指数和绝对值总体比较

表 23-1 比较了 2015 年不同所有制上市公司的高管薪酬指数与高管薪酬绝对值,并按照均值从高到低的顺序进行了排序。

从表 23-1 可以看出,就高管薪酬指数而言,无国有股份公司的高管薪酬指数均值最高,为 471.8856,其后依次是国有参股公司、国有弱相对控股公司、国有强相对控股公司,高管薪酬指数均值最低的是国有绝对控股公司,为 32.3389。国有强相对控股公司和国有弱相

---

① 参见 http://news.sohu.com/20160318/n440955705.shtm.

表 23‑1　2015 年不同所有制上市公司高管薪酬指数和绝对值比较

排序	所有制类型	公司数目	平均值	中位值	最大值	最小值	标准差
高管薪酬指数							
1	无国有股份公司	1018	471.8856	76.3132	36435.0700	1.0767	1573.2706
2	国有参股公司	599	443.4340	71.2115	27041.7100	0.2504	1594.9724
3	国有弱相对控股公司	283	133.4731	30.0595	6529.8940	0.6385	602.1487
4	国有强相对控股公司	441	67.8968	22.7105	2917.4280	0.1377	251.7434
5	国有绝对控股公司	291	32.3389	13.3083	685.6481	0.0376	67.1166
	总　　体	2632	312.7365	45.8593	36435.0700	0.0376	1273.1175
高管薪酬绝对值(单位：万元)							
1	国有参股公司	599	550.2635	63.9600	15265.8659	4.6667	1622.6586
2	无国有股份公司	1018	446.8318	54.3767	21279.5853	0.2807	1371.9187
3	国有弱相对控股公司	283	163.6452	55.3067	10742.9592	7.6333	830.5969
4	国有绝对控股公司	291	138.2240	58.5133	7122.3228	4.5500	583.2815
5	国有强相对控股公司	441	132.1789	52.9000	14117.1299	6.3000	737.8116
	总　　体	2632	353.0806	56.3133	21279.5853	0.2807	1248.1509

对控股公司的高管薪酬指数均值分别是 67.8968 和 133.4731,相较于其他三类所有制上市公司,更接近 100,即其高管的平均激励程度相对更为适中。高管薪酬指数中位值从高到低也依次是无国有股份公司、国有参股公司、国有弱相对控股公司、国有强相对控股公司和国有绝对控股公司。从标准差来看,2015 年无国有股份公司和国有参股公司的标准差明显高于其他三类所有制上市公司,均超过了 1500,离散程度都很高。而国有绝对控股公司的标准差最小,仅为 67.1166。2015 年不同所有制的上市公司高管薪酬指数离散程度呈现明显的两极分化,而且两极内部之间的差别也都很大。

就高管薪酬绝对值而言,不同所有制的上市公司,其高管薪酬绝对值存在较大差异。国有参股公司高管薪酬最高,其后分别为无国有股份公司、国有弱相对控股公司、国有绝对控股公司,国有强相对控股公司的高管薪酬最低。从标准差来看,国有参股公司和无国有股份公司高管薪酬离散程度很大,国有弱相对控股公司、国有强相对控股公司、国有绝对控股公司高管薪酬离散程度相对小一些。不同所有制上市公司高管薪酬绝对值离散程度存在较大差异。

图 23‑1 更直观地反映了不同所有制上市公司高管薪酬指数的差异。可以发现,不同所有制上市公司的高管薪酬指数相差很大。两类非国有控股公司的高管薪酬指数均值显著高于三类国有控股公司,并且两类非国有控股公司的高管薪酬指数均值高于总体均值,三类国有控股公司的高管薪酬指数均值远低于总体均值。

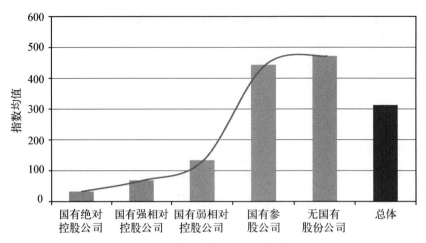

图 23 - 1　2015 年不同所有制上市公司高管薪酬指数均值比较

　　特别需要关注的是,随着国有股份比例的提高,上市公司高管薪酬指数均值逐渐降低,也就是说,国有股份比例越高,其高管薪酬相对于企业绩效来说就越低。但也需要注意的是,高管薪酬指数低,尽管从数字上看表明薪酬激励不足,但从客观角度,应该考虑企业业绩是否都是或主要是由高管贡献带来的,因为现实中,不少国有企业还有很强的垄断性质,很多业绩是由垄断特别是政府赋予的垄断资源(包括无形的垄断资源,如特殊政策)产生的。

　　我们进一步将国有绝对控股公司、国有强相对控股公司和国有弱相对控股公司归类为国有控股公司,将国有参股公司和无国有股份公司归类为非国有控股公司,表 23 - 2 比较了2015 年国有控股公司和非国有控股公司的高管薪酬指数与高管薪酬绝对值,并按照均值从高到低的顺序进行了排序。

表 23 - 2　2015 年国有控股与非国有控股上市公司高管薪酬指数和绝对值比较

排序	所有制类型	公司数目	平 均 值	中 位 值	最 大 值	最 小 值	标 准 差
高管薪酬指数							
1	非国有控股公司	1617	461.3460	74.8046	36435.0700	0.2504	1580.9114
2	国有控股公司	1015	75.9862	21.8091	6529.8940	0.0376	362.1083
总　体		2632	312.7365	45.8593	36435.0700	0.0376	1273.1175
高管薪酬绝对值(单位：万元)							
1	非国有控股公司	1617	485.1469	57.1067	21279.5853	0.2807	1470.1524
2	国有控股公司	1015	142.6854	55.3600	14117.1299	4.5500	724.9513
总　体		2632	353.0806	56.3133	21279.5853	0.2807	1248.1509

　　从表 23 - 2 可以看出,就高管薪酬指数而言,国有控股上市公司有 1015 家,高管薪酬指数最大值为 6529.8940,最小值为 0.0376,平均值为 75.9862,中位值为 21.8091,标准差为362.1083;非国有控股上市公司有 1617 家,最大值为 36435.0700,最小值为 0.2504,平均值

为461.3460,中位值为74.8046,标准差为1580.9114。从2015年上市公司高管薪酬指数的平均值和中位值来看,非国有控股公司均远高于国有控股公司,其中非国有控股公司高管薪酬指数均值是国有控股公司高管薪酬指数均值的6.07倍,二者差距很大。整体而言,非国有控股公司存在较多的激励过度问题,而国有控股公司则存在较多的激励不足问题。就离散程度而言,非国有控股公司高管薪酬指数的离散程度更高。就高管薪酬绝对值而言,非国有控股公司高管薪酬的最大值、平均值、中位值、标准差都高于国有控股公司,只有最小值小于国有控股公司。无论从高管薪酬指数,还是从高管薪酬绝对值来看,非国有控股公司明显高于国有控股公司,反映了国有控股公司高管激励存在较多的不足问题,这一方面是因为国有控股公司实行限制薪酬的政策,另一方面也可能与国有经济下滑、营业收入大幅下降有关。

　　根据实际控制人的性质,我们还可以将国有控股上市公司进一步区分为最终控制人为中央企业的国有上市公司(中央企业控股公司)和最终控制人为地方国有企业的国有上市公司(地方国企控股公司)。表23-3比较了2015年这两类企业和非国有控股公司(最终控制人是民资股东)的高管薪酬指数和高管薪酬绝对值,并按照均值从高到低的顺序进行了排序。

表23-3　2015年不同最终控制人上市公司高管薪酬指数和绝对值比较

排序	所有制类型	公司数目	平均值	中位值	最大值	最小值	标准差
高管薪酬指数							
1	民资股东	1617	461.3460	74.8046	36435.0700	0.2504	1580.9114
2	地方国有企业	662	77.9742	21.4335	6529.8940	0.3631	395.6545
3	中央国有企业	353	72.2580	22.1847	4117.5440	0.0376	289.3764
	总体	2632	312.7365	45.8593	36435.0700	0.0376	1273.1175
高管薪酬绝对值(单位:万元)							
1	民资股东	1617	485.1469	57.1067	21279.5853	0.2807	1470.1524
2	中央国有企业	353	244.1361	64.3044	14117.1299	4.5500	1076.5093
3	地方国有企业	662	88.5886	49.8533	10742.9592	7.6333	425.0454
	总体	2632	353.0806	56.3133	21279.5853	0.2807	1248.1509

　　从表23-3可以看出,中央企业控股公司的高管薪酬指数略低于地方国企控股公司,但前者的高管薪酬绝对值均值却远高于后者。这意味着,中央企业控股公司的高管薪酬激励高于地方国企控股公司,但合理性不如地方国企控股公司。另外,不论是薪酬指数还是薪酬绝对值,中央企业控股公司和地方国企控股公司都远低于非国有控股公司。

23.1.2　高管薪酬激励区间总体比较

　　根据本报告使用的四分之一分位法,我们将高管薪酬指数划分为激励过度、激励适中和激励不足三个区间。表 23-4 列示了不同所有制上市公司的高管薪酬指数和绝对值情况，并分别按照激励适中的比例和高管薪酬绝对值从高到低的顺序进行了排序。

表 23-4   2015 年不同所有制上市公司高管薪酬激励比较

所有制类型	公司数目	其中		
		激励适中	激励过度	激励不足
高管薪酬指数				
国有弱相对控股公司	283	158(55.83%)	30(10.60%)	95(33.57%)
国有强相对控股公司	441	225(51.02%)	33(7.48%)	183(41.50%)
无国有股份公司	1018	516(50.69%)	375(36.84%)	127(12.47%)
国有参股公司	599	300(50.08%)	209(34.89%)	90(15.03%)
国有绝对控股公司	291	114(39.18%)	12(4.12%)	165(56.70%)
高管薪酬绝对值均值（单位：万元）				
国有弱相对控股公司	283	160.9787	429.5653	84.1051
国有绝对控股公司	291	123.4387	686.6455	108.5542
国有参股公司	599	93.3899	1403.4766	91.8247
国有强相对控股公司	441	78.6777	863.5236	66.0772
无国有股份公司	1018	75.8979	1089.3325	56.7852

注：括号中的数字为某种所有制上市公司中不同激励类型公司的比例。

根据表 23-4，从高管薪酬指数来看，国有弱相对控股公司高管薪酬激励适中的比例最高，为 55.83%；其后依次为国有强相对控股公司、无国有股份公司、国有参股公司，这四类所有制上市公司高管薪酬激励适中的比例都超过了 50%；国有绝对控股公司高管薪酬激励适中的比例最低，为 39.18%，远低于 50% 的标准比例（按四分之一分位法）。无国有股份公司高管薪酬激励过度的比例最高，为 36.84%，远高于 25% 的标准比例；国有参股公司高管薪酬激励过度的比例紧随其后，二者相差不大；其后依次是国有弱相对控股公司、国有强相对控股公司和国有绝对控股公司，这三类公司高管薪酬激励过度的比例都远低于 25% 的标准比例。国有绝对控股公司高管薪酬激励不足的比例最高，为 56.70%，远高于 25% 的标准比例；其后依次是国有强相对控股公司和国有弱相对控股公司，也都超过 25% 的标准比例；国有参股公司和无国有股份公司高管薪酬激励不足的比例分列第四和第五，都远低于 25% 的标准比例。

图 23-2 更直观地展示了 2015 年不同所有制上市公司高管薪酬激励情况的差异。图中纵坐标列示的所有制顺序由下到上，依次对应的是薪酬激励适中比例由高到低，国有弱相对控股公司高管薪酬激励适中比例最高，国有绝对控股公司高管薪酬激励适中比例最低。

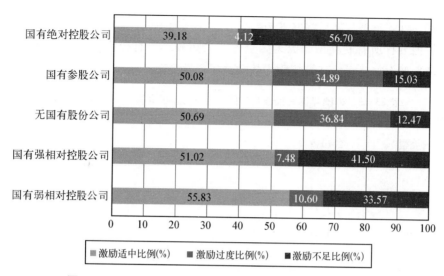

图 23-2　2015 年不同所有制上市公司高管薪酬激励区间比较

从高管薪酬绝对值来看,在激励适中区间,国有弱相对控股公司高管薪酬均值最高,为 160.9787 万元,其后依次是国有绝对控股公司、国有参股公司和国有强相对控股公司,最低的是无国有控股公司,高管薪酬均值为 75.8979 万元;在激励过度区间,国有参股公司高管薪酬均值最高,为 1403.4766 万元,其后依次是无国有控股公司、国有强相对控股公司和国有绝对控股公司,最低的是国有弱相对控股公司,为 429.5653 万元;在激励不足区间,国有绝对控股公司高管薪酬均值最高,为 108.5542 万元,其后依次是国有参股公司、国有弱相对控股公司和国有强相对控股公司,最低的是无国有股份公司,为 56.7852 万元。

图 23-3 更直观地展示了 2015 年不同所有制上市公司不同激励区间的高管薪酬均值的差异。可以看到,五类所有制上市公司存在于每个激励区间。其中,在激励适中区间,国有弱相对控股公司的高管薪酬均值最高;在激励过度区间,国有参股公司的高管薪酬均值最

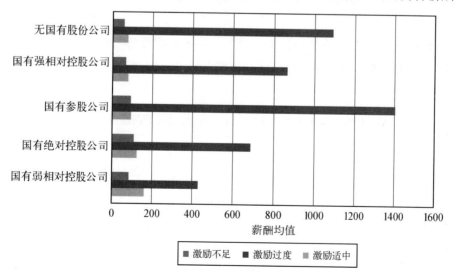

图 23-3　不同所有制上市公司不同激励区间高管薪酬均值比较

高；在激励不足区间，国有绝对控股公司的高管薪酬均值最高。

　　进一步把五种所有制类型归类为国有控股公司和非国有控股公司两种类型，表 23 - 5
列示了两种类型上市公司的高管薪酬指数和绝对值情况。

表 23 - 5　2015 年国有控股与非国有控股上市公司高管薪酬激励比较

所有制类型	公司数目	其　　中		
		激励适中	激励过度	激励不足
高管薪酬指数				
国有控股公司	1015	497(48.97%)	75(7.39%)	443(43.64%)
非国有控股公司	1617	816(50.46%)	584(36.12%)	217(13.42%)
高管薪酬绝对值均值（单位：万元）				
国有控股公司	1015	115.1089	661.6398	85.7642
非国有控股公司	1617	82.3288	1201.7574	71.3177

　　注：括号中的数字为某种所有制上市公司中不同激励类型公司的比例。

　　由表 23 - 5 可以看出，从高管薪酬指数角度比较，非国有控股公司高管薪酬激励适中比
例较高，为 50.46%，但与国有控股公司高管薪酬激励适中比例的差距并不大；非国有控股公
司薪酬激励过度的比例较高，为 36.12%，远高于国有控股公司；国有控股公司薪酬激励不足
比例较高，为 43.64%，远高于非国有控股公司。可以看出，非国有控股公司的高管薪酬激励
问题主要表现为激励过度，而国有控股公司的高管薪酬激励不足问题较为突出。

　　从高管薪酬绝对值角度比较，在激励适中区间，国有控股公司高管薪酬均值比非国有控
股公司高出 32.7801 万元；在激励过度区间，非国有控股公司高管薪酬均值比国有控股公司
高出 540.1176 万元；在激励不足区间，国有控股公司高管薪酬均值比非国有控股公司高出
14.4465 万元。

　　再把国有控股上市公司按最终控制人分为中央企业控股公司和地方国企控股公司，表
23 - 6 列示了两种类型国有控股上市公司和民资控股公司（非国有控股公司）的高管薪酬激
励比较情况。

表 23 - 6　2015 年不同最终控制人上市公司高管薪酬激励比较

所有制类型	公司数目	其　　中		
		激励适中	激励过度	激励不足
高管薪酬指数				
中央国有企业	353	169(47.87%)	30(8.50%)	154(43.63%)
地方国有企业	662	328(49.55%)	45(6.80%)	289(43.65%)
民资股东	1617	816(50.46%)	584(36.12%)	217(13.42%)

续　表

所有制类型	公司数目	其　　中		
		激励适中	激励过度	激励不足
高管薪酬绝对值均值（单位：万元）				
中央国有企业	353	199.9777	1103.3434	125.2175
地方国有企业	662	71.3808	367.1707	64.7407
民资股东	1617	82.3288	1201.7574	71.3177

注：括号中的数字为某种类型国有上市公司中不同激励类型公司的比例。

由表 23-6，从高管薪酬指数角度分析，中央企业控股公司高管薪酬激励适中的比例为47.87％，地方国企控股公司高管薪酬激励适中的比例为 49.55％，两者相差不多，两类企业高管激励过度和激励不足的比例也相差不大。但是，两类国有控股公司高管激励适中和激励过度的比例都低于非国有控股公司，而激励不足的比例却远高于非国有控股公司。这意味着，两类国有控股公司在有近一半的公司激励适中的同时，也有相当多的公司存在激励不足问题。

从高管薪酬绝对值角度分析，在三个激励区间，中央企业控股公司高管薪酬均值都高于地方国企控股公司；在激励适中和激励不足两个区间，中央企业控股公司高管薪酬均值都高于非国有控股公司；在激励过度区间，中央企业控股公司高管薪酬均值低于非国有控股公司。显然，中央企业控股公司高管薪酬并不是最低的。

23.2　分地区高管薪酬指数所有制比较

按照东部、中部、西部和东北的地区划分，我们对不同地区不同所有制上市公司的高管薪酬指数和绝对值进行比较。

23.2.1　分地区高管薪酬指数和绝对值比较

四个不同地区不同所有制上市公司的高管薪酬指数和绝对值的描述性统计参见表 23-7。

表 23-7　2015 年不同地区国有与非国有控股上市公司高管薪酬指数和绝对值比较

地区	所有制类型	公司数目	平 均 值	中 位 值	最 大 值	最 小 值	标 准 差
高管薪酬指数							
东部	国有控股公司	566	74.2776	22.6166	6529.8940	0.0376	364.9401
	非国有控股公司	1171	481.9194	76.4446	27041.7100	0.2504	1434.7192
	总体	1737	349.0896	51.4680	27041.7100	0.0376	1211.2672

续　表

地区	所有制类型	公司数目	平均值	中位值	最大值	最小值	标准差
高管薪酬指数							
中部	国有控股公司	188	85.2146	14.9046	5378.1790	0.3631	459.6691
	非国有控股公司	186	541.8468	77.2334	36435.0700	2.2034	2732.4125
	总体	374	312.3097	33.5713	36435.0700	0.3631	1964.9968
西部	国有控股公司	193	71.4033	24.8264	2199.5050	0.3881	243.5646
	非国有控股公司	189	340.2446	74.8046	10109.0600	1.9405	1063.4228
	总体	382	204.4164	37.7716	10109.0600	0.3881	778.4750
东北	国有控股公司	68	77.7014	18.0846	2630.5670	0.4507	318.2587
	非国有控股公司	71	233.5098	44.0940	3785.3490	2.0157	638.0947
	总体	139	157.2870	32.4007	3785.3490	0.4507	511.6829
高管薪酬绝对值（单位：万元）							
东部	国有控股公司	566	192.4558	65.9433	14117.1299	9.9300	856.2820
	非国有控股公司	1171	532.4784	61.3333	21279.5853	0.2807	1546.7638
	总体	1737	421.6823	63.6667	21279.5853	0.2807	1369.8497
中部	国有控股公司	188	115.5370	42.9167	10742.9592	8.6667	781.4302
	非国有控股公司	186	487.2049	50.7450	15886.3181	5.9000	1446.9079
	总体	374	300.3772	46.7400	15886.3181	5.9000	1174.3565
西部	国有控股公司	193	50.1237	40.5333	412.6833	11.2000	49.5980
	非国有控股公司	189	289.2499	48.0667	11516.7162	2.8467	1089.5504
	总体	382	168.4348	42.4500	11516.7162	2.8467	775.4621
东北	国有控股公司	68	66.1888	53.8750	545.1500	4.5500	76.3716
	非国有控股公司	71	220.5916	36.7333	8165.5455	7.3557	987.1207
	总体	139	145.0564	45.0667	8165.5455	4.5500	709.2931

　　根据表23-7，从高管薪酬指数来看，四个地区国有控股公司的高管薪酬指数均值和中位值都远低于非国有控股公司，说明各地区国有控股公司高管薪酬存在较多的激励不足问题，而非国有控股公司高管薪酬则存在较多的激励过度问题。

　　从高管薪酬绝对值来看，四个地区的国有控股公司高管薪酬均值都远低于非国有控股公司，但东部和东北国有控股公司高管薪酬的中位值却高于非国有控股公司，而中部和西部国有控股公司高管薪酬的中位值则低于非国有控股公司。

　　图23-4直观地反映了四个地区不同所有制上市公司高管薪酬指数均值的差异。可以看到，四个地区的非国有控股公司高管薪酬指数均值都高于总体均值，国有控股公司高管薪

酬指数均值则都低于总体均值。中部和东部地区非国有控股公司高管薪酬指数均值远高于西部和东北地区。中部地区非国有控股公司高管薪酬指数均值最大,而东北地区非国有控股公司高管薪酬指数均值最小;中部地区国有控股公司高管薪酬指数均值最大,西部地区国有控股公司高管薪酬指数均值最小。

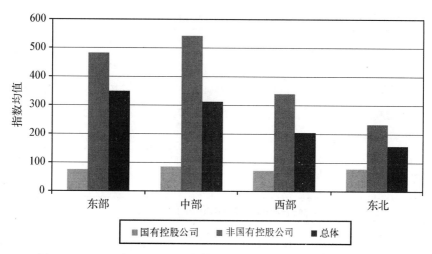

图 23‐4　不同地区国有与非国有控股上市公司高管薪酬指数均值比较

　　为了更准确地判断四个地区国有与非国有控股上市公司高管薪酬指数的差异,我们将两种类型上市公司高管薪酬指数均值的倍数计算出来,如表 23‐8 所示。

表 23‐8　2015 年不同地区国有与非国有控股上市公司高管薪酬指数均值的倍数

	东　部	中　部	西　部	东　北
国有控股公司高管薪酬指数均值(1)	74.2776	85.2146	71.4033	77.7014
非国有控股公司高管薪酬指数均值(2)	481.9194	541.8468	340.2446	233.5098
(2)/(1)	6.4881	6.3586	4.7651	3.0052

　　由表 23‐8 可知,四个地区中,东部和中部非国有控股公司高管薪酬指数均值是国有控股公司高管薪酬指数均值的 6 倍多,说明这两个地区国有控股公司与非国有控股公司的高管薪酬指数差异很大;西部非国有控股公司高管薪酬指数均值是国有控股公司高管薪酬指数均值的近 5 倍;最小的是东北地区,但二者之间的倍数也超过了 3 倍。这表明四个地区国有控股公司与非国有控股公司高管薪酬指数均值差异很大。

23.2.2　分地区高管薪酬激励区间比较

　　表 23‐9 列示了四个地区国有控股公司与非国有控股公司的高管薪酬激励情况。
　　由表 23‐9 可以看出,从高管薪酬指数角度比较,东部、中部、东北地区国有控股公司高管薪酬激励适中比例均低于非国有控股公司,只有西部地区国有控股公司高管薪酬激励适

表 23－9　2015 年不同地区国有与非国有控股上市公司高管薪酬激励比较

地　区	所有制类型	公司数目	其　中		
			激励适中	激励过度	激励不足
高管薪酬指数					
东部	国有控股公司	566	287(50.71%)	43(7.60%)	236(41.69%)
	非国有控股公司	1171	601(51.32%)	429(36.64%)	141(12.04%)
中部	国有控股公司	188	77(40.96%)	11(5.85%)	100(53.19%)
	非国有控股公司	186	84(45.16%)	73(39.25%)	29(15.59%)
西部	国有控股公司	193	103(53.37%)	16(8.29%)	74(38.34%)
	非国有控股公司	189	92(48.68%)	63(33.33%)	34(17.99%)
东北	国有控股公司	68	30(44.12%)	5(7.35%)	33(48.53%)
	非国有控股公司	71	39(54.93%)	19(26.76%)	13(18.31%)
高管薪酬绝对值均值(单位：万元)					
东部	国有控股公司	566	154.1095	850.9125	119.1158
	非国有控股公司	1171	84.0631	1309.6421	79.2471
中部	国有控股公司	188	71.0346	1025.2833	49.7318
	非国有控股公司	186	101.3921	1108.3739	41.0993
西部	国有控股公司	193	53.9174	55.5733	43.6649
	非国有控股公司	189	71.5560	725.7520	69.4910
东北	国有控股公司	68	65.2181	173.2913	50.8436
	非国有控股公司	71	39.9566	702.9560	57.5026

注：括号中的数字为某种所有制上市公司中不同激励类型公司的比例。

中比例高于非国有控股公司；四个地区国有控股公司高管薪酬激励过度比例均低于非国有控股公司；四个地区国有控股公司高管薪酬激励不足比例均高于非国有控股公司。各地区国有控股与非国有控股公司高管薪酬激励适中比例差异不大，激励过度与激励不足比例相差较大。例如，中部地区非国有控股公司高管薪酬激励过度比例(39.25%)是国有控股公司高管薪酬激励过度比例(5.85%)的 6.71 倍；东部地区国有控股公司高管薪酬激励不足比例(41.69%)是非国有控股公司高管薪酬激励不足比例(12.04%)的 3.46 倍。

　　从高管薪酬绝对值角度比较，在激励适中区间，东部和东北两个地区国有控股公司高管薪酬均值都高于非国有控股公司，而中部和西部两个地区国有控股公司高管薪酬均值则低于非国有控股公司；在激励过度区间，四个地区国有控股公司高管薪酬均值都大幅度或较大幅度低于非国有控股公司；在激励不足区间，东部和中部两个地区国有控股公司高管薪酬均值大于非国有控股公司，而西部和东北两个地区则是国有控股公司高管薪酬均值低于非国有控股公司。

23.3　分行业高管薪酬指数所有制比较

同前面各章一样,我们选择上市公司数目较多且具有代表性的六个行业,即制造业(C),电力、热力、燃气及水生产和供应业(D),交通运输、仓储和邮政业(G),信息传输、软件和信息技术服务业(I),金融业(J),房地产业(K),对这六个行业的上市公司高管薪酬激励进行比较分析。

23.3.1　分行业高管薪酬指数和绝对值比较

表 23-10 列示了各行业上市公司高管薪酬指数和绝对值的描述性统计结果。

表 23-10　2015 年不同行业国有与非国有控股上市公司高管薪酬指数和绝对值比较

行　业	所有制类型	公司数目	平均值	中位值	最大值	最小值	标准差
			高管薪酬指数				
制造业(C)	国有控股公司	506	56.4602	22.4852	2917.4280	0.3631	195.3268
	非国有控股公司	1151	387.7968	70.5604	36435.0700	1.9405	1451.4923
	总体	1657	286.6162	49.3898	36435.0700	0.3631	1223.9332
电力、热力、燃气及水生产和供应业(D)	国有控股公司	76	32.8244	21.1581	213.1210	0.8889	36.6961
	非国有控股公司	13	253.5439	26.9171	2092.3500	12.8576	569.2995
	总体	89	65.0643	24.2630	2092.3500	0.8889	226.9119
交通运输、仓储和邮政业(G)	国有控股公司	67	49.2635	18.4789	685.6481	0.9139	94.6126
	非国有控股公司	13	213.2376	59.4430	1626.9590	35.2176	433.3357
	总体	80	75.9093	30.9234	1626.9590	0.9139	199.2675
信息传输、软件和信息技术服务业(I)	国有控股公司	27	315.4733	46.9485	5378.1790	0.1753	1069.1691
	非国有控股公司	116	1695.4561	246.5358	27041.7100	2.6917	3333.4714
	总体	143	1434.8999	158.0849	27041.7100	0.1753	3082.5659
金融业(J)	国有控股公司	39	37.2952	15.5619	259.2557	0.1377	55.6381
	非国有控股公司	10	188.0042	120.7765	856.5780	2.1033	258.7434
	总体	49	68.0522	19.4930	856.5780	0.1377	137.0025
房地产业(K)	国有控股公司	61	159.4042	44.2568	4117.5440	3.1049	585.8758
	非国有控股公司	71	377.0372	81.9032	3679.6710	3.4930	716.4198
	总体	132	276.4644	51.6371	4117.5440	3.1049	665.8352

续　表

行　业	所有制类型	公司数目	平均值	中位值	最大值	最小值	标准差
高管薪酬绝对值(单位：万元)							
制造业(C)	国有控股公司	506	135.6720	49.7033	14117.1299	4.5500	765.1401
	非国有控股公司	1151	397.3061	54.0700	15886.3181	4.0000	1192.1381
	总体	1657	317.4106	52.6933	15886.3181	4.0000	1086.2777
电力、热力、燃气及水生产和供应业(D)	国有控股公司	76	65.9832	50.4250	867.9506	17.0633	95.7729
	非国有控股公司	13	248.1701	55.3133	1593.4280	14.8400	502.0214
	总体	89	92.5948	51.2900	1593.4280	14.8400	215.3409
交通运输、仓储和邮政业(G)	国有控股公司	67	132.9311	54.1667	4369.2363	22.4000	527.2637
	非国有控股公司	13	227.0040	46.8000	2145.8351	20.4667	579.2450
	总体	80	148.2180	53.9039	4369.2363	20.4667	533.3333
信息传输、软件和信息技术服务业(I)	国有控股公司	27	491.1558	75.3333	10742.9592	25.1100	2050.2014
	非国有控股公司	116	1416.5815	86.4617	14571.4968	19.3133	2672.4750
	总体	143	1241.8508	81.0000	14571.4968	19.3133	2585.6971
金融业(J)	国有控股公司	39	256.8630	218.7133	579.9433	57.2800	160.8626
	非国有控股公司	10	453.9527	383.0667	1060.1200	107.2000	318.9110
	总体	49	297.0853	244.0633	1060.1200	57.2800	214.4676
房地产业(K)	国有控股公司	61	203.0637	69.7433	6926.2216	18.7100	878.0949
	非国有控股公司	71	942.7468	97.7467	21279.5853	0.2807	3133.8911
	总体	132	600.9236	73.4333	21279.5853	0.2807	2395.4535

由表 23－10 可以看出，从高管薪酬指数角度分析，六个代表性行业国有控股公司高管薪酬指数均值都远低于非国有控股公司，说明各行业国有控股公司高管薪酬存在较多的激励不足问题，而非国有控股公司高管薪酬则存在较多的激励过度问题。

从高管薪酬绝对值角度分析，六个行业国有控股公司高管薪酬均值都远低于非国有控股公司，这与薪酬指数的表现相同。

图 23－5 直观地反映了六个代表性行业中不同所有制上市公司高管薪酬指数均值的差异。

由图 23－5 可见，在六个行业中，信息传输、软件和信息技术服务业(I)非国有控股公司和国有控股公司的高管薪酬指数均值都是最大的，明显高于其他五个行业；除了房地产业(K)外，制造业(C)，电力、热力、燃气及水生产和供应业(D)，交通运输、仓储和邮政业(G)，金融业(J)国有控股公司的高管薪酬指数均值都很小，且相差不大。

进一步比较六个行业国有与非国有控股上市公司高管薪酬指数均值的倍数，参见表 23－11。

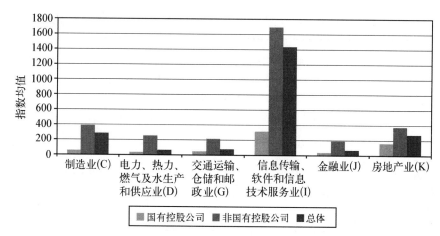

图 23-5　2015 年不同行业国有与非国有控股上市公司高管薪酬指数均值比较

表 23-11　2015 年不同行业国有与非国有控股上市公司高管薪酬指数均值的倍数

	制造业 (C)	电力、热力、燃 气及水生产和 供应业(D)	交通运输、 仓储和邮 政业(G)	信息传输、软 件和信息技术 服务业(I)	金融业 (J)	房地产 业(K)
国有控股公司高管薪 酬指数均值(1)	56.4602	32.8244	49.2635	315.4733	37.2952	159.4042
非国有控股公司高管 薪酬指数均值(2)	387.7968	253.5439	213.2376	1695.4561	188.0042	377.0372
(2)/(1)	6.8685	7.7243	4.3285	5.3743	5.0410	2.3653

　　由表 23-11 可知,电力、热力、燃气及水生产和供应业(D)非国有控股公司高管薪酬指数均值是国有控股公司的 7.7243 倍,在六个行业中差距最大,一个可能的原因是该行业国有控股公司有 76 家,非国有控股公司有 13 家,而部分国有企业的高管薪酬受到比较强的管制而偏低。2015 年,该行业上市公司薪酬最高的前三位高管的平均薪酬是 92.5948 万元,远低于全部样本公司薪酬最高的前三位高管的平均薪酬(353.0806 万元);该行业国有控股上市公司薪酬最高的前三位高管的平均薪酬是 65.9832 万元,非国有控股上市公司薪酬最高的前三位高管的平均薪酬是 248.1701,前者仅占后者的 26.59%,相差很大。房地产业(K)非国有控股公司高管薪酬指数均值是国有控股公司高管薪酬指数均值的 2.3653 倍,在六个行业中差距最小,一个可能的原因是房地产业高管薪酬普遍较高。2015 年,房地产业(K)上市公司薪酬最高的前三位高管的平均薪酬是 600.9236 万元,是全部样本公司薪酬最高的前三位高管的平均薪酬(353.0806 万元)的 1.70 倍;其中,房地产业(K)国有控股上市公司薪酬最高的前三位高管的平均薪酬是 203.0637 万元,而房地产业(K)非国有控股上市公司薪酬最高的前三位高管的平均薪酬则是 942.7468 万元,后者是前者的 4.64 倍,差距很大。

23.3.2　分行业高管薪酬激励区间比较

　　表 23-12 列示了六个行业国有控股和非国有控股上市公司的高管薪酬激励情况。

表 23-12　2015 年不同行业国有与非国有控股上市公司高管薪酬激励比较

行　业	所有制类型	公司数目	其　中		
			激励适中	激励过度	激励不足
高管薪酬指数					
制造业(C)	国有控股公司	506	263(51.98%)	30(5.93%)	213(42.09%)
	非国有控股公司	1151	623(54.13%)	382(33.19%)	146(12.68%)
电力、热力、燃气及水生产和供应业(D)	国有控股公司	76	39(51.31%)	3(3.95%)	34(44.74%)
	非国有控股公司	13	7(53.85%)	4(30.77%)	2(15.38%)
交通运输、仓储和邮政业(G)	国有控股公司	67	29(43.28%)	6(8.96%)	32(47.76%)
	非国有控股公司	13	9(69.23%)	4(30.77%)	0(0.00%)
信息传输、软件和信息技术服务业(I)	国有控股公司	27	17(62.96%)	5(18.52%)	5(18.52%)
	非国有控股公司	116	39(33.62%)	75(64.66%)	2(1.72%)
金融业(J)	国有控股公司	39	16(41.02%)	2(5.13%)	21(53.85%)
	非国有控股公司	10	2(20.00%)	5(50.00%)	3(30.00%)
房地产业(K)	国有控股公司	61	40(65.57%)	9(14.76%)	12(19.67%)
	非国有控股公司	71	28(39.44%)	32(45.07%)	11(15.49%)
高管薪酬绝对值均值(单位：万元)					
制造业(C)	国有控股公司	506	111.4408	881.7715	60.5068
	非国有控股公司	1151	74.5012	1053.5153	57.8235
电力、热力、燃气及水生产和供应业(D)	国有控股公司	76	50.5287	344.6557	59.1217
	非国有控股公司	13	48.9329	706.4170	29.0068
交通运输、仓储和邮政业(G)	国有控股公司	67	62.9886	800.6233	71.1243
	非国有控股公司	13	73.7433	571.8405	—
信息传输、软件和信息技术服务业(I)	国有控股公司	27	98.6112	2242.3897	74.5827
	非国有控股公司	116	100.2876	2137.9160	34.2700
金融业(J)	国有控股公司	39	345.8481	337.9433	181.3428
	非国有控股公司	10	330.2233	372.8420	671.6233
房地产业(K)	国有控股公司	61	265.8126	60.7037	100.6709
	非国有控股公司	71	148.7403	1916.8801	130.0119

注：括号中的数字为某种类型国有上市公司中不同激励类型公司的比例。

从表 23-12 可以看出,从高管薪酬指数角度比较,制造业(C),电力、热力、燃气及水生产和供应业(D),交通运输、仓储和邮政业(G)的国有控股公司高管薪酬激励适中比例低于非国有控股公司;信息传输、软件和信息技术服务业(I),金融业(J),房地产业(K)的国有控股公司高管薪酬激励适中比例高于非国有控股公司。这六个行业的国有控股公司高管薪酬激励过度比例都远低于非国有控股公司,同时这六个行业的国有控股公司高管薪酬激励不足比例都高于非国有控股公司。

从高管薪酬绝对值角度比较,在激励适中区间,制造业(C),电力、热力、燃气及水生产和供应业(D),金融业(J),房地产业(K)四个行业的国有控股公司高管薪酬均值都高于非国有控股公司,其他两个行业则相反;在激励过度区间,除了交通运输、仓储和邮政业(G),信息传输、软件和信息技术服务业(I)两个行业外,其他四个行业的国有控股公司高管薪酬均值都低于非国有控股公司;在激励不足区间,交通运输、仓储和邮政业(G)没有非国有控股公司,制造业(C),电力、热力、燃气及水生产和供应业(D),信息传输、软件和信息技术服务业(I)三个行业的国有控股公司高管薪酬均值高于非国有控股公司,其他两个行业则相反。需要注意的是,在激励过度区间,房地产业(K)的国有控股上市公司高管薪酬均值是 60.7037 万元,低于同类公司激励适中区间的 265.8126 万元和激励不足区间的 100.6709 万元,这与激励过度区间的高管薪酬一般最高形成鲜明对比。其实,这不难理解,因为本报告的高管薪酬指数是基于企业业绩计算出来的。高管薪酬不高,却激励过度,实际上反映了这些企业的业绩非常低下。

23.4　本 章 小 结

本章从所有制层面对 2632 家上市公司的高管薪酬指数和绝对值进行了统计和比较分析,主要结论如下:

(1) 从总体看,不论是高管薪酬指数还是绝对值,非国有控股公司都高于国有控股公司。随着国有股份比例的提高,上市公司高管薪酬指数均值逐渐降低,这就是说,国有股份比例越高,其高管薪酬相对于企业绩效来说就越低。但需要注意的是,高管薪酬指数低,并不意味着薪酬激励不足,还需要考虑垄断特别是政府赋予垄断资源的影响。

(2) 从地区看,从高管薪酬指数角度比较,东部、中部、东北地区国有控股公司高管薪酬激励适中比例均低于非国有控股公司,只有西部地区国有控股公司高管薪酬激励适中比例高于非国有控股公司;四个地区国有控股公司高管薪酬激励过度比例均低于非国有控股公司;四个地区国有控股公司高管薪酬激励不足比例均高于非国有控股公司。从高管薪酬绝对值角度比较,在激励适中区间,东部和东北两个地区国有控股公司高管薪酬均值都高于非国有控股公司,而中部和西部两个地区国有控股公司高管薪酬均值则低于非国有控股公司;在激励过度区间,四个地区国有控股公司高管薪酬均值都大幅度或较大幅度低于非国有控股公司;在激励不足区间,东部和中部两个地区国有控股公司高管薪酬均值大于非国有控股公司,而西部和东北两个地区则是国有控股公司高管薪酬均值低于非国有控股公司。

　　(3) 从行业看,六个代表性行业国有控股公司高管薪酬指数均值和绝对值均值都远低于非国有控股公司。在不同的激励区间,六个行业国有控股公司和非国有控股公司的高管薪酬有不尽相同的表现。需要注意的是,在房地产业(K)出现了激励过度区间高管薪酬不高的现象,这实际上反映了这些企业的业绩非常低下。

第 24 章

高管薪酬及指数的年度比较(2012 & 2015)

2010 年、2011 年和 2013 年,我们对 2009 年、2010 年和 2012 年三个年度中国上市公司高管薪酬合理化水平进行了三次测度,2016 年是第四次测度。本章将从总体、地区、行业、所有制等多个角度,并结合四分之一分位法所划分的激励适中、激励过度和激励不足三个激励区间,来比较分析 2012 年和 2015 年两个年度中国上市公司高管薪酬合理化程度和绝对水平,以便了解高管薪酬合理化水平的变化情况,以期对高管薪酬有更加完善的认识。需要注意的是,在比较两个年度高管薪酬绝对值时,不考虑通货膨胀因素。

24.1 高管薪酬的年度比较

2012 年,样本上市公司共 2310 家;2015 年,样本上市公司增加至 2632 家。本节将从总体、地区、行业和所有制这四个角度,来比较 2012 年和 2015 年样本上市公司高管薪酬的变化情况。

24.1.1 高管薪酬总体年度比较

表 24-1 列示了 2012 年度和 2015 年度高管薪酬的变化情况。

表 24-1 2012 年和 2015 年上市公司高管薪酬的变化　　　　　　　单位:万元

年　份	样本量	平均值	中位值	最大值	最小值	标准差
2012	2310	63.61	46.73	1458.33	3.40	68.56
2015	2632	353.08	56.31	21279.59	0.28	1248.15
薪酬增幅		289.48	9.59	19821.25	−3.12	1179.59
年均增长率(%)		77.06	6.41	144.36	−56.49	—

注:(1)薪酬增幅=2015 年的各项数值−2012 年的各项数值;(2)薪酬增幅误差源于四舍五入。

　　从表 24-1 可以看出,2012 年上市公司高管薪酬均值为 63.61 万元,2015 年增长为 353.08 万元,高管薪酬年均增长率为 77.06%,增长率很高。从最大值来看,2012 年上市公司高管薪酬最大值为 1458.33 万元,而 2015 年则为 21279.59 万元,年均增长 144.36%,增长率非常高。从最小值来看,2012 年上市公司高管薪酬最小值为 3.40 万元,2015 年为 0.28 万元,年均下降 56.49%。可以看出,上市公司高管薪酬出现两极化态势。

24.1.2　分地区高管薪酬年度比较

　　依然按照东部、中部、西部和东北四个地区的划分,我们对 2012 年和 2015 年上市公司高管薪酬的变化情况进行比较,如表 24-2 所示。

表 24-2　2012 年和 2015 年不同地区上市公司高管薪酬的变化　　　单位:万元

地 区	年 份	平均值	中位值	最大值	最小值	标准差
东部	2012	69.70	52.00	1458.33	3.40	73.77
	2015	421.68	63.67	21279.59	0.28	1369.85
	薪酬增幅	351.99	11.67	19821.25	−3.12	—
	年均增长率(%)	82.22	6.98	144.36	−56.49	—
中部	2012	53.41	39.71	776.49	4.40	65.64
	2015	300.38	46.74	15886.32	5.90	1174.36
	薪酬增幅	246.96	7.03	15109.83	1.50	—
	年均增长率(%)	77.83	5.59	173.50	10.27	—
西部	2012	50.03	37.65	475.92	3.75	45.51
	2015	168.43	42.45	11516.72	2.85	775.46
	薪酬增幅	118.41	4.80	11040.80	−0.90	—
	年均增长率(%)	49.88	4.08	189.24	−8.75	—
东北	2012	57.54	41.20	318.63	5.57	55.77
	2015	145.06	45.07	8165.55	4.55	709.29
	薪酬增幅	87.52	3.87	7846.91	−1.02	—
	年均增长率(%)	36.10	3.04	194.83	−6.54	—

　　注:(1) 薪酬增幅=2015 年的各项数值−2012 年的各项数值;(2) 薪酬增幅误差源于四舍五入。

　　从表 24-2 可以看出,相比 2012 年,四个地区的上市公司高管薪酬均值在 2015 年都呈现上涨趋势,而且年均增长率都超过了 35%。东部地区高管薪酬均值年均增长率最高,达到 82.22%;排名第二的中部地区年均增长率为 77.83%;西部地区排名第三,年均增长率为 49.88%;东北地区年均增长率最低,为 36.10%。

　　图 24-1 更为直观地显示了四个地区在 2012 年度和 2015 年度上市公司高管薪酬均值

之差的比较结果。很明显,四个地区上市公司高管薪酬都有所增长,增长幅度和年均增长率
从高到低依次都是东部、中部、西部和东北。

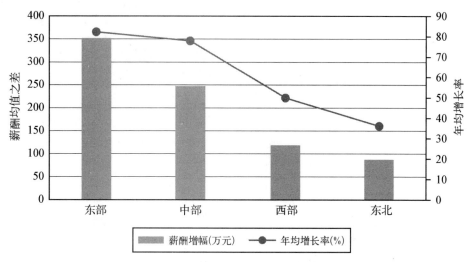

图 24 - 1 **2012 年和 2015 年不同地区上市公司高管薪酬均值的变化**

24.1.3 分行业高管薪酬年度比较

各行业在不同年度的经营状况不一,高管薪酬也会受到影响,我们比较了 2012 年度和
2015 年度上市公司高管薪酬在不同行业的变化情况,如表 24 - 3 所示。

表 24 - 3 **2012 年和 2015 年不同行业上市公司高管薪酬的变化** 单位:万元

行 业	年 份	平均值	中位值	最大值	最小值	标准差
农、林、牧、渔业 (A)	2012	40.39	36.58	115.82	10.40	26.77
	2015	92.25	36.23	1496.30	10.89	243.77
	薪酬增幅	51.86	−0.35	1380.48	0.49	—
	年均增长率(%)	31.69	−0.32	134.65	1.55	—
采矿业(B)	2012	77.63	61.05	606.52	6.67	85.07
	2015	59.80	50.14	322.98	7.33	46.71
	薪酬增幅	−17.83	−10.91	−283.54	0.66	—
	年均增长率(%)	−8.33	−6.35	−18.95	3.20	—
制造业(C)	2012	55.25	42.55	776.49	4.06	52.23
	2015	317.41	52.69	15886.32	4.00	1086.28
	薪酬增幅	262.16	10.14	15109.83	−0.06	—
	年均增长率(%)	79.10	7.38	173.50	−0.50	—

续　表

行　业	年　份	平均值	中位值	最大值	最小值	标准差
电力、热力、燃气 及水生产和供应 业(D)	2012	52.34	46.60	184.38	13.53	24.93
	2015	92.59	51.29	1593.43	14.84	215.34
	薪酬增幅	40.25	4.69	1409.05	1.31	
	年均增长率(%)	20.94	3.25	105.21	3.13	—
建筑业(E)	2012	64.99	57.59	250.00	10.33	43.99
	2015	327.19	59.78	7122.32	5.90	964.08
	薪酬增幅	262.20	2.19	6872.32	−4.43	
	年均增长率(%)	71.39	1.25	205.42	−17.03	—
批发和零售业(F)	2012	71.47	55.29	318.63	3.40	59.00
	2015	169.04	63.42	5374.04	9.00	545.75
	薪酬增幅	97.57	8.13	5055.41	5.60	
	年均增长率(%)	33.24	4.68	156.45	38.33	—
交通运输、仓储和 邮政业(G)	2012	66.22	59.97	242.03	21.35	37.78
	2015	148.22	53.90	4369.24	20.47	533.33
	薪酬增幅	82.00	−6.07	4127.21	−0.88	
	年均增长率(%)	30.81	−3.49	162.33	−1.39	—
住宿和餐饮业(H)	2012	57.95	46.76	145.59	17.34	36.45
	2015	55.54	65.88	97.80	24.22	23.60
	薪酬增幅	−2.41	19.12	−47.79	6.88	
	年均增长率(%)	−1.41	12.11	−12.42	11.78	—
信息传输、软件和 信息技术服务业 (I)	2012	60.10	52.24	442.27	12.00	52.11
	2015	1241.85	81.00	14571.50	19.31	2585.70
	薪酬增幅	1181.75	28.76	14129.23	7.31	
	年均增长率(%)	174.41	15.74	220.58	17.18	—
金融业(J)	2012	232.95	212.83	701.33	37.80	135.01
	2015	297.09	244.06	1060.12	57.28	214.47
	薪酬增幅	64.14	31.23	358.79	19.48	
	年均增长率(%)	8.44	4.67	14.77	14.86	
房地产业(K)	2012	101.75	66.30	1458.33	6.33	144.63
	2015	600.92	73.43	21279.59	0.28	2395.45
	薪酬增幅	499.17	7.13	19821.26	−6.05	
	年均增长率(%)	80.76	3.46	144.36	−64.63	—

行　业	年　份	平均值	中位值	最大值	最小值	标准差
租赁和商务服务业(L)	2012	71.85	60.76	287.33	33.98	55.34
	2015	363.28	71.69	3974.03	28.03	865.35
	薪酬增幅	291.43	10.93	3686.70	−5.95	—
	年均增长率(%)	71.63	5.67	140.04	−6.22	—
科学研究和技术服务业(M)	2012	67.43	75.80	95.77	31.08	24.16
	2015	426.29	88.61	2849.15	23.29	830.41
	薪酬增幅	358.86	12.81	2753.38	−7.79	—
	年均增长率(%)	84.91	5.34	209.86	−9.17	—
水利、环境和公共设施管理业(N)	2012	42.44	36.55	116.71	17.82	22.39
	2015	292.36	49.46	3458.73	16.64	719.79
	薪酬增幅	249.92	12.91	3342.02	−1.18	—
	年均增长率(%)	90.27	10.61	209.46	−2.26	—
卫生和社会工作(Q)	2012	60.33	48.67	92.33	40.00	28.05
	2015	1625.62	1369.83	3734.27	28.55	1876.52
	薪酬增幅	1565.29	1321.16	3641.94	−11.45	—
	年均增长率(%)	199.80	204.18	243.26	−10.63	—
文化、体育和娱乐业(R)	2012	73.75	63.13	201.55	28.42	43.72
	2015	459.99	65.88	7489.67	22.82	1515.39
	薪酬增幅	386.24	2.75	7288.12	−5.60	—
	年均增长率(%)	84.08	1.43	233.70	−7.05	—
综合(S)	2012	57.60	59.34	125.35	16.57	32.34
	2015	243.41	61.23	3474.06	2.85	718.00
	薪酬增幅	185.81	1.89	3348.71	−13.72	—
	年均增长率(%)	61.67	1.05	202.62	−44.39	—

注：(1) 薪酬增幅=2015 年的各项数值−2012 年的各项数值；(2) 薪酬增幅误差源于四舍五入；(3) 由于教育行业(P)只有 1 家上市公司，不具有代表性，故没有纳入比较。

从表 24-3 可以看出，2015 年与 2012 年相比，各行业上市公司高管薪酬均值有增也有降。卫生和社会工作(Q)，信息传输、软件和信息技术服务业(I)两个行业的薪酬增幅和年均增长率都位列前两位，薪酬增幅分别为 1565.29 万元和 1181.75 万元，年均增长率分别为199.80%和 174.41%，不论是薪酬增幅还是年均增长率，都远超其他行业。只有住宿和餐饮业(H)、采矿业(B)两个行业的高管薪酬是下降的，降幅分别是 2.41 万元和 17.83 万元。

图 24-2 更直观地描绘了不同行业 2012 年和 2015 年上市公司高管薪酬增幅和年均

增长率的变化情况,从中可以看出 17 个行业的高管薪酬增幅和年均增长率不都是一致的。

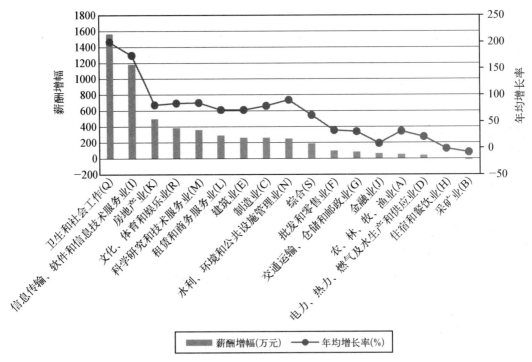

图 24 - 2　2012 年与 2015 年不同行业上市公司高管薪酬均值的变化

24.1.4　分所有制高管薪酬年度比较

不同的所有制会对上市公司高管薪酬产生影响。表 24 - 4 比较了 2012 年和 2015 年不同所有制上市公司高管薪酬的变化情况。

表 24 - 4　2012 年与 2015 年不同所有制上市公司高管薪酬的变化　　　单位:万元

所有制类型	年　份	平均值	中位值	最大值	最小值	标准差
国有绝对控股公司	2012	64.55	55.79	275.74	7.42	42.10
	2015	138.22	58.51	7122.32	4.55	583.28
	薪酬增幅	73.67	2.72	6846.59	−2.87	—
	年均增长率(%)	28.89	1.60	195.60	−15.03	—
国有强相对控股公司	2012	66.31	48.35	569.40	5.57	60.60
	2015	132.18	52.90	14117.13	6.30	737.81
	薪酬增幅	65.87	4.55	13547.73	0.73	—
	年均增长率(%)	25.85	3.04	191.59	4.17	—

续　表

所有制类型	年　份	平均值	中位值	最大值	最小值	标准差
国有弱相对控股公司	2012	75.16	47.72	1458.33	6.00	109.49
	2015	163.65	55.31	10742.96	7.63	830.60
	薪酬增幅	88.49	7.59	9284.63	1.63	—
	年均增长率(%)	29.61	5.04	94.58	8.36	—
国有参股公司	2012	64.58	46.52	530.00	3.40	65.45
	2015	550.26	63.96	15265.87	4.67	1622.66
	薪酬增幅	485.69	17.44	14735.87	1.27	—
	年均增长率(%)	104.25	11.20	206.54	11.17	—
无国有股份公司	2012	58.17	43.68	776.49	3.75	61.17
	2015	446.83	54.38	21279.59	0.28	1371.92
	薪酬增幅	388.66	10.69	20503.10	−3.47	—
	年均增长率(%)	97.31	7.57	201.49	−57.84	—

注：(1) 薪酬增幅＝2015年的各项数值－2012年的各项数值；(2) 薪酬增幅误差源于四舍五入。

由表24-4可知，从2012年到2015年，五类所有制上市公司高管薪酬都处于增长态势。其中，国有参股公司高管薪酬均值增幅和年均增长率都是最高的，分别为485.69万元和104.25%；其次是无国有股份公司，薪酬均值增幅和年均增长率分别为388.66万元和97.31%，这两类公司高管薪酬均值增幅和年均增长率都远超其他三类公司。高管薪酬均值增幅最低的是国有强相对控股公司，为65.87万元，年均增长率也是最低的，为25.85%。

图24-3更加直观地描绘了2012年和2015年不同所有制上市公司高管薪酬均值和年均增长率的变化情况。可以看出，随着第一大股东中的国有股份比例的降低，高管薪酬基本上呈现增长态势。三类国有控股公司的高管薪酬增幅相差不大，这与2015年对国有企业的限薪可能不无关系。

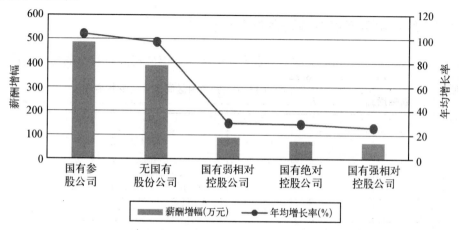

图24-3　2012年和2015年不同所有制上市公司高管薪酬均值的变化

我们可以进一步将三类国有控股公司归类为国有控股公司,将国有参股公司和无国有股份公司归类为非国有控股公司,表 24-5 比较了 2012 年和 2015 年国有控股公司和非国有控股公司高管薪酬的变化情况。

表 24-5　2012 年和 2015 年国有控股与非国有控股上市公司高管薪酬的变化　　单位:万元

所有制类型	年　份	平均值	中位值	最大值	最小值	标准差
国有控股公司	2012	68.61	51.67	1458.33	45.57	75.97
	2015	142.69	55.36	14117.13	4.55	724.95
	薪酬增幅	74.08	3.69	12658.80	−41.02	—
	年均增长率(%)	27.64	2.33	113.12	−53.61	—
非国有控股公司	2012	60.01	44.57	776.49	3.40	62.47
	2015	485.15	57.11	21279.59	0.28	1470.15
	薪酬增幅	425.14	12.54	20503.10	−3.12	—
	年均增长率(%)	100.70	8.62	201.49	−56.49	—

注:(1) 薪酬增幅=2015 年的各项数值−2012 年的各项数值;(2) 薪酬增幅误差源于四舍五入。

从表 24-5 也可以看出,非国有控股公司高管薪酬不论是增幅还是年均增长率都显著高于国有控股公司。从平均值来看,国有控股公司两个年度相差在 100 万元之内,而非国有控股公司两个年度相差 400 万元以上。2012 年,国有控股公司高管薪酬的最大值大于非国有控股公司,但 2015 年,国有控股公司高管薪酬的最大值则远远小于非国有控股公司。然而,从最小值看,非国有控股公司在两个年度都远低于国有控股公司。这意味着,非国有控股公司高管薪酬的公司间差距比较大。

24.2　激励适中区间高管薪酬年度比较

24.2.1　激励适中区间高管薪酬总体年度比较

表 24-6 列示了 2012 年和 2015 年激励适中区间上市公司高管薪酬的变化情况。

表 24-6　2012 年和 2015 年激励适中区间高管薪酬的变化　　单位:万元

年　份	样本量	激励适中比例	平均值	中位值	最大值	最小值	标准差
2012	1156	50.04%	61.73	45.83	1458.33	3.75	7.20
2015	1313	49.89%	94.74	49.81	692.62	4.67	320.18
薪酬增幅	—	—	33.01	3.98	−765.71	0.92	—
年均增长率(%)	—	—	15.35	2.81	−21.98	7.59	—

注:(1) 薪酬增幅=2015 年的各项数值−2012 年的各项数值;(2) 薪酬增幅误差源于四舍五入。

从表 24-6 可以看出,2015 年处于激励适中区间的高管薪酬均值比 2012 年增加了 33.01 万元,年均增长率为 15.35%。从最大值来看,2015 年处于激励适中区间的高管薪酬 比 2012 年大幅减少。

24.2.2　分地区激励适中区间高管薪酬年度比较

表 24-7 列示了 2012 年度和 2015 年度不同地区激励适中区间高管薪酬的变化情况。

表 24-7　2012 年和 2015 年激励适中区间不同地区高管薪酬的变化　　　　单位:万元

地区	年　份	激励适中比例	平 均 值	中 位 值	最 大 值	最 小 值	标 准 差
东部	2012	65.92%	67.47	50.92	1458.33	5.20	78.72
	2015	67.48%	106.70	53.41	6926.22	4.67	379.92
	薪酬增幅	—	39.23	2.49	5467.89	−0.53	—
	年均增长率(%)	—	16.51	1.60	68.09	−3.52	—
中部	2012	14.01%	50.26	38.50	776.49	6.00	65.51
	2015	12.23%	86.87	46.93	1808.46	8.67	163.78
	薪酬增幅	—	36.61	8.43	1031.97	2.67	—
	年均增长率(%)	—	20.01	6.82	32.55	13.05	—
西部	2012	14.62%	47.76	36.33	475.92	3.75	45.26
	2015	15.05%	62.24	41.33	694.29	6.00	89.13
	薪酬增幅	—	14.48	5.00	218.37	2.25	—
	年均增长率(%)	—	9.23	4.39	13.41	16.96	—
东北	2012	5.45%	59.23	40.54	318.63	7.48	55.37
	2015	5.24%	50.94	39.36	359.32	7.36	48.77
	薪酬增幅	—	−8.29	−1.18	40.69	−0.12	—
	年均增长率(%)	—	−4.90	−0.98	4.09	−0.54	—

注:(1) 薪酬增幅=2015 年的各项数值−2012 年的各项数值;(2) 薪酬增幅误差源于四舍五入。

从表 24-7 可以看出,与 2012 年相比,2015 年东部、中部和西部上市公司高管薪酬均值 都是增长的,但增长幅度相差不大,年均增长率分别为 16.51%、20.01%和 9.23%。只有东 北地区上市公司高管薪酬降低,年均降幅为 4.90%。四个地区上市公司高管薪酬的最大值 都得到了增加,其中东部地区 2015 年比 2012 年增加了 5467.89 万元,增加最多,东北地区 2015 年比 2012 年增加了 40.69 万元,增加最少。

图 24-4 更直观地显示了四个地区两个年度上市公司高管薪酬均值和年均增长率的变 化情况。可以看出,四个地区中东北地区上市公司高管薪酬是负增长,这可能与东北地区经 济增长缓慢有关。

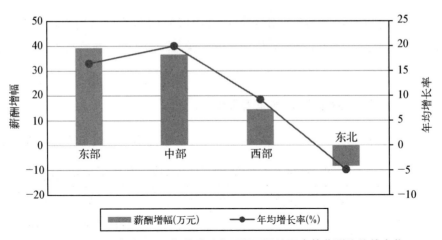

图 24－4　2012 年和 2015 年激励适中区间不同地区高管薪酬均值的变化

24.2.3　分行业激励适中区间高管薪酬年度比较

表 24－8 列示了 2012 年度和 2015 年度不同行业处于激励适中区间上市公司高管薪酬的变化情况。

表 24－8　2012 年和 2015 年激励适中区间不同行业高管薪酬的变化　　单位：万元

行　业	年　份	薪酬适中比例	平 均 值	中 位 值	最 大 值	最 小 值	标 准 差
农、林、牧、渔业(A)	2012	1.90%	41.52	36.83	115.82	11.20	27.30
	2015	1.90%	44.56	36.00	148.84	11.32	34.44
	薪酬增幅	—	3.04	−0.83	33.02	0.12	—
	年均增长率(%)	—	2.38	−0.76	8.72	0.36	—
采矿业(B)	2012	1.21%	43.36	34.26	128.08	6.67	350.12
	2015	1.60%	53.52	50.98	108.48	13.56	25.17
	薪酬增幅	—	10.16	16.72	−19.60	6.89	—
	年均增长率(%)	—	7.27	14.17	−5.39	26.68	—
制造业(C)	2012	68.34%	54.31	42.64	776.49	5.20	50.10
	2015	67.48%	85.47	47.35	5878.62	4.67	295.37
	薪酬增幅	—	31.16	4.71	5102.13	−0.53	—
	年均增长率(%)	—	16.32	3.55	96.36	−3.52	—
电力、热力、燃气及水生产和供应业(D)	2012	2.85%	45.44	43.77	109.43	13.53	18.57
	2015	3.50%	50.29	47.23	115.18	14.84	20.74
	薪酬增幅	—	4.85	3.46	5.75	1.31	—
	年均增长率(%)	—	3.44	2.57	1.72	3.13	—

行　业	年　份	薪酬适中比例	平均值	中位值	最大值	最小值	标准差
建筑业(E)	2012	2.68%	72.36	61.53	250.00	18.55	51.15
	2015	1.83%	68.09	55.78	190.00	18.95	43.71
	薪酬增幅	—	−4.27	−5.75	−60.00	0.40	—
	年均增长率(%)	—	−2.01	−3.22	−8.74	0.71	—
批发和零售业(F)	2012	4.76%	67.78	55.00	318.63	3.75	60.88
	2015	3.88%	122.94	60.33	1800.03	10.37	258.61
	薪酬增幅	—	55.16	5.33	1481.40	6.62	—
	年均增长率(%)	—	21.95	3.13	78.10	40.36	—
交通运输、仓储和邮政业(G)	2012	2.85%	65.82	60.35	145.08	28.10	25.79
	2015	2.89%	65.54	49.95	238.30	20.47	42.21
	薪酬增幅	—	−0.28	−10.40	93.22	−7.63	—
	年均增长率(%)	—	−0.14	−6.11	17.99	−10.02	—
住宿和餐饮业(H)	2012	0.52%	52.53	46.76	102.50	17.34	31.49
	2015	0.38%	50.89	65.88	70.76	24.22	22.94
	薪酬增幅	—	−1.64	19.12	−31.74	6.88	—
	年均增长率(%)	—	−1.05	12.11	−11.62	11.78	—
信息传输、软件和信息技术服务业(I)	2012	3.20%	59.24	54.81	283.70	13.79	45.16
	2015	4.27%	99.78	58.07	1192.64	19.31	180.19
	薪酬增幅	—	40.54	3.26	908.94	5.52	—
	年均增长率(%)	—	18.98	1.94	61.39	11.88	—
金融业(J)	2012	0.69%	310.57	250.24	701.33	37.80	209.35
	2015	1.37%	344.11	380.29	579.94	107.20	151.98
	薪酬增幅	—	33.54	130.05	−121.39	69.40	—
	年均增长率(%)	—	3.48	14.97	−6.14	41.55	—
房地产业(K)	2012	6.57%	119.24	8.00	1458.33	6.33	178.23
	2015	5.18%	217.61	75.47	6926.22	7.80	833.22
	薪酬增幅	—	98.37	67.47	5467.89	1.47	—
	年均增长率(%)	—	22.20	111.30	68.09	7.21	—
租赁和商务服务业(L)	2012	1.12%	79.23	54.68	287.33	36.07	68.53
	2015	1.14%	201.48	72.54	1592.39	31.00	393.23
	薪酬增幅	—	122.25	17.86	1305.06	−5.07	—
	年均增长率(%)	—	36.49	9.88	76.97	−4.92	—

续　表

行　业	年　份	薪酬适中比例	平均值	中位值	最大值	最小值	标准差
科学研究和技术服务业(M)	2012	0.26%	72.31	90.09	95.77	3.11	35.82
	2015	0.61%	78.69	74.57	180.15	23.29	48.44
	薪酬增幅	—	6.38	−15.52	84.38	20.18	—
	年均增长率(%)	—	2.86	−6.11	23.44	95.65	—
水利、环境和公共设施管理业(N)	2012	0.95%	35.06	31.27	62.92	17.82	13.83
	2015	1.37%	45.22	40.25	130.73	16.64	27.20
	薪酬增幅	—	10.16	8.98	67.81	−1.18	—
	年均增长率(%)	—	8.85	8.78	27.60	−2.26	—
卫生和社会工作(Q)	2012	0.17%	44.33	44.33	48.67	40.00	6.13
	2015	0.15%	43.82	43.82	59.09	28.55	21.60
	薪酬增幅	—	−0.51	−0.51	10.42	−11.45	—
	年均增长率(%)	—	−0.38	−0.38	6.68	−10.63	—
文化、体育和娱乐业(R)	2012	0.87%	72.87	62.75	201.55	33.67	48.14
	2015	1.45%	87.32	62.09	320.78	22.82	80.95
	薪酬增幅	—	14.45	−0.66	119.23	−10.85	—
	年均增长率(%)	—	6.22	−0.35	16.75	−12.16	—
综合(S)	2012	0.95%	68.39	62.61	125.35	16.57	36.47
	2015	0.91%	51.35	52.95	95.52	11.40	27.55
	薪酬增幅	—	−17.04	−9.66	−29.83	−5.17	—
	年均增长率(%)	—	−9.11	−5.43	−8.66	−11.72	—

注:(1)薪酬增幅=2015年的各项数值−2012年的各项数值;(2)薪酬增幅误差源于四舍五入;(3)因教育行业(P)只有1家上市公司,不具有代表性,故没有纳入比较。

从表24-8可以看出,相比2012年,在17个行业中,2015年有12个行业的高管薪酬正增长,5个行业的高管薪酬负增长。租赁和商务服务业(L)上市公司高管薪酬均值增幅和年均增长率都是最高的,分别为122.25万元和36.49%;综合类(S)上市公司高管薪酬均值降幅最大,降幅为17.04万元,年均下降9.11%。

图24-5更直观地描绘了17个行业激励适中区间上市公司高管薪酬均值增幅和年均增长率的情况。可以看出,高管薪酬均值增幅最大的前三个行业依次是租赁和商务服务业(L)、房地产业(K)、批发和零售业(F);降幅最大的三个行业依次是综合(S)、建筑业(E)、住宿和餐饮业(H)。

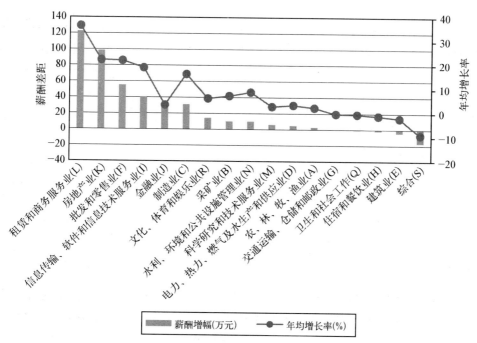

图 24-5 2012 年和 2015 年激励适中区间不同行业高管薪酬均值的变化

24.2.4 分所有制激励适中区间高管薪酬年度比较

表 24-9 列示了 2012 年和 2015 年处于激励适中区间的不同所有制上市公司高管薪酬的变化情况。

表 24-9 2012 年和 2015 年激励适中区间不同所有制上市公司高管薪酬的变化 单位：万元

所有制类型	年 份	激励适中比例	平 均 值	中 位 值	最 大 值	最 小 值	标 准 差
国有绝对控股公司	2012	8.56%	63.89	55.24	267.55	13.13	38.31
	2015	8.68%	123.44	56.49	5067.36	11.32	473.30
	薪酬增幅	—	59.55	1.25	4799.81	−1.81	—
	年均增长率(%)	—	24.55	0.75	166.56	−4.82	—
国有强相对控股公司	2012	16.00%	57.96	46.41	434.17	8.08	47.80
	2015	17.14%	78.68	50.97	862.93	11.50	102.91
	薪酬增幅	—	20.72	4.56	428.76	3.42	—
	年均增长率(%)	—	10.72	3.17	25.73	12.49	—
国有弱相对控股公司	2012	14.01%	78.01	47.00	1458.33	6.00	132.04
	2015	12.03%	160.98	54.97	6926.22	8.67	717.21
	薪酬增幅	—	82.97	7.97	5467.89	2.67	—
	年均增长率(%)	—	27.31	5.36	68.09	13.05	—

续　表

所有制类型	年　份	激励适中比例	平均值	中位值	最大值	最小值	标准差
国有参股公司	2012	18.77%	61.87	45.91	475.92	5.20	58.06
	2015	22.85%	93.39	53.95	1265.14	4.67	147.88
	薪酬增幅	—	31.52	8.04	789.22	−0.53	—
	年均增长率(%)	—	14.71	5.53	38.53	−3.52	—
无国有股份公司	2012	42.65%	57.29	43.91	776.49	3.75	61.58
	2015	39.30%	75.90	44.57	2878.13	7.36	189.45
	薪酬增幅	—	18.61	0.66	2101.64	3.61	—
	年均增长率(%)	—	9.83	0.50	54.76	25.20	—

注：(1) 薪酬增幅=2015 年的各项数值−2012 年的各项数值；(2) 薪酬增幅误差源于四舍五入。

从表 24−9 可以看出，相比于 2012 年，2015 年五类所有制上市公司高管薪酬都处于上升趋势。其中，国有弱相对控股公司高管薪酬均值增幅最高，为 82.97 万元，年均增长率也最高，为 27.31%；其次是国有绝对控股公司，高管薪酬均值增幅为 59.55 万元，年均增长 24.55%；无国有股份公司高管薪酬均值增幅最小，为 18.61 万元，年均增长 9.83%。

图 24−6 更加直观地描绘了 2012 年和 2015 年五类所有制公司高管薪酬均值增幅和年均增长率的变化。可以看出，总体上看，在激励适中区间，国有绝对控股公司和国有弱相对控股公司高管薪酬均值的增幅大于另外三类公司。

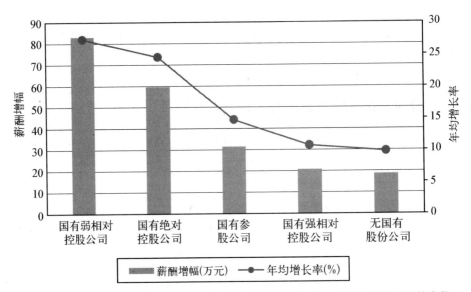

图 24−6　2012 年和 2015 年激励适中区间不同所有制上市公司高管薪酬均值的变化

进一步将国有绝对控股公司、国有强相对控股公司和国有弱相对控股公司归类为国有控股公司，将国有参股公司和无国有股份公司归类为非国有控股公司，表 24−10 比较了 2012 年和 2015 年激励适中区间的国有控股公司和非国有控股公司高管薪酬的变化情况。

表 24 - 10　2012 年和 2015 年激励适中区间国有和非国有控股上市公司高管薪酬的变化

单位：万元

所有制类型	年　份	平 均 值	中 位 值	最 大 值	最 小 值	标 准 差
国有控股公司	2012	66.56	48.15	1458.33	6.00	87.50
	2015	115.11	52.32	6926.22	8.67	468.97
	薪酬增幅	48.55	4.17	5467.89	2.67	—
	年均增长率(%)	20.03	2.81	68.09	13.05	
非国有控股公司	2012	58.69	44.16	776.49	3.75	60.52
	2015	82.33	47.95	2878.13	4.67	175.43
	薪酬增幅	23.64	3.79	2101.64	0.92	—
	年均增长率(%)	11.94	2.78	54.76	7.59	

注：(1) 薪酬增幅＝2015 年的各项数值－2012 年的各项数值；(2) 薪酬增幅误差源于四舍五入。

从表 24 - 10 可以看出，处于激励适中区间的国有控股公司高管薪酬均值增幅和年均增长率都高于非国有控股公司，从中位值、最大值、最小值看，两个年度国有控股公司高管薪酬增幅也都大于非国有控股公司。

24.3　激励过度区间的高管薪酬年度比较

24.3.1　激励过度区间高管薪酬总体年度比较

表 24 - 11 列示了 2012 年度和 2015 年度处于激励过度区间上市公司高管薪酬的总体变化情况。

表 24 - 11　2012 年和 2015 年激励过度区间高管薪酬的变化　单位：万元

年份	样 本 量	激励过度比例	平 均 值	中 位 值	最 大 值	最 小 值	标 准 差
2012	577	24.98%	62.98	47.26	569.40	4.06	57.16
2015	659	25.04%	1140.29	178.58	21279.59	2.85	2261.56
薪酬增幅			1077.31	131.32	20710.19	−1.21	—
年均增长率(%)			162.59	55.76	234.34	−11.13	

注：(1) 薪酬增幅＝2015 年的各项数值－2012 年的各项数值；(2) 薪酬增幅误差源于四舍五入。

从表 24-11 可以看出,2015 年处于激励过度区间的上市公司高管薪酬均值比 2012 年增加了 1077.31 万元,年均增长率为 162.59%。从最大值来看,2015 年处于激励过度区间的上市公司高管薪酬是 2012 年的 37.37 倍。

24.3.2 分地区激励过度区间高管薪酬年度比较

表 24-12 列示了 2012 年和 2015 年激励过度区间的不同地区上市公司高管薪酬的总体变化情况。

表 24-12　2012 年和 2015 年激励过度区间不同地区高管薪酬的变化　　单位:万元

地区	年　份	激励过度比例	平均值	中位值	最大值	最小值	标准差
东部	2012	69.67%	64.21	49.76	444.27	5.29	51.57
	2015	72.46%	1267.85	288.77	21279.59	7.33	2355.16
	薪酬增幅	—	1203.64	239.01	20835.32	2.04	—
	年均增长率(%)	—	170.28	79.70	263.17	11.48	—
中部	2012	11.26%	61.49	34.78	569.40	4.40	83.88
	2015	12.37%	1097.49	197.92	15886.32	5.90	2305.12
	薪酬增幅	—	1036.00	163.14	15316.92	1.50	—
	年均增长率(%)	—	161.34	78.53	203.30	10.27	—
西部	2012	13.00%	59.84	44.76	300.85	4.06	57.49
	2015	11.64%	590.02	63.96	11516.72	2.85	1639.12
	薪酬增幅	—	530.18	19.20	11215.87	—1.21	—
	年均增长率(%)	—	114.43	12.63	237.02	—11.13	—
东北	2012	6.07%	58.38	38.34	296.19	9.60	58.99
	2015	3.53%	592.61	81.78	8165.55	15.74	1659.68
	薪酬增幅	—	534.23	43.44	7869.36	6.14	—
	年均增长率(%)	—	116.52	28.73	202.09	17.92	—

注:(1) 薪酬增幅=2015 年的各项数值—2012 年的各项数值;(2) 薪酬增幅误差源于四舍五入。

从表 24-12 可以看出,在激励过度区间,相比 2012 年,2015 年四个地区上市公司高管薪酬均值都大幅上升,增幅都高于 500 万元,年均增长率都高于 100%。

图 24-7 更直观地显示了激励过度区间四个地区上市公司高管薪酬均值的差异。东部地区高管薪酬均值的增幅和年均增长率最高,其次为中部地区,第三是东北地区,西部地区增幅和年均增长率最低。而且,东部和中部上市公司高管薪酬均值的增幅都超过了 1000 万元,远远大于东北和西部。

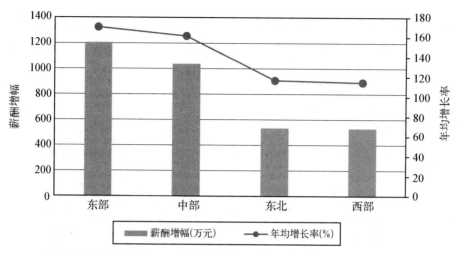

图 24 - 7　2012 年和 2015 年激励过度区间不同地区高管薪酬均值的变化

24.3.3　分行业激励过度区间高管薪酬年度比较

表 24 - 13 列示了 2012 年和 2015 年激励过度区间不同行业上市公司高管薪酬的变化情况。

表 24 - 13　2012 年和 2015 年激励过度区间不同行业高管薪酬的变化　　　单位：万元

行　业	年　份	激励过度比例	平 均 值	中 位 值	最 大 值	最 小 值	标 准 差
农、林、牧、渔业(A)	2012	1.21%	46.63	52.76	93.85	10.40	29.37
	2015	1.21%	315.10	45.99	1496.30	10.89	522.62
	薪酬增幅	—	268.47	−6.77	1402.45	0.49	—
	年均增长率(%)	—	89.06	−4.47	151.69	1.55	—
采矿业(B)	2012	1.73%	93.41	70.79	299.93	39.88	75.10
	2015	2.12%	76.47	59.64	189.72	7.33	61.34
	薪酬增幅	—	−16.94	−11.15	−110.21	−32.55	—
	年均增长率(%)	—	−6.45	−5.55	−14.16	−43.14	—
制造业(C)	2012	58.23%	54.23	42.55	303.16	4.06	42.10
	2015	62.52%	1041.01	265.65	15886.32	4.00	1965.80
	薪酬增幅	—	986.78	223.10	15583.16	−0.06	—
	年均增长率(%)	—	167.76	84.14	274.21	−0.50	—
电力、热力、燃气及水生产和供应业(D)	2012	1.91%	63.70	51.57	184.38	20.78	45.06
	2015	1.06%	551.38	119.02	1593.43	47.00	638.22
	薪酬增幅	—	487.68	67.45	1409.05	26.22	—
	年均增长率(%)	—	105.32	32.15	105.21	31.27	—

行　业	年　份	激励过度比例	平 均 值	中 位 值	最 大 值	最 小 值	标 准 差
批发和零售业(F)	2012	3.64%	67.49	49.61	300.85	11.11	67.83
	2015	2.43%	771.26	91.36	5374.04	13.54	1483.79
	薪酬增幅	—	703.77	41.75	5073.19	2.43	—
	年均增长率(%)	—	125.24	22.57	161.41	6.82	—
交通运输、仓储和邮政业(G)	2012	3.12%	61.08	56.31	152.53	21.35	31.46
	2015	1.52%	709.11	62.93	4369.24	26.91	1442.41
	薪酬增幅	—	648.03	6.62	4216.71	5.56	—
	年均增长率(%)	—	126.43	3.77	205.97	8.02	—
信息传输、软件和信息技术服务业(I)	2012	10.57%	61.84	51.84	444.27	12.00	57.06
	2015	12.14%	2144.45	829.78	14571.50	22.77	3181.54
	薪酬增幅	—	2082.61	777.94	14127.23	10.77	—
	年均增长率(%)	—	226.10	152.02	220.10	23.80	—
金融业(J)	2012	2.95%	191.96	200.36	296.21	91.21	70.85
	2015	1.06%	362.87	345.75	795.43	130.74	247.49
	薪酬增幅	—	170.91	145.39	499.22	39.53	—
	年均增长率(%)	—	23.65	19.95	39.00	12.75	—
房地产业(K)	2012	9.01%	80.49	53.98	569.40	6.43	93.53
	2015	6.22%	1509.43	75.00	21279.59	9.00	4048.28
	薪酬增幅	—	1428.94	21.02	20710.19	2.57	—
	年均增长率(%)	—	165.68	11.59	234.34	11.86	—
租赁和商务服务业(L)	2012	0.69%	50.50	51.36	64.95	34.33	14.71
	2015	0.46%	1971.19	1882.55	3974.03	56.99	1960.02
	薪酬增幅	—	1920.69	1831.19	3909.08	22.66	—
	年均增长率(%)	—	239.22	232.18	294.05	18.41	—
科学研究和技术服务业(M)	2012	1.04%	64.99	75.23	83.89	35.30	19.99
	2015	1.52%	704.38	117.05	2849.15	64.75	1052.33
	薪酬增幅	—	639.39	41.82	2765.26	29.45	—
	年均增长率(%)	—	121.30	15.88	223.84	22.41	—
水利、环境和公共设施管理业(N)	2012	1.91%	43.06	36.55	70.15	20.67	17.32
	2015	1.67%	709.78	72.24	3458.73	18.93	1094.33
	薪酬增幅	—	666.72	35.69	3388.58	-1.74	—
	年均增长率(%)	—	154.50	25.50	266.69	-2.89	—

续 表

行 业	年 份	激励过度比例	平 均 值	中 位 值	最 大 值	最 小 值	标 准 差
文化、体育和娱乐业(R)	2012	0.87%	83.42	83.02	158.61	28.42	53.60
	2015	1.52%	1447.99	102.66	7489.67	32.90	2723.07
	薪酬增幅	—	1364.57	19.64	7331.06	4.48	—
	年均增长率(%)	—	158.92	7.33	261.45	5.00	—
综合(S)	2012	1.73%	45.73	46.00	77.93	17.33	23.39
	2015	1.82%	453.26	76.97	3474.06	2.85	1015.68
	薪酬增幅	—	407.53	30.97	3396.13	−14.48	—
	年均增长率(%)	—	114.81	18.72	254.58	−45.21	—

注:(1)薪酬增幅=2015年的各项数值−2012年的各项数值;(2)薪酬增幅误差源于四舍五入;(3)剔除了没有公司进入激励过度区间和只有1家公司进入该区间而可比性差的行业。

从表24-13可以看出,在激励过度区间,2015年与2012年相比,不同行业上市公司高管薪酬均值变化的差异性非常明显。在可比较的14个行业中,有13个行业正增长,1个行业负增长;有11个行业上市公司高管薪酬均值的年均增长率超过了100%。高管薪酬均值增幅最大的行业是信息传输、软件和信息技术服务业(I),增幅达2082.61万元;年均增长率最高的行业是租赁和商务服务业(L),年均增长率达239.22%。只有采矿业(B)是负增长,降幅为16.94万元,年均下降6.45%。

图24-8更直观地反映了激励过度区间不同行业上市公司高管薪酬均值的变化情况。

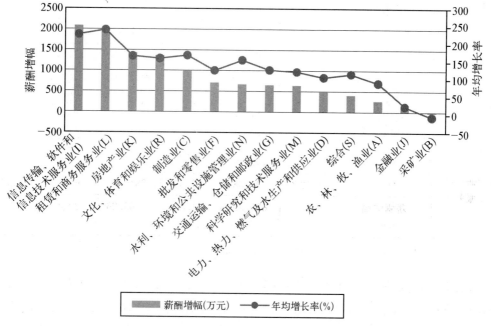

图 24-8 2012 年和 2015 年激励过度区间不同行业高管薪酬均值的变化

可以看到,高管薪酬均值增幅最大的前三个行业分别是信息传输、软件和信息技术服务业(I),租赁和商务服务业(L),房地产业(K);增幅最小的三个行业分别是采矿业(B),金融业(J),农、林、牧、渔业(A)。

24.3.4　分所有制激励过度区间高管薪酬年度比较

表24-14列示了2012年和2015年不同所有制激励过度区间的高管薪酬的变化情况。

表24-14　2012年和2015年激励过度区间不同所有制上市公司高管薪酬比较　　单位:万元

所有制类型	年　份	激励过度比例	平均值	中位值	最大值	最小值	标准差
国有绝对控股公司	2012	4.16%	81.78	66.08	249.25	10.63	63.69
	2015	1.82%	686.65	81.83	4369.24	26.91	1341.06
	薪酬增幅	—	604.87	15.75	4119.99	16.28	—
	年均增长率(%)	—	103.25	7.39	159.77	36.29	—
国有强相对控股公司	2012	7.11%	83.97	53.36	569.40	11.33	91.88
	2015	5.01%	863.52	71.70	14117.13	11.40	2607.71
	薪酬增幅	—	779.55	18.34	13547.73	0.07	—
	年均增长率(%)	—	117.46	10.35	191.59	0.21	—
国有弱相对控股公司	2012	10.05%	72.29	57.50	299.93	9.60	59.04
	2015	4.55%	429.57	50.03	10742.96	14.81	1949.21
	薪酬增幅	—	357.28	−7.47	10443.03	5.21	—
	年均增长率(%)	—	81.13	−4.53	229.64	15.55	—
国有参股公司	2012	20.45%	60.59	47.58	296.21	4.06	51.36
	2015	31.72%	1403.48	353.52	15265.87	5.90	2530.95
	薪酬增幅	—	1342.89	305.94	14969.66	1.84	—
	年均增长率(%)	—	185.06	95.13	272.14	13.27	—
无国有股份公司	2012	58.23%	58.32	44.11	444.27	5.29	51.95
	2015	56.90%	1089.33	239.92	21279.59	2.85	2100.35
	薪酬增幅	—	1031.01	195.81	20835.32	−2.44	—
	年均增长率(%)	—	165.33	75.86	263.17	−18.63	—

注:(1)薪酬增幅=2015年的各项数值−2012年的各项数值;(2)薪酬增幅误差源于四舍五入。

从表24-14可以看出,在激励过度区间,相比2012年,2015年五类所有制上市公司高管薪酬均值都大幅增长,增幅最高的是国有参股公司,增幅达1342.89万元,其年均增长率也是最高的,达185.06%;国有弱相对控股公司高管薪酬均值的增幅最低,但也达到357.28

万元,其年均增长率为 81.13%。

图 24-9 更加直观地描绘了 2012 年和 2015 年激励过度区间五种所有制上市公司高管薪酬均值的变化情况。可以看到,国有参股公司和无国有控股公司高管薪酬均值增幅明显高于其他三种所有制上市公司。

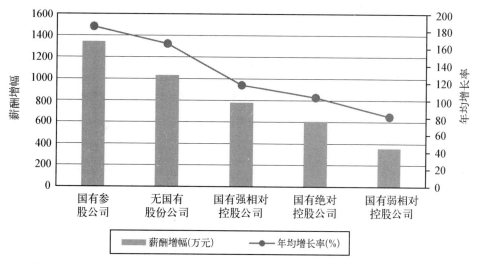

图 24-9 2012 年和 2015 年激励过度区间不同所有制上市公司高管薪酬均值的变化

进一步将国有绝对控股公司、国有强相对控股公司和国有弱相对控股公司归类为国有控股公司,将国有参股公司和无国有股份公司归类为非国有控股公司,表 24-15 比较了2012 年和 2015 年国有控股公司和非国有控股公司高管薪酬的变化情况。

表 24-15 2012 年和 2015 年激励过度区间国有和非国有控股上市公司高管薪酬比较   单位:万元

所有制类型	年 份	平 均 值	中 位 值	最 大 值	最 小 值	标 准 差
国有控股公司	2012	78.04	57.36	569.40	9.60	72.05
	2015	661.64	67.10	14117.13	11.40	2176.47
	薪酬增幅	583.60	9.74	13547.73	1.80	—
	年均增长率(%)	103.91	5.37	191.59	5.90	—
非国有控股公司	2012	58.91	44.68	444.27	4.06	51.75
	2015	1201.76	261.59	21279.59	2.85	2266.74
	薪酬增幅	1142.85	216.91	20835.32	−1.21	—
	年均增长率(%)	173.24	80.23	263.17	−11.13	—

从表 24-15 可以看出,在激励过度区间,非国有控股公司高管薪酬均值的增幅显著高于国有控股公司,前者高出后者 559.25 万元。2015 年,非国有控股公司高管薪酬最大值的增幅也远远高于国有控股公司,前者高于后者达 7287.59 万元。但非国有控股公司两个年

度的最小值都小于国有控股公司,而且,非国有控股公司最小值的增幅是负的。显然,非国有控股公司之间的薪酬差距很大。

24.4 激励不足区间高管薪酬年度比较

24.4.1 激励不足区间高管薪酬总体年度比较

表24-16列示了2012年和2015年激励不足区间上市公司高管薪酬的总体变化情况。

表 24-16　2012 年和 2015 年激励不足区间上市公司高管薪酬的变化　　单位:万元

年份	样本量	激励不足比例	平均值	中位值	最大值	最小值	标准差
2012	577	24.98%	67.99	48.70	606.52	3.40	71.37
2015	660	25.08%	81.01	52.76	7122.32	0.28	286.20
薪酬增幅	—	—	13.02	4.06	6515.80	−3.12	—
年均增长率(%)	—	—	6.01	2.71	127.30	−56.49	—

从表24-16可以看出,2015年激励不足区间的上市公司高管薪酬比2012年增加了13.02万元,年均增长率为6.01%,最大值增幅达到6515.80万元,年均增长率达到127.30%,但最小值却从2012年的3.40万元下降到0.28万元。

24.4.2 分地区激励不足区间高管薪酬年度比较

表24-17列示了2012年和2015年激励不足区间不同地区上市公司高管薪酬的变化情况。

表 24-17　2012 年和 2015 年激励不足区间不同地区高管薪酬的变化　　单位:万元

地区	年份	激励不足比例	平均值	中位值	最大值	最小值	标准差
东部	2012	55.63%	81.85	60.94	606.52	3.40	83.49
	2015	57.12%	104.20	63.53	7122.32	0.28	375.30
	薪酬增幅	—	22.35	2.59	6515.80	−3.12	
	年均增长率(%)	—	8.38	1.40	127.30	−56.49	
中部	2012	21.32%	53.30	43.15	530.00	6.99	54.08
	2015	19.55%	47.79	40.30	243.51	6.83	33.86
	薪酬增幅	—	−5.51	−2.85	−286.49	−0.16	
	年均增长率(%)	—	−3.57	−2.25	−22.84	−0.77	

续　表

地区	年　份	激励不足比例	平均值	中位值	最大值	最小值	标准差
西部	2012	17.68%	46.57	38.02	203.83	5.67	33.94
	2015	16.36%	51.80	38.35	488.02	11.20	52.77
	薪酬增幅	—	5.23	0.33	284.19	5.53	—
	年均增长率(%)	—	3.61	0.29	33.78	25.47	—
东北	2012	5.37%	53.14	47.47	312.33	5.57	54.44
	2015	6.97%	52.73	41.20	275.59	4.55	47.28
	薪酬增幅	—	−0.41	−6.27	−36.74	−1.02	—
	年均增长率(%)	—	−0.26	−4.61	−4.09	−6.52	—

注:(1) 薪酬增幅＝2015年的各项数值−2012年的各项数值;(2) 薪酬增幅误差源于四舍五入。

从表24-17可以看出,在激励不足区间,与2012年相比,2015年四个地区上市公司高管薪酬均值有增也有减。其中东部和西部地区上市公司高管薪酬处于增长趋势,增幅分别是22.35万元和5.23万元,年均增长率分别为8.38%和3.61%,增长幅度不大;东北和中部地区上市公司高管薪酬均值则处于减少趋势,降幅分别是0.41万元和5.51万元,年均降低率分别是0.26%和3.57%,降低幅度不大。

图24-10更直观地反映了激励不足区间四个地区上市公司高管薪酬均值的变化情况。可以看出,处于激励不足区间的四个地区上市公司高管薪酬均值变化的差异比较明显。

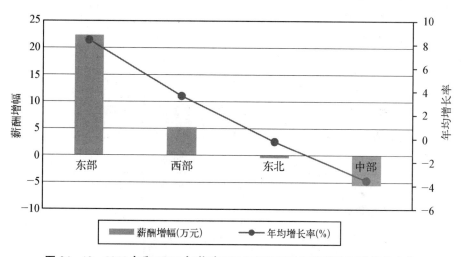

图 24-10　2012 年和 2015 年激励不足区间不同地区高管薪酬均值的变化

24.4.3　分行业激励不足区间高管薪酬年度比较

表24-18列示了2012年和2015年处于激励不足区间的不同行业上市公司高管薪酬

的变化情况。

表 24‐18 2012 年和 2015 年激励不足区间不同行业高管薪酬的变化 单位:万元

行 业	年 份	激励不足比例	平均值	中位值	最大值	最小值	标准差
农、林、牧、渔业(A)	2012	1.21%	30.60	20.53	80.67	12.40	23.41
	2015	1.36%	26.60	16.02	67.80	11.20	19.34
	薪酬增幅	—	−4.00	−4.51	−12.87	−1.20	—
	年均增长率(%)	—	−4.56	−7.94	−5.63	−3.34	—
采矿业(B)	2012	5.72%	87.39	61.59	606.52	35.20	99.45
	2015	5.61%	57.06	46.08	322.98	17.04	49.55
	薪酬增幅	—	−30.33	−15.51	−283.54	−18.16	—
	年均增长率(%)	—	−13.25	−9.22	−18.95	−21.48	—
制造业(C)	2012	58.58%	58.44	41.99	589.73	5.57	64.72
	2015	54.39%	59.42	43.77	504.01	4.55	60.85
	薪酬增幅	—	0.98	1.78	−85.72	−1.02	—
	年均增长率(%)	—	0.56	1.39	−5.10	−6.52	—
电力、热力、燃气及水生产和供应业(D)	2012	5.72%	55.45	50.09	102.97	29.12	19.84
	2015	5.45%	57.45	60.82	107.74	17.06	22.20
	薪酬增幅	—	2.00	10.73	4.77	−12.06	—
	年均增长率(%)	—	1.19	6.68	1.52	−16.32	—
建筑业(E)	2012	4.16%	57.74	57.59	147.12	10.93	30.92
	2015	5.45%	257.96	58.79	7122.32	10.67	1177.09
	薪酬增幅		200.22	1.20	6975.20	−0.26	—
	年均增长率(%)	—	64.70	0.69	264.46	−0.80	—
批发和零售业(F)	2012	12.82%	75.35	59.74	312.33	3.40	55.44
	2015	11.97%	76.83	61.59	275.59	9.00	55.12
	薪酬增幅	—	1.48	1.85	−36.74	5.60	—
	年均增长率(%)	—	0.65	1.02	−4.09	38.33	—
交通运输、仓储和邮政业(G)	2012	4.51%	70.29	51.82	242.03	24.29	52.71
	2015	4.85%	71.12	55.13	258.49	22.40	52.13
	薪酬增幅	—	0.83	3.31	16.46	−1.89	—
	年均增长率(%)	—	0.39	2.09	2.22	−2.66	—

续　表

行　业	年　份	激励不足比例	平均值	中位值	最大值	最小值	标准差
信息传输、软件和信息技术服务业(I)	2012	0.52%	35.25	25.60	57.17	22.98	19.03
	2015	1.06%	63.06	63.73	120.80	22.53	32.02
	薪酬增幅	—	27.81	38.13	63.63	−0.45	—
	年均增长率(%)	—	21.39	35.53	28.32	−0.66	—
金融业(J)	2012	2.77%	237.69	212.79	522.19	79.17	132.90
	2015	3.64%	242.63	141.93	1060.12	57.28	238.33
	薪酬增幅	—	4.94	−70.86	537.93	−21.89	—
	年均增长率(%)	—	0.69	−12.63	26.62	−10.23	—
房地产业(K)	2012	2.43%	85.80	63.25	252.33	24.06	73.60
	2015	3.48%	114.70	66.67	579.94	0.28	130.73
	薪酬增幅	—	28.90	3.42	327.61	−23.78	—
	年均增长率(%)	—	10.16	1.77	31.97	−77.34	—
租赁和商务服务业(L)	2012	0.69%	69.21	78.78	85.32	33.98	23.73
	2015	1.21%	63.69	68.66	111.83	28.03	28.41
	薪酬增幅	—	−5.52	−10.12	26.51	−5.95	—
	年均增长率(%)	—	−2.73	−4.48	9.44	−6.22	—
文化、体育和娱乐业(R)	2012	0.69%	63.86	64.55	83.75	42.56	19.93
	2015	1.06%	60.11	66.67	76.14	39.73	14.61
	薪酬增幅	—	−3.75	2.12	−7.61	−2.83	—
	年均增长率(%)	—	−2.00	1.08	−3.13	−2.27	—

注:(1) 薪酬增幅=2015 年的各项数值−2012 年的各项数值;(2) 薪酬增幅误差源于四舍五入;(3) 剔除了没有公司进入激励不足区间和只有 1 家公司进入该区间而可比性差的行业。

由表 24-8 可以看到,在激励不足区间,在 12 个可比较的行业中,相对于 2012 年,2015年有 8 个行业的上市公司高管薪酬均值出现增长,有 4 个行业下降。其中建筑业(E)上市公司高管薪酬均值的增长最为明显,增幅为 200.22 万元,年均增长 64.70%;而采矿业(B)上市公司的高管薪酬均值则明显下降,降幅为 30.33 万元,年均下降 13.25%。

图 24-11 更直观地描绘了激励不足区间不同行业上市公司高管薪酬均值的变化情况。可以看到,增幅最大的三个行业分别是建筑业(E),房地产业(K),信息传输、软件和信息技术服务业(I);增幅最小(降低)的三个行业分别是采矿业(B),租赁和商务服务业(L),农、林、牧、渔业(A)。

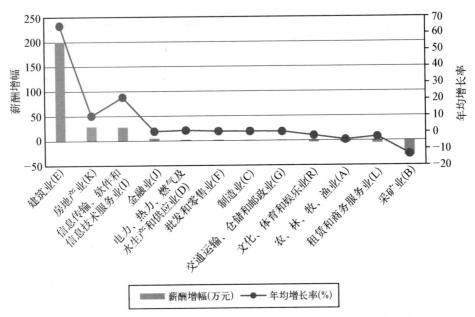

图 24‑11　2012 年和 2015 年激励过度区间不同行业高管薪酬的变化

24.4.4　分所有制激励不足区间高管薪酬年度比较

表 24‑19 列示了 2012 年和 2015 年处在激励不足区间的不同所有制上市公司高管薪酬的变化情况。

表 24‑19　2012 年和 2015 年激励不足区间不同所有制上市公司高管薪酬的变化　　单位：万元

所有制类型	年　份	激励不足比例	平均值	中位值	最大值	最小值	标准差
国有绝对控股公司	2012	26.52%	62.28	54.42	27.57	7.42	39.94
	2015	25.00%	108.55	58.51	7122.32	4.55	550.98
	薪酬增幅	—	46.27	4.09	7094.75	−2.87	—
	年均增长率(%)	—	20.34	2.44	536.89	−15.04	—
国有强相对控股公司	2012	27.38%	71.50	51.54	421.33	5.57	62.77
	2015	27.73%	66.08	55.32	306.25	6.30	49.72
	薪酬增幅	—	−5.42	3.78	−115.08	0.73	—
	年均增长率(%)	—	−2.59	2.39	−10.09	4.19	—
国有弱相对控股公司	2012	14.90%	71.70	47.42	606.52	6.57	87.28
	2015	14.39%	84.11	55.86	560.80	7.63	96.89
	薪酬增幅	—	12.41	8.44	−45.72	1.06	—
	年均增长率(%)	—	5.47	5.61	−2.58	5.11	—

续 表

所有制类型	年 份	激励不足比例	平均值	中位值	最大值	最小值	标准差
国有参股公司	2012	8.84%	85.31	50.89	530.00	3.40	108.35
	2015	13.64%	91.82	55.13	1060.12	9.42	147.70
	薪酬增幅	—	6.51	4.24	530.12	6.02	—
	年均增长率(%)	—	2.48	2.70	26.00	40.45	—
无国有股份公司	2012	22.36%	61.12	40.00	589.73	6.40	79.51
	2015	19.24%	56.79	38.53	488.02	0.28	72.76
	薪酬增幅	—	−4.33	−1.47	−101.71	−6.12	—
	年均增长率(%)	—	−2.42	−1.24	−6.12	−64.76	—

注:(1) 薪酬增幅=2015 年的各项数值−2012 年的各项数值;(2) 薪酬增幅误差源于四舍五入。

从表 24−19 可以看出,在激励不足区间,相比 2012 年,2015 年国有绝对控股公司、国有弱相对控股公司和国有参股公司的高管薪酬均值是增加的,增幅最高的是国有绝对控股公司,提高 46.27 万元,年均增长 20.34%;无国有股份公司和国有强相对控股公司的高管薪酬均值则是降低的,降幅最大的是国有强相对控股公司,减少 5.42 万元,年均降低 2.59%。

图 24−12 更加直观地描绘了 2015 年和 2012 年激励不足区间不同所有制上市公司高管薪酬均值的变化情况。

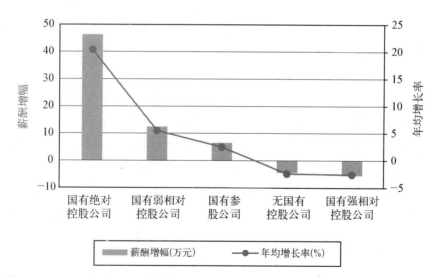

图 24−12 2012 年和 2015 年激励不足区间不同所有制上市公司高管薪酬均值的变化

进一步将国有绝对控股公司、国有强相对控股公司和国有弱相对控股公司归类为国有控股公司,将国有参股公司和无国有股份公司归类为非国有控股公司,表 24−20 比较了 2012 年和 2015 年激励不足区间国有控股公司和非国有控股公司高管薪酬的变化情况。

表 24 - 20 2012 年和 2015 年激励不足区间国有和非国有控股上市公司高管薪酬的变化

单位：万元

所有制类型	年 份	平 均 值	中 位 值	最 大 值	最 小 值	标 准 差
国有控股公司	2012	67.99	52.28	606.52	5.57	61.89
	2015	85.76	57.07	7122.32	4.55	340.60
	薪酬增幅	17.77	4.79	6515.80	-1.02	—
	年均增长率(%)	8.05	2.97	127.30	-6.52	—
非国有控股公司	2012	67.97	44.71	589.73	3.40	88.99
	2015	71.32	43.33	1060.12	0.28	111.25
	薪酬增幅	3.35	-1.38	470.39	-3.12	—
	年均增长率(%)	1.62	-1.04	21.59	-56.49	—

从表 24 - 20 可以看出，比较 2012 年和 2015 年两个年度，国有控股公司和非国有控股公司的高管薪酬均值都是上升的，但前者增幅大于后者，分别是 17.77 万元和 3.35 万元，年均增长率分别是 8.05％和 1.62％。

24.5 本章小结

本章基于激励适中、激励过度和激励不足三种高管薪酬激励类型的划分，从总体、地区、行业、所有制四个角度，比较了 2012 年和 2015 年中国上市公司高管薪酬的变化情况，主要结论如下：

（1）从高管薪酬总体来看，相比 2012 年，2015 年中国上市公司高管薪酬显著增长，年均增长率为 77.06％；从地区来看，四个地区的上市公司高管薪酬均值在 2015 年都呈现上涨趋势，而且年均增长率都超过了 35％；从行业来看，各行业上市公司高管薪酬均值有增也有降，卫生和社会工作(Q)、信息传输、软件和信息技术服务业(I)两个行业上市公司高管薪酬增幅和年均增长率都位列前两位；从所有制来看，非国有控股公司高管薪酬不论是增幅还是年均增长率都显著高于国有控股公司，国有控股公司高管薪酬均值两个年度相差在 100 万元之内，而非国有控股公司两个年度相差 400 万元以上，非国有控股公司高管薪酬的公司间差距比较大。

（2）在激励适中区间，从总体来看，相比 2012 年，2015 年上市公司高管薪酬均值年均增长 15.35％；从地区来看，2015 年东部、中部和西部上市公司高管薪酬均值都是增长的，但增长幅度相差不大，只有东北地区上市公司高管薪酬降低；从行业来看，在 17 个行业中，2015 年有 12 个行业的高管薪酬正增长，5 个行业的高管薪酬负增长，其中租赁和商务服务业(L)上市公司高管薪酬均值增幅和年均增长率都是最高的；从所有制来看，国有控股公司高管薪酬均值增幅和年均增长率都高于非国有控股公司。

(3) 在激励过度区间,从总体来看,相比 2012 年,2015 年上市公司高管薪酬均值年均增长 162.59％;从地区来看,2015 年四个地区上市公司高管薪酬均值的增幅都高于 500 万元;从行业来看,在可比较的 14 个行业中,有 13 个行业正增长,1 个行业负增长,有 11 个行业上市公司高管薪酬均值的年均增长率超过了 100％,其中高管薪酬均值增幅最大的行业是信息传输、软件和信息技术服务业(I);从所有制来看,非国有控股公司高管薪酬均值的增幅显著高于国有控股公司。

(4) 在激励不足区间,从总体来看,相比 2012 年,2015 年上市公司高管薪酬均值年均增长 6.01％;从地区来看,2015 年东部和西部地区上市公司高管薪酬均值正增长,东北和中部地区上市公司高管薪酬均值则负增长;从行业来看,在 12 个可比较的行业中,2015 年有 8 个行业的上市公司高管薪酬均值出现增长,有 4 个行业下降,其中建筑业(E)上市公司高管薪酬均值的增长最为明显;从所有制看,国有控股公司和非国有控股公司的高管薪酬均值都是上升的,但前者增幅大于后者。

中国公司治理分类
指数报告No.15
（2016）

Report on China
Classified Corporate
Governance Index
No.15（2016）

第八编
政策建议

第 25 章

中国公司治理水平提升对策——基于强制退市制度的思考

2007～2015 年,我们开发、出版和发布了 6 类 14 部"中国公司治理分类指数报告"。在出版和发布这些公司治理指数报告时,我们都曾根据评价结果,针对中小投资者权益保护、董事会治理、企业家能力、财务治理、自愿性信息披露和高管薪酬,提出过相应的政策建议,这些建议对改善中国公司治理水平起到了很好的推动作用,至今都具有重要的应用价值。本年度报告尽量不再重复这些建议,而试图换一个角度,基于正在力推的退市新政,就公司治理改进,提出一些更具有针对性的建议。

进入 2016 年以来,中国公司治理方面的一个重大现象就是:资本市场"强监管"释放出法治化、市场化、常态化的信号。根据我们的初步统计,中国证监会在 2016 年前九个月已经作出行政处罚的案件数量达 125 起,19 人被中国证监会采取市场禁入措施。更为重要的是,2016 年中国证监会对 *ST 博元、欣泰电气等严重违法行为实施了强制退市措施。

长期以来,中国证券市场一直存在着退市率低的问题,大量上市公司僵而不死,买壳卖壳之风盛行,成为制约中国资本市场健康发展的严重痼疾。毫无疑问,中国证监会对博元投资、欣泰电气作出的强制退市决定,将有利于提高上市公司质量,增强资本市场有效性,从而更好地改善中国上市公司治理水平。

25.1 关于中小投资者权益保护

25.1.1 引导中小投资者转变投资观念

虽然此前就有对净利润、违规违法等指标考核的退市标准,但是在实际执行过程中,退市企业数量少,流程也长。这导致一些壳公司通过造假等手段在资本市场造就了众多"不死鸟"神话,成为资本市场的顽疾,借重组消息炒作、操纵股价、侵害投资者权益的事情时有发生。以 *ST 博元为例,其上市 25 年来至少 8 年是亏损的,财务造假情节严重。在这一背景下,不少投资者形成了一种错误的投资理念,不追求价值投资,而是热衷于押重组、炒作垃圾股。

* ST博元的退市过程再次印证了这一点:从2016年3月31日起被实施退市风险警示,在走完30个交易日的末日之路后,* ST博元的股价仅下跌了约15%,远非人们预想的一跌到底。4月10日,* ST博元上演跌停到涨停的戏码,在短短3分钟内成交2.6亿元,换手率近30%。5月10日和11日,* ST博元拉出两个涨停板,5月14日上午上交所特别提醒投资者要"理性投资,切实防范交易风险",但* ST博元还是强势上涨近5%。

这说明很多投资者存在着严重的投机心态,对股票退市风险意识淡薄。据有关方面的数据,从3月30日到5月14日,* ST博元的投资者账户数量,短短一个半月时间增长超过1万户,* ST博元的前十大股东中,已经没有一家机构投资者,全部为自然人。这些大量购入即将退市股的中小投资者,抱着侥幸心理参与赌博,赌的就是博元能够恢复上市或者重组,这说明引导中小投资者转变投资观念还有很长的路要走,中小投资者亟待转变投机心态,树立价值投资的正确理念,而转变观念需要加大投资者教育和信息披露力度,尤其是加大公司治理风险警示力度。

25.1.2　保证中小投资者决策与监督权

由于存在严重的大股东"一股独大"或几大股东对董事会的控制,使得中小投资者参与决策和监督的可能性极低,这无疑加大了大股东和经营者对中小股东侵害的可能性。目前一个最可行的措施就是强制性实施中小股东累积投票制,这是实现股权制衡,强化包括中小股东在内的所有股东对董事会的监督,以及保证中小投资者参与董事会战略决策和对经理层实施有效监督的重要制度保证。但需要注意的是,只是形式上存在累积投票还不够,要保证通过累积投票进入董事会的中小投资者代表有实质性的参与,也有能力代表中小投资者参与。根据我们历年指数报告的数据,中国实行累积投票的上市公司所占比例,2010年是12.20%,2014是20.13%,2015年是7.96%,2015年比2014年出现大幅度下降。而且,即使实行了累积投票,形式化现象也非常严重。像* ST博元和欣泰电气两家被强制退市的公司,都实行了累积投票制度,但毫无疑问是严重形式化的,没有发挥任何作用。因此,累积投票不仅要强制实施,更要保证其发挥有效作用,这样才能充分保证中小投资者的决策与监督权。

25.1.3　切实保护强制退市下的中小投资者权益

将那些严重损害投资者权益的重大信息披露违法的公司纳入退市行列,是新一轮退市制度改革的重要举措。* ST博元的强制退市,已经充分体现了这一思路。但是,另外一个关键问题是,因* ST博元违法行为给投资者造成的损失,应如何追偿?

根据《最高人民法院关于审理证券市场因虚假陈述引发的民事赔偿案件的若干规定》,就* ST博元因重大信息披露违法给投资者造成的损失,投资者可以自己受到虚假陈述侵害为由,对*ST 博元提起民事赔偿诉讼。另外,《退市意见》和上交所《股票上市规则》也就投资者权益保护作了安排。针对因重大信息披露违法被终止上市的公司,综合考虑中小投资者的利益诉求,将"对民事赔偿承担作出妥善安排",列为重新上市的条件之一,公司只有符合该项条件,才有可能申请重新上市。但是,这里面仍然存在着几个重要的问题:

一是在赔偿力度上,在现行《证券法》关于赔付比例的规定没有改变之前,投资者十赔九不足的现状恐也很难改变。二是在索赔资格上,根据现有法规,2014 年 6 月 18 日*ST 博元接到证监会调查通知书日之前买入博元投资,并在此期间没有全部清仓的投资者,具有索赔资格。但是,对于此后被*ST 博元的重组信息和无偿捐赠信息所吸引而来的投资者来说,虽然不免失之于过度投机,但是大多数可能也是虚假信息披露的受害者,完全剥夺他们的索赔资格恐怕也不是公平的。三是在索赔对象上,投资者在要求索赔时,将公司和涉嫌违法的公司高管、董事、监事等相关人员和相关中介一起纳入诉讼和索赔对象。但是,在*ST 博元已经明确将被强制退市的情况下,恐怕未必会有中介机构愿意来为其进行这种并没有任何实际利益意义的先行赔付。同时,由于公司已经到了资不抵债的境地,偿付银行债务都不够,加上大股东和相关的公司高管、董事、监事等人员的流动性变化又特别大,如果没有先行赔付的无条件到位,则这场不难胜诉的索赔诉讼至多也就只是一项中看不中用的"面子工程"而已。

为了避免中看不中用的"面子工程"发生,监管机构应该强制要求上市公司建立违规风险准备金制度,并且准备金额度和来源要足以起到威慑作用。目前建立这种制度的公司还只是极少数。根据我们开发的中小投资者权益保护指数数据库,2014 年有 5 家,占 2514 家样本上市公司的 0.20%;2015 年有 17 家,占 2655 家样本上市公司的 0.64%。不仅建立违规风险准备金制度的公司数量少,而且即使建立了这种制度,准备金的数量和来源也难以对公司大股东和经营者发挥有效约束作用。

25.2　关于董事会治理

25.2.1　引导上市公司"实质重于形式"

"公司董事会、监事会及董事、监事、高级管理人员无法保证季度报告内容的真实、准确、完整,不存在虚假记载、误导性陈述或者重大遗漏,且不承担个别和连带的法律责任。"如此奇葩的表态,居然出自*ST 博元发布的 2014 年年报和 2015 年一季报。中国上市公司董事会治理过于追求形式,而缺乏实质性治理,由此可见一斑。

根据我们对*ST 博元 2014 年董事会治理的评估结果,当年董事会治理指数仅为39.2962,排名位列全部上市公司董事会治理指数的后 5% 之列,说明其董事会治理水平是相当差的,同时也显示本报告的评估指标具有较强的前瞻性。进一步细致观察*ST 博元董事会治理的各个分项指数,董事会结构、独立董事独立性、董事会行为和董事激励与约束四个分项指数分别为 33.45、65.00、14.29 和 44.44。从这些分项指数可以看出,*ST博元在董事会结构、独立董事独立性以及董事激励与约束三个分项指数上的表现并不算太落后,尤其是在独立董事独立性这一最具形式化特征的维度上,得分居然在及格线之上。但是,在最具实质性的董事会行为分项指数上,*ST博元得分仅为 14.29 分,得分相当之低,充分反映了其在董事会治理方面重形式、轻实质问题的严重性。

我们在去年曾经详细对比了 ST 公司和非 ST 公司的董事会治理分项指数,结果发现 ST 公司在董事会结构和独立董事独立性两个形式化分项指数方面的表现甚至好于非 ST 公司,而更具实质性的董事会行为和董事激励与约束两个分项指数方面的得分则明显低于非 ST 公司,充分反映出当前中国上市公司董事会形式治理和实质治理的反差。本年度的评价结果仍没有改变这一结论(参见表 25-1)。

表 25-1　ST 公司与非 ST 公司董事会治理四个维度的比较

公司类型	董事会结构			独立董事独立性			董事会行为			董事激励与约束		
	2012	2014	2015	2012	2014	2015	2012	2014	2015	2012	2014	2015
ST公司	49.95	48.42	41.31	60.65	62.08	61.34	39.04	39.79	43.97	46.78	49.12	47.75
非ST公司	49.68	49.07	40.26	58.72	57.01	60.56	47.83	42.71	48.68	52.12	52.59	52.19
总体	**49.70**	**49.06**	**40.28**	**58.81**	**57.10**	**60.57**	**47.43**	**42.66**	**48.61**	**51.88**	**52.53**	**52.12**

资料来源:北京师范大学公司治理与企业发展研究中心"中国公司治理分类指数数据库"之"董事会治理指数数据库(2013/2015/2016)"。

在中国上市公司中,甚至在一些政府机构和官员中,经常强调的是健全公司治理结构,公司治理结构的核心是董事会结构(严格说,独立董事也是包括在董事会结构中的)。但根据上述分析可知,仅仅健全包括董事会结构在内的公司治理结构是远远不够的,更重要的是健全公司治理机制,其中包括董事会行为、董事激励与约束等。结构问题侧重于机构的组成,而机制问题则强调公司治理主客体(其中董事会是核心的治理主体)行为上的到位。机构健全并不意味着其能发挥作用,发挥作用靠的是机制健全。为此,加大问责机制至关重要。

25.2.2　着力强化董事激励与约束机制

我们在系列指数报告中曾经多次强调,董事会治理建设必须高度重视董事激励和约束机制建设。在当前的资本市场法律框架和实际运行中,中小投资者很难对董事会和董事实行有效的激励和约束行为,对董事、董事会的约束应更多地依赖于法律法规,因此必须高度重视董事激励和约束机制的合规性建设。

基于强制退市制度的推进,我们认为,在董事激励和约束机制的合规建设方面,一项重要工作就是要高度重视董事会备忘录制度建设。董事会备忘录是针对董事行为的客观记录,董事会秘书必须对每位董事的决策行为(比如选聘总经理),包括投票、发言、信息核实、与其他董事和董事会外人员的沟通、调研及调研报告等,客观、完整地记录在案,并在下次董事会正式开始前由每位董事认可并签字,并使该记录具有法律效力。一旦某位董事的某项决策结果被证明是错误的,则该董事必须要承担责任,包括民事责任、刑事责任和行政责任,责任力度要加大。如果有了如此客观记录的董事会备忘录,当公司面临强制退市给中小投资者带来巨大损失时,一方面,中小投资者可以根据董事会备忘录对当时涉及该项决议的董事进行追责,从而较好地克服之前在 *ST 博元案例中遇到的投资者难以追责高管的难题,更好地约束董事行为;另一方面,认真履行职责的董事也可以根据董事会备忘录为自己辩护,进而享有免责权利,以激励董事认真履责。实际上,董事会备忘录制度绝不仅仅适用于退市公司,任何公司任何时候的董事会决策出现问题,都可以利用备忘录制度来问责和免责。

遗憾的是,根据我们多年对上市公司董事会备忘录实施情况的分析,效果并不理想。从 2012 到 2015 年,董事会备忘录的评价得分在原有低水平的基础上,在 2015 年甚至出现了明显下降(参见表 25 - 2)。如果任由这种情况持续下去,则董事责任无从划清;责任不能划清,则追责就难以落实;追责不能落实,或责任承担过轻,则董事就不能认真履职;董事不履职,投资者尤其是中小投资者就会遭遇损失甚至是重大损失;投资者经常遭受损失,就会影响他们的投资行为,进而影响企业的可持续发展,最终会影响整个资本市场的良性发展。因此,我们认为,应在相关法律制度建设上,增加董事会备忘录的条款,促使上市公司以董事会备忘录为突破口,强化董事约束和激励机制。

表 25 - 2　董事会备忘录的实施情况比较

年　　　　度	2012 年	2014 年	2015 年
35. 是否有董事会会议记录或者董事会备忘录	4.28%	4.46%	3.09%

资料来源:北京师范大学公司治理与企业发展研究中心"中国公司治理分类指数数据库"之"董事会治理指数数据库(2013/2015/2016)"。

25.3　关于企业家能力

25.3.1　提高企业家的合规守法意识

从 2016 年两起强制退市案例来看,两家公司的企业家(严格意义上,这两家公司的高管不能称之为企业家)都存在着严重的违法违规行为。与一般人相比,企业家的违法违规行为后果更为严重,他们一旦触犯法律而身陷囹圄,将不仅致使个人身败名裂,更严重的是,会给企业带来灭顶之灾。

　　根据公开信息，*ST博元因涉嫌违规披露、不披露重要信息罪和伪造、变造金融票证罪，已被中国证监会于2015年3月26日依法移送公安机关。欣泰电气则于2016年7月8日遭到中国证监会行政处罚，公司以及相关人员被罚款1900余万元，公司董事长温德乙、刘明胜被处以终身证券市场禁入处罚，终身不得从事证券业务或担任上市公司董事、监事、高级管理人员职务。

　　根据这两个案例，我们认为，企业家能力中需要包含合规守法意识。市场经济是法治经济，企业家不仅要经受市场经济的考验，还要接受法律法规的考验。企业家是否具有法律意识，是否具备法治精神，决定了企业能否实现健康可持续发展。因此，企业家们必须认清大势，不断养成在法律框架内"领航"的思维模式和行为习惯。

　　企业是逐利的，企业家合规意识的形成，必须依赖于巨额违规成本的付出。发达国家对于违规者有民事处罚、刑事处罚和行政处罚三种处罚措施，而且每种处罚的力度都令人不敢越雷池一步。最严厉的当数内幕交易，内幕交易的最高民事处罚可使责任人倾家荡产，最高刑事处罚为25年监禁，最高行政处罚是终身不得进入资本市场和担任公司高管。如此处罚力度，才可以促使企业家形成合规意识。

25.3.2　从更为广泛的视角理解企业家的社会责任

　　以往对企业家社会责任的理解主要集中在企业家对慈善捐赠等方面的行为。从2016年的强制退市案例来看，我们认为，对于企业家社会责任的认识，还需要从更为宽阔的视角来入手。企业家的社会责任绝对不仅仅集中在慈善捐赠、产品质量、员工满意等方面，而是具有更为广泛的含义，其中一个重要方面就是企业家应该充分意识到自身行为的外部性。这种外部性至少体现在两个层面：一是企业家自身行为有可能给企业带来风险，从而影响企业内部以及外部利益相关者，例如欣泰电气退市使得企业陷入破产境地，债务人、供应商等众多主体的利益遭受严重损失；二是企业家行为具有示范意义，企业家造假可能影响到整个社会观念和价值观，必须谨言慎行。

　　现实中，经常有人把企业的社会责任与企业绩效等同起来，这是非常错误的认识。试想一下，如果企业利润很高，但却造成了严重的环境污染，生产了危及公众健康的产品，能说这样的企业其社会责任感很强吗？还有像*ST博元和欣泰电气等许多通过造假而虚增利润的企业，企业经营者的行为已经对其他利益相关者的权益造成严重侵害。我们认为，企业家的社会责任更多的是指企业高管对其他社会主体承担责任的行为，这些主体至少包括：投资者、债权人（更多情况下是银行）、顾客、社会公众等，也包括企业内部的员工。从投资者角度，企业应对投资者进行足额的现金分红和股息分配，这是保护投资者利益、减少资本市场波动的重要方面；从债权人角度，企业应该按期还本付息、不赖账，这是建立社会诚信体系的重要基础；从员工角度，企业应该保证员工收入随着企业利润的增长而增长，而且要保护员工的身心健康，能够享受足额的社会保险；从顾客角度，企业应该保证产品的质量和安全，这是企业持续稳定发展的重要保障；从社会公众角度，企业要尽其所能为社会作出贡献，如依法交税、捐赠慈善事业、保护环境等。

企业家承担社会责任是一种支出,或者说要付出成本,起码从短期看是如此,甚至这样的成本还非常明显。然而,从长远看,企业家承担更多的社会责任,则会带来远大于短期支出的收益。比如,企业按期足额对投资者进行现金分红和股息分配,可以激励投资者长期投资的热情,促使投资者成为"安定股东",企业由此会得到持续发展所需要的资金支持;企业进行慈善捐款,会产生广告效应,能够向大众传递企业拥有较强竞争力的信息,从而会得到更多的供应商和客户的信赖;企业生产高质量的和安全的产品,则会产生很高的口碑,品牌知名度会持续提高,进而会产生顾客的累积效应;企业员工利益得到保护,不仅会调动员工的工作积极性,更能吸引高素质的人才,企业的技术创新会更多、更快;等等。无疑,长期看,企业家的社会责任行为是能够带来更多利润的,企业家应该认识到这一点,不能因短期的违规逐利行为而损害了企业的长期发展。

25.4　关于财务治理

25.4.1　进一步优化财权配置

财权配置是财务治理的核心和基础,合理的财权配置能够协调各个利益相关者的利益,形成相互牵制、相互制约,从而保证公司的健康和可持续发展。从目前强制退市的案例来看,两家公司都存在着财权配置不合理的问题。

*ST博元:根据公开信息,2013年12月,博元投资控股子公司江苏金泰天创汽车销售有限公司(以下简称"金泰天创")与公司参股公司江苏中信安泰投资有限公司(以下简称"中信安泰")签订《临时周转资金拆借协议》,约定金泰天创以零利率向中信安泰提供借款2000万元,借款期限自2013年12月17日至2014年12月16日。该借款协议经金泰天创董事会审议通过。2014年1月26日,公司全资子公司珠海信实与中信安泰签订《临时周转资金拆借协议》,约定珠海信实以年利率5%向中信安泰提供借款2000万元,借款期限自2014年1月26日至2015年1月25日。该借款协议由公司总裁和董事长审批通过。上述对外借款合计4000万元,占公司2013年度经审计净资产的52%,但公司未及时进行披露,也未根据《公司章程》规定提交公司董事会审议。

欣泰电气:根据公开信息,欣泰电气实际控制人温德乙以员工名义从公司借款供其个人使用,截至2014年12月31日,占用欣泰电气6388万元。欣泰电气在《2014年年度报告》中未披露该关联交易事项,导致《2014年年度报告》存在重大遗漏。上述重大关联交易事项同样没有经过董事会和股东大会审议。

从我们对财务治理的历年评价结果来看,财权配置分项指数是唯一一个持续下降的财务治理分项指数,其均值从2010年的51.2195分,持续下降到2015年的41.1131分,这应该引起社会各界的高度关注。我们反复强调,中国绝大部分上市公司都有"漂亮"的治理结构,股东大会、董事会、监事会、经营层等各种财务治理机构一应俱全,但它们之间的关系却存在着很多模糊地带。由于中国上市公司的"一股独大"以及创始人的"威权"意识,使得这些重大财务决策权往往掌握在少数人甚至一人手中,2016 年以来的两起强制退市案例充分证明了这一点。

因此,提高上市公司财务治理水平必须从基础的财权配置做起,需要确保每个财务主体明确自己的财务权利和财务责任,在各司其职的同时做到各尽其能、相互监督。这需要增强各财务主体的契约意识,每个财务主体都向企业贡献了专用性资本,他们的权益必须得到保证。财权配置是借助法律地位平等的财务主体通过谈判而形成的契约来维系的,不是由个别人说了算的,更不能以侵害其他财务主体的权益而实现自己的不当利益。财权配置的契约由法律来支撑,因此,建立平等的、有权威的法律体系对于维护合理的财权配置是最为重要的。

25.4.2 不断提高财务监督的有效性

财务监督相当于上市公司财务治理的最后一道防火墙。根据我们的定义,财务监督主要考察企业各个职能部门以及其他利益相关者对财务权力执行过程的监督,包括企业的内部监督机制(审计委员会)以及外部监督机制(外部审计师)。2016 年以来的两起强制退市案例,充分说明当前上市公司财务监督的有效性还存在着很大的问题。

*ST 博元：*ST 博元在过去的几年间,存在大量业绩造假行为。控股股东通过粉饰业绩,欺骗投资者和监管部门,冀图苟延残喘,继续玩弄重组游戏谋求翻身上岸。*ST 博元在 2011 年至 2014 年期间,多次伪造银行承兑汇票,虚构用股改业绩承诺资金购买银行承兑汇票、票据置换、贴现、支付预付款等重大交易,并披露财务信息严重虚假的定期报告,虚增资产、收入、利润等财务信息。令人吃惊的是,*ST 博元在如此长的时间段内的持续造假行为,不仅内部财务监督机制没有任何反应,而且外部监督机制也未能及时发现。

欣泰电气：2015 年 11 月 27 日,欣泰电气公告承认财务造假,从 2011 年到 2014 年,持续四年,六期财务报告,每期虚构收回应收账款从 7000 多万元到近 2 亿元不等。事实上,早在 2012 年 7 月 3 日欣泰电气 IPO 成功过会之时,就曾有业内人士指出欣泰电气在上市前涉嫌虚增利润,约为其报表显示净利润的 40％以上,且负债居高不下,涉嫌严重财务造假。同样令人吃惊的是,欣泰电气内外财务监督机构对此没有任何行动。

根据 2016 年度的财务治理指数评价,财务监督分项指数均值为 77.1304,自 2010 年以来分值最高。然而,其形式意义却大于实质意义,这可以从具体指标上看出来。如设置审计委员会的公司占比高达 94.92％,但其成员全部由独立董事组成的公司占比却仅有 1.32％,而审计委员会全部由独立董事组成,是市场经济发达国家的普遍做法,更何况中国独立董事的独立性本来就被质疑不断。再比如,外部审计出具标准无保留意见的公司占比为 96.65％,如果无保留意见意味着公司没有问题的话,就不会有*ST 博元和欣泰电气这样的退市公司,可见外部审计机构的非独立性问题是很突出的。再比如,披露公司发展前景相关信息的公司占比高达 99.74%,但有几人相信公司披露的"美好"前景是真实的? 否则,同样不会像有*ST博元和欣泰电气这样的退市事件发生。由此,前面所述的机构健全并不等于机制健全得到进一步诠释。在财务监督问题上,同样存在着严重的"形似而神不至"的客观现实。

财务监督涉及内外不同机制的协同,对于防范财务风险甚至治理风险,具有不可替代的意义。从目前暴露的情况来看,财务监督机制往往由于内外勾结等行为容易失效。因此,提高财务监督的有效性必须从两个方面同时入手:一方面,强化内部财务监督机制,特别是由独立董事领导的审计委员会,与此同时,必须强化独立董事的独立性;另一方面,必须加强对会计师事务所等外部审计机构的引导,加强道德约束,加大惩罚力度。在这两个方面,加强问责机制仍是首要的问题。

25.5　关于信息披露

25.5.1　加大强制性信息披露的核实力度

强制性信息披露是底线,是监管机构对上市公司在信息披露方面的最低要求。从我们以往的评价结果来看,上市公司往往在形式上能够满足强制性信息披露的要求。但是,*ST博元因信息披露违规违法而强制退市的案例,再一次敲响了警钟,强制性信息披露除了要满足形式要求之外,还必须保证信息披露的质量。

2014 年 6 月 17 日,博元投资因涉嫌信息披露违法违规行为被广东证监局立案调查,之后被证监会移送公安机关追究刑事责任。从事理上看,移送公安机关的行为在性质上要重于受到行政处罚的行为。

博元投资的违法行为十分严重,主要表现在以下方面:从目的上看,博元投资为掩盖股改业绩承诺资金未真实履行到位的事实,伪造银行承兑汇票,导致博元投资 2011 年年报虚增银行存款、股东权益 3.85 亿元;从手段上看,博元投资 2011 年至 2014 年多次伪造银行承兑汇票,并虚构票据贴现、置换交易,且多次使用虚假银行进账单和虚假银行承兑汇票入账;从金额上看,2011 年至 2014 年,博元投资在其各定期报告中虚增资产、负债、收入和利润,金额巨大;从后果上看,博元投资 2010 年年报披露的净资产为-3.62 亿元,追溯调整后,博元投资 2010 年至 2013 年连续 4 个会计年度的净资产均为负值。

因此,我们认为,监管部门和第三方机构应该以强制性信息披露为起点,在核实是否满足强制性信息披露要求的基础上,着重加大对强制性信息披露的核实力度,提高强制性信息披露的质量。如有被认定为欺诈发行或重大信息披露违法的,应按照重大违法公司强制退市要求坚决启动退市机制。

25.5.2 引导上市公司持续增加自愿性信息披露

强制性信息披露只是对上市公司的最低要求,这只是从监管部门角度出发来考虑对上市公司的信息披露需求。从投资者的角度出发,上市公司还需要增加更多的自愿性信息披露,以满足投资者进行理性投资决策的要求。但是,从现实情况来看,上市公司普遍存在着"多一事不如少一事"、"能不说就不说"的心态,除非是信息披露制度的强制性要求,否则上市公司很难有动力去自愿披露信息。

我们详细比较了近年来上市公司自愿性信息披露的情况。2013 年,上市公司自愿性信息披露总体指数均值为 41.6970,其中治理结构分项指数均值为 34.8189,治理效率分项指数均值为 30.0502,利益相关者分项指数均值为 66.3758,风险控制分项指数均值为 35.5429。2015 年,上市公司自愿性信息披露指数均值为 41.0242,其中治理结构分项指数均值为 41.7420,治理效率分项指数均值为 41.3724,利益相关者分项指数均值为 41.9240,风险控制分项指数均值为 39.0584。可以看到,与 2013 年上市公司自愿性信息披露指数相比,2015 年中国上市公司自愿性信息披露总体水平有所下降,其中利益相关者分项指数下滑幅度较大,下滑达 24.4518 分。

在当前强化退市背景下,鼓励上市公司持续增加自愿性信息披露具有更加重要的意义。从 2016 年的两起退市案例来看,*ST 博元和欣泰电气都存在着严重的信息披露问题,其中*ST 博元退市的案由就是信息披露违法违规。显然,引导上市公司增加自愿性信息披露,至少可以有两个方面的积极作用:一方面,阳光是最好的防腐剂,上市公司披露信息越多,监管机构和投资者越能够清晰地了解公司现状;另一方面,当自愿性信息披露成为上市公司的主流时,那些不自愿披露信息的上市公司就可能是问题公司,监管部门可以有针对性地进行监管核查,从而降低监管成本。

然而,在目前的制度安排下,通过鼓励上市公司自愿披露更多信息只是一种不切实际的幻想,解决方法只能靠严法,信息披露不到位,只要给投资者和其他利益相关者造成了损失,不论之前的信息披露是不是强制性的,都要承担重大责任。为什么市场经济发达国家的企业"能说的都要说",而中国的企业却是"能不说就不说",这绝不是理念的问题,而是法律责任明晰及其责任大小的问题。因此,严法必不可少。

25.6 关于高管激励与约束

毫无疑问,强制退市将会给中小投资者带来极大的财产损失。尽管根据中国证券法以及相关制度,中小投资者可以就其损失向相关主体提起诉讼,就投资损失寻求赔偿。但是,考虑到目前中国企业现状,中小投资者能够获得的赔偿金额可能远远不足以弥补其投资损失。更有甚者,退市公司甚至有可能会采取破产等方式逃避责任。例如,欣泰电气董事长温德乙在得知公司被证监会强制退市之后,公开表示公司退市后将不得不走破产程序。

　　尽管修改后的公司法规定了公司董事、监事等高管人员在公司出现重大违法行为时对公司和股东的赔偿责任,但在实践中,该制度并未通过加强对公司高管的赔偿压力,收到使高管少犯错误的实际效果。在这一背景下,建立高管不当收入的追回机制和责任连带机制具有非常重要的意义。通过将高管不当收入追回,并加大追究其因履职不当造成损失的责任,可以对公司高管的行为形成强约束,尤其会形成自我约束机制(因为履职不当的机会成本很高),这对减少公司重大违法行为的发生大有裨益。

25.7　本章小结

　　2016 年度之前出版的 6 类 14 部公司治理指数报告中,都针对公司治理的不同方面,包括中小投资者权益保护、董事会治理、企业家能力建设、财务治理、自愿性信息披露和高管薪酬合理化,提出了一些政策建议,这些建议对改善中国公司治理水平起到了很好的推动作用,至今都具有重要的应用价值。本年度报告尽量不重复这些建议,而是基于正在力推的退市新政,就公司治理改进提供一些思考。

　　(1) 在中小投资者权益保护方面,要加大投资者教育和信息披露力度,尤其要加大公司治理风险警示力度,以引导中小投资者转变投资观念;要强制实施累积投票制度,避免形式主义的累积投票,以保证中小投资者的决策与监督权;要强制建立充足的违规风险准备金制度,以保证中小投资者权益受侵害后的民事赔偿。

　　(2) 在董事会治理方面,不能仅仅满足于董事会结构(包括独立董事设置)等方面的形式化董事会治理,要在董事会行为等实质性董事会治理上下功夫,以实现董事会治理的"形神"兼备;要通过董事会备忘录制度建设,把董事会集体责任落实到董事个人,在实施有效激励的同时,加大问责力度,以实现对董事会的强约束。

　　(3) 在企业家能力建设方面,要通过同时加大民事责任、刑事责任和行政责任的力度,以引导企业家形成合规意识;要充分认识到企业家行为具有很强的外部性,也有很强的示范效应,不能把企业的社会责任等同于企业绩效,要通过法律手段促使企业家对其他利益相关者负起责任来。

　　(4) 在财务治理方面,要增强财务主体的契约意识,明确每个财务主体的财务权利和责任,通过建立平等的、有权威的法律体系来维护合理的财权配置。要大力提高财务监督的有效性,避免形式化,这包括:一方面,强化内部财务监督机制,特别是由独立董事领导的审计委员会,与此同时,必须强化独立董事的独立性;另一方面,必须加强对会计师事务所等外部审计机构的引导,加强道德约束,加大惩罚力度。在这两个方面,加强问责机制仍是首要的问题。

　　(5) 在信息披露方面,要加大对强制性信息披露的核实力度,提高强制性信息披露的质量,如有被认定为欺诈发行或重大信息披露违法的,应按照重大违法公司强制退市要求坚决启动退市机制;要通过严法,改变中国企业"能不说就不说"的旧传统,引导企业自愿披露更多的信息。

(6) 在高管激励与约束方面,要建立高管不当收入的追回机制和责任连带机制,以此对企业高管的行为形成强约束,尤其是形成自我约束机制(因为履职不当的机会成本很高),这对减少公司重大违法行为的发生大有裨益。

附录

中国公司治理分类指数报告系列

[1]《中国上市公司高管薪酬指数报告 2009》,经济科学出版社,2010 年 2 月;

[2]《中国上市公司信息披露指数报告 2010》,经济科学出版社,2010 年 12 月;

[3]《中国上市公司高管薪酬指数报告 2011》,"十二五"国家重点图书,经济科学出版社,
   2011 年 11 月;

[4]《中国上市公司财务治理指数报告 2011》,"十二五"国家重点图书,经济科学出版社,
   2011 年 11 月;

[5]《中国上市公司信息披露指数报告 2012》,"十二五"国家重点图书,经济科学出版社,
   2012 年 12 月;

[6]《中国上市公司企业家能力指数报告 2012》,"十二五"国家重点图书,经济科学出版社,
   2012 年 12 月;

[7]《中国上市公司高管薪酬指数报告 2013》,"十二五"国家重点图书,经济科学出版社,
   2013 年 12 月;

[8]《中国上市公司财务治理指数报告 2013》,"十二五"国家重点图书,经济科学出版社,
   2013 年 12 月;

[9]《中国上市公司董事会治理指数报告 2013》,"十二五"国家重点图书,经济科学出版社,
   2013 年 12 月;

[10]《中国上市公司自愿性信息披露指数报告 2014》,"十二五"国家重点图书,经济科学出
    版社,2014 年 11 月;

[11]《中国上市公司企业家能力指数报告 2014》,"十二五"国家重点图书,经济科学出版社,
    2014 年 11 月;

[12]《中国上市公司财务治理指数报告 2015》,"十二五"国家重点图书,经济科学出版社,
    2015 年 11 月;

[13]《中国上市公司董事会治理指数报告 2015》,"十二五"国家重点图书,经济科学出版社,
    2015 年 11 月;

[14]《中国上市公司中小投资者权益保护指数报告 2015》,"十二五"国家重点图书,经济科
    学出版社,2015 年 11 月。

后 记

　　自 2007 年开始,我们开发"中国公司治理分类指数"已历经 10 个年头。中间经历了 2007 年和 2008 年因初次开发经验不足而导致数据库丢失的失败,有每年研究人员和数据采集人员更替(研究力量以在校博士生和硕士生为主,数据采集人员以硕士生和高年级本科生为主)以及上市公司规模大幅扩张导致工作量加大而产生的焦虑,有缺少稳定的数据库系统专业开发人员导致数据库系统不稳定而产生的彷徨,有每年公司治理论坛的各种程序问题而产生的不安……各种痛苦,难以言表。但我们还是快乐着,坚持着,因为我们每年都有收获:当我们每年看到指数报告正式出版的时候,当我们看到研究成果得到社会认可的时候,当我们看到研究团队使用自己开发的数据库在国内外重要期刊发表论文的时候,当我们看到指数数据被政府和企业采用的时候,当看到那么多人在支持我们的时候……有各种各样的喜悦,我们不能不坚持。

　　本报告得到了如下基金项目的支持:国家社会科学基金重大项目"发展混合所有制经济研究"(批准号 14ZDA025);国家社会科学基金重点项目"深入推进国有经济战略性调整研究"(批准号 12AZD059);北京师范大学学科建设支持项目。本报告是这三个项目的阶段性成果,是"中国公司治理分类指数报告系列"的第 15 部报告,也是首次集 6 类指数(中小投资者权益保护指数、董事会治理指数、企业家能力指数、财务治理指数、自愿性信息披露指数和高管薪酬指数)之大成的一部公司治理指数报告,从中可以多维度、全景式了解中国上市公司的治理水平。

　　本报告是集体智慧的结晶。由我设计研究框架,基本思路、指标体系和数据库构架,经过研究团队深入讨论确定,然后开发数据库、采集和录入数据、撰写初稿。由于本年度把 6 类公司治理指数整合在一部报告中,受篇幅所限,已进行多年的对指数的有效性检验部分(经多年检验,我们的 6 类指数是可靠的和客观的,无须再重复)以及文献综述部分予以删除,排名部分则由光盘代替,只保留数据统计分析部分。基于多年的已相对成熟的研究范式,本年度参与开发和研究的人员也减少,基本上是我已毕业和仍在读的博士生和硕士生,数据采集和录入以北京师范大学经济与工商管理学院的研究生为主,还吸收了数位优秀的高年级本科生。

　　初稿撰写具体分工如下：第一编导论：高明华；第一编第 1 章：高明华、张惠琳；第二编第 2、4、5 章：国伊宁；第三编第 6、7、8、9 章：张惠琳；第四编第 10、11、12、13 章：赵旋；第五编第 14、15、16、17 章：刘敏佳；第六编第 18、19、20、21 章：王健忠；第二编第 3 章和第七编第 22、23、24 章：曹向东；第八编第 25 章：蔡卫星、高明华；数据库开发：孙运传、于学德。

　　中国公司治理分类指数报告的评价对象是全部上市公司。上市公司数目每年递增，本年度评价的上市公司数目已经达到 2655 家，占到全部上市公司的 94.58%，只剔除了上市时间短而年报信息不全的公司。由于同时开发 6 类指数，数据又全部是第一手资料，且均是手工采集和整理，并录入数据库系统，可以想象，数据量和工作量都非常庞大。以下同学为此作出了很大贡献（按工作量排序）：

　　数据试录入：张惠琳、赵旋、王健忠、国伊宁、曹沥方。试录入人员必须具有数据收集和录入经验。在试录入过程中，试录入人员彼此核查，以保证把问题发现在正式录入之前。

　　数据录入：曹向东、张志晴、牛苹、杜小虎、胡晓玲、彭圣、张春辉、吕嘉力、吴筱钰、王健忠、周玲、张璇、李世恒、陈姝伊、谢佳羽、贾梦诗、国伊宁、杨梦丽、李晓任、赵雅兰、林泉、张晶晶。

　　数据核实：赵旋、张惠琳、徐文文、刘敏佳、曹沥方。

　　特别要指出的是，张惠琳在数据库录入培训、核实和协调等工作中付出了大量心血，对于一位硕士生的快速成长，我倍感欣慰。另外，赵旋作为 2015 年数据采集及培训的"总指挥"，一方面起到了传帮带的作用，另一方面对 2016 年数据库建设的贡献也颇多，尤其是主导了高管薪酬指数数据库的建设。

　　初稿完成后，由我进行修改、补充、完善并定稿。广东财经大学蔡卫星副教授参与了其中两章的初审和修改。由于数据量庞大，且同时开发了 6 类指数，还有不同维度、不同所有制、不同年度的比较，稍有不慎就会出错，因此，统计分析需要高度的细心和耐心，我几乎对每个数字都作了核实，每天工作都几乎超过 16 小时，有时甚至是通宵，用了整整一个月，修改和补充完善工作才终于完成。其实，为了保证每年 12 月 10 日前后的报告发布和讨论会（"中国公司治理论坛"），并给出版社较充分的出版时间，每年的 9 月中下旬和 10 月上中旬，我都要"闭关"，专心于每年报告的修改和补充完善，这种高强度工作已经延续了 8 年。对此，要感谢家人对我这段时间不管家事、不陪他们外出度假（每年正赶上国庆长假）的理解！

　　在研究过程中，研究团队就数据采集、录入、数据库开发、写作思路，甚至后续的数据运用，都多次进行深入讨论，每周二晚是雷打不动的讨论时间，同时通过邮件、微信反复进行沟通和校正，几易其稿才最终定稿，有的章节甚至几乎完全推倒重新改写。实际上，每一章都不是单独某个人的贡献，而是包含着整个团队的辛劳、智慧和思想，研究团队的团结和协作精神使我非常欣慰和感动！

　　中国出版集团东方出版中心副总编辑祝新刚先生、郑纳新先生，经济与管理编辑部主任鲁培康先生，一直关心本报告的出版。几年前，他们专门到北京找我，希望我的著作能够在东方出版中心出版，并打造公司治理品牌图书。年初，他们编辑出版了我主编的"公司治理与国企改革研究丛书"(8本),出版后获得了不错的社会反响。"中国公司治理分类指数报告系列"原在经济科学出版社出版,与该出版社的5年合同结束后,基于东方出版中心对该系列报告的高度关注和热情邀请,遂转移到该出版社。非常感谢他们对"中国公司治理分类指数报告"的大力支持!

另外,北京师范大学经济与工商管理学院、北京师范大学公司治理与企业发展研究中心各位同仁对本研究给予了大力支持,在此也谨表谢意!

感谢北京师范大学经济与工商管理学院院长赖德胜教授、党委书记孙志军教授、副院长张平淡教授和崔学刚教授,以及原党委书记沈越教授、原副院长杨澄宇教授和曲如晓教授对本报告系列的支持!

"中国公司治理分类指数报告系列"已历经近十个年头,出版了6类15部(包括本书)报告。长期以来,该系列报告已经形成了自己的特色和研究范式,这些特色和研究范式的形成,与之前参与过该项研究的同仁的突出贡献是分不开的,值此报告以新面目出版之际,特向他们表示衷心的感谢!他们是(排名不分先后):张平淡、蔡卫星、杜雯翠、朱松、吕兆德、孙运传、赵峰、李欲晓、曾诚、曾广录、张海燕、肖松、焦豪、张会丽、杨丹、方芳、葛伟、任缙、苏然、谭玥宁、万峰、柯希嘉、于换军、黄晓丰、原玉杰、赵璐、崔磊、郑飞、柴俊超、王慧、孙银英、张文艳、刘常魁、包璐璐、张艳楠、贾鑫、唐小凤、谭世杰、张瑶、宋盼盼、张祚禄、付亚伟、李国文、杨一新等。还要感谢近十年来不同时段参与过数据采集、录入和数据库开发的老师和同学。参与过该项研究的多位同事和博士,都已经成长为教授、副教授和业务骨干,对他们的成长,我由衷地表示祝贺!

此外,还要感谢每年为了主办"中国公司治理论坛"而奔波的诸君,包括李国文、范智展、徐丽、靳伟、杨裴等(人员太多,恕不能一一列举)。尤其是李国文博士,多年为了"中国公司治理论坛"鼓与呼。当然,更要感谢为"中国公司治理论坛"慷慨解囊的企业家们。

本报告作为对中国上市公司治理水平的全景式、多维度和客观性的评估,做了诸多尝试性工作。如果通过本报告的评估,能够对中国上市公司治理水平的提高有所裨益,将是对我们的极大鼓励。当然,本报告纰漏甚至错误难以避免,希望广大读者批评指正,并电邮至mhgao@bnu.edu.cn。

北京师范大学公司治理与企业发展研究中心
北京师范大学经济与工商管理学院

高明华

2016年10月8日

图书在版编目(CIP)数据

中国公司治理分类指数报告. No. 15:2016/高明
华等著. —上海:东方出版中心,2016.12
ISBN 978 - 7 - 5473 - 1052 - 6

I.①中… II.①高… III.①上市公司-企业管理-
研究报告-中国 IV.①F279.246

中国版本图书馆 CIP 数据核字(2016)第 275341 号

策　　划　鲁培康
责任编辑　乔　　赫
　　　　　曹雪敏
封面设计　久品轩

中国公司治理分类指数报告 No. 15(2016)

出版发行:东方出版中心
地　　址:上海市仙霞路 345 号
电　　话:(021)62417400
邮政编码:200336
经　　销:全国新华书店
印　　刷:常熟市新骅印刷有限公司
开　　本:787×1092 毫米　1/16
字　　数:646 千字
印　　张:30
版　　次:2016 年 12 月第 1 版第 1 次印刷
ISBN 978 - 7 - 5473 - 1052 - 6
定　　价:80.00 元

版权所有,侵权必究

东方出版中心邮购部　电话:(021)52069798